“十四五”高等院校经济管理专业应用型人才培养规划教材

统计学导论

邱望仁　黄顺发◎主　编
操　群　王　筠◎副主编

中国铁道出版社有限公司
CHINA RAILWAY PUBLISHING HOUSE CO., LTD.

内 容 简 介

本书涵盖了描述性统计和推断统计的主要知识，系统介绍了统计学的基本概念与统计软件、统计调查与整理、综合指标分析、时间数列分析、统计指数分析、数理统计基础、统计决策与评价、国民经济生产统计、市场调查报告和统计学的发展前沿等内容。

本书内容全面、重点突出、难易适中，注重基本概念和基础理论的讲解，精心设计了多个例题和案例，帮助读者巩固和应用所学知识。

本书既可作为普通高等学校统计学相关专业的教材，也可作为相关从业者的参考书。

图书在版编目（CIP）数据

统计学导论/邱望仁，黄顺发主编．—北京：中国铁道出版社有限公司，2023.2（2024.8 重印）
“十四五”高等院校经济管理专业应用型人才培养规划教材
ISBN 978-7-113-29947-7

Ⅰ.①统…　Ⅱ.①邱…　②黄…　Ⅲ.①统计学-高等学校-教材
Ⅳ.①C8

中国国家版本馆 CIP 数据核字（2023）第 018385 号

书　　名：统计学导论
作　　者：邱望仁　黄顺发

策　　划：曹莉群　　**编辑部电话：**（010）63549501
责任编辑：贾　星　贾淑媛
封面设计：刘　颖
责任校对：刘　畅
责任印制：樊启鹏

出版发行：中国铁道出版社有限公司（100054，北京市西城区右安门西街 8 号）
网　　址：https：//www.tdpress.com/51eds/
印　　刷：河北燕山印务有限公司
版　　次：2023 年 2 月第 1 版　2024 年 8 月第 2 次印刷
开　　本：787 mm×1 092 mm 1/16　**印张：**17.75　**字数：**444 千
书　　号：ISBN 978-7-113-29947-7
定　　价：49.00 元

前言

统计学是一门关于如何收集、整理与分析数据，并进行数据推断和预测，进而认识现象总体数量方面的方法论科学。在当今数字经济时代，“统计无时不在，无处不用”，统计已成为现代社会经济管理的重要工具。统计分析方法在宏观经济分析、金融保险、生物信息等方面的应用越来越广泛，并要求数据使用者具备信息收集、数据解读、制表绘图、数据分析和预测以及撰写统计分析报告的能力。因此，无论是从事理论研究，还是从事实际的经营管理工作，只要涉及数据，都需要根据统计理论与方法来处理和分析，为相关理论研究和实际管理提供可靠依据。统计知识已成为各类专业人士的必备工具，而统计学课程一直都被教育部列为经济管理和社会科学本科教育的核心基础课程。

本书在编写中强调理论与实际相结合的原则，在阐述统计方法的基本原理和思想的同时，结合 Excel 等统计软件进行案例教学，以提高读者的学习兴趣和应用统计方法解决实际问题的能力。本书主要特点如下：

(1)案例引导，主题突出。本书在章节前面给出一个实际案例作为引子，提出与该章有关的统计问题，引发读者思考，促使读者感性认识与理性认识相结合，由浅入深，能够结合该章所学的统计知识对案例举一反三，真正解决实际问题。

(2)借助软件，方便实用。借助统计软件，既可以提高数据的处理效果，又有助于读者提高学习效率。目前常用的统计软件有 SAS、SPSS、EViews、R、Python 等，此外，Excel 软件也具备基本的统计计算功能。本书在介绍各个统计软件的基础之上，采用 Excel 基本办公软件进行数据处理，得出相应的计算结果，对于读者没有任何专业限定，具有普遍性与实用性。

(3)前沿导向，与时俱进。本书在介绍统计学基础知识的同时，第 11 章专门介绍了统计学的发展前沿，从统计学发展史、统计学科体系，到统计学科分支与统计前沿案例，对统计学的基本应用做了深度的扩展，引发读者对统计学理论与实践的深度思考，促进统计学科学研究的创新与发展。同时，本书注重对统计分析方法运用的阐述，尽可能少地介绍公式推导过程，突出满足应用型本科院校专业基础课程的目标要求。

本书由景德镇陶瓷大学和景德镇学院的教师共同编写，其中，邱望仁教授（景德镇陶瓷大学）、黄顺发教授（景德镇学院）担任主编，操群（景德镇陶瓷大学）、王筠（景德镇陶瓷大学）担任副主编，张景华（景德镇陶瓷大学）、李珍真（景德镇学院）参与编写。具体编写分工如下：邱望仁编写第 11 章、第 2 章的部分内容和附录，并负责组织编写和统稿；黄顺发编写第 9 章；

操群编写第 1、3、10 章；王筠编写第 5、6、8 章；张景华编写第 7 章和第 2 章部分内容；李珍真编写第 4 章。程锦元、吴欢等六位研究生做了核对整理工作，并从学生角度提出了意见。

本书在编写过程中得到了许多专家学者、同仁的支持与帮助，在此向他们表示衷心的感谢！同时，本书也参考了一些同类教材和资料，向这些文献的作者致以诚挚的谢意！

最后，由于统计学理论和方法处于不断更新与发展中，加之编者学识水平有限，编写时间仓促，书中难免有疏漏和不妥之处，恳请同行和读者朋友多提宝贵意见，以便我们进一步修改与完善。

编　者

2022 年 9 月

目录

第1章　绪　　论

引导案例

一年来，面对复杂严峻的国内外形势和诸多风险挑战，全国上下共同努力，统筹疫情防控和经济社会发展，全年主要目标任务较好完成，"十四五"实现良好开局，我国发展又取得新的重大成就。

——经济保持恢复发展。国内生产总值达到114万亿元，增长8.1%。全国财政收入突破20万亿元，增长10.7%。城镇新增就业1 269万人，城镇调查失业率平均为5.1%。居民消费价格上涨0.9%。国际收支基本平衡。

——创新能力进一步增强。国家战略科技力量加快壮大。关键核心技术攻关取得重要进展，载人航天、火星探测、资源勘探、能源工程等领域实现新突破。企业研发经费增长15.5%。数字技术与实体经济加速融合。

——经济结构和区域布局继续优化。粮食产量1.37万亿斤，创历史新高。高技术制造业增加值增长18.2%，信息技术服务等生产性服务业较快发展，产业链韧性得到提升。区域发展战略有效实施，新型城镇化扎实推进。

——改革开放不断深化。在重要领域和关键环节推出一批重大改革举措，供给侧结构性改革深入推进。"放管服"改革取得新进展。市场主体总量超过1.5亿户。高质量共建"一带一路"稳步推进。推动区域全面经济伙伴关系协定生效实施。货物进出口总额增长21.4%，实际使用外资保持增长。

——生态文明建设持续推进。污染防治攻坚战深入开展，主要污染物排放量持续下降，地级及以上城市细颗粒物(PM2.5)平均浓度下降9.1%。第一批国家公园正式设立。生态环境质量明显改善。

——人民生活水平稳步提高。居民人均可支配收入实际增长8.1%。脱贫攻坚成果得到巩固和拓展。基本养老、基本医疗、社会救助等保障力度加大。教育改革发展迈出新步伐。新开工改造城镇老旧小区5.6万个，惠及近千万家庭。

——疫情防控成果持续巩固。落实常态化防控举措，疫苗全程接种覆盖率超过85%，及时有效处置局部地区聚集性疫情，保障了人民生命安全和身体健康，维护了正常生产生活秩序。

（摘自：政府工作报告(2021年工作回顾)．北京：全国人大十三届五次会议，2022年3月．）

统计是静止的历史，历史是流动的统计。我们生活在信息时代，数字化信息随处可见，世界充满了数据。凡是有数据的地方，就有统计，统计的力量无处不在。用“好”“较好”等这样的字眼来反映国家的经济形势就显得过于空洞了，而 2021 年我国现价国内生产总值达到 1 143 670 亿元，按可比价比 2020 年增长 8.1%，全年全国居民人均可支配收入 35 128 元，比 2020 年名义增长 9.1%，扣除价格因素，实际增长 8.1%，与经济增长基本同步。全国居民人均可支配收入中位数 29 975 元，比 2020 年名义增长 8.8%。这些统计数据实实在在地反映了 2021 年中国经济运行的总体情况和取得的成就。

在当今时代，当你浏览报纸、杂志或者网页时，会发现大量信息。如何判断各种报道里根据数据所得出的结论是否有道理？样本是否具有代表性？样本是如何抽取的？很多人已经意识到，作为一个信息接收者或者使用者，在日常生活中，对统计学基本概念的了解以及懂得如何用统计去解决问题是非常重要的。本书将成为你开始漫长却又乐趣无穷的“统计之旅”的一个合适的起点，通过学习，你可以理解统计学，熟悉统计语言，并知道如何评估统计结果。

本书的每一章都是以一些与本章内容有关的实际问题开始的。下面就以一些问题来开始第 1 章。

(1)根据国家统计局公布的数据，2020 年全国居民收入分配基尼系数为 0.468，2021 年全国居民人均可支配收入与可支配收入中位数之比为 1.172，这样的结果对我们意味着什么呢？毫无疑问，我们需要知道一些统计知识。

(2)在金融危机发生后，各国政府对于国家经济的现状和对未来经济走势的预测都十分关注，每个月都要编制消费价格指数(CPI)等各类指数以评价通货膨胀情况。有关商品销售额、新开工的住宅、货币流通以及工业生产的信息仅仅是构成预测基础的成百上千类信息的一小部分。该如何解读这些数据呢？知道一些统计知识有助于我们知道这些数据是如何与我们的生活息息相关的。

(3)作为一名潜在的汽车购买者和一名有责任心的市民，你乐意为保护地球生态环境做出应有的贡献。根据最新的研究结果，消费者的行为对自然资源到底有怎样的影响呢？你应该购买汽油发动机的汽车，还是购买电动车，或者干脆骑自行车呢？报纸、杂志或网络上的统计结果对于你的决定非常关键，这些结果会影响你该有怎样的消费观。

什么是统计？统计能做什么？如何进行统计？有些什么样的统计数据？在这一章中，我们将讨论这样一些统计学的基本问题。

1.1 统计与统计学

1.1.1 统计的含义

“统计”一词由来已久，最早源自中世纪拉丁语“status”，意思是指各种现象的状态和状况。由这一词根组成的意大利语“stato”意思为国家，是各国的国家结构和国情知识的总称。“统计”最早作为学名使用是在 1749 年，德国哥丁根大学政治学教授阿亨瓦尔(G. Achenwall)将课程“国势学”定为“statistik”(统计)。此后，各国相继沿用“统计”一词，并将其译为各国文字，如英国将其译为“statistics”。至此，“统计”一词成为人们认识客观世界总体数量变动关系和变动规律的活动的总称，是人们认识客观世界的一种有力工具。

统计的研究对象具有以下特点：

(1)数量性。这是统计研究对象的基本特点。正所谓"数字是统计的语言""数据是统计的成果"，指的就是这个意思。但需要注意的是，不是任何一种数量都可以作为统计对象。统计数据总是客观事物量的反映，统计定量认识要基于对客观事物的定性认识。

(2)总体性。统计的数量研究是指对现象总体中各单位普遍存在的事实进行大量观察和综合分析，得出反映现象总体的数量特征。例如，进行城镇居民家庭调查，需要对具体的居民家庭进行调查，但是其目的并不在于了解个别居民家庭的生活状况，而是要反映一个国家、一个城市的居民收入水平、收入分配、消费水平、消费结构等。

(3)变异性。统计研究同类现象总体的数量特征，前提是总体各单位的特征表现存在着差异，而且这些差异并不是事先可以预知的。例如，各种股票的价格和成交量每天都不同，这才需要对其进行统计，编制股票指数等指标。

在日常生活中，人们对于"统计"这一术语常常有不同的用法。例如，企业每年要"统计"产量和产值，这是将其作为一种工作来看待。了解股票的交易状况要看有关成交额和股票指数"统计"，这时又是将其作为数据来运用。而大学课堂上所说的"我们正在学习统计"，则是指一门学科，即统计学。因此，人们对于统计这一术语的理解主要有三种：统计工作、统计资料和统计科学。

(1)统计工作，即统计实践活动，是人们为了说明所研究对象的某种数量特征和数量规律性，而对该现象的数据进行收集、整理与分析的活动。例如，为了获得粮食产量而进行的抽样调查活动，为了获得全国人口的数量和构成等而进行的人口普查活动，等等。

统计实践活动有很久远的历史，早在公元前两千多年，统治者为了征兵、征税、管理奴隶，就有了人口、土地、财产的统计活动。

(2)统计资料，即统计数据，是通过统计工作所获得的能够说明现象总体某种特征的数据，是统计实践活动的成果。例如，2014 年我国现价国内生产总值达到 636 463 亿元，按可比价计算比 2013 年增长 7.4%等，这些数据就是广大统计部门和统计工作者辛勤劳动得到的能够说明我国经济发展水平的统计资料。统计数据最集中、最系统地反映在各种统计年鉴中，如《中国统计年鉴》《国际统计年鉴》《中国经济年鉴》《中国金融年鉴》《中国物价及城镇居民家庭收支调查统计年鉴》等。《中国统计年鉴》涵盖了国民经济所有主要数据，包括国民经济核算、各行业生产、就业、人民生活、对内对外贸易、社会活动、环境等方面的数据。随着互联网技术的发展和普及，网络提供的数据成为统计数据主要来源已是趋势，如"中经网统计数据库""中宏产业数据库""万方商务信息数据库""EPS 全球统计数据库""CSMAR 期货股票分析高频数据库"等。统计数据还可以从经济分析报告、专著、期刊里获得，比如《中国经济数据分析》《经济形势分析与预测(经济蓝皮书)》《中国统计》里刊登的最新月度数据等。

(3)统计科学，即统计学，是一门研究收集数据、表现数据、分析数据、解释数据，从而认识现象数量规律、帮助人们更有效地进行决策的方法论科学。统计学源于统计实践活动，是对统计实践活动的理论概括和总结，又用于指导统计实践活动。统计学与统计实践活动的关系是理论与实践的关系，理论源于实践，理论又高于实践，反过来又指导实践。

收集数据需要对客观现象作周密细致的调查；表现数据需要对调查得到的数据加以整理，使之成为反映现象总体的条理化、系统化的数据；分析数据需要用科学的方法从数据中得出反映现象本质数量规律性的结果；解释数据需要用有关知识对数量规律性做出说明。所有这些就构成了统计学的研究内容。

扩展阅读

统计是社会认识最有力的武器之一。

——列宁

在终极的分析中，一切知识都是历史；在抽象的意义下，一切科学都是数学；在理性的基础上，所有的判断都是统计学。

——C. R. Rao

1.1.2 统计学的分科

统计学的内容十分丰富，研究与应用的领域也非常广阔。从统计方法的研究和应用角度来看，统计学可以分为理论统计学和应用统计学；从统计方法的构成来看，统计学可以分为描述统计学和推断统计学。

1. 理论统计学与应用统计学

理论统计学（theoretical statistics）把研究对象一般化、抽象化，以数学中的概率论为基础，从纯理论的角度，对统计方法加以推导论证，其中心内容是以归纳方法研究随机变量的一般规律，例如，统计分布理论、统计估计与假设检验理论、相关与回归分析、方差分析、时间序列分析、随机过程理论等。不论是自然现象还是社会现象，这些方法都是适用的。因此，理论统计学的特点是计量不计质，它具有通用方法论的理学性质。

应用统计学（applied statistics）是研究如何应用统计理论和方法去解决实际问题的统计学，是具有具体对象的方法论。所谓应用，既包括一般统计方法的应用，也包括各自领域实质性科学理论的应用。应用统计学从所研究的领域或专门问题出发，根据研究对象的性质采用适当的指标体系和统计方法，以解决所需研究的问题。由于在各种科学研究中都需要通过数据分析来解决实际问题，因而统计学的应用几乎扩展到了所有的科学研究领域，从而形成了一个庞大的应用统计科学体系。例如，国民经济统计学、货币金融统计学、管理统计学、人口统计学、心理统计学、医学统计学、生物统计学等。应用统计学通常具有边缘交叉和复合型学科的性质。

在统计科学发展的道路上，理论统计学和应用统计学总是互相促进、共同提高的。理论统计学的研究为应用统计学的数量分析提供方法论基础，大大提高了统计分析的认识能力；而应用统计学在对统计方法的实际应用中，又常常会对理论统计学提出新的问题，开拓了理论统计学的研究领域。

2. 描述统计学与推断统计学

描述统计学（descriptive statistics）是关于如何对现象的数据特征进行观测、整理、计量、表述的理论和方法论科学，研究如何取得反映客观现象的数据，并通过图表形式对所收集到的数据进行整理与显示，进而通过综合概括与分析得出反映客观现象的规律性数量特征。描述统计学的内容包括统计数据的搜集方法、加工处理方法、显示方法、分布特征的概括与分析方法等。如从全校 20 000 名学生中抽取 500 名学生，将这 500 名学生的成绩用图表或特征值(平均分数、分数的标准差和及格率等)表示出来,从而得出针对500名学生学习情况的结论。

推断统计学(inferential statistics),也称为统计推断,是关于如何抽取样本并研究如何根据样本数据推断总体数量特征的理论和方法论科学,它是在对样本数据进行描述的基础上,对统计总体的未知数量特征做出以概率形式表述的推断。推断统计学的内容包括参数估计和假设检验两大类。参数估计是利用样本信息推断总体特征,假设检验则是利用样本信息判断对总体的某个假设是否成立。

描述统计和推断统计是统计学的两个组成部分,两者之间的关系如图1-1所示。

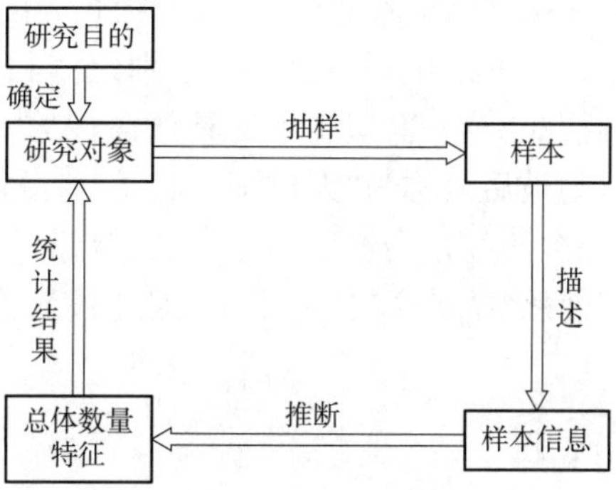

图1-1　描述统计与推断统计的关系

描述统计是基础,只有依靠描述统计收集、整理和显示可靠的统计数据并提供有效的样本信息,推断统计才能进行。推断统计则是现代统计学的核心,从描述统计学发展到推断统计学,既反映了统计学发展的巨大成就,也是统计学发展成熟的重要标志。

1.2　统计学的产生与发展

统计理论来源于统计实践,是统计实践活动的经验总结和理论概括,统计学随着统计的产生而产生。虽然人类统计的实践活动可以追溯到相当遥远的古代,但统计学却只有300多年的历史。从统计学发展的历史来看,大致可以将其分为古典、近代和现代三个时期。

1.2.1　古典统计学时期

古典统计学时期是指17世纪中叶至18世纪中叶的统计学萌芽时期,其代表学派有国势学派和政治算术学派。

国势学派亦称记述学派,产生于17世纪的德国,主要代表人物是赫尔曼·康令(H. Conring,1606—1681)和戈特弗里德·阿亨瓦尔(G. Achenwall,1719—1772)。康令定期地、系统地用对比的方法讲授国家比较方面的知识,不仅讲述事实,而且试图探讨事实的因果关系,于是"国势学"由此产生。1660年他首次在印刷品上使用statistik,这个单词的前半部state源于国家政策,是指政府部门记录人口出生和死亡信息的工作。当时,康令的学说在学术界产生了很大的影响,德国大学的许多教授都称赞并追随他的学说。阿亨瓦尔发扬了康令的学术思想,把这门课程定名为"统计学",开始有了"统计学"这个名称。国势学派认为统计学是关于国家显著事项的学问，主要通过对国家组织、人口、军队、领土、居民职业和资源财产等事项的记述，从而对国情国力进行研究，由于该学派在进行国势比较分析中偏重事物性质的解释而不注重数量分析，如“某国人口众多”“土地辽阔”之类，却没有进行数量研究和描述，因此尽管国势学派首先提出了“统计学”之名，但无统计学之实。

政治算术学派产生于 17 世纪的英国，主要代表人物是威廉·配第（W. Petty，1623—1687）和约翰·格朗特（J. Graunt，1620—1674）。威廉·配弟的代表作是《政治算术》（1676 年），该书用数量分析的方法对比了英国、法国、荷兰三国的财富和力量，以此批驳了当时英国国内的悲观论调。马克思对其有极高的评价，称其为“政治经济学之父，在某种程度上也可以说是统计学的创始人”。约翰·格朗特的代表作为《关于死亡表的自然观察和政治观察》，书中运用大量观察的方法，对伦敦人口的出生率、死亡率、性别比例和人口发展趋势做了分类计算和预测，证明没有悲观的必要；并且第一次编制了初具革命性的“生命表”，对年龄、性别、死亡率及人口寿命作了具体分析，他被后人称为“人口统计之父”。政治算术学派运用大量观察法、分类分析法和对比分析法来综合研究社会经济问题，为统计学的发展开辟了广阔的前景。有趣的是，这一派学者一直没有使用“统计学”这一术语，因此被认为是虽无统计学之名，但有统计学之实的学派。

1.2.2 近代统计学时期

18 世纪末到 19 世纪末，是近代统计学时期，这一时期的一个重大贡献是大数定律和概率论被引入统计学。之后，最小平方法、误差理论和正态分布理论等相继成为统计学的重要内容。其代表学派有数理统计学派和社会统计学派。

数理统计学派产生于 19 世纪中叶，代表人物为比利时著名的统计学家、数学家、物理学家和人类学家阿道夫·凯特勒（A. Quetelet，1796—1874），代表作有《关于概率论》《社会物理学》，他融会贯通各家各派的统计思想，博采众长，把德国的国势学、英国的政治算术、意大利和法国的古典概率论加以协调、统一、改造和融合，形成具有近代意义的统计学。凯特勒主张用研究自然科学的方法来研究社会现象，正式把概率论引入统计学，并最先用大数定律论证了社会生活中随机现象的规律性，还提出了误差理论和“平均人”思想。凯特勒创建国际统计会议组织，促进了国际统计交流和合作。可以说凯特勒是古典统计学的终结者、近代统计学的先驱者，使统计学的发展进入了一个新的阶段，因此，凯特勒被称为“统计学之父”。

19 世纪以后，随着经济和社会的发展，统计在社会经济领域中的应用越来越广泛、越来越深入。为满足国家和社会需要，人们广泛地开展了各种统计调查活动。这不仅为经济学家和社会学家的理论研究和实证分析提供了数量依据，也为统计学家从中概括和提出新的统计方法提供了新思路和数据材料。包括政治统计、人口统计、经济统计、犯罪统计、社会统计等多方面内容的“社会统计学”一词开始出现，并成为统计学中的一个重要流派。德国的统计学家克尼斯（K. G. A. Knies）是该学派的先驱者，1850 年，他发表了题为《独立科学的统计学》的论文，提出统计学是一门独立的社会科学，是一门对社会经济现象进行数量对比分析的科学。他主张以“国家论”作为“国势学派”的科学命名，而以“统计学”作为“政治算术”的科学命名。这一主张得到当时大多数统计学家的赞同。于是，以往无“统计学”之名而有“统计学”之实的“政治算术”取代了过去有“统计学”之名而无“统计学”之实的“国势学派”而成为统计学的正统。

学派的创始人迈尔（G. V. Mayr，1841—1925）在《社会生活中的规律性》（1877）一书中提出，统计学是根据数量的大量观察，对人类社会生活的状态及其产生的规律作有系统的说明与研究。迈尔明确指出统计学的研究对象是社会经济现象的规律，认为脱离规律性的研究就不能获得科学的认识，统计学不仅要确定事实数量的记述，还必须研究其规律性。他认为统计学是社会科学中的一门独立科学，是研究规律性的实质性科学。

另一位代表人物是德国统计学家恩格尔(C. L. E. Engel，1821—1896)，恩格尔提出了统计调查、整理和分析三阶段的统计方法。他通过对英、法、德和比利时等国的工人家庭进行调查，撰写了《比利时工人家庭的生活费》(1895)一书，提出著名的恩格尔定律，即：一个家庭(或个人)的收入愈低，其食品支出在收入中所占比例就愈高；反之，其比例就愈低。其计算公式为

$$恩格尔系数=(食品支出总额/收入)\times 100\%$$

这一定律至今仍为人们广泛使用。

1.2.3 现代统计学时期

现代统计学时期一般认为从19世纪末20世纪初开始，其标志是推断统计学的问世。这一时期的显著特点是数理统计学由于同自然科学、工程技术科学紧密结合，且被广泛应用于各个领域而获得迅速发展，各种新的统计理论与方法，尤其是推断统计理论与方法得以大量涌现。英国生物学家高尔顿(Francis Galton，1822—1911)在1886年研究两代豌豆重量之间的关系时，首次提出并阐述了“相关”的概念，发现了关于一个正态变量 X 的线性回归及类似于椭圆的等概率线。从此，多元正态分布就经常出现在文献之中。英国生物学家、统计学家卡尔·皮尔逊(K. Pearson，1857—1936)于1894—1895年提出包括正态分布、矩形分布、J形分布、U形分布等13种曲线及其函数表达式。他的这一研究成果，打破了以往次数分布曲线的“唯正态”观念，推进了次数分布曲线理论的发展和应用，为大样本理论奠定了基础；他提出了著名的卡方统计量和卡方检验，他还提出了标准差概念，发展了相关回归理论等。英国统计学家威廉·西利·戈赛特(W. S. Gosset，1876—1937)1908年在《生物统计学》杂志上以Student笔名发表了《平均数的规律误差》，提出了“t 分布”，开创了小样本统计理论的先河，为研究样本分布理论奠定了重要基础，被统计学家誉为统计推断理论发展史上的里程碑。英国统计学家费希尔(R. A. Fisher，1890—1962)提出 F 分布，系统地发展了正态总体下各种统计量的抽样分布理论，这标志着相关、回归分析和多元分析等分支的建立；他建立了最大似然估计为中心的点估计理论，创立了试验设计，并发展了相应的数据分析方法——方差分析。在数理统计学的另一个主要分支——假设检验的发展中，费希尔也起过重要作用，但假设检验理论的系统化和深入研究，则应归功于波兰统计学家尼曼(J. Neyman，1894—1981)和英国统计学家小皮尔逊(E. S. Pearson，1895—1980)。他们在1928—1938年期间发表了一系列文章，建立了假设检验的严格数学理论。尼曼对数理统计做出的另一项很重要的贡献，是1934—1937年间建立了置信区间的数学理论。这一理论基于概率的频率解释，并与假设检验理论有着密切的关系。在不到半个世纪的时期内，数理统计学得到了丰富的多方面的发展，非参数统计法、序贯抽样法、多元统计分析法、时间数列跟踪预测法等都应运而生，并逐步成为现代统计学的主要内容，现代统计学时期是统计学发展最辉煌的时期。瑞典数学家克拉默(H. Cramer)在1946年写的名著《统计学的数学方法》对这一时期的主要成就作了扼要的总结，是此后20年间数理统计学的主要教科书。

“二战”以后，统计学在应用和理论两个方面继续得到很大发展。统计理论沿着纵深方向

快速发展。例如，最大似然估计和非参数统计的大样本理论，已达到完善的地步。瓦尔德在1950年创立了统计决策理论，从人与大自然进行博弈的观点出发，把形形色色的统计问题纳入一个统一的模式之下，这种理论对战后数理统计许多分支的发展产生了很多影响，特别是参数估计整个分支。

在应用上，由于经济和军事技术的快速发展以及电子计算机的出现和广泛使用，不仅使得过去难于计算的问题得到解决，而且促使能有效地利用计算机强大计算能力的统计学新理论问世，统计方法已渗透进各种专门的学科领域，统计学的应用达到了前所未有的规模，形成了许多边缘学科，如统计质量管理、生物统计、气象统计、地质统计、计量经济学、医学统计等。

1.3 统计学的基本概念

1.3.1 总体、个体与样本

所谓总体(population)，就是根据一定目的确定的所要研究的事物的全体，它是由客观存在的、具有某种共同性质的许多个别事物构成的整体。组成总体的每个个别事物称为个体，也称为总体单位。总体中个体数量的多少，称为总体容量或总体单位总数，用 N 表示。例如：在我国历次人口普查中，“具有中华人民共和国国籍并在中华人民共和国境内常住的人”就构成了总体，其中每一个人就是个体；研究江西省工业企业的生产情况，那么江西省所有的工业企业就构成了总体，其中每一家工业企业就是个体；研究景德镇陶瓷大学在校学生月消费支出情况，那么景德镇陶瓷大学的所有在校学生就构成了总体，其中每一名学生就是个体。

样本是与总体相对应的概念，在统计学中占有重要地位，几乎所有的统计理论和方法都是建立在样本之上的，而统计实践研究现象的数量方面也总是由样本开始的。所谓样本(sample)，就是从总体中抽取的一部分个体的集合，也称为子样。样本中所包含的个体数，称为样本容量或样本单位数，用 n 表示。一个样本单位必定是一个总体单位；样本是总体的代表，蕴含着总体的信息，与总体有同质的数量特征；样本具有随机性，而研究目的一经确定，总体就是唯一的。从总体中随机抽取一部分个体作为样本，目的是根据样本提供的信息去推断总体的特征。例如，一家公司正在接受审计，审计人员没有必要对该公司年度内的所有55 600张发票全部审查，只需随机抽查一个100张发票的样本即可，审计人员通过这100张样本发票计算的差错率就可对全部55 600张发票的差错率进行推断。

总体具有以下特点：

(1)总体具有同质性。即构成总体的总体单位在某一方面性质是相同的。只有性质相同的人、单位、物等才能集合在一起，研究其数量表现和数量联系才有意义。因此，同质性是构成总体的基础。

(2)总体具有大量性。即构成总体的总体单位必须足够多。总体单位是总体数量特征最原始的承担者，总体的数量特征很多时候是无法直接观测到的。只能通过对总体单位的数量特征进行观测得到。而总体单位的数量特征可能各不相同，没有规律可循，只有对大量总体单位的数量特征进行综合，才能发现总体的数量特征。因此，大量性是构成总体的条件。

(3)总体具有差异性。即构成总体的总体单位在某一方面性质是相同的，而在其他方面都是不尽相同的。例如上面提到的例子，如果每一位同学的月支出情况都一样，每一张发票的情况都一样，那么我们就无须总体了，只要了解一个学生、一张发票，就知道了所有学生的支出情况、所有发票的差错率状况。因此，差异性是构成总体的前提。

根据总体所包含的单位数量，总体可以分为有限总体和无限总体两类。有限总体是由有限量的单位构成的总体。例如，全国人口普查，尽管其包含的单位数量很大，但仍然是有限的，所以是有限总体。而当总体单位数难以确定，其数量有可能是无限时，便构成了无限总体。例如：在检验某种新工艺是否能够真正改善产品的性能的问题中，该新工艺有可能一直延续下去，利用该工艺制造的产品包括已经生产和将要生产的产品，其数量难以具体确定；还有大气中的悬浮颗粒总体也是无限总体。区分有限总体和无限总体，有利于根据不同类型的总体采用不同的调查研究方法。社会经济现象绝大多数是有限总体，而在推断统计中总体是随机变量，为无限总体。

1.3.2 标志、指标与变量

1. 标志

总体各单位普遍具有的属性或特征称为标志(characteristic)。每个总体单位从不同方面考查都具有许多属性和特征。例如：在人口调查中，每个人都具有性别、年龄、籍贯、职业、文化程度、婚姻状况等属性和特征，这些就是人作为总体单位的标志；在工业生产调查中，说明每一个工业企业特征的标志有所有制性质、职工人数、固定资产数量、产量、利润额等。统计研究是从登记标志状况开始的，并通过对标志的综合，反映出总体的数量特征。

标志的具体表现称为标志值。如性别这个标志具体可以表现为男或者女；年龄这个标志具体可以表现为 3 岁、20 岁、60 岁等。这里“男”“女”“3 岁”“20 岁”“60 岁”等是标志值。

标志分为品质标志和数量标志两种。品质标志表明单位属性方面的特征，品质标志的表现只能用文字、语言来描述。例如，性别具体表现为男、女，籍贯表现为北京、上海、深圳、南昌等，婚姻状况表现为未婚、已婚等，所有制性质表现为国有经济、集体经济、股份制经济等。所以，性别、籍贯、婚姻状况、所有制性质等都是品质标志。数量标志表明单位数量方面的特征，可以用数值来表现。例如，职工的工龄可以是 3 年、10 年、30 年等，职工人数可以是 3 201 人、10 234 人等，固定资产可以是 9 875 万元、15 678 万元、89 万元等，所以，工龄、职工人数、固定资产等是数量标志。

尽管标志是总体各单位都具有的普遍属性，但各单位有关标志的具体表现却未必相同。而总体各单位在特定时间、地点条件下的具体表现正是统计所关心的问题。如果一个总体中各单位有关标志的具体表现都相同，则称之为不变标志。例如，在教师这一总体中，“职业”这一标志的具体表现都是教师，所以“职业”便是不变标志。在一个总体中，当一个标志在各单位的具体表现有可能不同时，这个标志便称为变异标志。例如，在教师总体中，各人的“职称”“工龄”可能表现不同，所以“职称”和“工龄”便是变异标志。在统计总体中，不变标志和变异标志各自发挥着重要的作用。一个总体至少要有一个不变标志，才能够使各单位结合成一个总体。例如，教师总体中“职业”的标志是不变的，才能使全体教师构成一个总体。所以，不变标志是总体同质性的基础。如果没有不变标志，那么总体也就不存在。作为总体，同时必须存在变异标志，这表示所研究的现象在各单位之间存在着差异，这才需要进行统计研究。上例中教师的“职业”标志是不变的，但又存在“职称”“工资”等变异标志，这才需要开展统计调查工作，按“职称”分类，并计算“平均工资”指标等。如果各教师的工资水平都一样，就没有必要去统计工资，也不需要用统计方法测度平均工资水平了。

2. 指标

统计指标简称指标(indicator),是反映总体数量特征的概念或概念的具体数值。在《中国统计年鉴》中,人们可以查阅到一系列的指标。例如,2021 年我国现价国内生产总值达到 1 143 670 亿元,按可比价比 2020 年增长 8.1%;全年全国居民人均可支配收入 35 128 元,比 2020 年名义增长 9.1%,扣除价格因素实际增长 8.1%;全国居民人均可支配收入中位数 29 975 元,比上年名义增长 8.8%;城镇新增就业 1 269 万人,城镇调查失业率平均为 5.1%。居民消费价格上涨 0.9%。这些数值名称以及数值就是反映我国国情国力的一些统计指标。

统计指标包括指标名称、指标数值、计量单位三个要素。指标名称是现象数量特征的内涵和外延,反映指标的经济含义、时间范围和空间范围。指标数值是现象数量的规模大小、水平高低、相对程度等。计量单位是现象数量的衡量尺度。

指标的概念是对所研究现象本质的抽象概括,也是对总体数量特征的质的规定。所以,确定统计指标必须有一定的理论依据,使之与社会经济或科学技术的范畴相吻合。同时,又必须对理论范畴和计算口径加以具体化,以便达到量化的目的。例如,工资的含义在经济学中是明确的,但在实际经济生活中,职工的奖金、津贴和劳保福利是不是应该纳入工资统计的范围就必须加以具体规定。指标的数值反映所研究现象在具体时间、地点、条件下的规模和水平,不同时间、不同地点或不同条件下,指标的具体数值可能不同。所以,在观察指标数值时,必须了解其具体的时间状态、空间范围、计量单位、计量方法等限定,同时注意由上述条件的变化而引起的数值的可比性问题。总之,统计指标是统计研究对象的具体化,也是统计对客观事物认识过程的起点。

按表现形式,统计指标可以分为总量指标、相对指标和平均指标;按反映现象的数量特点,统计指标可以分为数量指标和质量指标。数量指标是反映现象总规模、总水平或总数的指标,例如,人口总数、企业职工总数、工资总额、国内生产总值、商品进出口总额等,一般用绝对数来表示。质量指标是反映现象相对水平或工作质量的指标,例如,职工平均工资、人口密度、职工出勤率等。质量指标是总量指标的派生指标,统计指标的两种分类的关系如图 1-2 所示。

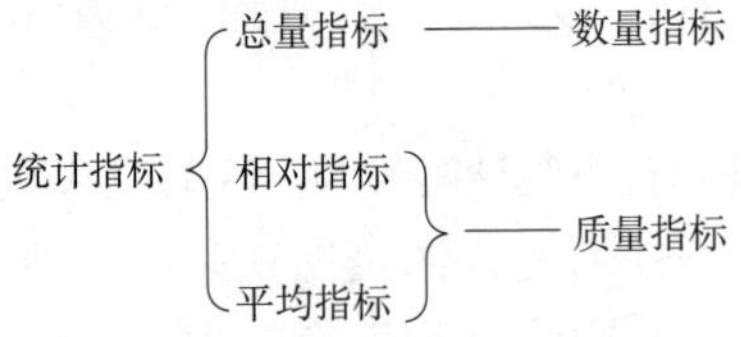

图 1-2 统计指标的分类

单个统计指标只反映总体某一个数量特征,说明现象某一侧面的情况。客观现象是错综复杂的,要反映其全貌,描述现象发展的全过程,只靠单个统计指标是不够的,需要设立统计指标体系。统计指标体系是由一系列相互联系的统计指标所组成的有机整体,用以反映所研究现象各方面相互依存、相互制约的关系。

统计指标体系分为基本统计指标体系和专题统计指标体系两大类。基本统计指标体系反映经济和社会发展基本情况,比如一个国家的人口总数、国土面积、国内生产总值等;专题统计指标体系反映某一经济或社会现象的情况,例如,为了反映企业生产经营的全貌,需要设立产量、产值、品种、质量、职工人数、劳动生产率、工资总额、原材料、设备、财务成本等多项指标,来组成工业企业统计指标体系。指标体系的设置不但是客观现象的反映，而且也是人们对客观现象认识的结果。随着客观形势的发展变化以及实践经验和理论研究的积累，指标体系也将不断改进更新，逐步完善。

指标与标志之间存在密切的联系。标志反映总体单位的属性和特征，而指标则反映总体的数量特征。标志和指标的关系是个别和整体的关系。指标数值总是汇总标志值或总体单位而得到的。比如，把各个工业企业的增加值和企业个数汇总，就得到反映工业企业生产情况的重要指标——工业增加值和工业企业总数。由个体过渡到总体，由标志过渡到指标，是人们认识的深化和发展。因为各个个体的标志之间存在着变异，只有通过大量个体标志的综合，才能利用统计指标获得个体难以显现的信息，反映出现象本质的属性和特征。总体和单位的概念会随着研究目的不同而变化，因此指标与标志的概念也是相对而言的。例如，如果所要研究的是全国工业企业的情况，则各企业的职工人数、固定资产、工业增加值等都是总体单位(即各个企业)的标志，而如果研究目的变成研究某一企业的职工状况，则该企业变成一个总体，企业职工人数变成了统计指标，每个职工的文化程度、技术等级、性别、年龄等就成为标志。另外，需要注意的是，标志有数量标志(可以用数量表示)和品质标志(不可以用数量表示)之分。与此不同的是，任何统计指标都可以用数量表示，也就是说统计指标都是可量的，而标志未必都是可量的。品质标志的表现不是数值，只有对品质标志的具体表现所对应的单位进行汇总，才是指标。例如，性别的具体表现为男或女，分性别进行汇总得到的男性人数、女性人数、性别比例等才是指标。

3. 变量

变量是统计学中经常涉及的一个概念。我们把说明现象某种特征的概念称为变量(variable)。按照这个定义，指标名称和标志都是变量。它的特点是从一次观察到下一次观察呈现出差别或变化。例如，性别、收入、产品的质量等级等都是变量。变量的具体表现称为变量值，如性别是“男”或“女”，“男”“女”就是变量值。统计数据就是统计变量的具体表现。为了区别，在本书中，凡是变量均用大写的英文字母表示，而变量值则用小写英文字母表示。

变量可以分为定性变量和定量变量两类。

定性变量是具体表现为文字的变量，主要包含分类变量和顺序变量两种。“企业类型”就是一个分类变量，变量值为“国有企业”“民营企业”“三资企业”等，“购买商品的支付方式”也是一个分类变量，变量值为“现金”“信用卡”“支票”“电子支付”等；“员工对企业某项改革措施所持的态度”就是顺序变量，变量值可以为“赞成”“中立”“反对”等，“大学生考查课的成绩”也是一个顺序变量，变量值可以是“优”“良”“中”“不及格”等。对于定性变量，通常关注的是每一个类别的数量和所占比例。

定量变量是可以取具体数值的变量，所以也称为数值变量。例如，人的身高、体重、收入等，都属于数值变量，它们的变量值可以表现为不同的数值。

根据变量值连续出现与否，变量可分为连续型变量和离散型变量。连续型变量是指变量的取值在数轴上连续不断，无法一一列举，即在一个区间内可以取任意实数值。例如，气象上的温度、湿度，零件的尺寸，电子元件的使用寿命等。离散型变量是指变量的数值只能用计数的方法取得，其取值是整数值，可以一一列举，如企业数、职工人数等。在统计实践中，为了便于计算，可将某些连续型变量按离散型变量来处理，如人的年龄、企业的产值等。

根据变量的取值确定与否，变量又可分为确定性变量和随机变量。确定性变量是受确定性因素影响的变量，即影响变量值变化的因素是明确的，是可解释和可控制的。随机变量则是受许多微小的不确定因素（又称随机因素）影响的变量，变量的取值无法事先确定。社会经济现象既有确定性变量也有随机变量。统计学所研究的主要是随机变量。

1.3.3 参数与统计量

1. 参数

总体参数简称参数（parameter），是用来描述总体特征的概括性数字度量，是研究者想要了解的总体的某种特征值。研究者所关心的参数通常有总体均值、总体方差或标准差、总体比例等，也经常称这些总体参数为总体指标。在统计中，参数通常用希腊字母表示，或者用大写的英文字母表示。例如，总体均值用 μ 表示、总体标准差用 σ 表示、总体比例用 π 表示，等等。

由于实际中往往不可能收集齐总体所有数据，我们需要进行抽样调查，用样本的信息对总体进行进一步的推断，所以参数的真实数值往往也是未知的。然而一旦总体确定后，总体的特征是唯一不变的，我们称参数为未知的常数。例如，某企业生产一批产品，我们并不知道这批产品的平均使用寿命和合格率，但它们是一个常数，可以采用抽样的方式，从中随机抽取一部分产品作为样本，用样本产品的平均寿命和合格率来对总体进行推断。

2. 统计量

统计量（statistic）也称为样本指标，是用来描述样本特征的概括性数字度量，它是根据样本信息计算出来的一个量。通常研究者所关心的统计量主要有样本平均值、样本标准差、样本比例等。在统计中，样本统计量用小写的英文字母来表示。例如，样本均值用 $\bar{x}$ 表示、样本标准差用 s 表示、样本比例用 p 表示，等等。

由于样本是从总体中抽取出来的，是实际进行调查或观察的对象，因此其取值是可知的，所以统计量是可以得到的。因为样本是按照随机原则抽取的，所以统计量是样本的函数。除了样本平均值、样本标准差、样本比例这类统计量，还有一些是为统计分析的需要而构造出来的统计量，比如，用于统计检验的 z 统计量、t 统计量、F 统计量、χ^2 统计量，等等。

1.3.4 统计数据的类型

当今世界处于信息爆炸的知识经济时代，在日常工作和生活中，随处可见统计数据，统计数据是对现象进行测量的结果。例如，企业统计职工的出勤人数，教师计算学生期末考试的平均成绩和名次，体育比赛时解说员统计比赛双方的得分率、失误率，等等，人们要根据这些数据来进行判断与决策。统计数据不仅仅是数字，也可以是文字。下面将从不同的角度对统计数据进行分类。

（1）按是否可以直接用数字表示，统计数据可以分为定性数据和定量数据。品质标志的具体表现是定性数据，反映现象的类别和等级。数量标志的具体表现和统计指标数字是定量数据，反映现象的规模、水平、相对程度等。

（2）按是否经过加工处理，统计数据有原始数据和综合数据之分。原始数据产生于统计调查阶段，主要是说明总体单位特征的数据，比如性别男、女，月工资 8 750 元、9 510 元；综合数据则是经过统计整理后形成的，用以说明总体特征的数据，即统计指标数字，比如 2014 年我国国内生产总值 636 463 亿元。

（3）按照统计数据的收集方法，将统计数据分为观测数据和实验数据。观测数据是通过统计调查或观测的方式而获取的反映研究现象客观存在的数量特征的数据，这类数据是在没有人为控制的条件下获得的。有关社会经济现象的统计数据几乎都是观测数据。例如，2016年4月，全国居民消费价格总水平(CPI)同比上涨2.3%，其中，城市上涨2.3%，农村上涨2.4%；全国工业生产者出厂价格同比下降3.4%，环比上涨0.7%。实验数据是在人为控制的条件下，通过实验的方式而获得的关于实验对象的数据。自然科学研究中的数据大都属于实验数据。例如，一种艾滋病新药的疗效实验数据、试验田亩产实验数据、新产品性能实验数据等，都属于这类数据。

(4)根据对客观现象观察的角度不同，统计数据可分为横截面数据、时间序列数据和面板数据。横截面数据又称为静态数据，它是指在同一时间对同一总体内不同单位的数量进行观察而获得的数据。时间序列数据又称为动态数据，它是指在不同时间对同一总体的数量表现进行观察而获得的数据。例如，2021年全国各省、自治区、直辖市的地区生产总值就属于横截面数据，而"十三五"期间我国历年的国内生产总值就属于时间序列数据。面板数据则是同时在时间和横截面空间上取得的二维数据，如2011—2020年31个省份的地区生产总值数据。从某一年份看，它是由31个地区生产总值数字组成的横截面数据；从某一省份看，它是由10年的地区生产总值数据组成的一个时间序列数据。面板数据则由31个省份10年的数据组成，共有310个观测值。

(5)数据的计量尺度。根据对研究对象计量的不同精确程度，人们将数据的计量尺度由低到高、由粗略到精确分为四个层次：定类尺度、定序尺度、定距尺度和定比尺度。

①定类尺度是按现象的某种属性对现象进行平行分组。分组后所形成的数据称为定类数据、类别数据或列名数据。比如：按性别把总体分成男和女两类；按企业登记注册类型，把企业分为内资企业、港澳台商投资企业和外商投资企业三大类。"男"、"女"、"内资企业"、"港澳台商投资企业"和"外商投资企业"就是定类数据。为了便于计算机处理，人们可以用0、1、2或A、B、C代表这些数据，但是它们只是数据的代码，它们之间没有数量上的关系和差异。

定类数据中，各类别之间是平等、并列关系，没有优劣、大小、顺序之分，谁排前、谁排后，对统计研究没有实质性影响。定类数据只能区分事物的同类或不同类，所以其数学特性是"等于(=)"和"不等于(≠)"，其计算功能是能够计算每一个类别的次数和比重、众数和异众比，进行列联表分析和卡方检验等。

②定序尺度是按现象的某种属性对现象进行有等级差异或顺序差异分组，分组后形成的数据称为定序数据、顺序数据。比如按"满意度"把总体分成"非常满意""满意""基本满意""不满意""非常不满意"五类。"非常满意""满意""基本满意""不满意""非常不满意"就是定序数据。定序数据也可以用1、2、3或A、B、C等表示，但它们也仅仅是代码而已。显然，"非常满意"好于"满意"、"满意"好于"基本满意"等，它们是不平行的、是有序的。定序数据不仅可以区分事物的同类或不同类，还可以区分事物的好坏，所以其数学特性除了"等于"和"不等于"外，还有"大于"和"小于"。但是不能具体测定类别之间的差异，不能具体说一个类别大于或小于另一个类别多少，其计算功能除了定类数据的功能外，还可以计算中位数、分位数、等级相关系数等，但是不能进行加、减、乘、除运算。

定类尺度和定序尺度在对现象总体分类时，必须符合穷尽和互斥的原则，即在分类时，必须包括总体的所有个体，使每一个个体或单位都能归入其中一类，而且只能归入一类，不能遗漏、不能重复。

③定距尺度是对现象类别或顺序之间的间距进行的测度。这样得到的数据称为定距数据、区间数据、间隔数据。定距数据是一种不仅能反映事物所属的类别和顺序，还能反映事物类别或顺序之间数量差距的数据，表现结果为数值。例如，两名学生的统计学考试成绩分别为 95 分和 56 分，不仅能说明第一名学生成绩优秀，第二名学生不及格，前者成绩高于后者，还可以说明两者之间具有 39 分的差距；再如，一个地区的温度为 30 ℃与另一个地区的温度 35 ℃相差 5 ℃等，这些都属于定距数据的类型。由于定距数据表现为数值，因此，其结果除了具有=、≠、>、<的数学特性外，还具有+、-的数学特性。但需要注意的是，定距数据之间的差是固定不变的，但没有一个通常的零点，定距数据之间的比值是没有意义的，不适合进行乘除运算，例如，气温 30 ℃和 10 ℃相比，不能说明前者的温暖程度是后者的 3 倍，因为气温可以是 0 ℃或 0 ℃以下，而 0 ℃或 0 ℃以下并不代表没有温度。这种情况称为不存在绝对零点的现象，类似的现象还有企业利润等。

④定比数据是一种不仅能体现事物之间数量差距，还能通过对比运算，即计算两个测度值之间的比值来体现相对程度的数据，表现结果为数值。只要是反映存在绝对零点现象(即零代表没有)的数据，都是可以进行对比运算的定比数据。例如，糖果的重量 50 克，人的身高 180 厘米、体重 60 千克，水杯的容量为 500 毫升等，这些都是定比数据。定比数据是包含信息量最多的数据，绝大多数统计数据都属于这一类。因此，定比数据除了具有=、≠、>、<的数学特性外，还具有+、-、×、÷的数学特性，可以汇总，可以计算各种特征值、相对数以及进行更多的定量分析。比如：某校学生人数 16 000 人，等于各个专业学生人数之和；全年社会融资规模为 16.46 万亿元，比上年减少 8 598 亿元；体重 90 千克的人比体重 45 千克的人重 1 倍，等等。

按计量尺度所分的上述四类数据是有层次的，后一层次的数据包含了前一层次的全部信息内容，能够转换为前一层次的数据。但反之则不然，即定比数据包含了定类数据、定序数据和定距数据的全部信息内容，也可以转换成定类数据、定序数据和定距数据；定序数据包含了定类数据的全部信息内容，可以转换成定类数据，但是不能转换成定距数据、定比数据；定距数据不能转换成定比数据。定距尺度和定比尺度得到的数据都是定量数据。定距数据只能计算差距，不能计算比率，定比尺度是最高级的计量层次。

扩展阅读

在互联网+时代，数据的形式和内涵也在不断变化和发展，大数据应运而生。大约从 2009 年开始，“大数据”成为互联网信息技术行业的流行词汇。除了前面提到的观测数据、实验数据、统计数据等，图、表、文字也被纳入数据行列。数据所蕴含的信息远远超出其工具性和依据性特征，形成可以从中挖掘出新知识的大数据。大数据(big data)又称为巨量数据、海量数据，是由数量巨大、结构复杂、类型众多的数据构成的数据集合，是基于云计算的数据处理与应用模式，通过数据的集成共享、交叉复用形成的智力资源和知识服务能力。通常用四个 V(即 volume，variety，value，velocity)来概括大数据的特征：

①数据量巨大(volume)。到目前为止，人类生产的所有印刷材料的数据量是 200 PB，而历史上全人类说过的所有话的数据量大约是 5 EB。当前，典型个人计算机硬盘的容量为 TB

量级，而一些大企业的数据量已经接近EB量级。

②数据类型繁多(variety)。数据可以分为结构化数据和非结构化数据。非结构化数据越来越多，包括网络日志、音频、视频、图片、地理位置信息等多类型的数据。

③价值密度低(value)。价值密度的高低与数据总量的大小成反比。

④处理速度快(velocity)。这是大数据区别于传统数据挖掘最显著的特征。根据互联网数据中心(Internet Data Center)的《数字宇宙》报告，2020年全球数据使用量达到35.2 ZB。在如此海量的数据面前，处理数据的效率就是企业的生命。

在知识的演化过程中，数据既是产生信息、知识、智慧的基础，又贯穿其中。进入信息化时代，人们遇到的最大难题不是信息不足，而是信息孤岛的问题，只有实现大数据的共享和规范管理，才能破解这一难题。比如流感对于美国人来说是一件非常大的事情。美国人起初通过流行病学的各种调查得不出流感的规律，后来想到对2万多家药店的销售记录数据进行分析，分析后发现，一般在全国流行性感冒的前两周，药店出售的感冒药增加得比较快。也就是感冒药销售增加得比较快的两周以后，全国的流行性感冒就来了，政府就需要增加对流行性感冒预防的措施。原因是大部分人开始有感冒症状的时候，没有意识到这是个问题，就到药店买点药吃。一旦买感冒药的人增加了，药店卖的感冒药就增加了，估计两个星期后，医院的感冒患者就要增多，这个时候就要开始实施预防措施了。大数据对经济、社会、人类日常生活产生的影响不仅仅限于技术层面，对于管理理念、运作方式也都将产生巨大的影响。

数据的不断涌现使得与数据科学有关的职业越来越受到重视。2021年某网站推出了“最佳职业榜”，该榜单上有很多职位和统计有关，分别是统计师(第六名)、数据科学家(第八名)和精算师(第二十名)。这是因为无论是促销新产品还是新建电视台，所有的东西都建立在数据之上。而各种公司都在雇用那些可以读得懂数据，并且能根据数据预测出趋势的数据科学家。

思考与练习

一、单选题

1. 最早使用统计学这一学术用语的是(   )。
   A. 政治算术学派 B. 国势学派 C. 社会统计学派 D. 数理统计学派
2. 如果要了解某省国有工业企业技术装备情况，那么统计总体是(   )。
   A. 该省所有国有工业企业 B. 该省每一个国有工业企业
   C. 该省国有工业企业的每一台设备 D. 该省国有工业企业的全部设备
3. 考查全国企业的情况时，以下标志中属于不变标志的是(   )。
   A. 产业分类 B. 职工人数 C. 劳动生产率 D. 所有制
4. 一名统计学专业的学生为了完成其统计学作业，在《统计年鉴》中找到了1978—2021年我国城镇家庭的人均收入数据，这一数据属于(   )。
   A. 分类数据 B. 顺序数据 C. 截面数据 D. 时间序列数据

二、多选题

1. “统计”一词的含义是(   )。

A. 统计工作　B. 统计资料　C. 统计调查　D. 统计学

E. 统计人员

2. 下列属于连续变量的有(　　)。

A. 班级人数　B. 某企业设备台数　C. 职工月平均工资　D. 某养殖场牲畜头数

3. 在我国全国人口普查中(　　)。

A. 每个有中国国籍的常住人是总体单位

B."男性"是分类数据

C."文化程度"是变量

D. 所有具有中国国籍的常住人是总体

三、判断题

1. 统计学是数学的一个分支。(　　)

2. 描述统计是用文字和图表对客观世界进行描述。(　　)

3. 统计研究的基本方法可以通用于自然现象、社会经济现象和科学实验等领域的分析研究。(　　)

四、简答题

1. 试分析以下几种统计数据所采用的计量尺度属于何种计量尺度：

人口数　民族　进出口总额　经济增长率　受教育程度

2. 请举一个实例说明品质标志、数量标志、质量指标、数量指标之间的区别与联系。

3. 请举若干日常生活中所接触到的统计问题的例子。

4. 某咨询有限公司发布了《中国网上购物消费者调查报告 2021》，此报告调查覆盖范围为我国网购规模较大的 30 个城市，采取抽样调查的方式，最终有效问卷为 3 756 份。调查结果显示，2021 年每个网购消费者平均网购 21.6 次，"购物方便"已经超过了"价格便宜"成为网购的最大优势，而"商品质量"和"物流"是网购中用户反映最集中的问题。

试回答以下问题：

(1)这一研究的总体是什么？

(2)"消费者在网上购物的原因"是哪种变量类型？

(3)研究所关心的参数是什么？

(4)"2021 年每个网购消费者平均网购 21.6 次"是参数还是统计量？

(5)研究者所使用的方法主要是描述统计法还是推断统计法？

第 2 章　统计软件简介

2.1　统计软件概述

统计学是面向数据的学科。除了收集、整理数据和描述数据，也包括通过分析数据了解统计结果背后的逻辑、为决策提供科学指导以及依据数据对未来作出预测。但由于计算手段的匮乏，在 20 世纪中期以前，人们只能通过构建包含简单计算手段和较少计算量的分析方法处理维度有限的、易获得的数据集。随着计算机的出现以及发展，数据的采集更加容易，数据集在维度和总量上得到广泛的扩充。同时，计算技术的进步也使得计算手段不再是限制统计学发展的瓶颈。统计软件的出现和使用，不仅促进了统计学科的发展，也使得统计教学和学习发生了革命性变化。统计软件的使用可以使我们从繁杂的计算中解脱出来，从而可以“释放出”更多的时间和精力去理解统计方法的思想和原理。

目前市面上比较常见的统计软件种类颇多，包括 SAS、SPSS、R、EViews、MATLAB、Python 等，甚至我们熟悉的 Office 操作软件 Excel 中也包含一些基本的统计分析功能。由于开发者的初衷不同，上述软件必然具有各自的特点，选择哪款软件并没有统一的标准。作为一个辅助的计算工具，只要能帮助应用者准确、快捷地完成统计分析工作，就是一个好的选择。

2.2　SAS

SAS 是英文 Statistical Analysis System（统计分析系统）的缩写，用于挖掘、更改、管理和检索各种来源的数据并对其进行统计分析。1966 年，美国农业部收集到海量农业数据，急需一种计算机化统计程序来对其进行分析。由美国国立卫生研究院资助，北卡罗来纳州立大学（NCSU）牵头的八所大学联合会共同解决这一问题。1971 年，首个版本的统计分析系统 SAS71 应运而生。1976 年 SAS 软件研究所公司（SAS Institute）成立，接过对 SAS 系统的维护和开发。SAS 最初只能在 IBM 大型机上以命令行方式通过运行代码完成数据的分析。随着版本的发展，SAS 内部自带函数和过程一直在增加，功能逐渐强大和完善，并且也能够在 PC 和不同操作系统上运行。2004 年，SAS 在其版本 9 中增加了单击式图形交互界面，图形化的操作也变得更灵活。经过多年来的完善和发展，SAS 系统在国际上已被誉为统计分析的标准软件，在各个领域得到广泛应用。

SAS 系统是一个模块组合式结构的大型应用软件系统。它由数十个专用模块构成，功能包括数据访问、数据储存及管理、应用开发、图形处理、数据分析、报告编制、运筹学方法、计量经济学与预测等。

SAS系统基本上可以分为四大部分:SAS数据库部分;SAS分析核心;SAS开发呈现工具;SAS对分布处理模式的支持及其数据仓库设计。SAS系统主要完成以数据为中心的四大任务:数据访问;数据管理(SAS的数据管理功能并不算很出色,但是数据分析能力强大,所以常常用微软的产品管理数据,再导成SAS数据格式,要注意与其他软件的配套使用);数据呈现;数据分析。

Base SAS模块是SAS系统的核心。负责数据管理,交互应用环境管理,进行用户语言处理,调用其他SAS模块。Base SAS为SAS系统的数据库提供了丰富的数据管理功能,还支持标准的SQL语言对数据进行操作。Base SAS能够制作从简单列表到比较复杂的统计报表。Base SAS可进行基本的描述性统计及其相关系数的计算,进行正态分布检验等。其他各模块均在Base SAS提供的环境中运行。用户可选择需要的模块与Base SAS一起构成一个用户化的SAS系统。

SAS系统共有三十多个功能模块,例如SAS/STAT(统计分析模块)、SAS/GRAPH(绘图模块)、SAS/QC(质量控制模块)、SA/ETS(经济计量学和时间序列分析模块)、SAS/OR(运筹学模块)、SAS/IML(交互式矩阵程序设计语言模块)、SAS/FSP(快速数据处理的交互式菜单系统模块)、SAS/AF(交互式全屏幕软件应用系统模块)等。SAS提供的绘图系统,不仅能绘制各种统计图,还能绘出地图。

SAS提供了从基本统计数的计算到各种试验设计的方差分析、相关回归分析以及多变数分析的多种统计分析过程,几乎囊括了所有最新分析方法,其分析技术先进可靠。分析方法的实现通过过程调用完成。许多过程同时提供了多种算法和选项。用户还可以通过对数据集的一连串加工,实现更为复杂的统计分析。此外,SAS还提供了各类概率分析函数、分位数函数、样本统计函数和随机数生成函数,使用户能方便地实现特殊统计要求。

SAS是用汇编语言编写而成的,通常使用SAS需要编写程序,比较适合统计专业人员使用,而对于非统计专业人员学习SAS比较困难。SAS以一个通用的数据步(DATA)产生数据集,然后以不同的过程调用完成各种数据分析。其编程语句简洁、短小,通常只需很少的几条语句即可完成一些复杂的运算,得到满意的结果。结果输出以简明的英文给出提示,统计术语规范易懂,具有初步英语和统计基础即可。

2.3 SPSS

SPSS(Statistical Product and Service Solutions,统计产品与服务解决方案)是著名的统计分析软件之一。最初软件全称为“社会科学统计软件包”(Statistical Package for the Social Sciences),20世纪60年代末由美国斯坦福大学的三位研究生研制。2009年7月被IBM公司收购,现更名为IBM SPSS Statistics。

2.3.1 SPSS发展史

20世纪60年代末,美国斯坦福大学的三位研究生研制开发了最早的统计分析软件SPSS,并于1975年在芝加哥成立了专门研发和经营SPSS软件的SPSS公司。此时的SPSS软件主要在中小型计算机上运行,统称为SPSSx版,面向单位用户。20世纪80年代初微型计算机出现，SPSS公司迅速于1984年推出了运行在DOS操作系统上的SPSS微机版第1版，随后又相继推出了第2版、第3版等，统称为SPSS/PC+版，并确立了个人用户市场第一的地位。1990年代，随着Windows操作系统的出现和盛行，SPSS公司又研制出了以Windows为运行平台的SPSS第5版、第6版。20世纪90年代中后期，为适应用户在Windows 95操作系统环境下工作的习惯，并迎合互联网的广泛使用，SPSS第7版至第17版又相继诞生，统称为SPSS for Windows版。

1994—1998年间，SPSS公司陆续购并了SYSTAT、BMDP、Quantime、ISL、ShowCase等公司，使SPSS由原本单一的统计分析软件开始转型，向为企业、教育科研、政府等机构统计决策服务的综合性产品发展。为此，公司更名为Statistical Product and Service Solutions，即统计产品与服务解决方案。目前，SPSS在全球有十万家产品用户，分布于通信、医疗、银行、保险、制造、商业、市场研究和教育等多个行业和领域，已成为世界上最流行、应用最广泛的专业统计分析软件之一。

2009年7月，IBM公司斥巨资收购了SPSS软件公司。SPSS第18和19版重新命名为PASW(Predictive Analytics SoftWare) Statistics。第20版至目前的第25版命名为IBM SPSS Statistics。

从SPSS/PC+版本到目前的最新版本，SPSS在用户操作和分析结果的展现方面做了非常大的改进。SPSS/PC+版本是通过命令行方式(即用户输入SPSS命令和参数)完成数据的管理和统计分析工作的，统计分析文字结果和图形结果均以文本字符方式展现。SPSS for Windows的第5版、第6版，在保留以前版本的手工输入命令、参数操作方式同时，还为用户提供了直观的图形化菜单界面。用户的数据管理和统计分析工作可以通过鼠标点选菜单或按钮并配合简单的对话框输入来实现，从而免去了记忆命令参数的负担，也不需要任何计算机编程。图形分析结果能够以图形点阵的方式表示，并允许用户对其进行编辑。SPSS for Windows第7版以后的版本，进一步完善了用户的操作界面，增加了用户熟悉的与操作系统风格一致的工具栏按钮。在分析结果的输出处理方面，改变了原来版本的输出方式，以崭新的树形结构方式管理分析结果，以文本、表格、图形混排的形式展现分析结果，以强大、灵活的编辑功能随心所欲地编辑结果，以内容丰富的"统计辅导"联机帮助方式帮助用户理解分析结果。同时，还实现了对互联网的全面适应，并支持数据的动态收集、分析和HTML格式报告等。第18版提供了多语言版，支持中文窗口显示和中文结果输出，更便于中国用户使用。

2.3.2 SPSS的功能和特点

SPSS是世界上最早采用图形菜单驱动界面的统计软件。它将几乎所有的功能都以统一、规范的界面展现出来，使用Windows的窗口方式展示各种管理和分析数据方法的功能。用户通过鼠标操作，在对话框的下拉菜单中选取相应的功能模块即可对数据实施相应的分析处理，操作简单方便。相较于其他需要输入较复杂指令或编程的统计软件，SPSS的学习成本最低。

SPSS采用类似Excel表格的方式输入与管理数据，数据接口较为通用，能方便地从其他数据库中读入数据。其统计过程包括了常用的、较为成熟的统计过程，完全可以满足非统计专业人士的工作需要。输出结果十分美观，存储时则是专用的SPO格式，可以转存为HTML格式和文本格式。对于熟悉老版本编程运行方式的用户，SPSS还特别设计了语法生成窗口，用户只需在菜单中选好各个选项，然后单击“粘贴”按钮就可以自动生成标准的 SPSS 程序，极大地方便了中、高级用户。

SPSS 系统特点是操作比较方便，统计方法比较齐全，绘制图形、表格比较方便，输出结果比较直观。SPSS 统计分析过程包括描述性统计、均值比较、一般线性模型、相关分析、回归分析、对数线性模型、聚类分析、数据简化、生存分析、时间序列分析、多重响应等几大类。SPSS 也有专门的绘图系统，可以根据数据绘制各种图形。

2.4 R 语言

比较几种常见的统计软件，SAS 速度快，有大量的统计分析模块，但可扩展性稍差，价格极其昂贵。此外，SAS 汇编语言的编程风格无疑提高了其学习门槛。SPSS 主要基于图形界面，简单易学，但编程十分麻烦。

R 语言是用于统计分析、绘图的语言和操作环境，是属于 GNU 项目（开源软件的一个重要集合）的一个自由、免费、源代码开放的软件，它是一个用于统计计算和统计制图的优秀工具，由于其功能强大、灵活易用、更新快等诸多特点，除在高校的论文和科研领域广受欢迎外，在业界的应用也日趋增多。

2.4.1 R 语言的发展史

19 世纪七八十年代，AT&T 贝尔实验室开发了一种用来进行数据探索、统计分析和作图的解释型语言 S 语言（S 语言的商业版本 S-PLUS 一度是与 SAS、SPSS 齐名的三大统计软件之一）。早在 1998 年，美国计算机协会（ACM）就授予了 S 语言的主要设计者 John Chambers “软件系统奖”，用来表彰其取得的成就。这是迄今为止众多统计软件中“唯一”被 ACM 授奖的统计系统。当时 ACM 是这样评价 S 语言的：“永久地改变了人们分析、可视化、处理数据的方式；是一个优雅的、被广泛接受的、不朽的软件系统。”

1995 年，新西兰奥克兰大学的 Robert Gentleman 和 Ross Ihaka 及其他志愿人员基于 S 语言的源代码开发了一个 R 系统并于 1997 年发布，实现了与 S 语言基本相同的功能和统计功能。由于 R 语言是免费的，并且有很多人贡献自己的代码，R 语言变得比 S 和 S-PLUS 更受欢迎。R 语言有时也被称为 GNU S，以反映它的开源性。

1997 年中期，R 语言核心团队正式成立，包括 11 位早期成员。2013 年，R 语言核心团队已经达到 20 人，成员主要来自世界各地的大学，如牛津大学等，也有来自企业的成员。R 语言的扩展性非常强，吸引了大量用户编写自定义的函数包。

虽然说 R 语言诞生于新西兰，但后来的服务器架设到奥地利，而现在 Windows 主程序的维护者在加拿大，Windows 附加包维护者在德国，Mac OS 版本维护者在美国，邮件列表维护者在瑞士。就是这样的一个形式松散却有着共同目标的群体，数十年间以志愿者的身份坚持不懈地推送 R 语言的发展。众多统计学或相关领域的程序员也贡献自己的力量，将大量统计方法以附加包的形式发布出来，使其他不擅长编程的用户也可以以最快速度运用上最新的统计方法，而封闭源代码的商业源代码则很难有此这样的推送力量。正是在开源社区不断推送下，R 语言得以组建完善并得到进一步发展，并成就了 R 语言的今天。

在 R 语言的综合档案网络 CRAN 中，提供了大量的第三方功能包，其内容涵盖了从统计计算到机器学习，从金融分析到生物信息，从社会网络分析到自然语言处理，从各种数据库各种语言接口到高性能计算模型，可以说无所不包，无所不容，这也是为什么R语言正在获得越来越多各行各业的从业人员喜爱的一个重要原因。

就在R语言开放源码的1993年，S语言的许可证被MathSoft公司买断，S-PLUS成为该公司的主打数据分析产品。由于S-PLUS继承了S语言的优秀血统，所以被世界各国的统计学家广泛使用，S-PLUS一度与SAS、SPSS被誉为三大统计软件。但在1997年R语言正式成为GNU项目后，大量优秀统计学家加入到R语言开发的行列。随着R语言的功能逐渐强大，S-PLUS的用户渐渐地转到了同承一脉的R语言。S语言的发明人之一——John Chambers最后也成为R语言的核心团队成员。而S-PLUS这款优秀的软件则日趋式微，几经易手，最后花落TIBCO公司。

2.4.2　R语言的主要特点

R语言目前最新版本是4.3.0，程序大小由1997年的959 KB增加到今天的79 MB（Windows版），整个软件体系一直都保持着非常精简的优势，这也是商业软件无法比拟的。

它可以提供一些集成的统计工具，但更主要的是它提供的各种数学计算、统计计算的函数，使得用户能够灵活地进行数据分析，甚至创造出符合需要的新的统计计算方法。因此R语言有很多最新的模型和检验方法。

R语言作为一种统计分析软件，集统计分析与图形显示于一体。它可以运行于Linux、Windows和Mac OS的操作系统上，并嵌入了一个非常方便实用的帮助系统。相比于其他统计分析软件，R语言有以下特点：

(1)R语言是自由软件。它是完全免费、开源的(这也是R语言流行于研究机构和大学的最主要原因)。可以在它的网站 http://cran-project.org 及其镜像中免费下载任何有关的安装程序、源代码、程序包及其源代码、文档资料。标准的安装文件就带有许多模块和内嵌统计函数，安装好后可以直接实现许多常用的统计功能。

(2)R语言是一种可编程的语言。作为一个开放的统计编程环境，语法通俗易懂，规则少，容易学会和掌握语言的语法，可编制自定义函数或是调用C、C++、Fortran编译的代码来扩展现有的语言。这也就是为什么它的更新速度比一般统计软件如SPSS、SAS等快得多。大多数最新的统计方法和技术都可以在R语言中直接得到。

(3)各种功能包和函数琳琅满目，并且包和函数的透明性极好，这使得对函数的调整和改良变得非常便利。只需要把源码调出来，自己稍微修改一下就可以了。

(4)专门为统计和数据分析开发的语言。R语言的基本功能模块Base包中包含的数学和统计函数的命名非常有规律，有统计基础的用户基本无须花精力去记忆各函数的名称。加之R语言自然的编程方式，用户很容易根据确定的算法完成相应的代码。代码像伪代码一样简洁、可读。

(5)强调交互式数据分析，支持复杂算法描述，图形功能强。除了图形输出是在另外的窗口处，它的输入输出窗口都是在同一个窗口进行的，输入语法中如果出现错误会马上在窗口中得到提示，对以前输入过的命令有记忆功能，可以随时再现、编辑修改以满足用户的需要。输出的图形可以直接保存为JPG、BMP、PNG等图片格式，还可以直接保存为PDF文件。另外，和其他编程语言和数据库之间有很好的接口。

(6)统计科研工作者广泛使用R语言进行计算和发表算法。R语言截至2022年1月有18 000多个软件包(packages)。

R语言的主要缺点在于运行速度稍慢。由于R语言是边解释边执行的动态式语言，其运行速度较慢，大约是C语言的1/20。但相比点击鼠标进行操作，R语言仍能够大大提高效率。另外，由于任何用户都可以上传自己编写的软件包(只要符合规范)，这也导致包的质量良莠不齐。在调用不是被广泛使用的包时要特别小心。

2.4.3 R语言的代码编辑器

默认情况下，R语言只提供一个简单的命令行界面。用户在命令行提示符后面输入命令，每次执行一个命令。对绝大多数用户而言，这是一个极大的缺陷。虽然可以通过下拉菜单调出R语言的编辑器进行脚本的编辑，但R语言自带的编辑器功能实在过于简单。一些第三方的编辑器，例如Tinn-R和R Studio备受用户的青睐。

Tinn-R是专门为R语言定制的编辑器，其工作界面如图2-1所示。Tinn-R支持语法的高亮显示和宏操作，极大方便了代码的编辑，并支持把代码转换为RTF/HTML/Latex格式输出。Tinn-R可以直接和R进行连接，直接运行整段代码或选定的部分代码。遗憾的是Tinn-R的参考书或资料非常少，因而国内使用者并不太多。

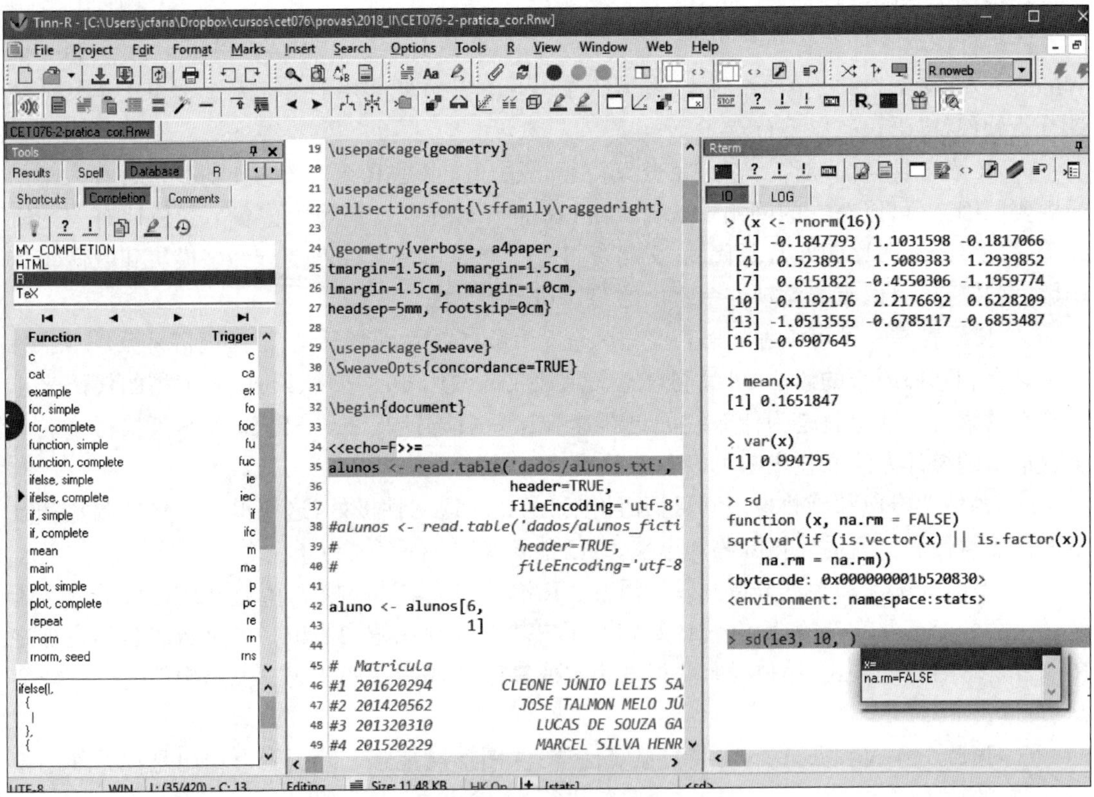

图2-1 Tinn-R编辑器

R Studio是R软件的IDE(集成开发环境)，其工作界面如图2-2所示。R Studio的界面划分为四个矩形区域。用户可在界面左上角撰写代码。左下角是代码执行区，代码运行的结果也在此区域显示。右上角包括三个面板，分别记录当前变量的值、执行区代码的执行历史记录以及到外部数据库的跳转链接。右下角则包含 Files、Plots、Packages、Help 和 Viewer 五个面板，分别显示当前工作路径下的文件、运行代码所生成的所有图形、本地工具包、帮助文件及本地网页文件。在 R Studio 中，用户不仅可以编辑、运行 R 语言的程序文件，还可以构造文字、R 语言结果图表融合在一起的研究报告、论文、图书、网页等。R Studio 启动时能自动调用 R 语言，并且能方便地在不同版本的 R 语言中切换。此外，与 Tinn-R 相比，R Studio 的参考书或资料相当容易获得，因而 R Studio 更受 R 语言使用者的青睐。

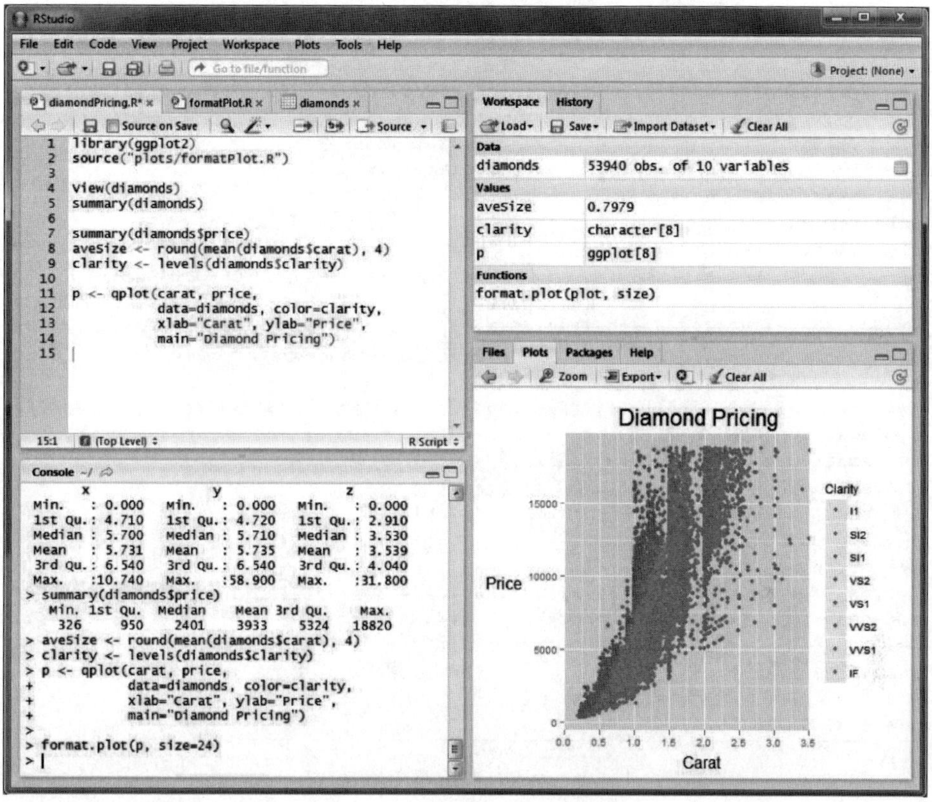

图 2-2　R Studio 工作界面

2.4.4　代码示例

下面通过一段代码展示 R 语言在数理统计理论学习中的应用。

小样本时，正态总体均值 μ 的 $1-\alpha$ 置信区间形式为

$$(\bar{x}-t_{1-\alpha/2}(n-1)\cdot\mu_{\bar{x}}，\ \bar{x}+t_{1-\alpha/2}(n-1)\cdot\mu_{\bar{x}})$$

式中，$t_{1-\alpha/2}(n-1)$是自由度 $n-1$ 的 t 分布的 $1-\frac{\alpha}{2}$分位数。

那么，对给定的容量为 n 的正态样本 x，上式对应的区间理论上包含总体均值真实值的概率不低于 $1-\alpha$。那么其真实表现如何呢？可以通过以下模拟实验来检查其表现：

(1)生成 K 批指定分布的模拟数据，每批数据样本量为 n。

(2)对每批次数据，检查获得的理论区间是否包含总体均值的真实值。

(3)计算平均有多少比例的区间包含了总体均值的真实值,此比例值即为置信区间的经验覆盖率。

图 2-3 所展示的代码完成了这一数值模拟过程。

```
##########################################################################
############  单正态总体方差未知时总体均值95%置信区间的经验覆盖率
##########################################################################
###   K: 模拟重复次数
###   n: 样本量
###   mu: 总体期望
###   sigma:  总体标准差
######################################################################
###   自定义的 con.level 函数: 对 K 次重复试验, 统计经验覆盖率
##########################################################################

library(MASS)                          ### 载入 MASS 包
conlevel<-function(K,n,mu,sigma,estimator=matrix(NA,1,2)){
  t.alpha=qt(0.975,n-1)                  ### 自由度为n-1的t分布的0.975分点
  muk<-rep(mu,n)                         ### 生成各分量均为mu的n维向量
  sigmak<-diag(rep(sigma,n))             ### 对角方差阵, 意味着各随机向量是独立的
  x<-mvrnorm(K,muk,sigmak)               ### 生成 K 个指定分布的正态随机向量
                                       ### 注意,每一行是一次模拟的数据(样本量=n)
  ########################################################################
  ###   check 函数: 对给定样本x, 判断所得置信区间是否覆盖了总体期望的真实值 mu
  ###   若覆盖真值, 则返回结果=1, 否则=0.
  ########################################################################
    check<-function(x){
      xbar<-mean(x)          ### 样本均值
      s<-sd(x)               ### 样本标准差
      temp<-1*(abs(xbar-mu)<=s*t.alpha/sqrt(n))
      return(temp)
    }
  ########################################################################
  id<-mean(apply(x,MARGIN=1,check))      ### 对数据矩阵的每一行应用 check 函数
                                         ### 并计算均值
  list(经验覆盖率=id)                    ###以列表形式输出结果
}
conlevel(1000,15,15,4)
```

图 2-3　检查经验覆盖率的 R 代码

图 2-3 的代码由两个嵌套的自定义函数组成。内层的自定义函数 check 函数用于检查理论区间是否覆盖了参数真实值。外层的 conlevel 函数则主要由两部分组成:第一部分在 check 函数之前,目的在于生成指定分布的随机数据并以矩阵形式保存;第二部分从 check 函数开始,功能在于对各批次数据执行 check 操作,从而得到理论区间的实际覆盖率。

运行 conlevel(1000,15,15,4),通过 1 000 次重复模拟(每次抽 15 个样本),我们得到了均值=15、标准差=4 的正态样本的置信度为 95%的理论置信区间的经验覆盖率在 94%到 96%之间波动。通过调整 conlevel 参数的输入值(着重调整样本量 n 和总体标准差 sigma)观察经验覆盖率的变化规律,可以加深对置信区间理论的认识和了解。

2.5 EViews

EViews 是 Econometrics Views 的缩写,通常称为计量经济学软件包,是专门为大型机构

开发的、用以处理时间序列数据的时间序列软件包的新版本。计量经济学研究的核心是设计模型、收集资料、估计模型、检验模型、应用模型（结构分析、经济预测、政策评价）。EViews是完成上述任务比较得力的必不可少的工具。正是由于EViews等计量经济学软件包的出现，使计量经济学取得了长足的进步，发展成为一门较为实用与严谨的经济学科。

2.5.1　EViews简介

1981年，美国Quantitative Micro Software（QMS）公司在大型机的Time Series Processor（TSP）软件包基础上开发了Micro TSP，是最早的面向个人计算机用户的时间序列数据预测和分析软件之一。1994年，QMS推出Windows版本的EViews，取代了Micro TSP。经历2010—2022年的三次收购，如今EViews落在标准普尔门下。

EViews是全球中央银行、国家银行和政府机构使用的主要宏观经济预测和分析工具集。美联储的FRB/US模型、能源信息管理局的国家能源建模系统（NEMS）经济和能源模型以及Ray Fair的美国或多国模型都是使用EViews构建的。国际货币基金组织（IMF）和联合国等政府机构使用EViews作为宏观经济分析的培训工具。

在学术层面，EViews直观的图形用户界面使EViews成为完美的教学工具。面向学生群体有免费的版本EViews Student Version Lite。借助EViews，学生可以快速学习如何导入数据、运行回归和查看图形结果，而教师则可以有更多时间教授统计学和计量经济学知识，而不是如何使用软件。

2.5.2　EViews的主要功能特点

虽然EViews是经济学家开发的，而且主要用于经济学领域。但是从软件包的设计来看，EViews的运用领域并不局限于处理经济时间序列。即使是跨部门的大型项目，也可以采用EViews进行处理。EViews的应用范围包括科学实验数据分析与评估、金融分析、宏观经济预测、仿真、销售预测和成本分析等。

EViews使用图形交互式用户界面，拥有统计分析、线性回归分析、非线性单方程模型、联立方程模型、动态回归模型、分布滞后模型、VAR模型、ARCH/GARCH模型、离散选择模型、时间序列模型、编程与模拟等分析模块。

EViews在计量软件中的操作也相对简单，具有现代Windows软件可视化操作的优良性。大部分功能可以通过菜单与简单的输入完成，兼顾了计量经济领域模型的复杂性与软件操作的难度，对于时间序列的建模尤其适用。此外，EViews还拥有强大的命令功能和批处理语言功能。在EViews的命令行中可以输入、编辑和执行命令，在程序文件中建立和存储命令，以便在后续的研究项目中使用这些程序。

2.6　Excel

Microsoft Excel是微软办公套装软件Microsoft office的一个重要的组成部分，它可以用来制作电子表格、完成许多复杂的数据运算并进行数据的统计分析和辅助决策，且具有强大的制作图表功能。由于Excel具有十分友好的人机界面和强大的计算功能，它已广泛地应用于管理、统计财经、金融等众多领域，成为管理公司和个人财务、统计数据、绘制各种专业化表格的得力“助手”。Excel 虽然不是专业统计软件，但具备很多统计功能，对于非专业统计人士来说，是一个很好的应用软件。

Excel 最初是微软针对电子表格应用专门开发的一款软件。Excel 是最先引入了图形界面的电子表格软件，用户可以用鼠标直接操作 Excel，这种人性化操作大受用户欢迎。随着 Excel 各版本的不断演化，其功能、效率和便利性也在不断完善，Excel 相对其竞争对手的优势也在不断增大。1993 年，微软发布 MS Office 套件，Excel 成为 Office 套件的一部分。从 1995 年起，由于微软在企业级市场的强势，再没有表格类应用能取代 Excel，Excel 一度成为全球市场上近乎唯一的电子表格软件。但在中国市场，国产办公软件 WPS Office 大有与 MS Office 分庭抗礼之势。WPS Office 套件中的 WPS 表格模块同样具备很多的统计功能。

Excel 拥有丰富的内置函数和强大的数据计算公式。理论上，只要知道统计方法的检验统计量是如何计算得来的，就可以使用 Excel 来完成统计学的检验。Excel 内置有数据分析工具包。数据分析模块中包含了常见的统计分析过程，例如 t 检验、z 检验、方差分析、相关分析、回归分析等，这样就可以对一些数据进行简单的统计分析。但 Excel 数据分析工具并不在默认的菜单中，需要在加载项中将其调出。

Excel 的数据分析工具加载过程如下：单击“选项”，在弹出的对话框中选择→“加载项”→“转到”，最后在“加载宏”的对话框中勾选上“分析工具库”和“分析工具库-VBA”。参见图 2-4～图 2-6。

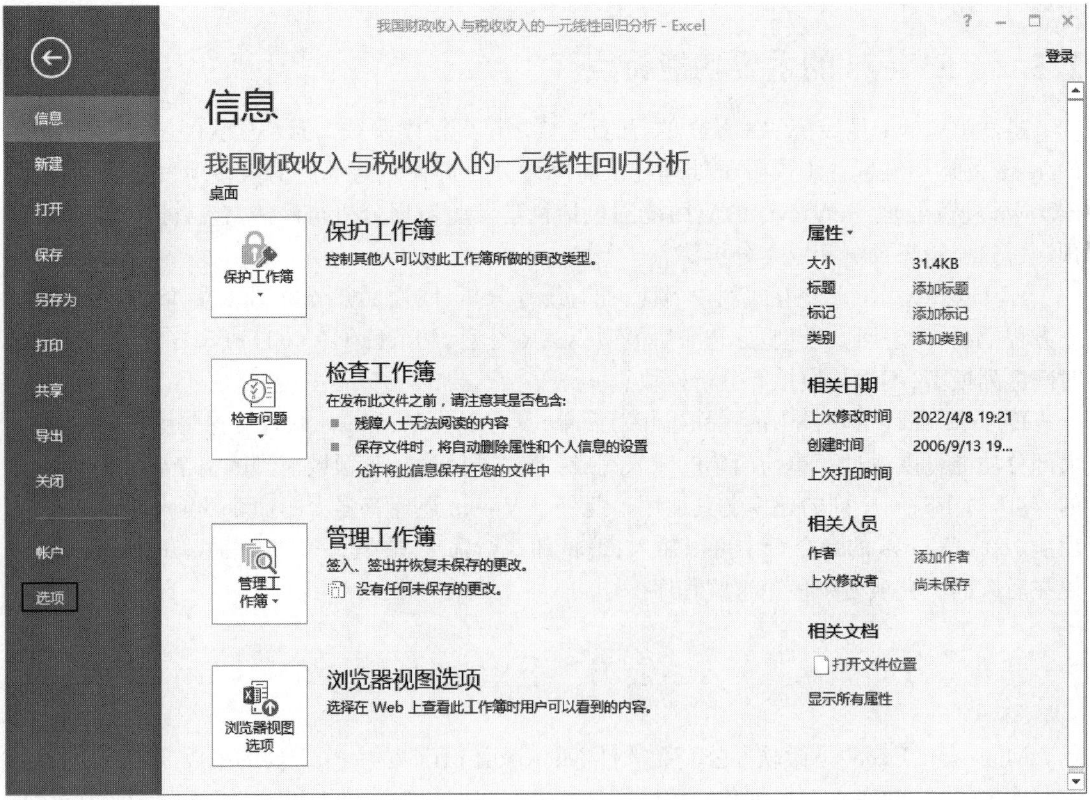

图 2-4　Excel 文件菜单

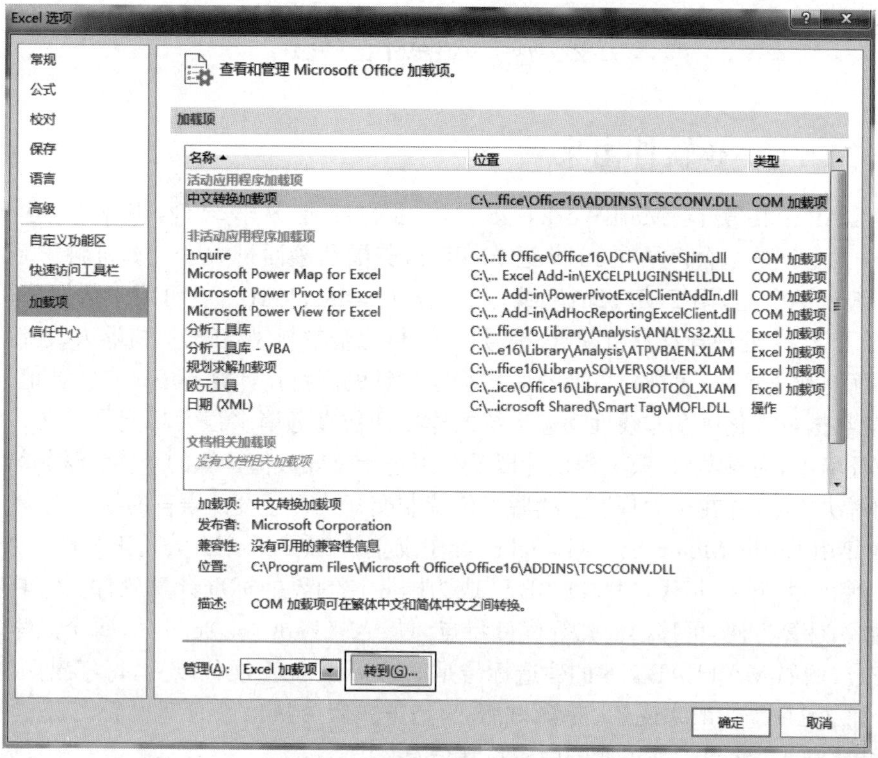

图 2-5　“Excel 选项”对话框

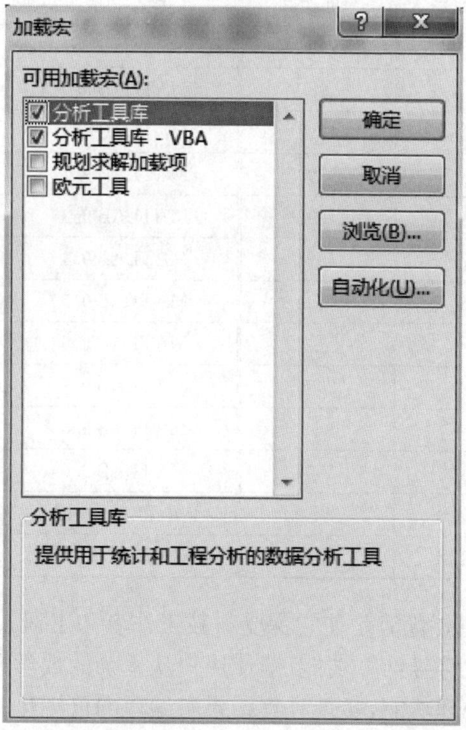

图 2-6　Excel“加载宏”对话框

2.7 MATLAB

2.7.1 MATLAB 软件由来

MATLAB 是由美国 MathWorks 公司出品的商业数学软件，其名字是 matrix & laboratory 两个词的组合。早在 20 世纪 70 年代，美国新墨西哥大学计算机科学系主任为了减轻学生编程的负担，用 FORTRAN 编写了最早的 MATLAB。它可用于数据分析、无线通信、深度学习、图像处理与计算机视觉、信号处理、量化金融与风险管理、机器人、控制系统等领域。主要面对科学计算、可视化以及交互式程序设计的高科技计算环境。它将数值分析、矩阵计算、科学数据可视化以及非线性动态系统的建模和仿真等诸多强大功能集成在一个易于使用的视窗环境中，为科学研究、工程设计以及必须进行有效数值计算的众多科学领域提供了一种全面的解决方案，并在很大程度上摆脱了传统非交互式程序设计语言的编辑模式。

1984 年由 Little、Moler、Steve Bangert 合作成立的 MathWorks 公司正式把 MATLAB 推向市场。到 20 世纪 90 年代，MATLAB 已成为国际控制界的标准计算软件。它具有语法规则简单、数学计算方便、可移植性强等优良特点。从 MATLAB 4.2c 开始，每个版本增加了一个建造编号，例如 MATLAB 7.6 的建造标号是 R2008a。在正规化以后，每年出两个版本，例如 2011a 和 2011b。一般来说。a 是测试版，b 是正式版。从出版时间上看，a 是前半年出，b 是后半年出，表 2-1 给出了其主要的版本更新信息。

表 2-1　MATLAB 版本更新表

版　本	建造编号	发布时间	版　本	建造编号	发布时间
MATLAB 1.0		1984	⋮	⋮	⋮
MATLAB 2		1986	MATLAB 9.0	R2016a	2016.3
MATLAB 3		1987	MATLAB 9.1	R2016b	2016.9
MATLAB 3.5		1990	MATLAB 9.2	R2017a	2017.3
MATLAB 4		1992	MATLAB 9.3	R2017b	2017.9
MATLAB 4.2c	R7	1994	MATLAB 9.4	R2018a	2018.3
MATLAB 5.0	R8	1996	MATLAB 9.5	R2018b	2018.9
⋮	⋮	⋮	MATLAB 9.6	R2019a	2019.3
MATLAB 6.0	R12	2000	MATLAB 9.7	R2019b	2019.9
⋮	⋮	⋮	MATLAB 9.8	R2020a	2020.3
MATLAB 7.0	R14	2004	MATLAB 9.9	R2020b	2020.9
⋮	⋮	⋮	MATLAB 9.10	R2021a	2021.3
MATLAB 8.0	R2012b	2012	MATLAB 9.11	R2021b	2021.9

MATLAB 以下四个主要优势是使它深受科技工作者和工程人员喜爱的原因：

(1)高效的数值计算及符号计算功能，能使用户从繁杂的数学运算分析中解脱出来。

(2)具有完备的图形处理功能，实现计算结果和编程的可视化。

(3)友好的用户界面及接近数学表达式的自然化语言，使学者易于学习和掌握。

（4）功能丰富的应用工具箱（如信号处理工具箱、通信工具箱等），为用户提供了大量方便实用的处理工具。

2.7.2　MATLAB的主要功能

在MATLAB的教学过程中，通常按以下几个功能模块实施：

（1）系统与环境，主要内容包括MATLAB软件的发展历史、基本情况及学习意义，MATLAB的基本功能、运行环境。

（2）数据与基本运算，主要内容包括MATLAB的变量和数据的基本计算方法，矩阵的建立、矩阵元素的输入与提取；数据的运算，结构数据和单元数据；矩阵的分析与处理。

（3）数据的可视化，主要内容包括MATLAB二维曲线的绘制、三维图形的绘制、特殊图形的绘制，以及对话框、用户图形界面设计等内容。

（4）程序设计，主要内容包括MATLAB程序流程控制、M函数文件的设计、函数调用和参数传递等内容。

（5）数值计算，主要内容包括多项式的相关运算、数值计算及方程数值解等的求法变量及函数。

（6）符号计算，主要内容包括符号表达式的建立、代数运算、符号表达式的化简、符号表达式的替换、符号极限、微积分和级数求和、符号方程求解和符号积分变换及其他数学变换理论或公式等。

（7）基本应用领域及工具箱，主要内容包括简介、MATLAB工具箱的历史及一些典型工具箱。

（8）Simulink动态仿真集成环境，主要内容包括对动态系统进行建模、仿真和分析的软件包。介绍这种图形化的交互环境，只需用鼠标拖动的方法便能迅速地建立起系统框图模型，已被广泛地应用到通信与卫星、航空航天、生物、物流、制造和金融等系统中。

（9）规划问题求解，主要内容包括应用MATLAB求解线性规划、0-1规划、整数规划、二次规划等相关的函数及应用语法和场景。

（10）与其他软件的结合应用，主要内容包括MATLAB与Notebook、Word、Excel、Java等软件的结合编程。

以上只是多数MATLAB教学过程中的主要内容和模块，而根据其应用场景的不同，有关MATLAB的图书在编写过程中也有很大的不同。例如，有主要介绍MATLAB功能的“MATLAB从入门到精通”系列，有介绍数学建模与仿真的书，还有根据智能算法编写的优化方法等，读者可根据需要选择。一般来说，建议初学者找一本入门级且是根据MATLAB主要内容和功能编写的书籍，当有了基本语法和程序编写应用基础后可参考一些较为专业的教材。

2.7.3　MATLAB的下载与安装

MATLAB的官方下载网址是https://ww2.mathworks.cn/products，提供30天的免费试用版；提供标准、教育、学生及家庭四个不同购买选项。有些院校进行单位统一购买，方便全校师生使用。

由于MATLAB的功能越来越强大，对其计算机的配置要求也越来越高，R2017版本以后的建议CPU双核64位，内存不小于4 GB，安装空间不少于20 GB，系统环境Windows 7及以上。一般其安装过程有以下几步：

第一步，解压：将两个安装包同时解压到一个文件夹中；如果是用光驱安装的话，建议安装一个虚拟光驱，在安装的过程中会弹出盘1，提醒插入盘2，但这样会比较麻烦，容易失败。

第二步，单击setup进行安装：一定要选择“使用文件安装密钥”安装，选择“是”，选择并确定许可协议。

第三步，提供安装密钥：一般从所给安装文件中找到安装密钥并填入，选择安装路径（为了避免后续运行中的问题，建议安装路径不要有中文字条），这个软件占用空间很大，建议不要安装在C盘中，可以选择需要的工具。这一步是安装前的确认，安装正在进行，并显示MATLAB里的部分工具需要额外安装一些软件之类的。

第四步，激活：选择“在不使用Internet的情况下手动激活”，选择“输入许可证文件的完整路径”，单击“浏览”按钮，找到文件中的相应文件，完成激活步骤。

第五步，创建桌面快捷方式：找到安装目录下的MATLAB文件，右击，选择“发送到”→“桌面快捷方式”命令。

第六步，设置搜索路径：用户可以将自己的工作目录列入MATLAB搜索路径，从而将用户目录纳入MATLAB系统统一管理。

2.7.4 MATLAB的常用统计相关函数

MATLAB作为一款成熟的数学商业软件，拥有很多功能的函数，用户在使用这款软件的时候可以直接调用这些函数，为程序的二次开发带来了极大的便利。下面仅列出部分常用函数的主要功能，详细使用语法需要读者去参考相关资料。

1. 预定义变量列表（见表2-2）

表2-2 预定义变量列表

名　称	意　义	名　称	意　义
ans	计算结果的省略变量名	pi	圆周率
i或j	虚数单位	eps	机器零阈值
Inf或Inf	无穷大，如1/0	nan或NaN	不是一个数，如0/0，∞/∞
realmax	最大正实数	realmin	最小正实数
nargin	函数输入总量数目	nargout	函数输出总量数目
lasterr	最新一次的错误信息	lastwarn	最新一次的警告信息
clc	清除命令行窗口	home	发送光标复位
diary	将文本保存到文件中	iskeyword	确定输入是否为关键字

2. 矩阵和数组的命令或函数（见表2-3）

表2-3 矩阵和数组的命令或函数

名　称	意　义	名　称	意　义
zeros	创建全零数组	ndims	数组维度数目

续表

名　称	意　义	名　称	意　义
ones	创建全部为1的数组	numel	数组元素的数目
rand	均匀分布的随机数	isscalar	确定输入是否为标量
eye	单位矩阵	isvector	确定输入是否为矢量
diag	创建对角矩阵或获取元素	ismatrix	确定输入是否为矩阵
cat	沿指定维度串联数组	isrow	确定输入是否为行矢量
horzcat	水平串联数组	iscolumn	确定输入是否为列矢量
vertcat	垂直串联数组	isempty	确定数组是否为空
linspace	生成线性间距矢量	sort	对数组元素排序
logspace	生成对数间距矢量	sortrows	对矩阵行或表行进行排序
freqspace	频率响应的频率间距	issorted	确定数组是否已排序
meshgrid	二维和三维网格	flip	翻转元素顺序
length	最大数组维度的长度	fliplr	将数组从左向右翻转
size	数组大小	flipud	将数组从上向下翻转
ind2sub	线性索引的下标	rot90	将数组旋转90度
sub2ind	将下标转换为线性索引	transpose	转置矢量或矩阵

3. 数学运算函数(见表2-4)

表2-4　数学运算函数

名　称	意　义	名　称	意　义
rdivide	数组右除	eq	确定相等性
ldivide	数组左除	ge	确定大于或等于
power	按元素求幂	gt	确定大于
mtimes	矩阵乘法	le	确定小于等于
mpower	矩阵幂	lt	确定小于
cumprod	累计乘积	ne	确定不相等性
cumsum	累积和	isequal	确定数组相等性
diff	差分和近似导数	isequaln	测试数组相等性
movsum	移动总和	and	计算逻辑与
prod	数组元素的乘积	not	计算逻辑非
sum	数组元素总和	or	计算逻辑或
ceil	朝正无穷大四舍五入	xor	计算逻辑异或
fix	朝零四舍五入	all	确定所有元素是否为非零
floor	朝负无穷大四舍五入	any	确定元素是否为非零
idivide	带有舍入选项的整除	FALSE	逻辑0(假)
mod	除后的余数(取模运算)	find	查找非零元素的索引和值
rem	除后的余数	islogical	确定输入是否为逻辑数组

续表

名　称	意　义	名　称	意　义
round	四舍五入为最近数	logical	将数值转换为逻辑值
intersect	设置两个数组的交集	setdiff	设置两个数组的差集
ismember	判断是否为集数组成员	setxor	设置两个数组的异或
ismembertol	容差范围内的集合成员	union	设置两个数组的并集
issorted	确定数组是否已排序	unique	数组中的唯一值

4. 统计描述及数学函数(见表 2-5)

表 2-5　统计描述及数学函数

名　称	意　义	名　称	意　义
iqr	数据的四分位差	sin	参数的正弦，以弧度为单位
max	数据的最大值	sind	参数的正弦，以度为单位
mean	数据的均值	asin	以弧度为单位的反正弦
median	数据的中位数值	sinh	参数的双曲正弦
min	数据的最小值	asinh	反双曲正弦
std	数据的标准差	cos	以弧度为单位的参数的余弦
sum	数据的和	acos	以弧度为单位的反余弦
var	数据的方差	cosh	双曲余弦
mode	数组中出现次数最多的值	acosh	反双曲余弦
corrcoef	相关系数	tan	以弧度表示的参数的正切
cov	方差	atan	以弧度为单位的反正切
cummax	累积最大值	tanh	双曲正切
cummin	累积最小值	atanh	反双曲正切
movmad	移动中位数绝对偏差	csc	输入角的余割
movmax	移动最大值	acsc	以弧度为单位的反余割
movmean	移动均值	csch	双曲余割
movmedian	移动中位数	acsch	反双曲余割
movmin	移动最小值	sec	角的正割(以弧度为单位)
exp	指数	asec	以弧度为单位的反正割
log	自然对数	sech	双曲正割
log10	常用对数(以 10 为底)	cot	角的余切(以弧度为单位)
log2	以 2 为底的对数	rand	均匀分布的随机数
sqrt	平方根	randn	正态分布的随机数

5. 图像绘制函数(见表 2-6)

表 2-6　图像绘制函数

名　称	意　义	名　称	意　义
plot	二维线图	compass	绘制从原点发射出的箭头
plot3	三维线图	ezpolar	极坐标绘图函数

续表

名　称	意　义	名　称	意　义
loglog	对数-对数刻度图	polaraxes	创建极坐标轴
semilogy	半对数图	contour	矩阵的等高线图
errorbar	含误差条的线图	contourf	填充的二维等高线图
fplot	绘制表达式或函数	contourc	低级等高线图计算
fplot3	三维参数化曲线绘图函数	contour3	三维等高线图
fimplicit	绘制隐函数	fcontour	绘制等高线
bar	条形图	feather	绘制速度矢量
bar3	绘制三维条形图	quiver	箭头图或速度图
barh	水平绘制条形图	polarhistogram	极坐标中的直方图
bar3h	绘制水平三维条形图	quiver3	三维箭头图或速度图
histogram	直方图	streamslice	在切片平面中绘制流线图
histogram2	二元直方图	surf	曲面图
rose	角度直方图绘制	surfc	三维阴影曲面图下的等高线
pareto	帕累托图	surface	创建曲面对象
area	填充区二维绘图	surfnorm	计算并显示三维曲面法向矢量
pie	饼图	mesh	网格图
pie3	三维饼图	meshc	根据网格图绘制等高线图
histogram	数值数据的直方条形图	meshz	围绕网格图绘制帷幕
histogram2	二元数据的直方条形图	hidden	消除网格图中的隐线
stem	绘制离散序列数据	fsurf	绘制三维曲面
stairs	阶梯图	fmesh	绘制三维网格图
stem3	绘制三维离散序列数据	fimplicit3	绘制三维隐函数
scatter	散点图	waterfall	瀑布图
scatter3	三维散点图	ribbon	条带图
heatmap	创建热图	cylinder	生成圆柱
polarplot	在极坐标中绘制线条	ellipsoid	生成椭圆面
polarscatter	极坐标中的散点图	sphere	生成球面

6. 图的修饰及处理函数(见表 2-7)

表 2-7　图的修饰及处理函数

名　称	意　义	名　称	意　义
legend	在坐标轴上添加图例	title	添加标题
colorbar	显示颜色标度的颜色栏	box	显示坐标轴轮廓
text	向数据点添加文本说明	xlabel	为 x 轴添加标签
xlim	设置或查询 x 轴范围	ylabel	为 y 轴添加标签
ylim	设置或查询 y 轴范围	—	实线

续表

名　称	意　义	名　称	意　义
axis	设置轴范围和纵横比	:	虚线
grid	显示或隐藏坐标轴网格线	-.	点划线
xticks	设置或查询 x 轴刻度值	--	间断线
yticks	设置或查询 y 轴刻度值	.	点
xticklabels	设置或查询 x 轴刻度标签	o	小圆圈
yticklabels	设置或查询 y 轴刻度标签	x	叉子符
xtickangle	旋转 x 轴刻度标签	+	加号
hold	添加新绘图时保留当前绘图	*	星号
imshow	显示图像	s	方格
image	从数组显示图像	d	菱形
imread	从图形文件读取图像	∧	朝上三角
imwrite	将图像写入图形文件	∨	朝下三角
imfinfo	有关图形文件的信息	>	朝右三角
im2frame	将图像转换为影片帧	<	朝左三角
im2java	将图像转换 Java 图像	p	五角星
im2double	将图像转换为双精度值	h	六角星
ind2rgb	将索引图像转换为 RGB 图像	y	黄色
rgb2gray	将 RGB 图像或颜色图转换为灰度图	m	棕色
rgb2ind	将 RGB 图像转换为索引图像	c	青色
cmpermute	重新排列颜色图中的颜色	r	红色
im2java	将图像转换 Java 图像	g	绿色
imfinfo	有关图形文件的信息	b	蓝色
subplot	在平铺位置创建坐标轴	w	白色
yyaxis	创建具有两个 y 轴的图	k	黑色

7. 数据及文件处理函数(见表 2-8)

表 2-8　数据及文件处理函数

名　称	意　义	名　称	意　义
readtable	基于文件创建表	save	将工作区变量保存到文件
writetable	将表写入文件	disp	显示变量的值
textscan	从文本文件或字符串读取数据	who	列出变量
xlsread	读取 Microsoft Excel 表格文件	whos	列出变量、大小和类型
xlswrite	写入 Microsoft Excel 表格文件	clear	删除项目、释放系统内存
csvread	读取逗号分隔值(CSV)文件	clearvars	清除内存中的变量
getImgSize	图像大小	fclose	关闭打开的文件
getImgType	图像的数据类型	feof	测试文件末尾

续表

名　称	意　义	名　称	意　义
readImg	读取图像数据	ferror	有关文件 I/O 错误的信息
audioread	读取音频文件	fgetl	读取行删除换行符
audiowrite	写音频文件	fgets	读取行并保留换行符
VideoWriter	创建对象以写入视频文件	fileread	以文本格式读取文件内容
mmfileinfo	有关多媒体文件的信息	fopen	打开文件或获得文件信息
VideoReader	读取视频文件	fprintf	将数据写入文本文件
VideoWriter	写入视频文件	fread	读取二进制文件中的数据
xmlread	读取 XML 文档并返回节点	frewind	将指示符移至文件的开头
xmlwrite	写入 XML 文档对象模型节点	fscanf	读取文本文件中的数据
fwrite	将数据写入二进制文件	fseek	移至文件中的指定位置
load	将文件变量加载到工作区		

8. **统计函数**(见表 2-9)

表 2-9　统计函数

名　称	意　义	名　称	意　义
betapdf	贝塔分布概率密度函数	signrank	符号秩检验
binopdf	二项分布概率密度函数	ranksum	秩和检验
chi2pdf	卡方分布概率密度函数	ttest	*T* 检验
exppdf	指数分布概率密度函数	ztest	*U* 检验
fpdf	*f* 分布概率密度函数	jbtest	拟合优度测试
gampdf	伽马分布概率密度函数	lillietest	拟合优度测试
geopdf	几何分布概率密度函数	kstest	Kolmogorov-Smirnov 测试
hygepdf	超几何分布概率密度函数	anova1	单因素方差分析
normpdf	正态分布概率密度函数	anova2	双因素方差分析
lognpdf	对数正态分布概率密度函数	geomean	几何平均数
nbinpdf	负二项分布概率密度函数	harmmean	调和平均数
ncfpdf	非中心 *f* 分布概率密度函数	range	极差
nctpdf	非中心 *t* 分布概率密度函数	skewness	偏斜度
binornd	二项分布随机数	kurtosis	峰度
normrnd	正态分布随机数	gamrnd	伽马分布随机数
unifrnd	均匀连续分布随机数	betarnd	贝塔分布随机数
unidrnd	均匀离散分布随机数	lognrnd	对数正态分布随机数
exprnd	指数分布随机数	nbinrnd	负二项分布随机数
chi2rnd	卡方分布随机数	ncfrnd	非中心 *f* 分布随机数
trnd	*t* 分布随机数	nctrnd	非中心 *t* 分布随机数
frnd	*f* 分布随机数	geornd	几何分布随机数

续表

名　称	意　义	名　称	意　义
ncx2rnd	非中心卡方分布随机数	norminv	计算正态逆累积分布
raylrnd	瑞利分布随机数	expinv	指数逆累积分布
weibrnd	韦伯分布随机数	tinv	t 逆累积分布
hygernd	超几何分布随机数	binoinv	二项逆累积分布
possirnd	泊松分布随机数		

本节只是简单介绍了数学建模与 MATLAB 软件之间的关系、MATLAB 的安装过程、基本功能及主要的函数，主要目标是通过介绍 MATLAB 的基本框架来引导学生进行后续软件的学习，要想应用 MATLAB 软件进行建模和解决实际问题，需要同学们投入更多的时间进行系统的学习和实践，这超出本节的范围。

2.8　Python 简介

2.8.1　Python 的特点及功能

Python 1.0 发行于 1991 年，2.0 版本发行于 2000 年(自 2.7.18 版以后，Python 2.0 就停止更新)，3.0 版本发行于 2008 年，是现在主要应用版本。Python 是一种解释型脚本语言，可以应用于以下领域：科学计算和统计、网络爬虫、人工智能、桌面界面开发、软件开发、后端开发 Web 和 Internet 开发等。作为统计专业的同学尤其要注重它在前几个方面的应用。

Python 是一种广泛使用的解释型、高级和通用的编程语言，它支持多种编程范型，包括函数式、指令式、反射式、结构化和面向对象编程，拥有动态类型系统和垃圾回收功能，能够自动管理内存使用，并且其本身拥有一个巨大而广泛的标准库。Python 的设计哲学强调代码的可读性和简洁的语法，旨在帮助程序员为小型的和大型的项目编写清晰的、合乎逻辑的代码。Python 的解释器本身几乎可以在所有的操作系统中运行。Python 的官方解释器 CPython 是用 C 语言编写的，它是一个由社群驱动的自由软件，目前由 Python 软件基金会管理。

Python 有非常多的优点。简单易学是它的首要优点。阅读一个良好的 Python 程序就感觉像是在读英语一样，这样使得编程人员能够专注于解决问题而不是去搞明白语言本身，其高层语言的属性使得写程序的时候无须考虑程序管理、内存使用等底层细节。第二个优点是速度快：Python 的底层是用 C 语言写的，很多标准库和第三方库也都是用 C 写的，编写的程序不需要编译成二进制代码，可以直接从源代码运行程序，因而速度非常快。Python 越来越受欢迎的原因还在于其第三个优点：免费、开源、可移植性和可扩展性都强。Python 是 FLOSS(自由/开放源码软件)之一，使用者可以自由地发布软件的副本、阅读或修改其源代码，甚至把它的一部分用于新的自由软件中或移植到其他平台上。实际使用中，如果需要一段关键代码运行得更快或者希望某些算法不公开，还可以部分程序用 C 或 C++编写，然后在 Python 程序中使用它们。最后，Python 还有丰富的库，它可以帮助处理各种工作，包括正则表达式、文档生成、单元测试、线程、数据库、网页浏览器、CGI、FTP、电子邮件、XML、XML-RPC、HTML、WAV 文件、密码系统、GUI(图形用户界面)、Tk 和其他与系统有关的操作。除了标准库以外，还有许多其他高质量的库，如 wxPython、Twisted 和 Python 图像库等。

当然，Python 也有自身的不足。例如，单行语句和命令行输出时常不能将程序连写成一行，如：import sys；fori in sys. path：printi(perl 和 awk 等语言就无此限制)；有其特殊的语法要求，如用缩进来区分语句关系；运行速度与 C 和 C++相比还是比较慢。此外，Python 需要在文本编辑器中编写，也就是 IDE 或者代码编辑器。借助这些开发工具可以帮助开发者加快使用 Python 开发的速度，提高效率。根据开发软件其用途不同分为两种：一种是代码编辑器，如 SublimeText、Vim、Atom、GNU Emacs、Visual Studio Code 等；另一种是集成开发工具，如 PyCharm、Eclipse+PyDev、Visual Studio、Spyder、Thonny 等。编程人员可以根据自己的爱好选择合适的代码编辑器和集成开发环境，提高编程效果。

从 Python 的具体应用来说，Python 的主要应用有以下几点：

(1)Web 和 Internet 开发：因为 Python 是一种解释型的脚本语言，用来开发 Web 应用，基于 Python 的 Web 框架有上百种成熟的模板技术，开发效率高且运行速度快。许多国内外的互联网公司将 Python 作为主要开发语言，除了大型的互联网公司，由于后台服务器的通用性，很多 App 和游戏也选择用 Python 实现。

(2)网络爬虫：网络爬虫是 Python 比较常用的一个场景，Google 早期大量地使用它作为网络爬虫的基础，带动了整个 Python 语言的应用发展，方便了搜集网上各种信息。

(3)人工智能：Python 有很多库可做人工智能中的任务，实现推荐系统、图像和音频识别、算法改进等实践应用。工程人员还可以利用机器学习库和 Python 框架创建自定义机器学习算法，提高解决本领域问题的效率。

(4)科学计算和统计：Python 有完备的科学计算和统计生态环境，能对各种数据进行分布式计算、数据可视化、数据库处理等，不论对于数据科学家还是对于数据工程师而言都是十分便利。

(5)自动化运维：目前几乎所有 Linux 发行版中都自带了 Python 解释器，使用 Python 脚本进行批量化的文件部署和运行调整都成了 Linux 服务器上很不错的选择，因而 Python 对于服务器运维有非常重要的用途。

作为统计学的从业人员，在利用 Python 解决实际问题时最常用的是 NumPy 库。那为什么使用 NumPy 呢？第一，对于同样的数值计算任务，使用 NumPy 要比直接编写 Python 代码便捷得多。这是因为 NumPy 能够直接对数组和矩阵进行操作，可以省略很多循环语句，其众多的数学函数也会让编写代码的工作轻松许多，而且 NumPy 的底层算法在设计时就有着优异的性能。第二，NumPy 中数组的存储效率和输入输出性能均远远优于 Python 中等价的基本数据结构，能够提升的性能是与数组中元素的数目成比例的。特别是对于大型数组的运算，例如对于 TB 级的大文件，NumPy 使用内存映射文件来处理，以达到最优的数据读写性能。最后，NumPy 的大部分代码都是用 C 语言写成的，支持 C 语言的 API，且允许在 C 源代码上做更多的功能拓展，这使得 NumPy 比纯 Python 代码高效得多。

2.8.2　Python 的下载与安装

Python 的官方网站是 http://python. org，单击 Download 后，找到需要下载的文件，下载时有一些需要注意的事项，以保证成功安装和应用。首先，因为 Python 是跨平台的，它可以运行在 Windows、Mac 和各种 Linux/UNIX 系统上，故首先要了解自己计算机的系统和硬件配置。第二，Python 有两个版本，一个是 2. x 版，一个是 3. x 版，这两个版本是不兼容的，现在使用的都是以 3. x 版；但有些库或者文件是 2. x 版的，使用时要注意适用性。第三，确保安装的 Python 的环境变量配置完成，注意需要添加相应的路径。最后，如前面所述，Python 的使用离不开各种功能拓展库，使用过程中要确保需要的库都已正确安装。

下面简单介绍一下 Python 的安装步骤：

(1)根据硬件情况下载正确版本(例如 Windows 7，Python 3.7 64 位，通常的版本都可以向前兼容，一般建议下载最近稳定的版本)后，双击可执行的 . exe 文件。

(2)勾选 Add Python 3.7 to PATH，如果想自定义安装就单击 Customize installation，若要默认安装路径(一般默认安装在 C 盘)则单击 Install now。Add Python 3.7 to PATH 自动加到环境变量中。

(3)不想对安装过程或者内容进行修改，则默认即可，单击 Next 按钮。

(4)更改安装地址(建议不安装 C 盘，如果 C 盘内存小安装的东西多了会很卡)，地址中不要用中文字符，以免后续使用中出问题。

(5)安装过程中会显示进度和安装成功的标记。安装好后，可以在命令窗口中输入“python-version”命令来查看 Python 版本，当出现图 2-7 所示的内容时就表明安装成功。

图 2-7　Python 成功安装图

2.8.3　Python 的常用库

1. 常用的 Python 库和相应网址

(1)wxpython，Python 下的 GUI 编程框架：http://wxpython.org/download.php。

(2)PyQt，用于 Python 的 QT 开发库：http://www.riverbankcomputing.com/software/pyqt/。

(3)Django，开源 web 开发框架：http://www.djangoproject.com/。

(4)Matplotlib，matlab 库：http://sourceforge.net/projects/matplotlib/files/matplotlib/。

(5)SciPy，基于 Python 的 matlab 实现，下载地址：http://www.scipy.org/。

(6)NumPy，科学计算库：http://pypi.python.org/pypi/numpy/。

(7)BeautifulSoup，网页处理包：http://www.crummy.com/software/ BeautifulSoup/。

(8)PyQuery，在 Python 中如网页的 jQuery 一样处理文档。

(9)MySQLdb，连接 MySQL 数据库：http://pypi.python.org/pypi/MySQL-python/。

(10)PIL，图像处理库：http://effbot.org/zone/pil-index.htm。

(11)PyGame，多媒体开发和游戏软件开发模块：http://www.pygame.org/download.

shtml。

(12)sh 系统管理，shell 终端命令：https://pypi. python. org/pypi/sh。

(13)scikit-learn，机器学习库：https://pypi. org/project/scikit-learn/。

(14)TensorFlow，深度学习库：https://pypi. org/project/tensorflow/。

(15)UnitTest/PyUnit，自动化测试框架：https://pypi. org/project/PyUnit/。

(16)Pandas，数据结构和数据分析工具：https://pandas. pydata. org/。

(17)statsmodels，统计建模和计量经济学：https://github. com/statsmodels/statsmodels。

(18)SymPy，符号数学：https://github. com/sympy/sympy。

(19) Bayesian-belief-networks，贝叶斯信念网络：https://github. com/eBay/bayesian-belief-networks。

(20)Python-Future：Python 2 和 Python 3 兼容性：https://python-future. org/index. html。

(21)cx_Freeze，方便简洁的打包工具：http://cx-freeze. sourceforge. net/。

(22)pip，Python 包和依赖关系管理工具：https://pip. pypa. io/en/stable/。

2. Python 库常用的安装方法

Python 库常用的安装方法有以下两种：

方法一：

(1)下载库压缩包 setpu. py，解压，记录下路径：*：/ * */……/。

(2)运行 cmd，切换到 *：/ * */……/目录下。

(3)运行 setup. py build。

(4)输入 python，进入 Python 模块，验证是否安装成功。

方法二：

(1)按【Win＋R】快捷键打开运行窗口，输入 cmd 后回车。

(2)找到 pip 安装路径，即 x:\Python xx\Scripts。

(3)在命令行中切换至该目录 cd x:\Python xx\Scripts。

(4)输入 pip install * * *(库名称)。

注意：

有些网站在国内访问速度会比较慢，此时可以使用国内镜像网站安装，命令形式如：

pip install * * *(库名称)-i https://pypi. douban. com/simple

常用的国内镜像源有：

清华：https://pypi. tuna. tsinghua. edu. cn/simple。

阿里云：https://mirrors. aliyun. com/pypi/simple/。

豆瓣：https://pypi. douban. com/simple/。

3. 几个常用的集成开发环境

(1)PyCharm：商业化的 Python IDE，下载网址 https://www. jetbrains. com/pycharm/。

(2)LiClipse：基于 Eclipse 的免费多语言 IDE，下载网址 https://www. liclipse. com/。

(3)Spyder：开源 Python IDE，下载网址 https://github. com/spyder-ide/spyder。

事实上，Python 语言的核心只包含数字、字符串、列表、字典、文件等常见类型和函数，但 Python 标准库提供了系统管理、网络通信、文本处理、数据库接口、图形系统、XML 处理等额外的功能。Python 标准库命名接口清晰、文档良好，很容易学习和使用。另外，Python 社区提供了大量的第三方模块，使用方式与标准库类似。它们的功能无所不包，覆盖科学计算、Web开发、数据库接口、图形系统多个领域，并且大多成熟而稳定。借助于拥有基于标准库的大量工具、能够使用低级语言接口其他库，Python已成为一种强大的应用于其他语言与工具之间的胶水语言。

思考与练习

1. 根据你的了解，思考一下数学软件在统计学中的作用和意义，并就今后专业学习所需要的编程技能进行规划。

2. 本章所介绍的数学软件各有哪些功能和应用？对于重要的内容和函数进行重点归纳。

3. 在R中运行图2-3的代码，通过调整参数n和sigma的值，试归纳出置信区间的经验覆盖率与样本量和样本标准差的关系。

4. 用R或SPSS完成第7章例7-4数据的可视化展示。

5. 用R或SPSS完成第7章的例7-7。

6. 利用MATLAB和Python分别实现以下内容：

(1)随机生成一个二维得分矩阵，要求：行数是你的学号后3位，列数为30，最小值75，最大值不超过100。

(2)计算A的列平均值。

(3)找出大于平均值所在的位置。

(4)求A的转置、逆及上三角矩阵。

7. 设有函数 $f(x)=6x^8+11x^3-3$，用MATLAB解决以下问题：

(1)求 $f(x)$ 的导数。

(2)求 $x\to 0$ 时 $f(x)$ 的极限。

(3)求 $f(x)$ 在区间 $[0,1]$ 上的定积分。

(4)求方程 $f(x)=0$ 的根。

(5)画出 $f(x)$ 在 $[-2,3]$ 的图像，线为红色虚线。

8. 分别用MATLAB和Python编程实现猜数游戏。首先由计算机产生[1,100]之间的随机整数，然后由用户猜测所产生的随机数。根据用户猜测的情况给出不同提示，如猜测的数大于产生的数，则显示“High”，小于则显示“Low”，等于则显示“You won”，同时退出游戏。用户最多可以猜7次。

第 3 章　统计调查与整理

引导案例

《经济日报》发表了《新时代高质量发展的人口机遇和挑战》的文章，对我国第七次全国人口普查公报进行了解读，公报清晰地绘制出中国近 10 年间的人口发展“全景图谱”。

中国总人口数增长速度延续放缓势头，人口零增长乃至负增长的时代则渐行渐近，中国在人口领域面对着“百年未有之大变局”，如图 3-1 所示。

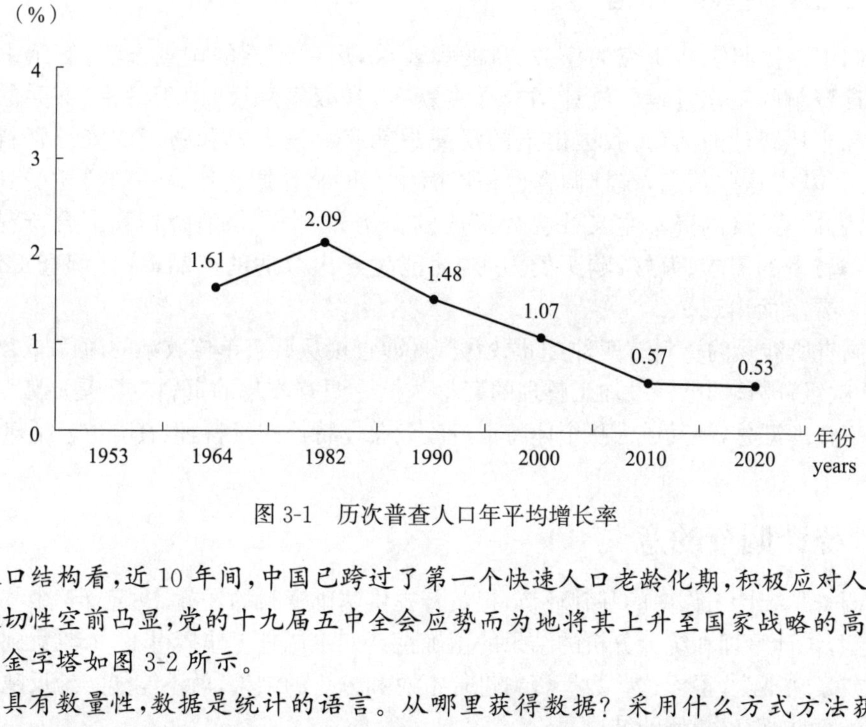

图 3-1　历次普查人口年平均增长率

从人口结构看，近 10 年间，中国已跨过了第一个快速人口老龄化期，积极应对人口老龄化的现实迫切性空前凸显，党的十九届五中全会应势而为地将其上升至国家战略的高度。中国人口结构金字塔如图 3-2 所示。

统计具有数量性，数据是统计的语言。从哪里获得数据？采用什么方式方法获得数据？原始数据是分散的、零碎的、反映个体特征的资料，如何对其加工处理，使之系统化、条理化，以符合统计分析的需要？本章将介绍统计调查和数据整理的基本原理和方法。

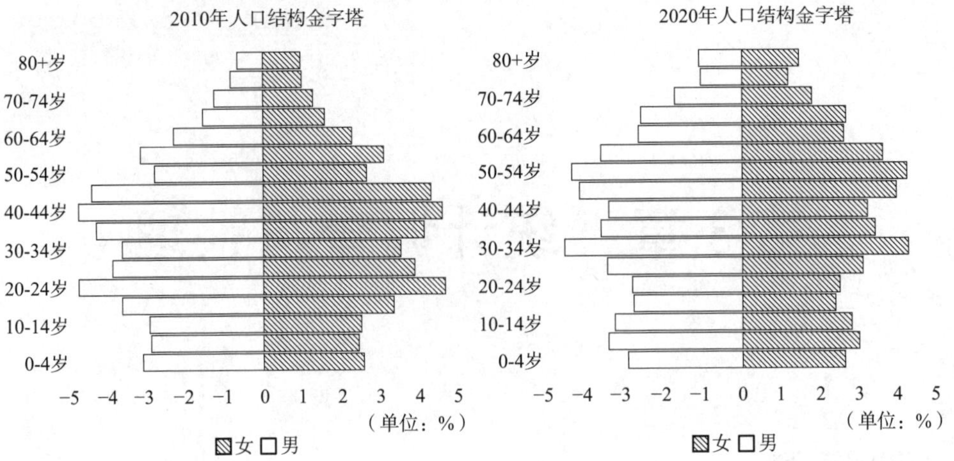

图 3-2　中国人口结构金字塔

3.1　统计调查的意义和种类

3.1.1　统计调查的概念

统计调查是按照统计研究的任务、目的和要求，运用科学的调查方法，有组织、有计划地获取统计资料的工作过程。统计调查自古就有，在奴隶社会，由于赋税、征兵的需要，出现了人口和土地统计的活动，我国出土的汉简中就有大量人口和财产的统计资料记载，与此同时，为了获得这些信息，统计调查也相伴而生。但统计调查作为一门科学受到重视，是在商品经济高速发展的资本主义社会才形成的。例如，生产与消费相互配合，产品的效用必须符合消费者的需求、偏好、购买能力等，才能生产出合适的产品，统计调查工作也正是迎合了这一要求而出现。

统计调查所涉及的资料有两种：①原始资料，即直接从调查单位收集的尚待加工整理汇总的资料；②次级资料，即已经过加工整理的资料。统计调查收集的资料主要是原始资料，并将其进行加工整理汇总，使其成为从个体特征过渡到总体特征的资料，但有时也包括对次级资料的收集。

3.1.2　统计调查的意义

统计调查是统计工作中的基础环节，担负着提供基础资料的任务，决定着整个统计工作的质量，决定着统计整理和统计分析的结果的正确性。如果调查工作搞得不好，收集到的数据资料不准确或残缺不全，根据这些数据资料进行汇总和分析的结果，就不能如实地反映客观事物的真相，甚至可能得出相反的结论。

统计调查是人们认识社会的基本方式。没有调查，就没有发言权。人的认识是由存在决定的，离开对实际情况的调查，人的认识就成了无源之水，绝不会得到正确的结论。因此，统计调查在整个统计工作中具有十分重要的地位。

3.1.3　统计调查的基本要求

在进行统计调查时，必须坚持实事求是的原则，具体来说，有这样几个要求：

(1)准确性，收集到的资料要符合实际情况、真实可靠。

(2)及时性，即统计资料能够及时满足社会各方面对数据的需要和及时完成各项调查资料的上报任务。

(3)完整性，是统计资料必须包括应该调查的全部单位的资料。

在以上几个要求中，准确性是统计数据的生命，及时性是统计数据信息价值的体现，两者是相互结合、相互依存的。及时性只有在准确性的前提下才有意义，而准确性也不能损害及时性的要求。完整性则是统计指标计算和统计分析的需要。

3.1.4　统计调查的种类

1. 全面调查和非全面调查

按调查对象包括的范围不同，统计调查分为全面调查和非全面调查。全面调查是对调查对象中的所有单位逐一进行的调查。例如，人口普查、工业普查和全面统计报表等。全面调查能够掌握比较全面的、完整的统计资料，了解总体单位的全貌，但它花费的人力、物力和财力较多，操作比较困难。非全面调查是对调查对象中的一部分单位进行的调查。重点调查、抽样调查、典型调查等均属于非全面调查。非全面调查的调查单位少，可以用较少的时间和人力调查较多的内容、并能推算和说明总体的基本情况，收到事半功倍之效。例如，对职工家庭收支情况的调查，对有些破坏性产品的质量检查等，不可能进行全面调查，只能采用非全面调查。

2. 经常性调查和一次性调查

按照调查的登记时间是否连续，统计调查分为经常性调查和一次性调查。经常性调查是根据调查总体情况的变化和发展，连续不断地进行登记的一种调查的方法，其主要目的是为了搜集现象在一定时期的数据资料。例如，对企业的产值、产量、原材料和燃料消耗的数据及时进行登记等。这些指标随时间的推移不断变化，时间越长其指标数值越大，必须连续不断地进行登记，才能取得完整、系统的资料。一次性调查，是为了配合经济和社会发展的需要，每隔一段时间对现象进行的一次性登记，其主要目的是为了搜集现象在一定时点上的数据资料。例如，基本单位数、人口数，由于其数值在一定时期内变化不大，往往采用一次性调查就能获得必要的资料。一次性调查，可以是定期进行，也可以是不定期进行。

3. 统计报表和专门调查

按调查的组织形式不同，统计调查分为统计报表和专门调查。统计报表，是按照一定的表式和要求、自上而下统一布置，自下而上提供统计资料的一种统计数据采集的方式。例如，工业统计报表、金融统计报表。专门调查，是为了研究某些专门问题而专门组织的调查。例如普查、抽样调查、重点调查、典型调查等。

需要说明的是，以上各种分类不是互相排斥的，而是从不同角度对同一调查所进行的分类，它们之间是相互联系、相互交叉的，例如，普查是一种专门组织的调查，是全面调查，也是一种一次性调查。某些情况下，还可以结合运用其他调查组织方式，所以统计工作者应该熟悉每一种调查方式。

3.2 统计调查方案的设计

统计调查是一项复杂的工作,特别是大型调查,涉及面广、涉及人员多,要使调查圆满完成,无论采用何种调查方式,在组织调查之前,首先应设计一个科学的、周密的调查方案,它是整个调查工作的全局考虑和安排,是指导整个调查过程的纲领性文件。一个完整的统计调查方案应包括以下几方面基本内容:

3.2.1 调查任务和目的

在调查方案中首先应该明确为什么要进行调查,通过本次调查要解决什么问题。确定调查任务和目的是制定统计调查方案的首要问题,它决定着调查对象、调查单位、填报单位和调查项目等问题。如我国第七次全国人口普查的目的是:"全面查清我国人口数量、结构、分布、城乡住房等方面情况,为完善人口发展战略和政策体系,促进人口长期均衡发展,科学制定国民经济和社会发展规划,推动经济高质量发展,开启全面建设社会主义现代化国家新征程,向第二个百年奋斗目标进军,提供科学准确的统计信息支持。"

3.2.2 调查对象、调查单位和填报单位

在确定调查目的后,就要据此确定调查对象和调查单位,其目的是为了回答向谁调查,由谁来提供统计资料的问题。调查对象是根据调查目的而确定的调查研究的总体或调查范围。调查单位是调查对象中的具体单位,填报单位则是负责上报调查资料的单位。如要了解我国工业企业职工情况,调查对象是全国工业企业的所有职工,调查单位是全国工业企业的每一名职工,填报单位是全国每一个工业企业。调查目的决定调查对象、调查单位和填报单位。实际工作中,还须注意区分调查单位和填报单位。调查单位是调查项目的承担者,它可以是个人、企事业单位,也可以是物。填报单位是负责上报调查资料的单位,一般在行政上、经济上具有一定独立性。两者有时一致,有时不一致。例如当调查国有工业企业生产情况的资料时,每一国有工业企业既是调查单位,也是填报单位;当调查国有工业企业中高精尖设备使用情况的资料时,国有工业企业中的每一台高精尖设备是调查单位,而填报单位则是每一国有工业企业。

3.2.3 调查项目、调查表和调查问卷

在确定了调查目的、调查对象、调查单位和填报单位之后,就需要确定调查的内容,即确定具体的调查项目和调查表。

1. 调查项目

调查项目就是调查的具体内容,它是由调查单位来承担的。调查项目是根据调查的目的和任务,确定调查中需要登记的调查单位的特征,它由一系列标志构成。它可以是调查单位的数量特征,例如,人的收入,商店的营业额,工厂的产量等;也可以是调查单位某种属性或品质特征,例如,人的性别、职业、受教育程度,以及企业所属的行业类别等。

拟定调查项目时应注意下述问题:第一,确定的调查项目应与所设计的统计指标和指标体系相一致,并本着"少而精"的原则,只列必需的项目;第二,应根据需要和可能来确定调查项

目，对于有需要但无法或很难取得资料的项目，不列入调查方案；第三，注意各调查项目之间尽可能相互联系，彼此衔接，以便于相关项目之间的核对，提高调查资料的质量。

2. 调查表

将调查项目科学地排列在一张表格上就构成了调查表。调查表是统计调查的核心部分。调查表不仅使调查者能够有条理地填写需要收集的数据，还便于以后对数据进行整理。调查表通常由表头、表体和表脚三部分组成。表头是调查表的名称，用来说明调查的内容、被调查单位的名称、性质、隶属关系等；表体是调查表的最主要部分，包括调查的具体项目；表脚由填表人签名、填报日期、填表说明等内容构成，通常以示责任。

调查表有单一表和一览表两种。单一表是指在一份调查表中只登记一个调查单位的内容，可容纳较多标志，便于分类整理，在调查项目较多时宜使用单一表。一览表是指在一份调查表中登记多个调查单位的内容，较为简单，便于合计和核对数据，在调查项目较少时宜使用一览表。

3. 调查问卷

问卷就是有问有答的调查表。在某些统计调查如民意调查和市场调查中，调查项目主要以提问的形式出现，调查表表现为问卷的形式。问卷是用来搜集调查数据的一种工具，是调查者根据调查目的和要求设计的，由一系列问题、备选答案、说明及代码表等组成的书面文件。

3.2.4 调查时间

统计上的调查时间有两个方面的含义：调查时间和调查期限。调查时间是指调查资料所属时间，如果是时期现象，要明确所收集的数据所属时期的起止时间。例如，调查2022年某地区第一季度的商品房的销售量，则调查时间是从1月1日起至3月31日止三个月。如果是时点现象，调查时间就是规定的统一标准时点。例如我国第七次全国人口普查的标准时间是2020年11月1日零时。调查期限是进行调查工作的时限，包括收集资料和报送资料的工作所需时间，应尽可能缩短。例如，我国第四次经济普查方案规定，时期指标为2018年1月1日至12月31日的数据。

3.2.5 调查工作的组织实施计划

为保证调查工作顺利进行，在着手调查之前要事先制定调查工作组织实施计划，其主要内容主要包括以下几个方面：①确定调查工作的领导机构和办事机构；②明确调查人员的组织和分工；③明确调查前的准备工作，包括宣传教育、人员培训、文件资料的印发、方案的传达布置、调查经费的预算及开支办法等；④规定调查工作的检查、监督方法；⑤确定公布调查成果的时间等。

3.3 数据的收集

3.3.1 统计调查方法

无论哪种统计调查都要采取一定的调查方法去收集数据，就算是调查的组织形式相同，其调查方法也不尽相同。应该根据调查目的和调查对象的具体情况,选择恰当的调查方法。下面介绍几种常用的统计调查方法。

1. 访问法

访问法也称采访法、询问法,是由调查人员提问、被调查者回答来获取数据的方法。按照询问方式的不同,访问法主要包括以下几类:

(1)面对面访问。该方法又叫面访调查,即由访员直接与被调查者面对面交谈以收集资料的调查方法。这种方法要求市场调研人员在面谈前先熟悉所要调查的问题,明确问题的核心和重点,并事先设计好问卷或调查提纲。优点是能够对调查过程加以控制,从而获得比较可靠的调查结果。

(2)电话访问。即通过电话与选定的被调查者交谈以获取市场信息的一种方法,由于彼此不直接接触,电话访问前应提前设计好问卷调查表、挑选和培训好调查员、抽取好调查样本并选择好访问时间。优点是:①访问时间短,费用低;②问卷较简单,对被访问者的要求较低;③被访问者的心理压力小。其缺点是:①无法访问到没有电话的单位或个人,拒绝的情况较多;②收集到的资料往往较简单,无法了解被访问者当时的真实态度,答案真伪难以分辨。

(3)邮寄访问。邮寄访问是市场调查中一种比较特殊的资料收集方法,它是由调查者按事先设计好的调查问卷邮寄给被调查者,由被调查者根据要求填写后寄回的一种调查方法。

(4)网上访问。网上访问是一种随着网络事业发展而兴起的访问方式。目前这一访问方式正以前所未有的速度发展,许多提供特殊调研软件的公司正在加紧设计和开发网络调研的标准模块,这一行动最终将使网上访问变成一种标准技术。优点是:①组织简单、费用低、效率高;②被调查者容易打消顾虑,真实地回答问题;③可以 24 小时进行,没有时空限制。其缺点是:①样本缺乏代表性,网上调查的对象仅限于网民,年轻人居多,造成了样本的极大偏差;②网上调查获取的资料需要较多甄别方面的工作量;③不太适合开放性问题的调查。

(5)座谈会和个别深度访问。这类方法是将少数受访者(一般是相关调查问题的专家或有经验的人)集中在调查现场,让他们对调查的主题(如一种产品、一项服务或其他社会话题等)发表意见,从而获得调查资料。属于定性方法,着重于对问题的性质和未来趋势的把握,不是对研究总体数量特征的推断。

上述几种访问方式各有优缺点,因此在选择时,应根据调查内容和课题要求以及操作可行性来定。

扩展阅读

赣府大酒店的经营之道

赣府大酒店坐落在南方某省会城市的繁华地段,是一家投资数千万元的新建大酒店,开业之初生意非常不景气。公司管理层为了找到症结,组织了数场座谈会,从大中型企业、大专院校、机关团体、街道居民中邀请代表参加座谈征求意见。同时派遣专门人员走访了附近的住户和旅游景点的外地游客进行面访调查。结果发现:该酒店停车场车位不足,顾客来往十分不便;本地居民及外地游客对该酒店的知晓率较低,更不用说满意度了;该酒店与其他酒店相比,经营特色不明显，附近居民对其也不了解。基于访问调查的结果，酒店作出了扩建停车场、在媒体上做广告、开展公益及社区赞助活动，并突出经营特色，开展多样化服务等决策。这一系列决策实施后，酒店的经营日益改善，取得了较好的成效。

2. 观察法

观察法是指调查者有目的、有计划地凭借自己的感觉器官或运用各种记录工具，深入调查现场，直接观察和记录被调查对象的行为或状态，以收集资料的一种方法。观察是一种可替代直接发问的方法。例如，调查者到商场、各种展销会、交易会等现场，亲自观察和记录顾客的购买情况、购买情绪、同类产品竞争程度以及各种商品的性能、式样、价格、包装等。

观察法的主要优点是：①可以实地记录客观现象的发生，能够获取直接的资料，对客观现象的实际过程和当时的环境气氛都可以了解；②收集到的信息在大多数情况下是完全真实客观的，无须征得被调查者的同意；③对被调查者的配合与否及其能力大小没有要求；④观察结果真实、客观，有说服力。

观察法的主要缺点是：①调查成本较大，花费的时间较长，观察过程受时间限制；②调查结果往往受观察人员本身素质的影响，而且结果难以进行量化统计分析；③观察法只能观察表面现象，无法了解深层次的情况，因而无法获取观察现象的内在信息。

3. 实验法

实验法是一种特殊的观察调查方法，从自然科学的实验室试验法中借鉴而来。不同于普通的调查和观察活动，它是在所设定的特殊实验场所、特殊状态下，对被调查对象进行实验、以取得所需资料的一种调查方法。实验调查的目的是控制一个或多个自变量(如施肥量、降雨量等)、研究在其他因素(如光照、土壤肥沃程度等)都不变或相同的条件下，这些自变量对因变量(如亩产)的影响。例如，某方便面企业为了扩大其产品在市场上的占有率，将其方便面的外包装做了改进，把改进后的样品投放到市场上，检验其是否能起到提高销售量的作用。

实验法的主要优点是：①通过实验调查能直接揭示客观现象之间的因果关系；②实验调查可重复进行；③实验法有利于探索解决问题的具体途径和方法。

实验法的主要缺点是：①应用范围有限；②无法完全排除非实验因素影响；③对实验者要求较高，花费的时间长，例如，在同一日的同一种报纸上，版面大小和位置相同，分别刊登 A、B 两种广告，然后将其散发给各位读者，以测定其反应结果，市场上未能控制而又可能在实验期间内有所变化的外来因素太多(如消费者偏好、产品的市场需求等)，这些外来因素都可能对实验的结果有所影响，为此，在进行实验设计时，要尽可能地减少这些不确定性带来的实验误差。

3.3.2 调查问卷设计

调查问卷是现代调查中最为普遍使用的搜集资料的工具。尤其是抽样调查，一般都使用调查问卷。

调查问卷的作用在于：①可以使调查研究规范化，规范化是使提问和答案的内容和形式都标准化；②可以使调查研究程序化，使调查访问按问卷规定的提问和回答的次序进行，所以持卷访问也叫结构式访问；③可以使调查研究科学化，科学化是指使用问卷调查可以提高搜集资料的可靠性和分析资料的正确程度。

1. 问卷设计的原则

在问卷的设计中应该遵循一定的原则：

(1)有明确的主题。根据调查主题,从实际出发拟题,问题目的明确,重点突出,没有可有可无的问题。

(2)结构合理、逻辑性强。问题的排列应有一定的逻辑顺序,符合应答者的思维习惯。一般是先易后难、先简后繁、先具体后抽象。

(3)通俗易懂。问卷应使应答者一目了然,并愿意如实回答。问卷中语气要亲切,符合应答者的理解能力和认知能力,避免使用专业术语。对敏感性问题采取一定的技巧调查,使问卷具有合理性和可答性,避免主观性和暗示性,以免答案失真。

(4)控制问卷的长度。回答问卷的时间控制在 20 分钟左右,问卷中既不要浪费一个问句,也不要遗漏一个问句。

(5)便于资料的校验、整理和统计。

2. 问卷的结构

问卷一般由引言、被调查者基本情况、问题和答案、结语四个部分组成。

(1)引言一般是问卷的开头,或作为问卷的说明信,用以表明调查的目的与意义、调查组织者的身份和调查的主要内容等,力求引起调查者的重视与兴趣,取得支持与合作。说明词要态度诚恳、口吻亲切,并要对调查者表示真诚的感谢。有时还要向被调查者说明问卷填写的方法和要求,以及需要注意的有关事项。

(2)被调查者的基本情况用以了解个人或企事业单位的有关基本特征,如个人的性别、年龄、文化程度、职业等,企事业单位的行业类别、经济类型、单位规模、所在地区等。掌握这些基本情况,便于进行各种构成分析。

(3)问题和答案是问卷的主要组成部分,包括所要了解的各个问题和相对应的备选答案。这一步设计得如何,直接关系到本次问卷调查能否取得有价值的资料。

(4)结语是在问卷末尾对被调查者再次表示感谢,或用以征询其对问卷设计和问卷调查的意见或感受。有的问卷也可以不要结语。

此外,问卷上还应有便于计算机处理的编码。若是访问问卷,还应有作业证明的记载,即填写访问人员姓名、访问日期和被调查者合作情况等。

3.3.3 问卷设计的程序

1. 确定主题和资料范围

根据调查目的的要求,研究调查内容、所需收集的资料及资料来源、调查范围等,酝酿问卷的整体构思,将所需要的资料一一列出。分析哪些是主要资料、哪些是次要资料、哪些是可要可不要的资料,淘汰那些不需要的资料,再分析哪些资料需要通过问卷取得、需要向谁调查等,并确定调查地点、时间及对象。

2. 分析样本特征

分析了解各类调查对象的社会阶层、社会环境、行为规范、观念习俗等社会特征,需求动机、潜在欲望等心理特征,理解能力、文化程度、知识水平等学识特征,以便针对其特征来拟题。

3. 拟定并编排问题

首先构想每项资料需要用什么样的句型来提问,尽量详尽地列出问题,然后对问题进行检查、筛选,看它有无多余的问题,有无遗漏的问题,有无不适当的问句,以便进行删、补、换。

4. 进行试问试答

站在调查者的立场上试行提问，看看问题是否清楚明白，是否便于资料的记录、整理；站在应答者的立场上试行回答，看看是否能答和愿答所有的问题，问题的顺序是否符合逻辑思维。估计回答时间是否合乎要求。有必要在小范围内进行实地试答，以检查问卷的质量。

5. 修改、付印

根据试答情况，进行修改，再试答，再修改，直到完全合格以后才定稿付印，制成正式问卷。

3.3.4 问卷类型

根据不同的研究目的，问卷可以设计成开放式问卷、封闭式问卷和混合式问卷三种类型。

1. 开放式问卷

开放式问卷是由一系列无限定答案、可自由回答的开放式问题组成的问卷，一般把包含"为什么""怎样""如何""什么"等字眼的问卷，称为开放式问卷。

开放式问卷的优点是：①可用于回答各种类型的问题，特别是用于那些答案很多，或答案比较复杂，或尚未弄清各种可能答案的问题；②有利于受测者发挥主动性和自我表现，充分自由地表达自己的意见；③有助于研究者从中得到各种适合的答案，甚至能得到意料之外的发现。

开放式问卷的缺点是：①资料的标准化程度低，难以进行量化分析；②只能适用于那些有较高文化素养和有相当文字表达能力的被调查者；③拒答率高。

2. 封闭式问卷

封闭式问卷是指由一系列具有选择项的问题组成的问卷，一般把这些具有答案供选择的问题称为封闭式问题。

封闭式问卷的优点是：①有利于受测者节约填答时间，保证问卷有较高的回收率和有效率；②易于进行整理、比较和统计分析；③有利于询问一些敏感性问题，因为对这类问题受测者一般都不愿写出自己的看法，但对已有的答案在不填写姓名的情况下却有可能进行真实的选择；④适用于样本多且受测者文化程度较低的研究。

封闭式问卷的缺点是：①设计较困难，很难把答案设计周全；②填答方式较机械，无弹性，难以发挥受测者的主观能动性；③有可能会导致受测者猜答问题或随便选答问题，从而降低回答的真实性和可靠性；④受测者在填答中还会经常出现数字、号码等圈错、填错以及漏答等情况。

3. 混合式问卷

为了克服开放式问卷和封闭式问卷各自的缺点，吸取和发挥它们各自的优点，采用由封闭式问题和开放式问题组成的混合式问卷较好些。一般来说，开放式问题应置于最后且不宜多。

3.3.5 问题设计

在设计问卷时，对问题的选择、问题的排列次序和问题的表述等，都必须认真考虑和推敲。问题的选择是问卷设计中一个很重要的课题，设计问题的基本原则是：

(1)必须围绕调查课题和研究假设选择最必要的问题。过于简略，无法达到调查的目的；过于烦琐，不仅增加工作量，还会降低问卷的回收率和填答质量。

(2)必须选择与受测者填答问题的能力相符合的题目。凡是受测者不能正确理解或不太理解的问题，都不应作为测试题目。例如，有的问卷中询问儿童“你的价值观是什么”，像这样一些问题，可能因受测者不理解而不予回答。

(3)题目表述必须注意如下几点。①单一化，不要把两个或两个以上的问题合并成一个问题来表述，例如：“您喜欢旅游和体育活动吗?”对于这类题目，只要对其中一项的态度不一样，他就无法用肯定或否定来回答上述问题。②具体化，避免采用抽象和笼统的概念，例如：“您觉得自己幸福吗?”受测者对于自身感到的幸福程度难以把握，因而这类问题的回答，其信度常常是很低的。③通俗、简短，不要使用那些陌生的、过于专业化的术语，以及那些模棱两可、含糊不清或易产生歧义的词或概念。例如，对农民的问卷中问：“您家的消费结构怎样?”其中“消费结构”就不通俗，属过于专业化的术语。另外，如“好像”“也许”“可能”等这些模棱两可的词，应该避免使用。此外，在问卷中如涉及“经常”“有时”“偶尔”这些模糊词时，应做出具体说明。如“经常”指每周二至三次，“有时”指每月一次或两次，等等。④避免诱导性或倾向性。引导性的题目会人为地增加某类问题回答的概率。因此，问卷设计时，题目大多采取中性方式。例如：当要问受测者是否抽烟时，不用引导性方式：“您不抽烟，对吗?”而用中性方式：“您是否抽烟?”用中性方式要避免引用权威的意见，以免影响答问。如“科学家认为吸烟有害健康，您吸烟吗?”⑤尽量减轻敏感度，使受测者能够坦率做出真实的回答，例如：“对于超前消费现象，一些人认为能拉动社会经济增长，一些人认为容易引起过度消费，您更倾向哪种观点?”

(4)问题的排列方式应便于受测者顺利地回答问题、便于资料的整理和分析。一般原则是：①按难易程度排列，把比较简单、较易回答的题目放在前面，把比较复杂、不易回答或敏感性题目放在后面；②按性质或类别排列，即把同类性质的题目尽量安排在一起，这样便于受试者按照问题的类别有次序地去回答问题，不至于使他们回答问题的思路被经常中断和来回跳动；③按时间顺序排列，就是说对于那些在时间上有连续性的问题，应尽量根据历史线索，由过去到现在再到将来，也可以先问当前的问题再追溯过去的情况。总之，问题的排列应有一定的次序，应有严密的逻辑性。但这并非一成不变的定则，特别在心理学问卷设计中，许多问卷的题目都采用非逻辑性的排列，随意地安排在问卷的不同部分，这主要是为了避免受测者的反应倾向或思维定式。测谎题为了不被受测者识破，也是分散排列的。

3.3.6 答案设计

封闭式问题的答案设计也是影响问卷质量的重要因素，主要有下列格式可以选择：一是二项式或是否式；二是多项选择式；三是序列式，此类格式要求把列出的答案按其重要性或时间性标准的顺序排列出来；四是定距式，即列出答案的大概范围，由受测者选择填空，如调查月经济收入，可分为2 000～3 000元、3 000～5 000元、5 000～10 000元、10 000元以上等几个档次；五是等级式，即列出不同等级的答案，如很满意、较满意、一般、不满意、很不满意。在程度副词或形容词之间要有明显的区分度，因此等级不能划分太细、太多，但又不能太粗糙、太少，一般把答案分成三个、五个或七个等级。

答案设计应遵循以下两个基本原则：

(1)答案应该具有穷尽性和互斥性。穷尽性是指所列出的答案中包括了所有可能的情况。对有些不易穷尽答案的问题，可以在所列出的若干答案后面加上“其他”或“其他(请说明)”之类。有一点须注意，若一项调查结果选择“其他”一栏的回答者比例较高，说明答案设计不恰当，有些重要且带普遍性的类别没有列出，这样难以达到调查目的。

(2)互斥性是指答案与答案之间不能相互重叠、相互包含或交叉,在选择答案时只能有一个回答适合受测者的情况,如果一个回答者可同时选择属于某一个问题的两个或更多的答案,说明这一问题的答案不是互斥的。

根据研究的需要确定变量的测量层次。在设计答案时,首先确定所测量的变量属于什么层次——是定量、定序、定距,还是定比变量,然后根据这一层次的特征决定答案格式。

3.3.7 次级资料的收集

对于统计研究而言,由于时间、精力及资金等限制,有时相当一部分的统计数据并不需要亲自进行统计调查,可取自有关统计部门和机构,称为次级资料或二手资料。这类资料主要可通过以下几个方面获得:

1. 统计年鉴

(1)《中国统计年鉴》,由国家统计局编辑、中国统计出版社出版,是一部全面反映我国国民经济和社会发展情况的资料性书籍。该书收录了上一年全国和各省、自治区和直辖市经济和社会各方面大量的统计数据,以及历史主要年份和近几十年全国统计数据。该书还附有光盘,提供中文与英文两种文字的统计年鉴电子版。为使用户能方便浏览和使用年鉴,光盘还提供了超文本(HTML)表格和 Excel 表格两种浏览方式。

(2)《国际统计年鉴》,由中国统计出版社出版,是一部反映国际经济、社会发展的综合性资料年刊,收录了多达 160 个国家和地区的统计资料,并对其中的 40 多个主要国家的经济和社会发展状况以及世界主要企业的基本情况做了更为详细的介绍。

(3)地方统计年鉴,由各省、自治区和直辖市以及经济特区的统计局编纂,中国统计出版社出版,它比较详细地反映各省、自治区和直辖市以及经济特区的社会、经济和科技等发展变化的情况。

(4)《中国统计摘要》,由中国统计出版社出版,收录了反映我国经济社会发展的主要统计数据,一般比同时期的统计年鉴早若干月出版。

2. 有关期刊

上述的各种年鉴,所提供的资料较为详细、全面、系统,但时效性较差。反映统计学各领域的最新数据,可由以下一些期刊取得:

(1)《统计研究》,由国家统计局主管,中国统计学会主办,是我国统计领域公认的最具权威性的理论刊物。主要内容有:面向政府统计改革与发展的最前沿、最紧迫的现实统计问题及统计理论和方法的最新研究成果,统计学学科建设研究成果,国民经济核算的理论与方法研究成果,统计方法的创新应用和大数据研究成果,运用统计、计量方法对我国经济建设与社会发展实践中各种问题进行实证研究的成果,介绍国内外有关统计理论、方法及应用的最新发展与动态,统计史研究成果等。

(2)《中国经济景气月报》,由国家统计局中国景气预测中心主办,内容包括主要经济指标最新的季度或月度数据,以及经济景气指标。

(3)《数理统计与管理》,由中国现场统计研究会主办,是中国现场统计研究会的会刊,介绍"统计学的基础理论""统计分析法""试验设计法""统计推断法""统计调查法""质量检验控制法""数据化管理"等理论;介绍它们在工农业生产的金融经济统计、教育体育卫生等社会统计、气象水文地质等环境与生态统计等方面的应用研究。

3. 有关网站

在计算机与网络技术飞速发展的今天,互联网成为获取统计数据的重要途径。目前可获取各类统计数据的网站主要有:

(1)中国政府统计信息网(www. stats. gov. cn),由国家统计局主办,主要内容有统计公报、统计数据、统计分析、统计法规、统计管理和数据直报等。在该网站也可搜寻有关统计年鉴的数据资料。

(2)国务院发展研究中心信息网(www. drcnet. com. cn),简称国研网,由国务院发展研究中心主管,北京国研网信息股份有限公司承办,提供的主要信息有宏观经济、区域经济、金融市场、行业经济及企业经济相关数据资料。

(3)中国经济信息网(www. cei. gov. cn),简称中经网,是由国家信息中心控股,以提供经济信息为主要业务的专业性信息服务网站。

4. 数据库

数据库建设是国家经济信息化建设的一项重要的基础性工作,由有关公司和机构组织开发,向社会提供有偿服务。目前,主要的经济统计数据库有:

(1)中国国家数据,由国家统计局创建,包括国民经济核算、人口、就业、固定资产投资、能源、价格指数、人民生活、环境保护、农业、工业、建筑业、运输邮电、国内贸易、科技、文化体育卫生等国民经济和社会发展方面有关的月度、季度和年度主要统计数据,每月底更新一次。

(2)中经网统计数据库,由中国经济信息网开发,内容涵盖宏观经济、行业经济、区域经济以及世界经济等各个领域,是一个面向社会各界用户提供全面、权威、及时、准确的经济类统计数据信息的基础资料库。

(3)中宏数据库,由国家发展和改革委员会所属的中国宏观经济学会、中宏基金、中国宏观经济信息网、中宏经济研究中心联合研发。中宏数据库是一个巨型的经济数据库,包括 19 类大库,74 类中库,具体可参见其网站介绍。其中,统计数据库由宏观、金融、地区、行业、国际 5 个大类,15 个子栏目组成,以时间序列和图表方式为用户提供最快、最新、最全的经济数据。

(4)中国统计数据应用支持系统,由北京华通人商用信息有限公司研发。中国统计数据应用支持系统是专门针对金融机构的需求研制的数据查询和分析系统,涵盖宏观区域、行业、企业、财经等领域的经济运行状态、结构变化、发展趋势、政策效应等数据信息。

(5)中国统计年鉴服务系统,目前囊括了中国统计出版社出版的四百余部国家、省市及行业年鉴。

3.4 统计数据的整理

通过统计调查或实验,我们取得了大量的原始资料,但这些资料是分散的、零碎的、反映个体特征的资料,难以从总体上揭示事物的本质,更不能从量化的角度反映事物发展变化的规律性,这就有必要对统计调查获得的原始资料进行科学的整理。

3.4.1 统计整理概述

所谓统计数据整理,简称统计整理,是指根据统计研究的目的,对统计收集到的数据进行科学的加工处理,使之系统化、条理化和综合化,成为能反映研究对象总体数量特征,满足统计分析需要的统计数据的过程。

统计整理是人们对各种现象从感性认识上升到理性认识的过渡阶段，是统计工作中一个十分重要的中间环节，起着承前启后的作用。它既是统计调查阶段的继续和深入，又是统计分析的基础。统计整理的质量不仅直接关系到调查资料是否发挥其应有的作用，也直接影响到统计分析和预测能否得到正确的结论。

统计数据整理包括两个方面：一是对原始数据的整理，即通过分组（分类）和汇总，使大量的、零散的、反映个体特征的数据，转化为综合的、反映总体特征的数据；二是对次级资料的再整理，即通过新的分组、计算或各种必要的调整，使之满足新的需要。本书主要介绍第一种情况。

1. 统计整理的步骤

(1)设计和制定统计资料汇总方案，应明确规定各种统计分组和各项汇总指标。

(2)在汇总整理前，应对原始资料进行认真审核，审核其完整性、及时性、准确性，及时纠正错误。

(3)选择最基本、最能说明问题本质特征的标志对资料进行科学的分类分组。

(4)按分组要求进行分组汇总，并在此基础上加以全面汇总，计算出综合指标，使之能反映出调查对象的全貌。

(5)将统计整理的结果，用适当的表格或图形简明扼要地表达出来。

2. 统计资料的预处理

统计资料的预处理是统计整理的前提，是在统计分组和汇总前应做的必要工作，主要包括以下几个方面：

1)数据的审核

为保证数据的质量，应先进行数据审核，为下一步的整理和分析打好基础。

对于直接调查得到的原始数据，应从完整性和准确性两个方面进行审核：完整性审核主要是检查调查单位是否有遗漏、调查项目或指标是否填写齐全等；准确性审核主要检查数据资料是否真实反映客观实际情况、数据是否有错误、计算是否正确等。

对于从其他渠道获得的次级资料，除了完整性和准确性审核以外，还应重点审核数据资料的时效性和适用性。次级资料可能为某些原因专门调查得到，或者按照特定目的做了加工整理，因此需要对数据来源、数据口径、收集时间及相关背景材料进行审核，确定适合实际研究需要，才有必要做进一步的加工整理。

2)数据的筛选

对上述审核过程中发现某些数据无法进行纠正，或数据不符合统计调查的要求而又无法弥补时，就应该对这些数据进行进一步筛选，这一工作在市场调查中十分重要。一方面要将某些不符合调查要求的数据或有明显错误的数据进行筛选删除；另一方面将某些符合特定条件的数据筛选出来，不符合特定条件的数据予以剔除。例如，受访者没有按照要求如实回答问卷的问题，填写的答案明显不符合实际情况，这样收集到的数据误差较大，势必影响到调查的可靠性，应该予以剔除。

3)数据的排序

根据数据的类型，按照一定的顺序将数据排列，以便初步显示数据的一些特征和规律，为解决问题提供线索，另外还有助于对数据进行检查、纠错，为分组、汇总提供依据。例如各类机构按照不同的指标体系，公布中国大学的排名以及学科评估的结果，对于大众而言是很有用的信息。通过这一信息，家长和学生报考大学有了一定的参考，大学可以认清自己所处的位置，了解每年名次的变化，从而有效制定发展规划和目标。

3.4.2 统计分组

1. 统计分组的概念

统计分组是根据统计研究的需要，将统计总体按照一定的标志区分为若干个组成部分的一种统计方法。其目的就是把同质总体中的具有不同性质的单位分开，把性质相同的单位合在一起，保持各组内统计资料的一致性和组间资料的差异性，以便进一步运用各种统计方法，研究现象的数量表现和数量关系，从而正确地认识事物的本质及其规律性。例如，将人口按性别、年龄、民族、文化程度、职业等标志划分出各种各样的组。

统计分组的关键是选择分组标志与划分各组的界限。统计分组是一个相对的概念，对总体而言是“分”，即将总体划分为各个性质不同的若干组成部分；但对总体单位（个体）而言是“合”，即将性质相同的总体单位合为一组。如对人口总体按年龄分组，对总体而言是将人口总体区分为各个年龄段性质不同的组成部分，而对每个人而言是将年龄段相同的人合为一组。

2. 统计分组的作用

统计分组在统计研究中占有重要地位，不仅仅是统计整理的基本方法，也是贯穿于统计工作全过程的基本方法。具体体现在以下几个方面：

1）发现现象的特点与规律

通过统计调查获得的资料，常常是分散的、零碎的和杂乱无章的，只有将其适当地进行分组，才能发现其中的特点和规律。

例如，为确定“高等数学”的卷面成绩（单位：分），在某学院同一年级的学生中随机抽取43人进行测试，所得结果如下：

80、42、93、81、48、74、78、36、70、72、86、96、42、64、44、74、80、54、64、62、48、52、88、68、84、78、78、64、46、82、26、64、56、54、42、82、44、58、74、62、82、44、92。

以上数据很难看出其特点和规律，我们只要将其进行分组汇总后，根据表3-1可以清楚地看出高等数学的卷面成绩在不同分数段上的分布状况，通过分组可知，53.5%学生的卷面成绩在70分以下。

表3-1 “高等数学”卷面成绩分组表

卷面成绩分组	人数（个）	频率（%）
59分及以下	16	37.2
60～69分	7	16.3
70～79分	8	18.6
80～89分	9	20.9
90～100分	3	7.0

2）划分现象的类型

各类现象存在着复杂多样的类型，各种不同类型的现象有着不同的特点和不同的发展规律。在整理大量统计资料时，有必要运用统计分组的方法将现象总体划分为不同的类型来进行研究。例如，从表3-2可以看出2016—2020年我国居民消费水平的变化情况。

表 3-2　2016—2020 年我国居民消费水平

指　　标	2020 年	2019 年	2018 年	2017 年	2016 年
居民消费水平(元)	27 439	27 504	25 245	22 969	20 801
城镇居民消费水平(元)	34 043	34 900	32 483	30 323	28 154
农村居民消费水平(元)	16 046	15 382	13 985	12 145	10 609
居民消费水平指数(上年＝100)	97.5	106.1	107.4	106.6	108.2
城镇居民消费水平指数(上年＝100)	95.4	104.6	104.7	104.0	105.6
农村居民消费水平指数(上年＝100)	101.8	107.0	112.4	110.8	110.8

总体来看，近五年我国的城镇居民消费水平和农村居民消费水平都处于上升的态势，但城乡之间的差距依然较大。

3)揭示现象内部的结构

在对现象总体进行科学分组的基础上，计算各组单位数或分组指标量在总体总量中所占的比重，形成总体的结构分布状况。各组所占比重数大小不同，说明它们在总体中所处的地位不同，对总体分布特征的影响也不同。借助于总体各部分的比重在量上的差别和联系，例如，从表 3-3 可以看出 2020 年我国国内生产总值中各产业的比例。中国财政科学研究院研究员指出："指标之间的关系比较协调，第一产业占 GDP 的比重虽然低，但对整个国民经济发展、社会稳定的作用非常强，2020 年中国经济能够站得住，民心稳定，经济正常增长，关键是农业稳住了，在此基础上，工业也保持了很好的增长态势，特别是高新技术产业。"

表 3-3　2020 年我国各产业构成

指　　标	绝对值(亿元)	占比(%)
国内生产总值	1 015 986.0	100
第一产业增加值	77 754.9	7.7
第二产业增加值	384 255.4	37.8
第三产业增加值	553 977.7	54.5

4)分析现象之间的依存关系

现象是一个复杂的总体，一切现象相互联系、相互依存、相互制约，通过统计分组可以揭示现象之间的依存关系。如商业企业中商品销售额和流通费用水平的关系，如表 3-4 所示。

表 3-4　某地区商业企业商品销售额与流通费用水平分析表

按销售额分组(万元)	企业数(个)	流通费用率(%)
100 以下	15	11.42
100～200	14	10.11
200～300	12	6.43
300～400	10	5.92
400～500	18	3.09
500～600	16	2.66
600 以上	15	1.94

由表 3-4 的分组资料可知，销售额与流通费用率两者之间呈反方向变动关系，企业的商品销售额越大其流通费用率却越低。

3. 统计分组的原则

为了充分发挥统计分组的作用，在设计分组方案及具体操作时需要遵循以下原则：

(1)科学性原则。即统计分组一定要从统计研究的目的出发，使组与组之间在某一方面具有显著的差异，而组内各单位在该方面具有同质性。要实现这一原则，关键是正确选择分组标志和正确划定分组界限。统计分组总是以一定的标志为依据的，按不同的标志分组反映总体的不同特征，因此，必须从统计研究的目的和需要出发，选择最能说明现象本质特征的标志作为分组标志；在标志具体表现的范围内，合理划定各组界限。

(2)完备性原则。即分组时任何一个总体单位或任何一个原始数据都能归属于某一个组，而不会遗漏在外。例如，将工业企业按所有制分组，若只分"国有企业""集体企业""私营企业"三组就是不完备的，因为还有"合资企业""外资独资企业"等不能归入上述三组中。如果再增加"其他企业"一组，分组就完备了。

(3)互斥性原则。亦称不相容性原则，是指任何一个总体单位或任何一个原始数据，在一种统计分组中只能归属于某一个组，而不能归属于两个或两个以上的组。例如，将工业企业分成"国有企业""集体企业""大型企业""小型企业"等，就不具有互斥性。一个企业可以同时出现在几个组，这将造成统计数据上的混乱。

4. 统计分组的方法

1)根据分组标志的性质不同，进行品质标志分组和数量标志分组

按品质标志分组是指选择反映事物属性差异的标志作为分组标志，并在品质标志的变动范围内划定各组间的界限的方法。其概念较为明确，分组也相对稳定。如人口按性别分为男、女两组，企业按经济类型分组，国民经济按行业分组等，这样的分组就很简单明了。品质标志本身就决定了组数和组的界限。但是有的分组标志的表现却比较复杂，存在着不同性质的过渡状态，使分组现象不易划分。如以农产品为原料的产品，属于工业品还是农副产品，就很难界定。为了避免认识不同可能造成的差错、保证统计分组的统一性和可比性，联合国及各国的统计部门，都规定统一的分类目录，作为划分组别的统一标准。

按数量标志分组是指选择反映事物数量差异的标志作为分组标志，并在数量标志的变动范围内划定各组间界限的方法。如企业按商品销售额分组、人口按年龄进行分组等均为按数量标志分组。由于数量标志的变异表现为许多不等的变量值，因此，使用同一资料会有多种分组形式。如何分组、分多少组、各组的界限如何等内容，将在本节后面的内容中详细介绍。

2)根据分组标志的多少，进行简单分组和复合分组

简单分组是将总体单位按一个标志进行分组，它只反映总体某一方面的类型和结构特征。如学生按"考分"分组。在实际工作中，简单分组很难满足多方面反映事物全貌的要求。有时，我们可以对同一总体采用两个或两个以上的分组标志分别进行简单分组，平行排列起来。如将某企业职工分别按性别、工龄和年龄分组，就可以形成一个平行分组体系，这样做的特点是每一次分组只能区分一个因素对差异的影响。

复合分组是按两个或两个以上标志对总体单位进行重叠分组。例如，可以同时选择学科、

专业、性别等分组标志对高校在校学生进行分组；或者对某地人口先按性别分组，再按民族进行分组，如表3-5所示。

表3-5 某地人口性别、民族情况表

性　别	汉族(万人)	少数民族(万人)
男	53.3	1.7
女	43.6	1.4
合计	96.9	3.1

复合分组能更具体和深入地反映总体内部的类型和结构特征，而且可以显示结构的层次，说明总体内部类型的主次关系。但需要注意的是，复合分组的标志不宜太多，一般不超过三个。因为随着分组标志的增加，分组的组数将成倍增加，分组过多时，总体单位分布过于分散，不利于揭示现象的内部构成和分布规律，失去分组的意义了。因此，一定要结合现象的特点和分析研究的需要选择适当的分组标志个数。

3.4.3 分布数列

1. 分布数列的概念

分布数列是指在统计分组的基础上，将总体的所有单位按某个标志分成若干组进行归类，列出各组的总体单位数在总体单位数中所占的比重，这样形成的数列称为次数分布数列，简称为分布数列或次数分布。分布在各组的单位数称为次数或频数(frequency)。将各组的次数与次数总和相比得到的比重称为频率，它表明各组变量值对总体的相对作用程度，也表明各组变量值出现频率的大小。分布数列可以反映总体的分布特征、结构，并据以研究总体单位某一标志的平均水平及其变异程度，所以它在统计分析中具有广泛的用途。

2. 分布数列的种类

分布数列由总体的分组标志以及各组对应的分配次数(频数)或频率这两个要素组成。根据分组标志不同，分布数列可以分为品质分布数列和变量分布数列。

1)品质分布数列

品质分布数列是按品质标志分组而形成的分布数列，简称品质数列，是定性数据数列，由各组名称和各组次数构成。如将2019年年底全国就业人口按产业分组，分为第一产业、第二产业和第三产业，这便是各组名称；列出各组的就业人数，这便是次数，这样就构成了一个品质数列。表3-6是一个定类数据的数列，表3-7是一个定序数据的数列。

表3-6 2019年全国按三次产业分类的就业人数

产　业	就业人数(万人)	比重(%)
第一产业	19 445	25.1
第二产业	21 305	27.5
第三产业	36 721	47.4
合计	77 471	100.0

表 3-7　甲、乙两个地区对某产品售后服务质量的评价

服务质量等级	甲　地		乙　地
	家庭数(户)	频率(%)	频率(%)
好	20	10	11
较好	42	21	19
一般	72	36	33
较差	38	19	22
差	28	14	15
合计	200	100	100

2)变量分布数列

变量分布数列简称变量数列,即按数量标志分组而形成的分布数列,由各组变量值及各组次数构成。变量数列可以分为单项式变量数列和组距式变量数列。

(1)单项式变量数列指以每一个变量值作为一组,按各组顺序简单排列而编制的变量数列。当离散变量的变量值变动幅度不大时,适合编制单项式变量数列,见表 3-8。

表 3-8　某班组日产机器零件情况

日产量(件)	工人人数(人)	比重(%)
15	7	20.00
16	20	57.14
18	8	22.86

(2)组距式变量数列指以变量值的一个区间作为一组,按各组顺序排列而编制的变量数列。每一个区间两端的值称为组限,各组最小的值为下限,最大的值为上限。当变量是连续变量或当离散变量的变量值变动幅度较大时,应该编制组距式变量数列,见表 3-9。

表 3-9　某公司某年人均月收入

人均月收入(元)	人数(人)
5 000 以下	40
5 000～8 500	92
8 500～9 000	204
9 000～9 500	120
9 500 以上	76
合计	532

3. 变量分布数列的编制

编制变量数列的目的在于对定量数据及其特征进行观察,下面我们结合例 3-1 来说明变量数列的编制。

【例3-1】 变量数列编制示例。

某企业有50名工人的月产量资料如下(千克):

146、176、198、227、298、137、173、194、222、267、140、175、196、224、282、129、164、188、211、255、135、171、191、219、260、126、162、186、209、252、122、160、184、204、243、117、159、183、203、237、100、153、181、201、229、112、157、181、203、232

解:首先,将总体各单位的标志值按由小到大的顺序排列。

将上例中某企业50名工人的月产量资料按由小到大的顺序排列如下:

100、112、117、122、126、129、135、137、140、146、153、157、159、160、162、164、171、173、175、176、181、181、183、184、186、188、191、194、196、198、201、203、203、204、209、211、219、222、224、227、229、232、237、243、252、255、260、267、282、298

其次,考虑编制单项式变量数列或组距式变量数列。

1)单项式变量数列的编制

如果变量值的变动范围较小,并且变量值主要集中在几个数值时,编制单项式变量数列较适宜,见表3-8。而上述资料如果编制单项式变量数列,就会分为48组,除两组2人外,其余各组均为1人,这种分组不能反映出工人月产量的规律性。此时,客观上要求减少组数,扩大组的距离,应编制组距式变量数列。

2)组距式变量数列的编制

组距式变量数列的编制是将所有的变量值依次划分为几个区间,一个区间内的所有变量值归为一组的方法,见表3-9。

组距式变量数列的编制步骤如下:

①确定全距。全距(range)是变量的最大值与最小值之差。通常根据全距的大小来决定组数的多少和组距的大小。

$$全距=最大值-最小值=298-100=198(千克)$$

②确定组数。组数(number of classes)是指变量数列分组的数目。

应在全面分析资料所反映的事物内容、变量值的分散程度等因素的基础上,确定组距与组数。可以先确定组距,也可以先确定组数。美国学者斯特吉斯提出:在总体各单位标志值分布趋于正态分布的情况下,可以根据总体单位数N首先确定应分组数n。公式为:

$$n=1+3.33\lg(N)$$

如例3-1资料,$N=50$则:

$$n=1+3.33\lg 50=1+3.33\times 1.7=6.6\approx 7(组)(此为建议的组数)$$

也可以大致按如下标准分组,观察值的个数(个)小于50个数据分5~7组;50~200个数据分7~9组;200~500个数据分9~10组;500~1 000个数据分10~11组。

③确定组距。组距(class width)指分组条件下每组变量值的变化范围,是组的上限值(组的最大值)与组的下限值(组的最小值)之差。组距和组数是相互联系的,在同一变量数列中,组距的大小与组数的多少成反比。

$$组距=组的上限值-下限值=全距\div 组数=198\div 7=28.3\approx 30(千克)。$$

根据组距是否相等,组距分组又可以分为等距式分组和不等距(异距)分组。等距式分组,指各组组距相同。见表3-10。异距分组,指各组组距不相等的分组。当变量值变动很不均匀时,或根据现象本身的特点要求,需要采用异距分组。异距分组中,多数情况是根据事物性质变化的数量界限来确定组距。如对少年儿童年龄的分组,必须注意到不同年龄生理变化的特点,可分为 1 岁以下,1～2 岁,3～6 岁,7～12 岁等组。组距分组不可避免地使资料的真实性受到损害,此时假定变量值在各组内的分布是均匀的。

④确定组限。组限(class limit)是指各组变量值变动的两端界限,是每组的起点和终点值。每组的起点值称为下限,每组的终点值为上限。由于变量值有离散型和连续型两种。因此,其组限的划分也有所不同。

a. 组限是否重叠设置。对于连续变量,组限必须重叠设置,否则部分变量值将无组可归。因为连续变量在两个变量值之间可以有无限个数值,不可能逐一列举。因此,相邻组的上限和下限无法用两个确定的数值来分别表示,在这种情况下,前一组的上限和后一组的下限应重叠即相同。例 3-1 资料工人日产量(千克)属于连续变量,组限必须重叠设置:按照工人日产量分组为 100～130 千克,130～160 千克,160～190 千克……270～300 千克及以上。160 千克是第二组的上限,也是第三组的下限。在统计分组时,凡遇到某总体单位的变量值刚好等于相邻两组上下限时,一般把此值归并到作为下限的那一组,如把 160 千克归到第三组中,即"上组限不在内"原则。而对于离散变量,组限不重叠设置。离散变量可以逐一列举,且相邻两组的组限数值之间没有中间数值,即相邻组的上限和下限可用相邻的两个确定的数值来分别表示。例如,企业按职工人数分组可以表示为:499 人及以下,500～999 人,1 000～1 999 人,2 000 人及以上等。

b. 组限是否开口设置。组限是否开口主要是指首、末两组的组限设置。通常条件下,首末两组应设置成封口组,只有当最大的变量值大于邻组上限值的一个组距或最小的变量值小于邻组下限值的一个组距时,为了避免空白组的出现而在首末两组使用"××以下""××以上",即组限开口设置。

组中值指各组上限和下限的中点数值。组中值的计算:

封口组:组中值=(上限值+下限值)÷2

开口组:缺下限组的组中值(首组)=邻组组中值-邻组组距

开口组:缺上限组的组中值(末组)=邻组组中值+邻组组距

⑤分组归类、合计(形成次数分布)、制成统计表,见表 3-10。

表 3-10　按工人月产量分组资料

按工人月产量分组(千克)	人数(人)	比重(%)
100～130	6	12.0
130～160	7	14.0
160～190	13	26.0
190～220	11	22.0
220～250	7	14.0
250～280	4	8.0
280～310	2	4.0
合计	50	100.0

从表 3-10 资料分析可以看出,该企业有 48%的工人月产量在 160～220 千克,有 12%的

工人月产量在250千克以上，而有26%的工人月产量在160千克以下，工人月产量差距较大，如果不进行上述分组就很难看出这些规律和特点。

4. 次数与频率的累计分布

在研究次数和频率的分布时，我们常常需要编制次数或频率的累计分布数列，它是将变量数列各组的次数或频率逐组累计相加得到的分布。累计分布有以下两种：

向上累计，是指将各组次数或频率由变量值低的组向变量值高的组逐组累加。表明各组的上限值及以下各组变量值共包含的次数或频率有多少。

向下累计，是指将各组次数或频率由变量值高的组向变量值低的组逐组累加，表明各组的下限值及以上各组变量值共包含的次数或频率有多少，示例见表3-11。

表3-11 某高校大学生对校内食堂饭菜价格状况的评价

回答类别	校内食堂					
	人数（人）	百分比（%）	向上累计		向下累计	
			人数（人）	百分比（%）	人数（人）	百分比（%）
非常不满意	21	10.5	21	10.5	200	100
不满意	79	39.5	100	50	179	89.5
一般	53	26.5	153	76.5	100	50
满意	34	17	187	93.5	47	23.5
非常满意	13	6.5	200	100	13	6.5
合计	200	100	—	—	—	—

5. 次数分布的主要类型

常用的次数分布，按其分布形态主要分为三种类型：

1)钟形分布

钟形分布是以某变量值为中心，其分布次数最多，而两边变量值的分配次数逐渐减少的分布形态，即其分布曲线形如一口古钟，故称“钟形分布”。例如，人的身高、体重、职工工资、农作物亩产量、市场价格等现象都属于钟形分布。钟形分布又可细分为以下两种：

(1)正态分布。中间变量值分布的次数最多，两侧变量值分布的次数随着与中间变量值距离的增大而渐次减少，并且围绕中心变量值两侧呈对称分布，如图3-3(a)所示。

(2)偏态分布。是相对于正态分布而言的非对称钟形分布。当变量值存在极大值时，次数分布曲线会较正态分布向右延伸，这种分布称为右偏分布；当变量值存在较小的极端值时，次数分布曲线就会较正态分布向左延伸，这种分布称为左偏分布，如图3-3(b)所示。

2)J形分布

J形分布的特征是变量值的次数一边小、一边大的单调分布，即形如字母J字。J形分布有两种类型，即正J形分布和反J形分布，如图3-3(c)所示。

3)U形分布

U形分布是与钟形分布图形相反的分布，其特点是：靠近中间的变量值分布次数较少，靠近两端的变量值分布的次数较多，如图3-3(d)所示。

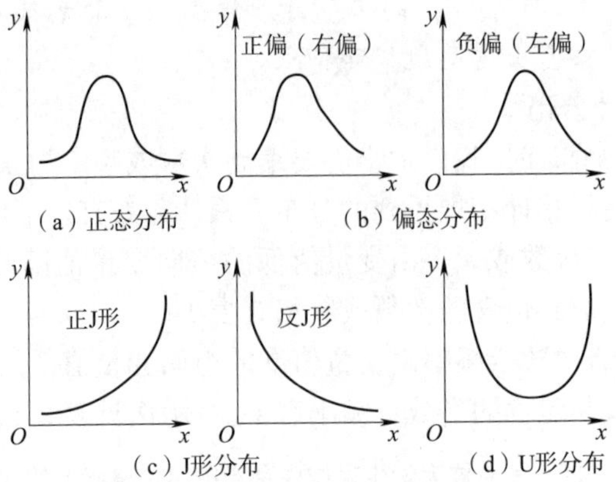

图 3-3　常见的次数分布图

3.5　统计数据的显示

统计表和统计图是显示数据的两种方式。在日常生活中，都能看到大量的统计表格和统计图形。统计表是把纷繁的数据有条理、有系统地组织在一张表格内，统计图把数据形象、鲜明地显示出来。正确地使用统计表和统计图是统计分析的基本技能。无论是手工整理还是应用电子计算机进行数据整理，制作统计表和统计图都必须注意规则，力求科学、规范；否则，不仅统计资料不便于利用，而且还可能引起误解甚至得出错误的结论。

3.5.1　统计表

一般来讲，把经过调查整理汇总计算得到的统计数据按照一定的顺序和格式列在适当的表格中，就形成了统计表。统计表广泛运用于各个领域，是表现和分析统计数据的重要基本工具。

统计表有以下几方面作用：①能使大量的统计资料系统化、条理化，因而能更清晰地表述统计资料的内容；②利用统计表便于比较各项目（指标）之间的关系，而且也便于计算；③采用统计表表述统计资料显得紧凑、简明、醒目，使人一目了然；④利用统计表易于检查数字的完整性和正确性。

统计表的形式多种多样，根据使用者的要求和统计数据本身的特点，可以绘制不同的统计表。

1. 统计表的结构

统计表的结构，可以从表式和内容两个方面来认识。

(1)从表式上看，统计表一般由四个主要部分构成：表头、横标题、纵标题和数字资料。这四个部分比较形象：表头是表的名称，位于表的最上方，用以概括说明统计表所列的全部资料的内容。横标题是横行的名称，位于表内左方，通常使用总体或总体各组成部分的名称来表示，它表示统计表所要说明的对象。纵标题是纵栏的名称，位于表内右上方，通常使用统计指标来表示，它反映了总体及总体各组成部分的特征。数字资料是指列在各行标题与各纵标题交叉处的指标数值，它是统计表格的核心部分，见表 3-12。

(2)从内容上看,统计表包括主词和宾词两部分。主词是指统计表所要说明的总体或总体的各组成部分,它通常使用总体或总体各组成部分的名称来表示。宾词是说明总体的统计指标,包括指标名称及相应的指标数值,见表3-12。

表3-12　2019年全国按三次产业分类的就业人数

按产业分组	就业人数(万人)	比重(%)
第一产业	19 445	25.1
第二产业	21 305	27.5
第三产业	36 721	47.4
合计	77 471	100.0

2. 统计表的种类

1)按主词的结构分类

根据主词是否分组及分组的情况,可以将统计表分为三种:简单表、简单分组表和复合分组表。

(1)简单表。主词未经任何分组的统计表称为简单表,也称一览表。常见的有时间数列表、空间数列表和指标数列表,见表3-13～表3-15。

表3-13　中国2011—2020年人均国内生产总值　　单位:元

年　份	人均国内生产总值	年　份	人均国内生产总值
2011	36 277	2016	53 783
2012	39 771	2017	59 592
2013	43 497	2018	65 534
2014	46 912	2019	70 078
2015	49 922	2020	71 828

表3-14　主要城市2016—2020年房地产开发投资额　　单位:亿元

地　区	2020年	2019年	2018年	2017年	2016年
北京	3 938.71	3 838.38	3 873.35	3 692.54	4 000.57
天津	2 608.54	2 727.82	2 424.49	2 233.39	2 300.01
上海	4 698.75	4 231.38	4 033.18	3 856.53	3 709.03
广州	3 293.95	3 102.26	2 701.93	2 702.89	2 540.85
深圳	3 537.84	3 041.65	2 640.71	2 130.86	1 756.52

表3-15　2020年上半年陶瓷行业主要指标

指　标	1～6月
陶瓷砖产量(亿平方米)	45.44
规模以上建筑陶瓷工业主营业务收入(亿元)	1 352.22
规模以上建筑陶瓷工业利润总额(亿元)	78.33
陶瓷产品出口量(万吨)	739
陶瓷产品出口额(亿元)	657.22

(2)简单分组表。主词只按一个标志进行分组形成的统计表,称为简单分组表。可以按品质标志分组,也可以按数量标志分组。表 3-7、表 3-8 等均为简单分组表。

(3)复合分组表。主词按两个或两个以上标志进行分组的统计表,称为复合分组表,它能提供更多的信息量。表 3-5 就是复合分组表,某地的人口先按性别进行第一次分组,对所属民族分别按汉族和少数民族再次分组。

2)按宾词设计分类

统计表的宾词设计,有简单设计和复合设计两种方法,在实际工作中应根据现象的研究目的,选择适当的方法对宾词指标进行设计。

(1)宾词的简单设计。宾词不进行任何分组,按一定顺序排列在统计表内,见表 3-12。如果要考虑宾词指标在时间上发生的前后,则要结合分析的逻辑顺序来进行排列。

(2)宾词的复合设计。主要指宾词指标的重叠排列,见表 3-16。应注意重叠的层次不宜太多,指标的排列也应按照先主要、后次要的顺序设置。

表 3-16 冷冻治疗某种疾病患者的近期疗效

疾病程度	例　数	疗　效			疗效构成比(%)		
		治愈	好转	无效	治愈	好转	无效
轻度	49	39	2	8	79.6	4.1	16.3
中度	37	11	19	7	29.7	51.4	18.9
重度	33	2	14	17	6.1	42.4	51.5
合计	119	52	35	32	43.7	29.4	26.9

统计表的主词分组和宾词分组是有区别的:主词分组的结果使总体分成许多组成部分,它们需要用统计指标(宾词)来描述。宾词分组的结果并不增加统计总体的各组成部分,仅仅是比较详细地描述总体已有的各个组成部分。由此可见,主词分组具有独立的意义,而宾词分组从属于主词的要求,是为了更详细地描述主词的数量特征而设计的。

3. 统计表的设计要求

通用的统计表一般具有固定的格式,这样不同的使用者能够按照统一的标准进行阅读浏览,对于统计表所要表述的数字信息才不会产生歧义。因此在编制统计表时应注意遵循下列规则:

(1)统计表的各种标题应能简明、确切地表达其内容,尤其是表头、应简要地概括出统计表的基本内容和表中资料所属的时间与空间。

(2)一般按照先局部后整体的原则排列统计表中的主栏和宾栏,即先排列出各个项目后再列总计;在没有必要列出所有项目时,应先列出总计,之后再列出其中部分重要的项目。

(3)表中数字应对准位数,填写整齐,填好的统计表中不应当存在空格。当数字为 0 或小至可忽略不计时,应写上 0;当缺乏某项数字时,用“…”表示;无法计算的数字用“—”表示。

(4)统计表中必须注明计量单位。若横行有不同的计量单位,可专设计量单位一栏;纵栏的计量单位,可写在指标名称下(后)面;如果各纵栏的计量单位一样,可以将其计量单位标在表的右上方。

(5)统计表的表式,通常是左右开口的,即左右两端不画竖线;表中项目之间有时也不画横线。

(6)必要时，应在统计表下方注明表中某些资料的来源，或对某些数据的计算方法、计算口径等做出说明。

3.5.2 统计图

1. 统计图的概念

统计图是运用各种几何图形或具体事物来形象地表示现象之间数量关系的图形。利用统计图来表现和分析统计资料的方法叫做统计图示法。它具有直观、形象、简明、便于比较等显著特点，在资料的统计分析中发挥着重要作用。

一张完整的统计图通常由图题、图轴、标目、图形、图注等部分构成：

(1)图题是统计图的名称、又称标题，一般位于图下正中处。

(2)图轴是指在直角坐标上作图的纵横两轴，分别称为纵坐标和横坐标。也有少量一些统计图没有图轴。

(3)标目是指在纵横两轴上表示间距刻度的各种单位名称。

(4)图形是指用来说明图中代表不同事物的图形线条或颜色的含义。

(5)图注是指图形或局部某一点需要借助文字、数字加以补充说明的内容。

2. 统计图的种类

统计图的种类众多，下面从品质型数据以及数量型数据对于统计图的不同要求出发，介绍几种常用的统计图。其中条形图、饼形图和环形图既适用于品质型数据，也可用于数量型数据，其余几种图形适用于数量型数据。

1)条形图

在平面直角坐标系中，用纵轴表示类别，横轴表示频数或频率，使用具有固定宽度的条形，并用条形的长度表示总体中各组成部分的频数或所占比重的分布，这种图形就叫条形图。如果用横轴表示类别，也可称为柱状图。条形图有单式、复式等形式，复式的条形图可用于比较不同总体在各类别上的频数或频率的分布情况，如图3-4所示。

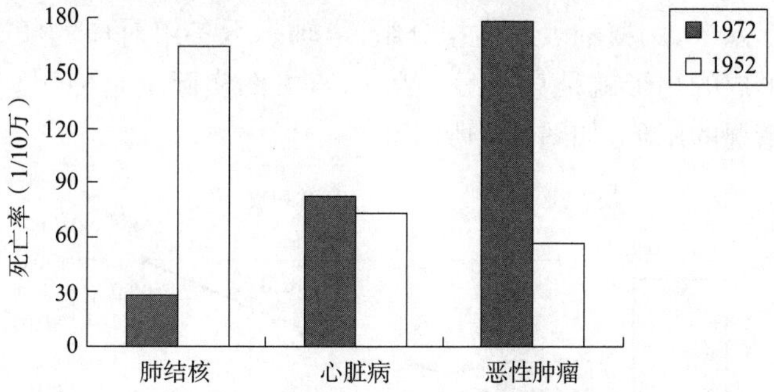

图3-4 某地两年三种死因的死亡率比较

2)饼形图

饼形图用于显示一个数据系列中各项的大小与各项总和的比例关系，它只有一个数据系列，适合于显示个体与整体的比例关系，用于显示数据系列相对于总量的比例时最有用，每个扇区显示其占总体的百分比值，所有扇区百分值的总和为100%，如图3-5所示。

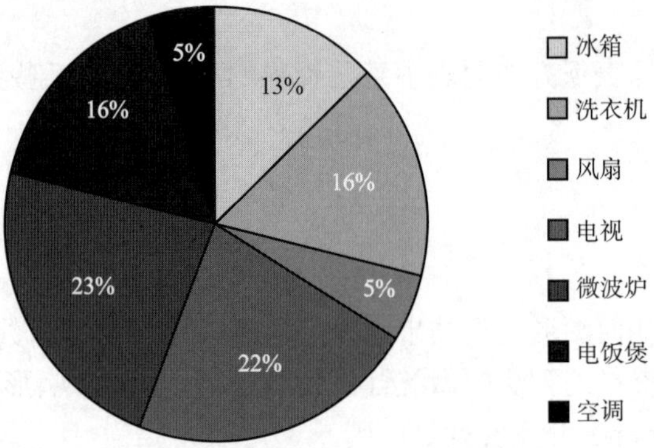

图 3-5　各类家电销售对比

3)环形图

与饼形图相似,环形图显示整体中各部分的关系,反映现象的结构。它与饼形图不同之处的是环形图能够绘制超过一列或一行的数据,可用于进行比较分析,如图 3-6 所示。

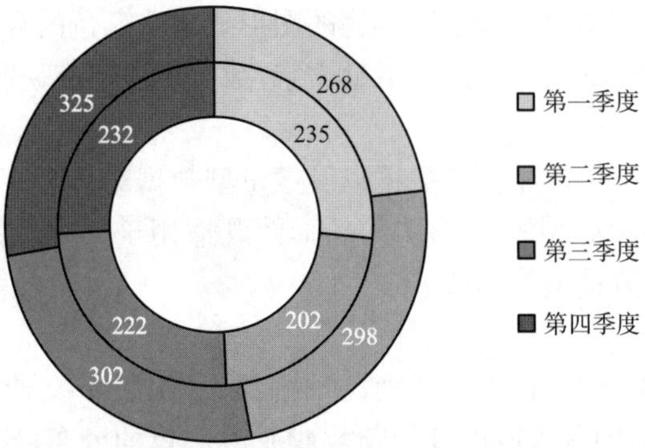

图 3-6　两种品牌的产品各季度的销售比较

4)直方图

在平面直角坐标系中,用横轴表示数据分组,纵轴表示各组对应的频数或频率,各组与其相应的频数或频率形成的矩形就是直方图。因此,直方图实际上是使用矩形的面积表示各组的频数或频率分布情况的图形,如图 3-7 所示。

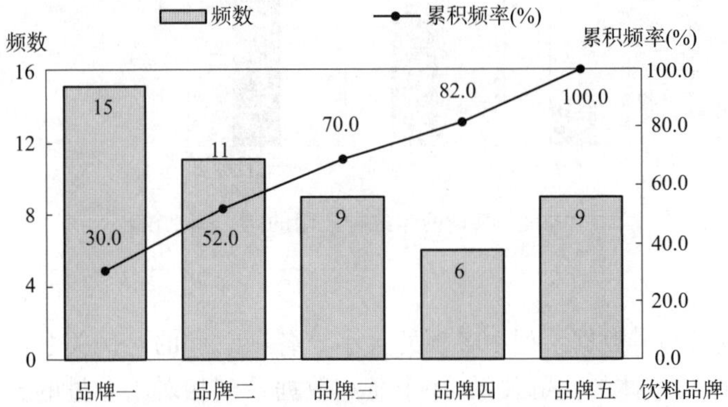

图 3-7　随机调查 50 名顾客购买饮料品牌的情况

5)茎叶图

茎叶图适用于未分组数据,既能显示出数据的分布状况及离散状况,又能给出每个数据的原始数值。茎叶图由数字组成,主要由“茎”和“叶”两个部分构成。绘制茎叶图的关键在于树茎的设计,通常是以数据的高位数值作为树茎,将低位数值依次排列在树茎的右方作为树叶。例如从甲、乙两品种的棉花中各抽测了 25 根棉花的纤维长度,结果见表 3-17,并绘制了茎叶图,见图 3-8。

表 3-17　两品种抽检出棉花的纤维长度　　单位:毫米

甲	271	273	280	285	285	287	292	294	295	301	303	303	307
	308	310	314	319	323	325	325	328	331	334	337	352	
乙	284	292	295	304	306	307	312	313	315	315	316	318	318
	320	322	322	324	327	329	331	333	336	337	343	356	

甲		乙
3 1	27	
7 5 5 0	28	4
5 4 2	29	2 5
8 7 3 3 1	30	4 6 7
9 4 0	31	2 3 5 5 6 8 8
8 5 5 3	32	0 2 2 4 7 9
7 4 1	33	1 3 6 7
	34	3
2	35	6

图 3-8　甲、乙两品种棉花纤维长度茎叶图

6)线图

如果定距数据和定比数据是在不同时间上获得,即时间序列数据,可以绘制线图,用横轴表示时间,纵轴表示指标的数值。线图是在平面坐标上用折线表现数量变化特征和规律的统计图,以反映事物发展变化的规律和趋势,如图 3-9 所示。

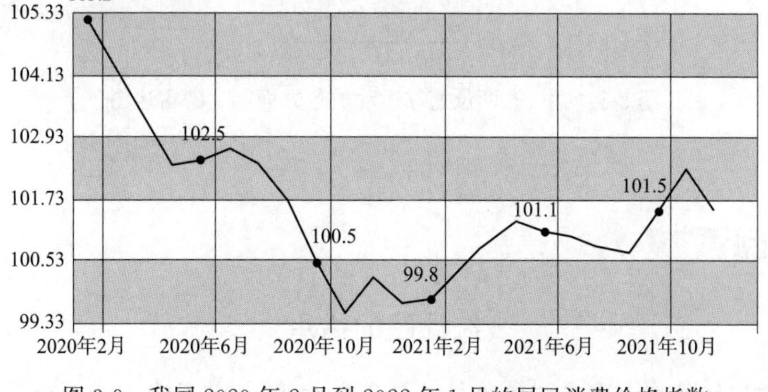

图 3-9　我国 2020 年 2 月到 2022 年 1 月的居民消费价格指数

7)散点图

用两组数据构成多个坐标点,考查点在直角坐标系平面上的分布图,可以用散点图表示因

变量随自变量而变化的大致趋势。散点图侧重于表现两组数据之间存在的某种关系，是关系型图表，如图 3-10 所示。

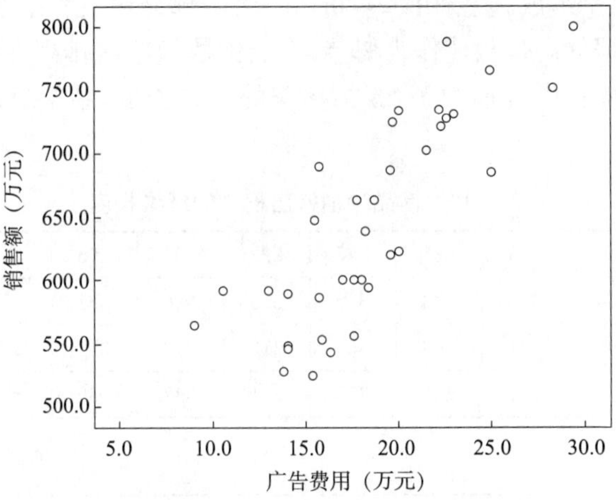

图 3-10　某公司的广告费用和销售额之间的散点图

8)雷达图

雷达图是多指标图示法中的一种，当研究的现象必须使用多个指标或变量描述时，平面直角坐标系将不再适用。雷达图在显示或对比各变量的数值总和时十分有用。假定各变量的取值具有相同的正负号，总的绝对值与图形所围成的区域呈正比。此外，雷达图也可以用于研究多个样本之间的相似程度，如图 3-11 所示。

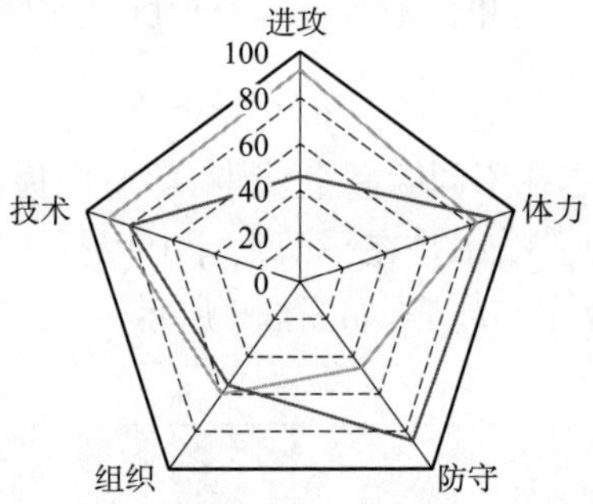

图 3-11　甲、乙两位篮球运动员各方面能力的雷达图

扩展阅读

统计图的错用

我们常常运用统计图来形象描绘数据的分布或趋势等，然而在一些场合下，存在着错用的情况，下面举例说明。

一项口腔医学研究发现，血清 TNF-α 水平在牙周基础治疗后有明显降低，如图 3-12 所示。

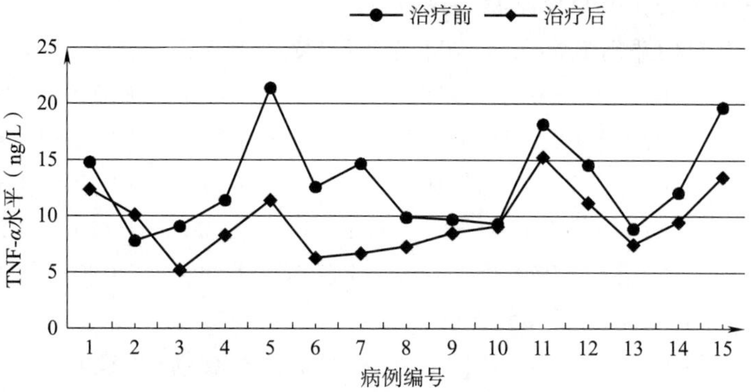

图 3-12 牙周基础治疗前后血清 TNF-α 的变化

一般来说线图适用于描述某统计量随另一连续型数值变量变化而变化的趋势，常用于描述某统计量随时间变化的趋势。图 3-13 表示了 15 名病例在治疗前后血清 TNF-α 的变化，横轴表示的是病例编号。很显然各个病例是独立的，不存在连续性，因此使用线图是不准确的。如果确实需要在统计图中体现“病例编号”，则可以运用复式条形图，横轴为病例编号，纵轴为观察指标，如图 3-13 所示。

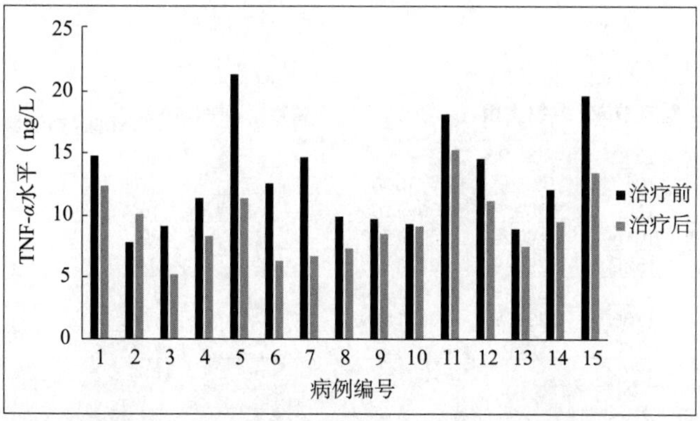

图 3-13 牙周基础治疗前后血清 TNF-α 的变化

3.6 Excel 在统计整理与统计图表中的应用

3.6.1 编制分布数列

在 Excel 中有两类方法可以实现分布数列的编制：第一，使用相关的函数，如 Countif 函数、Dcount 数据库函数或 Frequency 函数；第二，应用“直方图”分析工具。“直方图”分析工具还可以进行向上累计，并能直接绘出直方图。

需要注意的是，“直方图”分析工具与 Frequency 函数在编制分布数列时，并不符合统计分组的“上限不在内”的原则，在实际应用时必须进行调整。

下面通过一个例子说明 Excel 的使用方法。

【例 3-2】 使用 Excel 编制分布数列示例。

某地区 50 个乡镇的年财政总收入(单位:万元)资料如下:

1 030	870	1 010	1 160	1 180	1 410	1 250	1 310	810	1 080
1 050	1 100	1 070	800	1 200	1 630	1 350	1 360	1 370	1 420
1 140	1 180	1 050	1 150	1 100	1 170	1 270	1 260	1 380	1 510
1 010	860	1 270	1 130	1 250	1 190	1 260	1 210	930	1 420
1 580	880	1 230	1 250	1 380	1 320	1 460	1 080	1 170	1 230

解:使用 Frequency 函数编制,主要步骤为

(1)输入数据。如图 3-14 所示,A、B、C 列为原始输入数据(除最后一组上限用函数求得外),其他列为计算所得数据。年财政总收入放在 A2:A51 单元格区域,图 3-14 中未完全显示出来。

B 列的各个数据(各组的上限值)是使用 Frequency 函数或"直方图"分析工具编制分布数列所必需的数据。

(2)选定 D2:D9,输入公式"=FREQUENCY(A2:A51,B2:B9)",然后按【Ctrl+Shift+Enter】组合键,即可计算出各组的频数。该函数的第一个参数指定用于编制分布数列的原始数据,第二个参数指定每一组的上限。在 D10 中输入公式"=SUM(D2:D9)"计算出频数的合计。

	A	B	C	D	E	F	G
1	财政收入	分组上限	分组	频数	频率(%)	向上累计频数	向下累计频数
2	1030	899.9	800-900	5	10	5	50
3	1050	999.9	900-1000	1	2	6	45
4	1140	1099.9	1000-1100	8	16	14	44
5	1010	1199.9	1100-1200	11	22	25	36
6	1580	1299.9	1200-1300	11	22	36	25
7	870	1399.9	1300-1400	7	14	43	14
8	1100	1499.9	1400-1500	4	8	47	7
9	1180	1630	1500以上	3	6	50	3
10	860		合计	50	100	-	-

图 3-14 编制分布数列

我们知道,统计分组的一般原则是"上限不在内",但应用 Frequency 函数和"直方图"分析工具编制分布数列时,使用"上限在内"的原则。怎样才能保证编制的结果符合统计的一般原则呢?可以采用如下方法:

在确定 Frequency 函数所需的分组上限时,使其尽量接近统计分组中的上限,但又不与任何的原始数据相同。以"800～900"这一组为例,必须找到这样的一个上限值:它略小于 900,但又是"800～900"这一组中最大的,因为原始的财政收入数据都是整数,我们采用的 899.9 应该能满足上述要求。899.9 实际上表示的是"小于等于 899.9"的收入分组,并不完全等同于"800～900"的分组,但在收入数据中,并没有大于 899.9 且小于 900 的数,因此"小于等于 899.9"的分组与"800～900"的分组所包含的收入数据肯定是相同的。如此,我们就在 Excel 中遵守了"上限不在内"的原则。如果原始数据中包括 899.9 这个数据,那么可以将该组的上限改为 899.99。一般来讲,在小数点后多加几个 9 就可以了。

"1 500 以上"这一组的上限可以使用原始数据(财政收入)的最大值。它可通过函数求得,

在B9中输入公式“=MAX(A2:A51)”即可。

(3)计算频率。在E2中输入公式“=D2/D$10*100”,然后将该公式复制到E3:E9即可。D10存放的是频数的合计数,乘以100是因为其后有“%”。

(4)计算向上累计频数。在F2单元格中输入“=D2”,在F3单元格中输入公式“=D3+F2”,再将公式复制到F4:F9。

(5)计算向下累计频数。在G9中输入“=D9”,在G8单元格输入公式“=G9+D8”,再将公式复制到G2:G7单元格区域即可。可以采用向上填充的方法复制公式,即选定G2:G8单元格区域,然后在“开始”选项卡的“编辑”选项组中,单击“填充”→“向上”按钮。

3.6.2　绘制统计图

Excel有强大的绘图功能,可以绘制出各种各样的统计图形,如直方图、折线图、曲线图、饼图、散点图、雷达图等。需要注意的是,Excel中的图表类型与统计中的图表类型并不完全一样,如Excel中的“散点图”既包括了统计上的散点图,又包括了统计上的曲线图。

1. 生成图表

生成图表有两种方法:一种是在某些分析工具中有输出某些图表的选项,如“直方图”分析工具可以输出直方图;另一种是使用“插入”选项卡上的“图表”选项组插入图表,这是最常用的方法。

在“插入”选项卡上有一个“图表”选项组,默认有“柱形图”、“折线图”、“饼图”、“条形图”、“面积图”、“散点图”和“其他图表”7个按钮。

需要生成图表时,先选定用于生成图表的数据区域,然后单击“插入”选项卡“图表”选项组中的相应按钮,即可生成对应的图表。也可以单击“图表”选项组中的“创建图表”按钮,打开“插入图表”对话框,然后再选择想要的图表类型,最后单击“确定”按钮。

2. 修改图表

生成图表后,可以对图表进行修改,主要有以下两种方式:

(1)选中图表时,自动出现“图表工具”选项卡组,里面包括“设计”、“布局”和“格式”3个选项卡,可以使用这些工具对图表进行修改。

(2)右击图表中各个不同的对象,会出现相应的弹出式菜单,通过它可以打开有关对话框。如何分辨图表中的各个对象?只要将鼠标指针停留在图表中任一区域一小段时间,Excel会在鼠标指针旁显示出这一区域所属对象的名称。

【例3-3】 使用例3-2编制的分布数列绘制年财政总收入的直方图和曲线图。

解:(1)绘制直方图。主要操作步骤为

①直方图所需数据在C1:E9单元格区域(见图3-14),选定该区域。为了使图形更美观,更符合统计形式,可以将C列的分组上下限改成组中值。在“插入”选项卡的“图表”命令组中,单击“插入柱形图”→“簇状柱形图”,即可生成图3-15所示的图表。注意,如果得到的图中有3个系列的柱形,请将C1中的文字删除,重新再执行一次以上操作。

②对生成的图形进行修改。

a. 生成次坐标轴,即生成另外一个Y轴,用来表示频率。右击频率柱形图(即相对较高的柱形图),在弹出的快捷菜单中选择“设置数据系列格式”命令,在Excel界面右侧会出现“数据系列格式”窗格[见图3-16(a)]。在“系列选项”中选中“次坐标轴”,即可生成频率坐标轴。

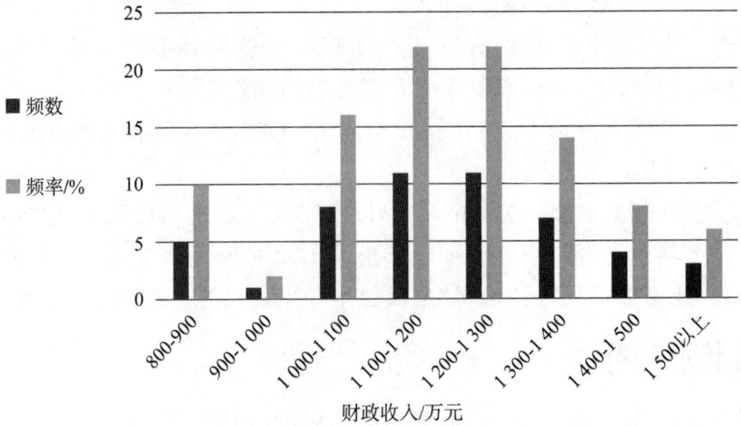

图 3-15　柱形图

b. 单击图标，切换到“填充线条”选项卡，选择“填充”→“无填充”，再选择“边框”→“无线条”，将频率柱形图隐藏起来，因为我们只想得到关于频率的次坐标轴。以上操作见图 3-16(b)。

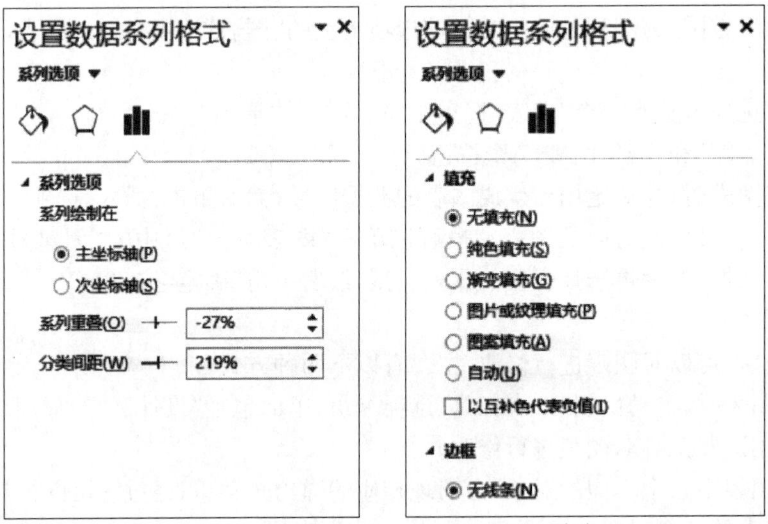

（a）　（b）

图 3-16　设置数据系列格式

c. 在图 3-16 界面上，单击“系列选项”右边的三角形，在弹出的菜单中选中系列“频数”，然后将“分类间距”改为 0。

为了更符合统计上的表示形式，还需要进一步修改，如删除图例、图表标题、垂直轴主要网格线，以及添加坐标轴标题等(具体操作请参见相关的 Excel 书籍)。最终结果见图 3-17。

(2)绘制折线图和曲线图

折线图和曲线图可以在上述直方图的基础上完成，即将上述被隐藏起来的频率系列柱形图改为折线图或曲线图。这里向读者介绍直接绘制折线图和曲线图的方法。主要操作步骤如下：

①重新安排数据。为了获得更好的效果，使用描点法绘图，因此需要组中值数据，用于绘图的数据存放在图 3-18 中的 B、C、D 列。为了使折线图或曲线图与 X 轴相交，我们使用了两

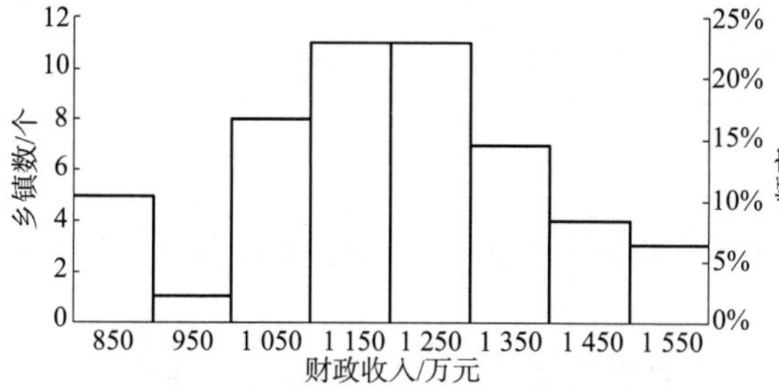

图 3-17　直方图

个虚拟的组中值，分别安排在原有分组的两侧，对应的频数及频率均为 0。

②选定 B2:D11 单元格区域。在"插入"选项卡的"图表"命令组中，单击"插入散点图"→"带平滑线的散点图"，即可生成图 3-19 所示的图表。如此生成的是曲线图，如想制作折线图，可单击"带直线的散点图"。

	A	B	C	D
1	分组	组中值	频数	频率（%）
2		750	0	0
3	800-900	850	5	10
4	900-1000	950	1	2
5	1000-1100	1050	8	16
6	1100-1200	1150	11	22
7	1200-1300	1250	11	22
8	1300-1400	1350	7	14
9	1400-1500	1450	4	8
10	1500以上	1550	3	6
11		1650	0	0

图 3-18　曲线图所需数据

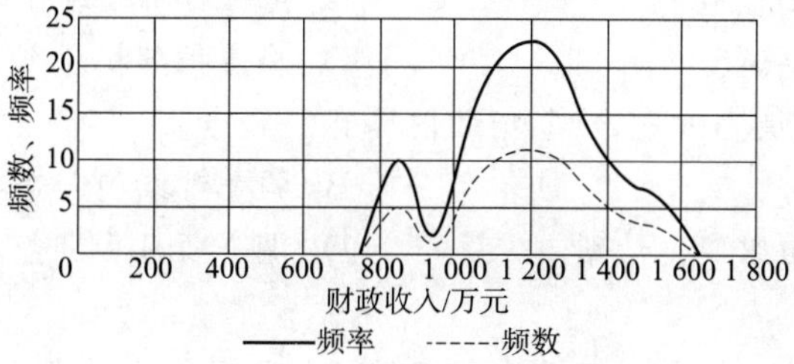

图 3-19　曲线图

③按照前面介绍的方法生成次坐标轴，并进行适当的修改。最终结果见图 3-20。

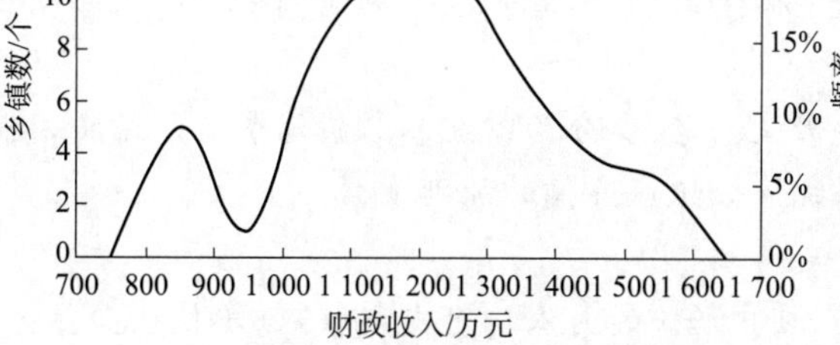

图 3-20　修改后的曲线图

思考与练习

一、单选题

1. 通过调查我国几个主要陶瓷产区来了解陶瓷产品生产的基本情况，这种调查方式属于(　　)。

A. 普查　　B. 典型调查　　C. 重点调查　　D. 抽样调查

2. 下列调查属于经常性调查的是(　　)。

A. 每隔 10 年进行一次人口普查　　B. 对 5 年来商品价格变动情况进行调查

C. 对 2010 年职称评审结果进行调查　　D. 按月上报商品销售额

3. 对医院的医疗设备普查时，每个医院是(　　)。

A. 调查对象　　B. 调查总体　　C. 调查单位　　D. 填报单位

4. 对江西省 2020 年餐饮业从业人员的健康状况进行调查，调查单位是(　　)。

A. 江西省餐饮业的全部网点　　B. 江西省餐饮业的每个网点

D. 江西省餐饮业每个从业人员　　C. 江西省餐饮业所有从业人员

二、多选题

1. 工业普查属于(　　)。

A. 全面调查　　B. 非全面调查

C. 专门调查　　D. 可用于经常性调查

E. 可用于一次性调查

2. 抽样调查(　　)。

A. 是一种非全面调查　　B. 是一种不连续性的调查

C. 可以消除抽样误差　　D. 应遵循随机原则

3. 一个完整的统计调查方案，应包括的内容有(　　)。

A. 调查目的　　B. 调查对象和调查单位

C. 调查工作的组织实施计划　　D. 调查项目和调查表

E. 调查时间

4. 对下面(　　)情况的调查，应明确规定统一的标准调查时点。

A. 产品产量　　B. 人口出生数

C. 人员出勤数　　D. 职工调出数

E. 在职职工人数

三、简答题

1. 有人说抽样调查“以样本资料推断总体数量特征”肯定比全面调查的误差大，你认为呢？

2. 对产品消费者按男、女、老、少分为四组以分析消费者的结构，这种分组方法合适吗？

3. 以一个实例说明统计分组应遵循的原则。

四、计算题

1. 抽样调查某地区 50 户居民的月人均可支配收入(单位：元)数据资料，见表 3-18。

表 3-18　50 户居民月人均可支配收入

886	928	999	946	950	864	1 050	927	949	852
1 027	928	978	816	1 000	918	1 040	854	1 100	900
866	905	954	890	1 006	926	900	999	886	1 120
893	900	800	938	864	919	863	984	916	818
946	926	895	967	921	978	821	924	651	850

要求(可利用 Excel)：

(1)试根据上述资料编制次(频)数分布和频率分布数列。

(2)编制向上和向下累计频数、频率数列。

(3)绘制直方图和向上、向下累计图。

(4)根据图形说明居民月人均可支配收入分布的特征。

2. 下面是 A、B 两个班学生的“高等数学”课程考试成绩数据(单位：分)：

A 班：

44	57	59	60	61	61	62	63	63	65
66	67	67	69	70	70	71	71	72	73
73	74	74	74	75	75	75	76	76	76
77	77	78	78	78	79	79	79	80	80
81	81	82	82	86	86	90	92	93	96

B 班：

35	39	40	44	48	51	52	52	54	55
55	56	56	57	57	58	58	59	60	61
61	62	63	64	66	68	68	70	71	71
72	73	74	75	79	81	82	83	84	84
85	90	91	91	94	95	96	100	100	100

要求(可利用 Excel)：

(1)将两个班的考试成绩用一个公共的茎制成茎叶图。

(2)比较两个班考试成绩分布的特点。

五、综合分析题

1. 假如你是某品牌日用瓷制造商，你想了解更多的产品质量、竞争对手产品价格、市场占有率以及最佳销售地点等情况，你应该采用什么调查方式，收集哪些类型的数据？为什么？请制订一个调查方案。

2. 收集有关统计数据，对我国近年来居民收入分配的状况进行统计分析。

第 4 章　综合指标分析

引导案例

【案例 1】 有甲、乙两家企业生产同种产品，它们同年的产值及职工人数资料如表 4-1 所示。请根据资料分析、比较其生产情况的优劣。

表 4-1　甲、乙两家企业的产值和职工人数资料

企业名称	计划产值(万元)	实际产值(万元)	职工人数(人)
甲	420	450	280
乙	230	270	100
合计	650	720	380

从表 4-1 中看出，甲、乙两家企业的实际产值和职工人数都不同，很难正确评价这两家企业的生产情况。因此，有必要计算反映两家企业工作质量好坏的相对指标，即用各企业的实际产值除以计划产值算出计划完成程度，再用实际产值除以职工人数，得到劳动生产率，然后再加以分析说明。经计算，甲企业的计划完成程度为 107.6%，劳动生产率为 16 071 元/人；乙企业的计划完成程度为 117.4%，劳动生产率为 27 000 元/人。由此可以看出，虽然甲企业的实际产值高于乙企业，但是其计划完成程度和劳动生产率均低于乙企业。所以，乙企业的生产经营好于甲企业。

从这个例子可以看出，在进行统计计算时，仅凭总量指标是不够的，还必须在总量指标的基础上，计算各种相对指标，把两者结合起来进行分析研究，才能把问题反映清楚。

【案例 2】 甲、乙两个生产小组，各有 10 名工人和 8 名工人，生产同一种产品。这两组员工的某日的日产量如表 4-2 所示。请根据资料分析两个小组哪个生产水平更高。

表 4-2　甲、乙两组工人日产量　　单位：件

甲组	50	32	48	25	55	40	36	28	26	31
乙组	38	44	48	50	45	39	47	41	—	—

由表 4-2 可以看出，虽然甲组员工总日产量为 371 件，多于乙组的 352 件，但因为两组人数不同，不能简单比较总量指标。要做出正确的判断，就有必要计算反映两个组的平均水平和离散程度的标志变异指标。

经计算，甲组人均日产量为37件，乙组人均日产量为44件。因此，认为乙组的生产水平高于甲组更符合实际。在本例中，用平均指标而不是总量指标作为判断标准更为合理。通过进一步分析我们还发现，甲、乙两组员工个人的日产量稳定性也有所不同，乙组显然要比甲组稳定。

从这个例子中看出，要反映某一变量的特征可以从平均指标和差异程度两个方面来进行描述。

4.1 总量指标

4.1.1 总量指标的概念

总量指标是用来反映社会经济现象在一定条件下的总规模、总水平或工作总量的统计指标。总量指标用绝对数表示，因此又称绝对指标，或简称绝对数。也就是用一个绝对数来反映特定现象在一定时间上的总量状况，它是一种最基本的统计指标。例如，一个国家的土地总面积、人口总数量、国内生产总值，一所学校的学生总人数等都是总量指标。

注意：①总量指标数值随总体范围的大小而增加或减少，总体范围大，指标数值就大，总体范围小，指标数值就小；②总量指标还可以表现为两个总量指标之间比较得到的增加或者减少的绝对量。例如，某国家的粮食总产量2021年比2020年增加了10亿千克，这也是总量指标。

4.1.2 总量指标的作用

1. 总量指标是认识社会的起点

通过总量指标可以反映被研究对象总体的基本状况和基本实力。例如，掌握一个国家在一定时间的人口总数、劳动力数量、国土面积、国民生产总值等总量指标，就能对这个国家有一个基本认识。

2. 总量指标是实行社会管理的基本依据之一

一个国家或地区为更有效地指导经济建设，保持国民经济协调发展，就必须了解和分析各部门之间的经济关系。它虽然可以用相对数、平均数来反映，但归根结底还是需要掌握各部门在各个不同时间的总量指标。

3. 总量指标是计算相对指标和平均指标的基础

相对指标和平均指标一般都是由两个有联系的总量指标相对比而计算出来的，它们是总量指标的派生指标。总量指标计算是否科学、合理、准确，将会直接影响相对指标和平均指标的准确性。

4.1.3 总量指标的种类

1. 按其说明总体的内容不同分为总体单位总量和总体标志总量

总体单位总量是用来反映一个总体内所包含的总体单位总数，它用来表明统计总体的容量大小。例如，人口普查时人口总量，工业企业总体的工业企业数。总体标志总量是统计总体各单位某一方面数量标志值的总和。例如，对工业企业总体，每一工业企业的职工人数是该企业的一个数量标志，所有企业的职工人数之和是总体标志总量；另外，所有企业的工业增加值、总产值等也都是总体标志总量。

注意:①对于一个已经确定的统计总体,总体单位总量是唯一确定的,而总体标志总量却不只一个;②某一总量指标是总体单位总量还是总体标志总量不是完全不变的,而是随着统计总体的改变而改变,如研究总体是全市所有工业企业,则企业的职工人数是总体标志总量,如要研究全市工人生活水平,总体变为所有工人,此时工人总数量就是总体单位总量。

2. 按其反映总体的时间状况不同分为时期指标和时点指标

1)时期指标

时期指标是反映现象在某一时期发展过程中的总数量。例如,2020 年,我国实现国内生产总值 1 015 986.2 亿元,是指在 2020 年这一年的时间内,我国所有行业所创造的增加值的总和。再如,一定时期的产品产量、产值、工资总额等都是时期指标。时期指标具有以下特点:

(1)具有可加性。时间上相邻的时期指标相加能够得到另一更长时期的总量指标。如 2020 年第一季度我国实现国内生产总值 206 504 亿元,第二季度国内生产总值 250 110 亿元,则 2020 年上半年我国实现国内生产总值 456 614 亿元。

(2)指标数值的大小与时期的长短有直接关系,一般而言,时期越长,指标数值越大。例如,某产品一年的销售量必然大于该年某一季度的销售量。

(3)时期指标必须连续登记而取得。时期指标数值的大小取决于整个时期内所有时间上的发展状况,只有连续登记得到的时期指标才会准确。

2)时点指标

时点指标是反映社会经济现象在某一时点上的状况的总量指标。例如,第七次人口普查,我国人口总数为 144 349 万人,是指在 2020 年 11 月 1 日 0 时这一时点上的数据,再如,商品库存额、外汇储备额等都是时点指标。时点指标的特点主要有:

(1)不具有可加性,两个时点指标相加不具有实际意义。

(2)指标数值的大小与登记时间的长短间隔没有关系。时点指标仅仅反映社会经济现象在一瞬间的数量,隔多长时间登记一次对它没有影响。

(3)时点指标是间断计数的。时点指标没有必要进行连续登记,有的也不可能连续进行登记,如一地区的总人口数。

4.1.4 总量指标的计量单位

总量指标的计量形式都是有名数,都有计量单位。根据总量指标所反映现象的性质不同,其计量单位一般有实物单位、价值单位和劳动单位三种。

1. 实物单位

实物单位是根据实物的自然属性或外部特征而采用的计量单位。它又分为:

(1)自然单位:根据现象的自然属性而约定俗成的一种计量单位。如汽车以“辆”为单位,计算机以“台”为单位,书以“本”为单位等。

(2)度量衡单位:根据现象的物理属性而确定的统一的度量衡计量单位。如鸡蛋以“千克”为单位,布匹以“米”为单位。规定应该采用国际通用的形式,如土地不用亩而用公顷,鸡蛋不用斤而用千克或吨。

(3)复合单位:两个单位的乘积。如运输量以“吨·千米”为单位,电以“千瓦·时”为单位等。

(4)标准实物量单位:按照统一的折算标准来计量事物数量的一种实物单位。如能源以"标准煤(7 000 千卡/千克)"为单位;拖拉机以 15 马力为一标准台等。

(5)双(多)重单位:由两个或两个以上的单位平行构成,中间以斜线分开的计量单位[有点类似于两(多)个单位相除]。如发电机以"千瓦/台"为单位,起重机以"吨/台"为单位。

2. 价值单位

价值单位也称为货币单位,用货币来表示社会财富和经济成果,例如 GDP、贸易额、财政收入等都必须用货币单位来计量。常见的货币单位有人民币、欧元、美元等。

3. 劳动单位

劳动单位是用劳动时间来表示的计量单位,如工时、工日等。

4.2 相对指标

4.2.1 相对指标的概念和作用

1. 相对指标的概念

社会经济现象之间以及现象内部之间总是有着密切的联系,仅仅利用总量指标是远远不够的。要深刻认识现象间的相互联系,探讨其发展规律,就需要对总体的组成和其各部分之间的数量关系进行分析和比较。相对指标就是通过比较而得到的指标。

相对指标也称相对数,是用两个有联系的指标进行对比的比值来反映某些相关事物之间数量联系程度的综合指标。例如,人口密度用"人/km^2"表示,人均粮食产量用"kg/人"表示,再如,男性人口占总人口的 51.5%、某地区的人口出生率为 13.8‰等都是相对指标。

2. 相对指标的作用

(1)通过数量之间的对比,可以表明事物的相关程度、发展程度,以弥补总量指标的不足。例如,某企业去年实现利润 100 万元,今年实现 110 万元,则今年利润增长了 10%,这是总量指标无法说明的。

(2)把现象的绝对差异抽象化,使原来无法直接对比的指标变为可比。如不同规模的同类企业直接比较产值等指标意义不大,如果采用相对指标,如资金利用率来比较,就可以对两个企业的经营得出合理评价。

(3)说明总体内在的结构特征,为深入分析事物的性质提供依据。如,计算我国第一、二、三产业比例,可以说明我国经济现代化程度。

4.2.2 相对指标的表现形式

1. 无名数

无名数是一种抽象化的数值,是最常用的相对指标表现形式,多用系数和倍数、成数、百分数和千分数表示。

(1)系数和倍数。它是将分母抽象为 1 而计算的相对指标。当对比的两个指标数值相差不大时,用系数表示,当分子比分母大得多时,用倍数表示。

(2)成数。它是将分母抽象化为 10 而计算的相对指标。如粮食产量增加 1 成,即增加 1/10。

(3)百分数(千分数、万分数):它是将分母抽象化为 100(1 000、10 000)而计算的相对指标。如粮食产量增加 10%;千分数、万分数一般在分子比分母小很多时使用,以保持较高的精度,如人口增长率用千分数表示,每万人的大学生人数用万分数表示。

2. 有名数

有名数通常为复名数,是将相对指标中的分子与分母计量单位同时使用的双重计量单位的一种表示方法,即分子和分母指标的计量单位结合使用。主要用于部分强度相对指标。如:人口密度用“人/平方千米”,人均粮食消费量用“千克/人”。

4.2.3 相对指标的种类和计算方法

由于研究目的和任务的不同、对比基础的不同,从而形成不同的相对指标。实际工作中,将相对指标分为计划完成相对指标、结构相对指标、比例相对指标、比较相对指标、强度相对指标和动态相对指标。

1. 计划完成相对指标

计划完成相对指标是社会经济现象在某时期内实际完成数值与计划任务数值对比的结果,一般用百分数来表示。其计算公式为

$$\text{计划完成相对指标}=\frac{\text{实际完成数}}{\text{计划任务数}}\times 100\% \tag{4-1}$$

计划完成相对指标用于检查计划的执行情况。由于计划任务数在实际计算中可以表现为绝对数、相对数、平均数等多种形式,因此,计算计划完成程度相对指标的方法也有所区别。

1)计划任务数为绝对数和平均数时

使用绝对数和平均数计算计划完成程度相对指标时,可以直接利用上述公式。

【例 4-1】 某企业 2021 年产品计划产量为 2 000 件,实际完成 2 400 件,则该产品的计划完成程度相对指标为

$$\text{计划完成程度相对指标}=\frac{2\,400}{2\,000}\times 100\%=120\%$$

计算结果表明,该企业超额 20%完成了生产计划,实际产量比计划产量增加了 400 件。

【例 4-2】 某企业某月生产某件产品,计划每人每日平均产量为 100 件,实际每人每日平均产量为 110 件,则

$$\text{劳动生产率计划完成程度相对指标}=\frac{110}{100}\times 100\%=110\%$$

计算结果表明,该企业实际劳动生产率超额 10%完成了计划任务。

2)计划任务数为相对数时

这里下达的计划任务数是以比上期“提高了”“增长了”“降低了”“减少了”百分之几的形式出现,其计算公式为

$$\text{计划完成程度相对指标}=\frac{\text{实际达到的百分数}}{\text{计划规定的百分数}}\times 100\%$$

【例 4-3】 某企业计划 2021 年某产品产量增长 10%,同时原材料利用率降低 6%,而实际产量增长了 15%,原材料利用率降低了 8%,则

$$\text{产量计划完成程度相对指标}=\frac{100\%+15\%}{100\%+10\%}\times 100\%=104.55\%$$

$$原材料利用率计划完成程度相对指标=\frac{100\%-8\%}{100\%-6\%}\times100\%=97.87\%$$

计算结果表明，产量计划完成程度大于 100%，说明超额完成计划，而原材料利用率计划完成程度小于 100%，说明实际利用率比计划利用率有所下降，原材料利用率比计划多完成 2.13%。

由以上例题可得，同样是计划完成程度相对指标，在对其结果进行评价时，要根据计划指标的性质和要求来评价。如果计划指标是以最低限额规定的，如产品产量、产值、利润、商品销售额等劳动成果指标，则从经济意义上说这些指标数值越大越好，其计划完成程度相对指标数值大于 100%才算超额完成计划。如果计划指标是以最高限额规定的，如单位产品成本、原材料消耗量、销售费用等劳动消耗和劳动占用指标，则从经济意义上说这些指标数值越小越好，其计划完成程度相对指标数值小于 100%才算超额完成计划。

3)计划进度执行情况检查

在实际工作中，为保证计划的完成，常在计划执行过程中，应用计划执行进度百分数指标来分析计划的执行情况，以便检查计划的执行进度和计划执行的均衡性。其计算公式如下：

$$计划执行进度=\frac{累计完成任务数}{全期计划任务数}\times100\% \tag{4-2}$$

【例 4-4】 某企业某年计划生产某种产品 2 000 件，第一、第二、第三季度实际产量分别为 450 件、560 件、600 件。截至第三季度末，该产品的产量计划执行进度为

$$产量的计划执行进度=\frac{(450+560+600)件}{2\,000件}\times100\%=80.5\%$$

计算结果表明，截至第三季度末，应完成全年计划任务的 75%，而实际计划执行进度为 80.5%，说明达到了进度要求。

4)中长期计划完成情况检查

中长期计划一般指五年或五年以上的计划。在检查中长期计划的完成情况时，根据计划指标的性质不同，计算可分为水平法和累积法。

(1)水平法。在全期计划中，如果计划任务只规定计划末期(最后一年)应达到的水平，则应采用水平法检查计划完成情况。其计算公式为

$$计划完成情况相对指标=\frac{中长期计划末期实际达到的水平}{中长期计划末期计划达到的水平}\times100\% \tag{4-3}$$

采用水平法计算，只要有连续一年(或连续 12 个月累计，不论是否在一个年度内)实际完成水平达到最后一年计划水平，就算完成了全期计划，余下的时间就是提前完成计划时间。

【例 4-5】 某旅游公司五年计划规定最后一年应接待 50 万人，实际执行情况如表 4-3 所示。

表 4-3　某旅游公司五年实际执行情况

年　度	第一年	第二年	第三年		第四年				第五年			
			上半年	下半年	第一季度	第二季度	第三季度	第四季度	第一季度	第二季度	第三季度	第四季度
接待人数（万人）	43	45	22	25	11	12	12	12.2	12.8	13	13	14

该旅游公司五年计划完成情况相对指标为

$$计划完成情况相对指标=\frac{(12.8+13+13+14)万人}{50\ 万人}\times 100\%=105.6\%$$

计算结果表明，该旅游公司超额5.6%完成五年计划。提前两个季度完成计划任务(12+12.2+12.8+13=50)。

(2)累计法。在全期计划中，如果规定在整个计划期内累计应达到的总量为计划任务，则应采用累计法检查计划的完成程度。累计法就是将整个计划期间实际完成的累计数与同期计划数相比较，来确定计划完成程度。其计算公式为

$$计划完成情况相对指标=\frac{中长期计划末期实际累计完成量}{中长期计划末期计划累计量}\times 100\% \quad (4\text{-}4)$$

采用累计法计算，只要从中长期计划开始至某一时期止，所累计完成数达到计划数，就是完成了计划，剩余的时间就是提前完成的时间。

如例4-5中，如果该旅游公司五年计划累计接待游客208万人，实际执行情况如表4-3所示。试计算计划完成情况相对指标及提前多长时间完成计划任务。

$$\begin{aligned}计划完成情况相对指标&=\frac{(43+45+22+25+11+12+12+12.2+12.8+13+13+14)万人}{208\ 万人}\times 100\%\\&=112.98\%\end{aligned}$$

计算结果说明：该旅游公司超额12.98%完成五年计划。提前两个季度完成计划任务(43+45+22+25+11+12+12+12.2+12.8+13=208)。

2. 结构相对指标

研究社会经济现象总体时，不仅要掌握其总量，而且要揭示总体内部的组成数量表现，即要对总体内部的结构进行数量分析，这就需要计算结构相对指标。

结构相对指标是总体内部各组成部分的数值与总体的全部数值对比所得到的比值，又称为比重指标。其计算公式如下：

$$结构相对指标=\frac{总体某部分或组的数值}{总体全部数值}\times 100\% \quad (4\text{-}5)$$

结构相对指标一般用百分数表示，由于对比的基础是同一总体的总数值，所以各部分(或组)所占比重之和应当等于100%。

【例4-6】 某工厂共生产某种产品1 000件，其中合格品为940件，次品为60件，则该工厂：

$$合格品占总产品数的比重(合格率)=\frac{940}{1\ 000}\times 100\%=94\%$$

$$次品占总产品数的比重(次品率)=\frac{60}{1\ 000}\times 100\%=6\%$$

由此可见，计算结构相对指标可以表明总体内部的结构特征，将不同时间的结构相对指标对比，还可以说明总体结构的变化过程，同时也可以反映人、财、物的利用程度。

3. 比例相对指标

比例相对指标是反映总体内部各个组成部分之间的指标数值之比，它是反映总体中各个组成部分之间的比例关系和均衡状况的综合指标。其计算公式为

$$比例相对数=\frac{总体中某一部分数值}{总体中另一部分数值}\times 100\% \quad (4\text{-}6)$$

比例相对指标的计算结果通常以百分比或比例的形式来表示。例如，2020年，第七次人口

普查结果显示，全国人口（注：全国人口是指我国大陆 31 个省、自治区、直辖市和现役军人的人口，不包括居住在 31 个省、自治区、直辖市的港澳台居民和外籍人员）共 1 411 778 724 人，其中男性 723 339 956 人，女性 688 438 768 人，总人口性别比为 105.07%。

比例相对指标能够反映有关事物之间的实际比例关系。社会经济中的许多重大关系，如人口的性别比例关系，国内生产总值中的第一、二、三产业比例，积累与消费的比例关系等，都可以通过计算比例相对指标来反映。研究比例相对指标，有助于我们认识客观事物是否符合按比例协调发展的要求，参照有关标准，可以判断比例关系是否合理。在宏观经济管理中，这对于研究分析整个国民经济和社会法则是否协调均衡均有重要的意义。

4. 比较相对指标

比较相对指标是两个同类指标，在同一时间不同地区、单位或企业之间的数值之比。用来表明同类事物在不同空间条件下的差异程度或相对状态。比较相对指标可以用百分数、倍数和系数表示。其计算公式为

$$\text{比较相对指标}=\frac{\text{甲地区（单位或企业）某类指标数值}}{\text{乙地区（单位或企业）同类指标数值}}\times 100\% \tag{4-7}$$

【例 4-7】 某年有甲、乙两家企业同时生产一种产品，甲企业工人劳动生产率为 15 218 元，乙企业为 23 045 元，则

$$\text{两企业劳动生产率比较相对指标}=\frac{15\,218}{23\,045}\times 100\%=66\%$$

结果表明，甲企业劳动生产率比乙企业低 34%。

比较相对指标主要是对事物发展在不同地区、不同部门、不同企业或不同个人之间进行比较分析，以反映现象之间的差别程度。另外，计算比较标准典型化的比较相对指标，还可以找出工作中的差距，从而为提高企业的生产水平和管理水平提供依据。

5. 强度相对指标

强度相对指标是在同一时期内，两个性质不同而有一定联系的总量指标数值之比，用来表明现象的强度、密度和普遍程度的综合指标。其计算公式为

$$\text{强度相对数}=\frac{\text{某一总量指标数值}}{\text{另一个有联系而性质不同的总量指标数值}} \tag{4-8}$$

【例 4-8】 2020 年，第七次人口普查结果显示，我国内地人口共 141 178 万人，则人口密度计算如下：

$$\text{人口密度}=\frac{141\,178\text{ 万人}}{960\text{ 万 km}^2}=147\text{ 人/km}^2$$

强度相对指标的数值表示一般为复名数，由分子数值与分母数值的计算单位组成，上例中的“人/km²”、“元/人”等皆是。少数强度相对指标用百分数或千分数表示，如产值利用率、人口自然增长率等。强度相对指标虽有“平均”的含义，但究其实质，强度相对指标是两个性质不同而有联系的总量指标数值之比，而平均指标是同一总体中的标志总量与单位总量之比，因此，强度相对指标和平均指标有根本的区别。

强度相对指标有时分子和分母可以互换，从而使得有些强度相对指标有正指标和逆指标两种。

【例 4-9】 某城市有人口 150 万人，有零售商店 3 000 个，则

$$\text{商业网点密度的正指标}=\frac{3\,000\text{ 个}}{1\,500\,000\text{ 人}}=0.002\text{ 个/人}$$

$$商业网点密度的逆指标=\frac{1\,500\,000\text{ 人}}{3\,000\text{ 个}}=500\text{ 人/个}$$

正指标的数值越大，表示商业网点密度越大；逆指标的数值越大，则表示商业网点密度越小。前者从正方向说明现象的密度，后者则是从反方向说明现象的密度。

6. 动态相对指标

动态相对指标是将同一现象在不同时期的两个数值进行动态对比而得到的相对数，以表明现象在时间上发展变动的程度，也称为发展速度，一般用百分数或倍数表示。其计算公式为

$$动态相对数=\frac{报告期指标数值}{基期指标数值}\times 100\% \tag{4-9}$$

所谓报告期，就是所要研究的时期，基期是用来作为对比标准的时期。例如，2020 年我国国内生产总值(GDP)为 1 015 986.2 亿元，2019 年国内生产总值 990 865 亿元，如果将 2019 年选作基期，则 2020 的国内生产总值与 2019 年的国内生产总值对比，得到动态相对指标为 102.54%，它说明了在 2019 年基础上 2020 年国内生产总值的发展速度为 102.54%(现实中我们通常只说增长速度为 2.54%)。

4.2.4 正确运用相对指标的原则

1. 注意相对指标的可比性

相对指标是两个有关的指标数值之比，对比结果的正确性直接取决于两个指标数值的可比性。对比指标的可比性是指对比的分子指标与分母指标所包括的含义、内容、范围、时间、空间和计算方法等口径方面是否一致。例如：在计划完成程度相对指标中，实际完成数与计划任务数必须是同一时期的同类现象的两个指标；强度相对指标必须是有联系的两个总量指标。

2. 相对指标和总量指标相结合的原则

总量指标能够反映事物发展的总规模和总水平，却无法反映事物的差别程度；相对指标反映了现象之间的数量对比和差异程度，但由于具有抽象化的特点，不能反映现象之间绝对量的差别。因此，无论是哪一种指标，都有自身的优势，也有其局限性。要深刻全面地对社会经济现象的发展变化做出正确的评价，就必须将相对指标和总量指标结合起来运用。

3. 将各种相对指标结合运用的原则

各种相对指标的具体作用不同，都是从不同的侧面来表明所研究的问题。对于复杂的社会经济现象，只有把各种相对指标结合起来运用，才能把不同侧面反映的情况结合起来观察、分析，从而全面而深入地说明现象及其发展过程的规律性。例如，为了分析生产计划的执行情况，就有必要全面分析总产值计划、劳动生产率、品种计划和成本计划的完成情况；研究企业的经营效果时，不仅要看总产值、产品产量、销售收入等总量指标，还要结合企业的投入、产值利税率、资金利税率等相对指标来客观反映企业的经济效益。

4.3 平均指标

4.3.1 平均指标的概念、作用及种类

1. 平均指标的概念

平均指标亦称为平均数，是用以反映社会经济现象总体各单位某一数量标志在一定时间、

地点条件下所达到的一般水平的综合指标，是总体内各单位参差不齐的标志值的代表值。平均指标是统计分析和一般经济分析中广泛运用的指标形式，反映了一组数据中心点的位置所在，是对一组数据集中趋势的测度。

例如，某班有 20 名同学，“统计学”课程期末考试成绩如表 4-4 所示。

表 4-4　某班“统计学”课程期末考试成绩

序号	1	2	3	4	5	6	7	8	9	10
成绩	80	75	66	88	74	90	69	78	82	74
序号	11	12	13	14	15	16	17	18	19	20
成绩	92	68	75	81	83	67	61	79	90	84

从表 4-4 中可以看出这 20 名同学的考试成绩高低不等，每个分数分别代表了学生们各自的水平，使得该班这一总体的个体之间存在明显差异，统计研究的目的就在于通过这些差异反映出总体的基本特征。为此，需要找出一个能够代表该班同学成绩一般水平的代表性数值，它能够将这 20 名同学成绩之间的数量差异抽象化，这个抽象化的指标即为平均成绩。

由上例可以看出，平均指标具有以下特点：

(1)平均指标是一个代表值，且是一个抽象化的数值，它将总体中标志总量在总体各单位之间的数值差异抽象化，可以代表总体的一般水平。

(2)平均指标必须应用于同质总体。平均指标中被平均的总体各单位必须是同质的，各单位之间不同，仅表现在所研究现象标志值之间的差别上。

(3)平均指标能反映总体的集中趋势，一般同一总体中距离平均值远的标志值较少，而距离平均值近的标志值比较多。

2. 平均指标的作用

平均指标在统计分析和研究中具有重要作用，具体如下：

(1)平均指标可以消除因总体不同而带来的总体数量上的差异，从而使不同的总体可以对比。例如，由于播种面积不同，不同地区的粮食产量不便直接对比，如果计算平均亩产量，则可以比较不同地区粮食生产水平的高低。

(2)利用平均指标可以对比同一现象在不同时间的一般水平，反映这类现象发展变化的规律性。例如，研究职工工资水平的变化情况，由于不同时期的职工人数不同，就不能采用职工工资总额来说明，如果用职工平均工资进行动态对比分析，就可以正确反映职工工资水平的变化趋势和规律。

(3)利用平均指标可以分析现象之间的依存关系。例如，工业企业的劳动生产率水平与职工平均工资之间有依存关系，一般劳动生产率高，职工的平均工资也相应提高。

(4)平均指标可以作为判断事物的一种数量标准。由于总体各单位的数量特征有差异性，不便直接对比，因此，只有作为代表总体数量特征的平均数才是比较事物的数量标准。例如，对某班学生成绩的优劣评价，不是以个别学生的成绩来说明的，而是以全班的平均成绩作为依据。

3. 平均指标的种类

根据计算方式、代表意义、应用场合和性质的差异，可将平均指标归纳为静态平均数和动态平均数。静态平均数是根据总体各单位某一数量标志值在同一时间计算所得的平均数，从静态上说明现象发展变化的一般水平，本节讲述的内容就是静态平均数，又称为一般平均数。

动态平均数是根据时间序列计算所得的平均数,从时间变化的动态上说明某一段时间内现象发展变化的一般水平。

静态平均数根据计算方法的不同分为数值平均数和位置平均数。数值平均数是指根据总体各单位标志值计算的平均数,主要包括算术平均数、调和平均数和几何平均数;位置平均数是先将总体各单位的变量值按一定顺序排列,然后取某一位置的变量值来反映总体各单位的一般水平,主要包括众数、中位数和分位数。

4.3.2 数值平均数

1. 算术平均数

算术平均数是分析社会经济现象一般水平和典型特征的最基本指标,是统计中计算平均数最常用的方法。其基本计算公式如下:

$$算术平均数=\frac{总体标志总量(变量值总量)}{总体单位总量(变量值个数)} \tag{4-10}$$

例如,某企业某月职工的工资总额为 1 200 000 元,职工人数为 200 人,则该企业该月职工的平均工资为$\frac{1\,200\,000\text{ 元}}{200\text{ 人}}=6\,000$ 元/人。使用这一基本公式应该注意公式中分子与分母的口径必须一致,它所对比的分子分母应是同一总体,而且各个标志值与各单位之间必须具有一一对应关系,标志总量随着总体单位总数的变动而变动,分子依存于分母。这也正是平均指标和强度相对指标不同的地方。强度相对指标虽然也是两个总量指标之比,但分子、分母各属于不同的总体,它们之间没有直接的依存关系。如:

人均粮食产量=粮食总产量÷总人数,此分子、分母没有一一对应关系。

人均消费量=总消费数量÷总人数,此分子、分母存在一一对应关系。

在实际工作中,就手工计算而言,由于掌握的统计资料不同,利用上述公式进行计算时,可分为简单算术平均数和加权算术平均数两种。

简单算术平均数是根据未经分组整理的原始数据计算的均值。设一组数据为 $x_1,x_2,\cdots,x_n$,则简单算术平均数的计算公式为

$$\bar{x}=\frac{x_1+x_2+\cdots+x_n}{n}=\frac{\sum x}{n} \tag{4-11}$$

【例 4-10】 如表 4-4 所示,计算该班 20 名同学"统计学"课程期末考试成绩的平均成绩。

$$平均成绩=\frac{总分数}{总人数}=\frac{80+75+66+\cdots+84}{20}=77.8$$

计算结果表明,该班"统计学"课程的平均成绩为 77.8 分,它代表了该班"统计学"考试成绩的一般水平。

简单算术平均数计算简单,但应用时需要注意前提条件:所给资料未分组整理,各变量值一一列出的情况。简单算术平均数的大小只受各变量值本身大小的影响,其平均数的大小不会超过变量值的变动范围。

加权算术平均数是根据分组整理的数据计算的算术平均数。其计算公式为

$$\bar{x}=\frac{x_1f_1+x_2f_2+\cdots+x_nf_n}{f_1+f_2+\cdots+f_n}=\frac{\sum xf}{\sum f} \tag{4-12}$$

其中,x 为各组变量值,f 为各组变量值出现的频数。

【例 4-11】 某企业工人的日产量资料如表 4-5 所示,试求人均日产量。

表 4-5　工人日产量资料

日产量(件)	各组工人数(人)
15	6
16	10
17	17
18	28
19	22
20	17
合计	100

人均日产量:

$$\bar{x}=\frac{15\times 6+16\times 10+17\times 17+18\times 28+19\times 22+20\times 17}{6+10+17+28+22+17}=18.01(\text{件})$$

由计算公式可以得出,平均数的大小不仅取决于总体各单位标志值 x 的大小,还受各单位标志值出现次数 f 的影响。次数越多,即权数越大,平均数受该组的影响就越大;反之亦然。例如,该题第四组人数(28 人)最多,这组变量值“18”对平均数的影响就大,使得平均数接近于该变量值。所以,式(4-12)中的 f 再次起着“权衡轻重”的作用,因此将其称为权数,以上计算方法称为加权算术平均法。

应注意,权数对算术平均数的影响,不是取决于权数本身的大小,而是取决于权数比重的大小。所谓权数比重是作为权数的各组单位数占总体单位数的比重,也称为权数系数。单位数所占比重大的组,其变量值对平均数的影响就大;反之影响就小。因此,加权平均数的计算公式可变换为权数系数形式:

$$\bar{x}=\frac{\sum xf}{\sum f}=\sum\left(x\frac{f}{\sum f}\right) \tag{4-13}$$

式中,$\frac{f}{\sum f}$ 为权数所占比重。

采用权数系数形式计算上例中的人均日产量:

$$\bar{x}=15\times\frac{6}{100}+16\times\frac{10}{100}+17\times\frac{17}{100}+18\times\frac{28}{100}+19\times\frac{22}{100}+20\times\frac{17}{100}=18.01(\text{件})$$

计算结果和前面计算的加权算术平均数完全相同。

上面所举的例子,是单变量值分组的情形。如果我们所掌握的资料是组距分组的形式,则其计算算术平均数的方法与单变量值分组的情况基本相同。只需先计算出各组的组中值,以组中值代替变量值代入加权算术平均数公式即可。

【例 4-12】 以表 4-6 中的资料为例,计算人均日产量。

表 4-6　某企业工人加工零件情况

按零件数分组(件/人)	组中值 x(件/人)	频数 f(人)
105～110	107.5	3

续表

按零件数分组(件/人)	组中值 x(件/人)	频数 f(人)
110～115	112.5	5
115～120	117.5	8
120～125	122.5	14
125～130	127.5	10
130～135	132.5	6
135～140	137.5	4
合计	—	50

$$\text{人均日产量} = \frac{\sum xf}{\sum f} = \frac{6\,160\ \text{件}}{50\ \text{人}} = 123.2\ \text{件}/\text{人}$$

在计算组距分组数据的平均数时，是用各组的组中值来代替公式中各组标志值的实际水平，但这种方法具有一定的假定性，即假定各组内部的标志值分布是均匀的。实际上，各组内部的标志值较少呈均匀分布，所以，用组中值计算的加权算术平均数也会存在一定的误差。在统计分析过程中，如果搜集到的是经过初步整理的次级数据，或数据要求不很精确的原始数据资料，则可用此法计算平均值。如果要求结果十分精确，那么需要用原始数据的全部实际信息，如果计算量很大，可借助计算机的辅助功能。

简单算术平均数与加权算术平均数两者之间具有内在联系。当加权算术平均数公式中各组次数完全相同时，即各组 f 都相等，此时它不再对 x 大小产生影响，此时由于 $f_1=f_2=\cdots=f_n$，则可得

$$\bar{x} = \frac{\sum xf}{\sum f} = \frac{\sum x}{n}$$

可见简单算术平均数不过是加权平均数在各组 f 都相等时的特例。

算术平均数在统计学中具有重要的地位，它是进行统计分析和统计推断的基础。它具有以下一些重要的数学性质，这些数学性质在实际工作中有着广泛的应用(如在相关分析和方差分析及建立回归方程中)，同时也体现了算术平均数的统计思想。

(1)各变量值与其算术平均数的离差之和等于零，即 $\sum(x-\bar{x})f=0$。

(2)各变量值与其算术平均值的离差平方和最小，即 $\sum(x-\bar{x})^2f=\min$。

算术平均值虽然在实践中应用广泛，但存在两点不足：

(1)算术平均值易受极端变量值的影响，使得算术平均值的代表性变小；而且受极大值的影响大于受极小值的影响。

(2)当组距数列为开口组时，由于组中值不易确定，使得算术平均值的代表性也被减弱。

2. 调和平均数

调和平均数是各单位标志值倒数的算术平均数的倒数，因此又称为倒数平均数。在社会经济统计中，往往由于缺乏总体的单位数资料，不能直接采用算术平均数来计算，这时就需要把算术平均数的形式加以改变，而采用另一种计算方法。所以，实际工作中它主要作为算术平均数的变形来使用。

由于所得到资料的具体内容不同，调和平均数也有简单调和平均数和加权调和平均数两种。

1)简单调和平均数

简单调和平均数是各标志值倒数的简单算术平均数的倒数。具体计算方法如下：

首先，计算各个变量值的倒数，即$\frac{1}{x_i}$；然后，计算上述各个变量值倒数的算术平均数，即$\frac{\sum_{i=1}^{n}\frac{1}{x_i}}{n}$；最后，再计算这个算术平均值的倒数，即$\frac{n}{\sum_{i=1}^{n}\frac{1}{x_i}}$，就是简单调和平均数。公式为

$$H=\frac{n}{\frac{1}{x_1}+\frac{1}{x_2}+\cdots+\frac{1}{x_n}}=\frac{n}{\sum_{i=1}^{n}\frac{1}{x_i}} \tag{4-14}$$

式中，H 为调和平均数，x_i 为各项指标，n 为项数。

【例4-13】 某农贸市场青菜的价格，早市1元/kg，午市0.8元/kg，晚市0.5元/kg，若早、中、晚各买1元的青菜，求青菜的平均价格。

其计算方法如下：

(1)早、中、晚各买1元，合计花了3元。

(2)早市1元/kg，1元可以买1 kg；午市0.8元/kg，1元可以买1.25 kg；晚市0.5元/kg，1元可以买2 kg。

(3)$\frac{1+1.25+2}{3}=1.42$，即平均1元买1.42 kg。

(4)$\frac{1}{1.42}=0.70$，即平均价格为0.70元/kg。

将上述过程结合起来，则为

$$H=\frac{n}{\frac{1}{x_1}+\frac{1}{x_2}+\cdots+\frac{1}{x_n}}=\frac{3}{\frac{1}{1}+\frac{1}{0.8}+\frac{1}{0.5}}=0.70(\text{元/kg})$$

2)加权调和平均数

加权调和平均数是各标志值倒数的加权算术平均数的倒数。其计算公式如下：

$$H=\frac{m_1+m_2+\cdots+m_n}{\frac{m_1}{x_1}+\frac{m_2}{x_2}+\cdots+\frac{m_n}{x_n}}=\frac{\sum_{i=1}^{n}m_i}{\sum_{i=1}^{n}\frac{m_i}{x_i}} \tag{4-15}$$

其中，m 为权数。

【例4-14】 同上题资料，若早市买3元青菜，午市买2元，晚市买1元，求青菜的平均价格。

$$H=\frac{\sum m}{\sum\frac{x}{m}}=\frac{3+2+1}{\frac{3}{1}+\frac{2}{0.8}+\frac{1}{0.5}}=0.8(\text{元 /kg})$$

其中，m 为金额，即权数，价格 x 为变量值，分子是总金额(总体标志总量)，分母是购买总数量(总体单位数)。如设 $m=xf$，则 $f=\frac{m}{x}$，代入加权算术平均数公式，得

$$加权算术平均数\ \bar{x}=\frac{\sum xf}{\sum f}=\frac{\sum m}{\sum \frac{m}{x}}=H(加权调和平均数)$$

下面通过实例来说明加权算术平均数和加权调和平均数两种方法的应用。

【例 4-15】 设有某行业 150 个企业的有关产值和利润资料如表 4-7 所示。

表 4-7 某行业 150 个企业的有关产值和利润资料

产值利润率(%)	第一季度		第二季度	
	企业数(个)	实际产值(万元)	企业数(个)	实际产值(万元)
5～10	30	5 700	50	710
10～20	70	20 500	80	3 514
20～30	50	22 500	20	2 250
合计	150	48 700	150	6 474

表 4-7 中给出的是按产值利润率分组的企业个数、实际产值和实际产值利润率。应该注意产值利润率是一个相对指标,而不是平均指标。为了计算全行业的平均产值利润率,必须以产值利润率的基本公式为依据:

$$产值利润率=\frac{实际利润}{实际产值}\times 100\%$$

并选择适当的权数资料,适当的平均数形式,对各组企业的产值利润率进行加权平均。可以看出,计算第一季度的平均产值利润率,应该采用实际产值加权,进行算术平均,即

$$\begin{aligned}第一季度平均产值利润率&=\frac{\sum xf}{\sum f}\\&=\frac{(0.075\times 5\,700+0.15\times 20\,500+0.25\times 22\,500)\ 万元}{(5\,700+20\,500+22\,500)\ 万元}\\&=18.74\%\end{aligned}$$

而计算第二季度的平均产值利润率,则应采用实际利润加权,进行调和平均,即

$$第二季度平均产值利润率=\frac{\sum m}{\sum \frac{m}{x}}=\frac{(710+3\,541+2\,250)\ 万元}{\left(\frac{710}{0.075}+\frac{3\,514}{0.15}+\frac{2\,250}{0.25}\right)万元}=15.45\%$$

由上例可得,对于同一问题的研究,算术平均数和调和平均数的实际意义是相同的,计算公式也可以互推,采用哪种方法完全取决于所掌握的资料。一般做法是,如果掌握的是基本公式中的分母资料,则采用算术平均数公式计算,如果掌握的是基本公式中的分子资料,则采用调和平均数公式计算。例如,“平均菜价$=\frac{钱数}{千克数}$”,若已知“早上买 1 千克,中午买 2 千克,晚上买 3 千克”则应采用算术平均数;若“早上买 1 元,中午买 2 元,晚上买 3 元”,则应采用调和平均数。

3)调和平均数的特点

调和平均数的特点综合起来有:调和平均数易受极端值的影响,且受极小值的影响比受极大值的影响更大;只要有一个变量值为零,就不能计算调和平均数;当组距数列有开口组时,其组中值即使按相邻组距计算了,假定性也很大,这时调和平均数的代表性就很不可靠;调和平均数应用的范围较小。

3. 几何平均数

几何平均数也称几何均值，是 n 个变量值乘积的 n 次方根。它反映的是某种特定现象的平均水平，这种现象的标志总量不是各单位的标志值的总和，而是它们的连乘积。几何平均数主要用来计算平均比率或平均发展速度。根据统计资料的不同，几何平均数也有简单几何平均数和加权几何平均数之分。

1）简单几何平均数

直接将 n 项变量连乘，然后对其连乘积开 n 次方根所得的平均数即为简单几何平均数。它是几何平均数的常用形式。其计算公式为

$$G=\sqrt[n]{x_1 \cdot x_2 \cdot x_3 \cdots x_n}=\sqrt[n]{\prod_{i=1}^{n} x_i} \tag{4-16}$$

式中，G 为几何平均数。

【例 4-16】　某流水生产线前后衔接有四道工序，某批产品各道工序的合格率分别为 95%、94%、96%、97%，求整个流水生产线产品的平均合格率。

由于产品的总合格率并不等于各工序合格率之和，后续工序的合格率是在前工序的全部合格率基础上计算的，因此整个流水生产线产品的平均合格率应等于各工序合格率的连乘积，不能采用算术平均数和调和平均数来计算，而应采用几何平均数来求解，即

$$\text{平均合格率}\ G=\sqrt[n]{x_1 \cdot x_2 \cdot x_3 \cdots x_n}=\sqrt[4]{95\% \times 94\% \times 96\% \times 97\%}=95.49\%$$

2）加权平均数

与算术平均数一样，当资料中的某些变量值重复出现时，相应地，简单几何平均数就变成了加权几何平均数，其计算公式如下：

$$G=\sqrt[\sum f]{x_1^{f_1} \cdot x_2^{f_2} \cdot x_3^{f_3} \cdots x_n^{f_n}}=\sqrt[\sum f]{\prod_{i=1}^{n} x_i^{f_i}} \tag{4-17}$$

式中，f_i 为各个变量值出现的次数。

【例 4-17】　某笔为期 10 年的投资按复利计算收益，前 4 年的年利率为 6%，中间 3 年的年利率为 8%，后 3 年的利率为 10%，则整个投资期间的年平均利率为

$$G=\sqrt[4+3+3]{(1+6\%)^4 \times (1+8\%)^3 \times (1+10\%)^3}-1=\sqrt[10]{2.1168}-1=7.79\%$$

3）几何平均数的特点

几何平均数的特点综合起来有：几何平均数受极端值的影响较算术平均数小；如果变量值有负值，计算出的几何平均数就会成为负数或虚数；它仅适用于具有等比或近似等比关系的数据；几何平均数的对数是各变量值对数的算术平均数。

4.3.3　位置平均数

位置平均数是根据总体中处于特殊位置上的个别单位或者部分单位的标志值来确定的代表值，它对于整个总体来说，具有非常直观的代表性，常用来反映分布的集中趋势，常用的位置平均数有众数、中位数和四分位数。下面对众数和中位数进行具体介绍。

1. 众数

1）众数的概念

众数是总体中出现次数最多的标志值，用符号 M_0 表示，它能直观地说明客观现象分配中

的集中趋势。在实际工作中,有时要利用众数代替算术平均数来说明社会经济现象的一般水平。例如,消费者需要的服装、鞋等最普遍的尺码,反映集市贸易市场某种蔬菜最普遍的价格水平,等等,都可以通过市场调查、分析、了解哪一尺码的服饰成交量最大,哪一种价格的蔬菜成交量最大,即为众数。但必须注意,如果数据的分布没有明显的集中趋势或最高峰点,众数也可能不存在;如果有两个最高峰点,也可以有两个众数。只有在总体单位比较多,而且又明显地集中于某个变量值时,计算众数才有意义。

2)众数的计算

(1)单项数列确定众数的方法:在单项数列情况下,确定众数比较简单,哪个变量值出现的次数最多,它就是众数。

【例 4-18】 某制鞋厂要了解消费者最需要哪种尺码的男士皮鞋,调查了某商场某季度男士皮鞋的销售情况,得到资料如表 4-8 所示,求众数。

表 4-8 某商场某季度男士皮鞋销售情况

男士皮鞋号码(cm)	销售量(双)
24.0	12
24.5	84
25.0	100
25.5	576
26.0	342
26.5	115
27.0	64
合计	1 293

经观察可以看出,25.5 cm 的鞋号销售量最多,即众数为 25.5 cm。

(2)通过组距数列确定众数的方法:若所掌握的资料是组距数列,则只能按照一定的方法来推算众数的近似值。其计算公式为

$$M_0=L+\frac{\Delta_1}{\Delta_1+\Delta_2}\times d \tag{4-18}$$

$$M_0=U-\frac{\Delta_2}{\Delta_1+\Delta_2}\times d \tag{4-19}$$

式中:L 为众数所在组下限;U 为众数所在组上限;Δ_1 为众数所在组次数与其下限的邻组次数之差;Δ_2 为众数所在组次数与其上限的邻组次数之差;d 为众数所在组组距。

【例 4-19】 某年某地区职工家庭人均月收入资料如表 4-9 所示。

表 4-9 某地区职工家庭人均月收入情况分布表

人均月收入(元)	家庭户数(户)
3 000 元以下	170
3 000～4 000	580
4 000～5 000	1 700
5 000～6 000	2 800

续表

人均月收入(元)	家庭户数(户)
6 000～7 000	3 700
7 000～8 000	2 500
8 000～9 000	1 100
10 000 以上	800
合计	13 350

从表 4-9 中的家庭户数可以看出,家庭户数最多的是 3 700 户,它所对应的人均月收入为 6 000～7 000 元,因此这一组就是众数组,然后利用众数公式确定众数。

$$M_0=L+\frac{\Delta_1}{\Delta_1+\Delta_2}\times d=6\,000+\frac{3\,700-2\,800}{(3\,700-2\,800)+(3\,700-2\,500)}\times 1\,000=6\,428.57(\text{元})$$

3)众数的特点

(1)众数是以它在所有标志值中所处的位置确定的全体单位标志值的代表值,它不受分布数列的极值和开口组数列的影响,从而增强了众数对分布数列的代表性。

(2)当分组数列没有任何一组的次数占多数,也即分组数列中没有明显的集中趋势,而是近似于均匀分布时,则该分组数列无众数。若将无众数的分组数列重新分组或各组频数依序合并,又会使分组数列再现出明显的集中趋势。

(3)缺乏敏感性。这是由于众数的计算只利用了众数组的数据信息,不像数值平均数那样利用了全部数据信息。

2. 中位数

1)中位数的概念

将数据按大小顺序排列,居于中间位置的那个标志值就是中位数,用符号 M_e 表示。可见,中位数将所有数据分成两个部分,一半大于中位数,一半小于中位数。中位数和众数一样,有时可代替算术平均数来反映现象的一般水平。尤其是在数据出现极端变量值的情况下,用中位数作为代表值要比算术平均数更好,因为中位数不受极端值的影响。

2)中位数的计算

根据所掌握资料的不同,中位数的确定方法有两种,即由未分组数据确定中位数和根据分组数据确定中位数。

(1)未分组数据确定中位数的方法:对于未分组数据,首先必须将标志值按大小顺序排列。设排序结果为

$$x_1\leqslant x_2\leqslant x_3\leqslant\cdots\leqslant x_n$$

则中位数就可以按以下方式确定:

$$M_e=\begin{cases}x_{\frac{n+1}{2}} & n\text{ 为奇数}\\ \dfrac{x_{\frac{n}{2}}+x_{\frac{n}{2}+1}}{2} & n\text{ 为偶数}\end{cases}\tag{4-20}$$

【例 4-20】 某企业 9 名员工生产某产品的日产量,按顺序排列如下:

26　30　33　35　39　40　42　43　46

则中位数位置$=\frac{9+1}{2}=5$,这表明第 5 位员工的日产量 39 件产品为中位数,即 $M_e=39$ 件,它

代表了这 9 名员工日产量的一般水平。

【例 4-21】 若在上述例题中增加一名员工，这 10 名员工的日产量排序为

26 30 33 35 36 39 40 42 43 46

此时中位数位置$=\frac{10+1}{2}=5.5$，则中位数处在第 5 个标志值与第 6 个标志值之间中点的位置，即为第 5 个标志值和第 6 个标志值的算术平均数。因此，$M_e=\frac{36+39}{2}=37.5$(件)。

(2)分组数据确定中位数的方法。

分组数据确定中位数的方法又分为由单项数列确定中位数方法与组距数列确定中位数方法。

单项数列确定中位数的方法如下：

① 求中位数位置 $=\frac{\sum f}{2}$($\sum f$ 为总体单位数之和)。

②计算各组的累计次数(向上累计次数或向下累计次数)。

③根据中位数位置找出中位数。

【例 4-22】 某学校 2020—2021 学年共有 40 名同学获得奖学金，其分布情况见表 4-10。

表 4-10 学生获得奖学金情况表

奖学金金额(元/人)x	获奖人数(人)f	人数累计	
		向上累计(人)	向下累计(人)
500	5	5	40
1 000	6	11	35
1 500	8	19	29
2 000	9	28	21
2 500	7	35	12
3 000	5	40	5
合计	40	—	—

由表 4-10 可得，中位数位置 $=\frac{\sum f}{2}=\frac{40}{2}=20$，这说明中位数在累计次数 20 的那一组内，即 $M_e=2\ 000$ 元。

由组距数列确定中位数，应先按照$\frac{\sum f}{2}$求出中位数所在组的位置，再按下限公式或上限公式确定中位数。

下限公式：
$$M_e=L+\frac{\frac{\sum f}{2}-S_{m-1}}{f_m}d \tag{4-21}$$

上限公式：
$$M_e=U-\frac{\frac{\sum f}{2}-S_{m+1}}{f_m}d \tag{4-22}$$

式中，M_e 为中位数；L 为中位数所在组下限；U 为中位数所在组上限；f_m 为中位数所在组的次数；$\sum f$ 为总次数；d 为中位数所在组的组距；S_{m-1} 为中位数所在组以下的累计次数；S_{m+1} 为中位数所在组以上的累计次数。

【例 4-23】 根据表 4-11 中的数据，计算 160 名员工日产量的中位数。

表 4-11　某企业 160 名员工日产量的中位数计算表

按日产量分组(件)	员工数(人)	向上累计(人)	向下累计(人)
100 以下	10	10	160
100～110	18	28	150
110～120	49	77	132
120～130	35	112	83
130～140	26	138	48
140～150	14	152	22
150 以上	8	160	8
合计	160	—	—

由表 4-11 可知中位数的位置为 $\frac{160}{2}=80$，即中位数在 120～130 件/人这组，$L=120$ 件/人，$S_{m-1}=77$ 人，$U=130$ 件/人，$S_{m+1}=48$ 人，$f_m=35$ 人，$d=10$ 件/人，代入公式得

$$M_e=L+\frac{\frac{\sum f}{2}-S_{m-1}}{f_m}d=120+\frac{80-77}{35}\times 10=120.86(\text{件}/\text{人})$$

或

$$M_e=U-\frac{\frac{\sum f}{2}-S_{m+1}}{f_m}d=130-\frac{80-48}{35}\times 10=120.86(\text{件}/\text{人})$$

3）中位数特点

(1)中位数是以它在所有标志值中所处的位置确定的全体单位标志值的代表值，是位置平均数，不受分布数列的极大值或极小值影响。

(2)各单位标志值与中位数离差的绝对值之和为最小值。

(3)对某些不具有数学特点或不能用数字测定的现象，可以用中位数求出其一般水平。例如，印染厂对某种颜色按不同深浅排列后，可以求出其中位数色泽。

以上所介绍的五种平均数，即算术平均数、调和平均数、几何平均数、众数和中位数，都是用来反映客观现象在某个数量上所达到的一般水平，它们的含义和作用基本相同，但各个平均数又有各自的特点。

就数值平均数而言，根据同一资料分别计算和确定平均数，得到的结果一般是不同的。其中算术平均数最大，几何平均数次之，调和平均数最小。但在实际应用中这样比较是没有意义的，因为不同的计算方法是根据所掌握的不同数据条件来选择的，对于任何一个计算对象，一般只选择一种最合适的方法来计算。

就算术平均数和位置平均数的应用来看，算术平均数反映了全部数据的信息，具有优良的数学性质，是一个可靠的具有代表性的数值，是实践中应用最为广泛的测度集中趋势的数据，

不过算术平均数容易受到极端值的影响，特别是数据中存在差异极大的极端值时，往往会削弱其代表性；众数和中位数是位置平均数，其数值只与位置所在及邻近数值有关，不受极端值影响，但因计算和确定并不包含所有数据，其代表性也较弱，不如算术平均数应用广泛。

4.4 标志变异指标

在总体内，各总体单位所表现的标志值不同，我们可以通过平均指标来反映总体各单位标志值的一般水平和总体分布的集中趋势，但各标志值之间的差异状况和离散程度却得不到反映。为了揭示标志值之间的差异，从相反的角度来揭示现象的离散趋势，有必要计算标志变异指标。

4.4.1 标志变异指标的概念

标志变异指标是反映总体各单位标志值的差别大小程度的综合指标，又称标志变动度。平均指标在反映总体一般数量水平的同时，掩盖了总体各单位标志值的数量差异。标志变异指标弥补了这方面的不足，它综合反映了总体各单位标志值的差异性，从另一方面说明了总体的数量特征。

4.4.2 标志变异指标的作用

(1)标志变异指标可以衡量平均数代表性的大小。标志变异指标越大，平均数代表性越小；标志变异指标越小，平均数代表性越大。

【例 4-24】 有甲、乙两个工作组，各有 10 名员工，其年龄(岁)如下：

甲组：	20	22	29	35	36	38	43	48	49	60
乙组：	31	36	37	38	39	39	39	40	40	41

易得甲乙两组的平均年龄均为 38 岁，但各组员工年龄的差异程度却不相同。甲组员工年龄相差很大，最大年龄和最小年龄相差 40 岁，而乙组员工年龄差异较小。因此，虽然平均数都是 38 岁，对甲组来说，平均数的代表性要小得多，对乙组而言，代表性相对较大。

(2)标志变异指标可以反映社会生产和其他社会经济现象变动过程的均衡性、协调性和稳定性。例如，对一批产品的质量指标，如电灯泡的耐用时间、轮胎的行驶里程等，测定其标志变异指标。如果标志变异指标大，则说明产品质量不稳定；如果标志变异指标小，则产品质量较为稳定。

4.4.3 标志变异指标的计算

标志变异指标主要有全距、平均差、方差和标准差、变异系数。

1. 全距

全距又称为极差，是测定标志变异程度最简单的指标，它是指总体各单位标志值中最大值与最小值之差，反映了总体标志值的差异范围。全距用符号“R”来表示，计算公式如下：

$$R = \text{最大标志值} - \text{最小标志值} \tag{4-23}$$

以例 4-24 的资料为例，计算全距如下：

甲组：$R = 60\text{岁} - 20\text{岁} = 40\text{岁}$

乙组： $R=41\text{岁}-31\text{岁}=10\text{岁}$

两组员工平均年龄均为38岁，但从全距上看出，甲组员工年龄差异大，而乙组员工年龄差异程度小。

全距反映了总体标志值的差异范围，其优点是计算简单，易于理解。在实际工作中，全距常用来检查产品质量的稳定性和进行质量控制。在正常生产条件下，全距在一定范围内波动，若全距超过给定范围，就说明有异常情况出现。因此，利用全距有助于及时发现问题，以便采取措施，保证产品质量。

但全距指标很粗略，它只考虑两个极端数值差异，没有考虑到中间标志值的差异情况，也不受次数分配的影响，因而不能全面反映总体各单位标志值的差异程度。

2. 平均差

平均差是总体各单位标志值与其算术平均数的离差绝对值的算术平均数。它反映了各变量值与其平均数的平均差异程度，常用"A. D"表示。平均差越大，则表示标志变动度越大；反之，则表示标志变动度越小。由于掌握的资料不同，平均差可以分为简单平均差和加权平均差。

1)简单平均差

在资料未分组的情况下，可采用简单平均差来计算。其公式为

$$A.D=\frac{\sum|x-\bar{x}|}{n} \tag{4-24}$$

式中，n 为总体单位数。

【例 4-25】 根据例4-24中甲、乙两组员工的年龄资料，计算简单平均差(见表4-12)。

表 4-12 甲、乙两组员工年龄的简单平均差计算

甲组员工		乙组员工	
年龄(岁)	$\lvert x-\bar{x}\rvert$	年龄(岁)	$\lvert x-\bar{x}\rvert$
20	18	31	7
22	16	36	2
29	9	37	1
35	3	38	0
36	2	39	1
38	0	39	1
43	5	39	1
48	10	40	2
49	11	40	2
60	12	41	3
合计	86	合计	20

甲组员工： $A.D=\frac{\sum|x-\bar{x}|}{n}=\frac{86}{10}=8.6(\text{岁})$

乙组员工： $A.D=\frac{\sum|x-\bar{x}|}{n}=\frac{20}{10}=2(\text{岁})$

计算结果表明甲组员工年龄的平均差为 8.6 岁,乙组员工年龄的平均差为 2 岁,说明乙组员工平均年龄的代表性大于甲组员工平均年龄的代表性。

2)加权平均差

资料已分组的情况下,要用到加权平均差,其计算公式如下:

$$A.D=\frac{\sum|x-\bar{x}|f}{\sum f} \tag{4-25}$$

【例 4-26】 某厂按日产量分组的组距数列见表 4-13 中前两列,计算平均差。

表 4-13 某厂按日产量分组的组距数列计算表

日产量(件)	职工数 f(人)	组中值 x(件)	xf	$\|x-\bar{x}\|$	$\|x-\bar{x}\|f$
150～170	3	160	480	41.6	124.8
170～190	12	180	2 160	21.6	259.2
190～210	19	200	3 800	1.6	30.4
210～230	10	220	2 200	18.4	18.4
230～250	6	240	1 440	38.4	230.4
合计	50	—	10 080	—	663.2

根据公式计算得

$$\bar{x}=\frac{\sum xf}{\sum f}=\frac{10\,080}{50}=201.6(\text{件})$$

$$A.D=\frac{\sum|x-\bar{x}|f}{\sum f}=\frac{663.2}{50}=13.264(\text{件})$$

从计算过程可知,平均差的计算考虑了所有标志值的差异程度,可以全面地反映总体各单位标志值的离散程度。但由于其计算时采用了取离差绝对值的方法来消除正负离差抵消,不便于计算,这使得其在实际中的应用受到了一定限制。

3. 方差和标准差

方差和标准差是测定数据变异程度最重要、最常用的指标。方差是各个数据与其算术平均数的离差平方的平均数,通常用“σ^2”表示。方差的计量单位和量纲不便于从经济意义上进行解释,所以实际统计工作中多用方差的算术平方根——标准差来测度统计数据的差异程度。标准差又称为均方差,一般用“σ”表示。

根据所掌握资料的不同,标准差可分为简单标准差和加权标准差。

1)简单标准差

若掌握的是未经分组整理的原始数据,则可用简单标准差来计算,其计算公式如下:

$$\sigma=\sqrt{\frac{\sum(x-\bar{x})^2}{n}} \tag{4-26}$$

方差的计算公式则为

$$\sigma^2=\frac{\sum(x-\bar{x})^2}{n} \tag{4-27}$$

依照公式，计算简单标准差的一般步骤为：①算出每个变量对平均数的离差；②计算每个离差的平方；③计算这些平方数值的算术平均数；④把得到的数值开方，即得到σ。

【例 4-27】 根据例 4-24 中甲、乙两组员工的年龄资料，计算简单标准差（见表 4-14）。

表 4-14 甲、乙两组员工年龄的简单标准差计算

甲组员工（平均年龄为 38 岁）		乙组员工（平均年龄为 38 岁）	
年龄（岁）	$(x-\bar{x})^2$	年龄（岁）	$(x-\bar{x})^2$
20	324	31	49
22	256	36	4
29	81	37	1
35	9	38	0
36	4	39	1
38	0	39	1
43	25	39	1
48	100	40	4
49	121	40	4
60	144	41	9
合计	1 064	合计	74

根据上表资料，甲组员工年龄的简单标准差为

$$\sigma=\sqrt{\frac{\sum(x-\bar{x})^2}{n}}=\sqrt{\frac{1\,064}{10}}=10.32(\text{岁})$$

乙组员工年龄的简单标准差为

$$\sigma=\sqrt{\frac{\sum(x-\bar{x})^2}{n}}=\sqrt{\frac{74}{10}}=2.72(\text{岁})$$

计算结果表明，甲、乙两组员工的平均年龄虽然都是 38 岁，但乙组员工年龄的标准差 2.72 岁小于甲组员工年龄的标准差 10.32 岁，说明乙组员工平均年龄的代表性更强，同时说明乙组员工年龄的差异程度较小。

2）加权标准差

若掌握的资料为分组资料，则可采用如下公式计算加权标准差和加权方差。

加权标准差：
$$\sigma=\sqrt{\frac{\sum(x-\bar{x})^2 f}{\sum f}} \tag{4-28}$$

加权方差：
$$\sigma^2=\frac{\sum(x-\bar{x})^2 f}{\sum f} \tag{4-29}$$

【例 4-28】 根据例 4-26 中资料，计算该厂日产量的加权标准差（见表 4-15）。

表 4-15　某厂日产量及标准差计算表

日产量(件)	职工人数 f(人)	组中值 x(件)	xf	$(x-\bar{x})^2$	$(x-\bar{x})^2f$
150～170	3	160	480	1 730.56	5 191.68
170～190	12	180	2 160	466.56	5 598.72
190～210	19	200	3 800	2.56	48.64
210～230	10	220	2 200	338.56	3 385.6
230～250	6	240	1 440	1 474.56	8 847.36
合计	50	—	10 080	—	23 072

根据上表资料，该厂日产量的加权标准差为

$$\sigma=\sqrt{\frac{\sum(x-\bar{x})^2f}{\sum f}}=\sqrt{\frac{23\,072}{50}}=21.48(\text{件})$$

标准差就其统计含义来说，与平均差基本相同，也是根据总体所有单位的标志值计算出来的，可以全面反映总体各单位标志值的差异程度。由于它避免了绝对值的计算，在数学处理上比平均差更合理，也更优越。所以在统计分析中应用十分广泛。

4. 变异系数

以上介绍的各离散程度测度值都是反映数据分散程度的绝对值，其计量单位均与平均数的计量单位相同。它们的大小不仅与各单位标志值的差异程度有关，也与各标志值本身水平的大小有关。因此，对于平均水平不同或者计量单位不同的不同组别的标志值，是不能用上述离散程度测度值直接进行比较的。为了消除标志值水平高低和计量单位不同对离散程度测度值的影响，就需要计算变异系数。

变异系数是标准差与其算术平均数对比的相对数，也称为标准差系数。一般用符号 V_σ 来表示。其计算公式如下：

$$V_\sigma=\frac{\sigma}{\bar{x}}\times100\%\tag{4-30}$$

式中，V_σ 为变异系数；σ 为标准差；$\bar{x}$ 为算术平均数。

变异系数要是用于对不同组别数据的离散程度进行比较，则变异系数大的说明该组数据的离散程度也就大，变异系数小的说明该组数据的离散程度也就小。

【例 4-29】 从学校大一学生中抽取 100 人，测得他们的身高和体重的平均值分别为 168 cm、52 kg；相应的标准差为 9 cm、5 kg。身高和体重的差异哪一个大？

身高：
$$V_\sigma=\frac{\sigma}{\bar{x}}\times100\%=\frac{9}{168}\times100\%=5.36\%$$

体重：
$$V_\sigma=\frac{\sigma}{\bar{x}}\times100\%=\frac{5}{52}\times100\%=9.62\%$$

可见，体重的差异大于身高的差异。

4.5　Excel 应用举例

WPS Excel 是一个设计精良、功能齐全的办公软件。它除了具有常用的办公功能，还是一个十分强大而且非常易于使用的数据统计和预测工具。

【例 4-30】 某班级 50 名同学“统计学”课程考试成绩如下：

65	70	85	86	78	53	77	81	90	74
72	66	93	60	73	74	80	81	62	76
66	70	75	84	68	55	69	73	84	72
68	71	64	82	79	75	74	68	73	70
79	72	84	65	66	81	69	74	75	80

要求计算均值、中位数、方差、标准差等主要统计指标。

如图 4-1 所示，单元格区域 B3：B52 是以上数据，C3：C12 是一些描述性统计量的说明。D3：D12 是一般统计结果。其做法有以下两种：

(1)在单元格 D2 中输入公式“=COUNT(B3：B52)”并回车，得到 B3：B52 区域中非空数值型数据的个数统计；在单元格 D3 中输入公式“=SUM(B3：B52)”并回车，得到 50 名同学考试成绩的总和；同样，在 D4：D12 单元格中分别输入 MAX、MIN、AVERAGE、MEDIAN、GEOMEAN、HARMEAN、AVEDEV、STDEV 和 VAR 函数，分别得到 50 个数据中的最大值、最小值、平均值、中位数、几何平均数和调和平均数及变异统计的平均差、标准差和方差。

G13

	A	B	C	D	E	F
1	“统计学”课程成绩					
2	学号	成绩	个数	50		
3	1	65	总和	3681		
4	2	70	最大值	93		
5	3	85	最小值	53		
6	4	86	平均值	73.62		
7	5	78	中位数	73.5		
8	6	53	几何平均数	73.15182		
9	7	77	调和平均数	72.67015		
10	8	81	平均差	6.42		
11	9	90	标准差	8.287906		
12	10	74	方差	68.68939		

图 4-1　Excel 数据

(2)首先在 Excel 的功能区中选择“插入”选项卡中的函数，然后在“函数”对话框中选择所计算的函数，再根据函数向导提示一步步完成。

思考与练习

一、单选题

1. 某企业某种产品计划规定单位成本降低 5%，实际降低了 7%，则实际生产成本为计划的(　　)。

   A. 97.9%　　B. 140%　　C. 102.2%　　D. 2%

2. 某月份甲工厂的工人出勤率属于(　　)。

   A. 结构相对数　　B. 强度相对数　　C. 比例相对数　　D. 计划完成相对数

3. 全国人口平均的粮食产量是(　　)。

A. 平均指标　B. 强度相对指标　C. 比较相对指标　D. 结构相对指标

4. 受极大值影响较大的平均数是(　　)。

A. 位置平均数　B. 几何平均数　C. 算术平均数　D. 调和平均数

5. 一班和二班“统计学”平均考试成绩分别为 78.6 分和 83.3 分，成绩的标准差分别为 9.5 分和 11.9 分，可以判断(　　)。

A. 一班的平均成绩有较大的代表性　B. 二班的平均成绩有较大的代表性

C. 两个班的平均成绩有相同代表性　D. 无法判断

6. 强度相对指标表现出的两种形式是指(　　)。

A. 复名数和无名数　B. 有名数和无名数

C. 复名数和单名数　D. 重名数和单名数

7. 平均差与标准差的主要区别是(　　)。

A. 意义有本质的不同　B. 适用条件不同

C. 对离差的数学处理方法不同　D. 反映了变异程度的不同

8. 如果所有标志值的频数都减少为原来的 1/5，而标志值仍然不变，那么算术平均数(　　)。

A. 不变　B. 扩大到 5 倍

C. 减少为原来的 1/5　D. 不能预测其变化

9. 已知某市场某种蔬菜早市、午市、晚市的每千克价格，在早市、午市、晚市的销售额基本相同的情况下，计算平均价格可采取的平均数形式是(　　)。

A. 简单算术平均数　B. 加权算术平均数

C. 简单调和平均数　D. 加权调和平均数

10. 计算标准差时，如果从每个变量值中都减去任意数 a，计算结果与原标准差相较(　　)。

A. 变大　B. 变小　C. 不变　D. 可能变大也可能变小

二、多选题

1. 下列指标中的结构相对指标是(　　)。

A. 集体所有制企业职工占职工总数的比重

B. 某年人均消费额

C. 某年积累额占国民收入的比重

D. 大学生占全部学生的比重

2. 某银行 2021 年底的居民储蓄存款额是(　　)。

A. 综合指标　B. 单位总量指标

C. 标志总量指标　D. 时期指标

E. 时点指标

3. 众数的特点包括(　　)。

A. 便于代数运算　B. 稳健性高

C. 不受极端值影响　D. 可适用于品质标志

E. 代表性高

4. 分子与分母不可互换计算的相对指标是(　　)。

A. 计划完成情况相对指标　　B. 动态相对指标

C. 结构相对指标　　D. 强度相对指标

E. 比较相对指标

5. 与标志值同计量单位的标志变异指标有(　　)。

A. 极差　　B. 平均差

C. 标准差　　D. 方差

E. 变异系数

6. 平均指标(　　)。

A. 是总体一般水平的代表值　　B. 是反映总体分布集中趋势的特征值

C. 是反映总体分布离中趋势的特征值　　D. 可用来分析现象之间的依存关系

E. 只能根据同质总体计算

7. 根据全距说明标志变异程度,(　　)。

A. 没有考虑中间标志值的变异程度

B. 没有考虑总体各单位的分布状况

C. 能反映所有标志值的变异程度

D. 取决于平均数的大小

E. 仅考虑最大标志值与最小标志值的影响

三、填空题

1. 总量指标按反映总体内容的不同,分为________和________;按反映________的不同,可分为时期指标和时点指标。随着研究目的的不同,________和________是可以相互转化的。

2. 考查每一职工的平均收入时,职工人数是________总量指标,当研究目的是通过每一企业平均职工人数来观察企业规模时,职工人数为________总量指标。

3. 计算和运用相对指标时必须注意分子与分母的________。

4. 相对指标采用________和________两种表现形式。

5. 平均指标可以反映现象总体中各变量值分布的________。

6. 检查长期计划执行情况时,如计划指标是按计划期末应达到水平下达的,应采用________计算;如计划指标是按全期累计完成量下达的,则采用________计算。

7. 算术平均数、调和平均数、几何平均数又称为________平均数;众数、中位数又称为________平均数。其中,________平均数不受极端数值的影响。

8. 加权算术平均数受两个因素的影响,一个是________,一个是________。

9. 调和平均数是根据________来计算的,所以又称为________平均数。

10. 测定标志变动程度最主要的指标是________,它采用________方法来消除离差的正负号,更便于数学运算。

四、名词解释

1. 总量指标　2. 相对指标　3. 中位数　4. 强度相对指标　5. 标志变异指标

五、计算题

1. 2020年某企业产品单位成本为450元,计划规定2021年单位成本比2020年降低6%,实际降低8%,要求计算:2021年单位成本计划数、2021年单位成本实际数、2021年单位成本计划完成程度指标。

2. 某产品按五年计划规定，最后一年产量应达到54万吨，计划完成情况见表4-16。

表4-16 计划完成情况表 单位：万吨

年份	第一年	第二年	第三年		第四年				第五年			
			上半年	下半年	一季度	二季度	三季度	四季度	一季度	二季度	三季度	四季度
产量	40	43	20	24	11	11	12	13	13	14	14	15

试问该产品提前多长时间完成五年计划。

3. 某地区某年个体工商户开业登记注册资本金分组资料见表4-17。

表4-17 分组资料表

注册资本金分组(万元)	50以下	50～100	100～150	150～200	200以上
各组个体工商户比重(%)	60	20	10	8	2

试计算该地区个体工商户注册资本金的平均数。

4. 对10名成年人和10名幼儿的身高(厘米)进行抽样调查，结果如下：

成年组：166 169 172 177 180 170 172 174 168 173

幼儿组：68 69 68 70 71 73 72 73 74 75

计算其标准差并比较哪一组的身高差异大。

5. 某学校统计学专业学生体重资料见表4-18。

表4-18 某学校统计学专业学生体重资料

按体重分组(千克)	学生人数
52以下	24
52～55	25
55～58	38
58～61	21
61以上	17
合计	125

请计算该系学生体重的算术平均数、中位数和众数。

第5章　时间数列分析

引导案例

新中国成立72年来我国人口发展情况

新中国成立72年来，我国人口总数由1949年的5.4亿人增长至2020年的14.1亿人，年均增长率约为1.4%。新中国成立以来，我国的人口增长大致分为三个阶段：

(1)高速增长阶段(1949—1970年)：从1949年到1970年，我国人口由新中国成立时的5.4亿人增长至8.3亿人，在20年左右时间里人数净增加2.9亿人。

(2)控制增长阶段(1971—1990年)：进入20世纪70年代，随着计划生育政策的推行，人口增速呈显著下降，增长率由1971年的2.7%迅速降至1990年的1.4%。由于我国人口基数较大，1971—1990年全国总人口由8.5亿人增至11.4亿人，净增人数仍有2.9亿人，年均增长1 526万人。

(3)平稳增长阶段(1991—2020年)：由于计划生育政策的影响，育龄妇女人数减少，加上人们婚育观念的转变，1991年以来我国人口增长率稳步下降，最终在0.5%左右的增速上保持稳定。1991—2020年30年来全国人口由11.6亿人增至14.1亿人，净增2.5亿人，年均增长846万人。

试根据上述资料思考以下问题：

(1)根据以上文字资料，你能了解到什么信息？

(2)对2023年的全国人口如何预测？

为了回答上述问题，本章将讨论：

(1)时间数列的意义、分类及编制原理。

(2)时间数列常用的指标分析方法。

(3)时间数列的因素分析及预测方法。

(资料来源：《1999—2021年统计年鉴》，国家统计局)

5.1　时间数列概述

统计对社会经济现象的研究，不仅要从静态上揭示研究对象在具体时间、地点条件下的数量规律，还需要从动态上反映现象发展变化的规律性。

静态分布包括总量指标（如人口总数）、相对指标（如人口性别比）、平均指标（如平均年龄）、标志变异指标（如年龄标准差）。而动态分布是在时间数列分析的基础之上进行归纳，主要包括水平指标（如不同年份人口数）、速度指标（如人口自然增长率）、因素分析（如人口数量模型）。

5.1.1　时间数列的含义及作用

随着时间的推移，任何现象都会呈现出一种在时间上的发展和运动过程。时间数列，也称动态数列、时间序列，是指将反映社会经济现象数量特征的某一指标在不同时间上的数值，按照时间先后顺序排列起来形成的统计数列，用来进行客观现象的动态描述和预测。例如，将我国 2016—2020 年的国内生产总值、工业增加值、国内生产总值环比发展速度、国内生产总值环比增长速度、年末国家外汇储备等指标按时间先后顺序可以形成多种时间数列，见表 5-1。

表 5-1　2016—2020 年我国部分国民经济基本指标

指标	单位	2016	2017	2018	2019	2020
国内生产总值	亿元	746 395	832 036	919 281	986 515	1 015 986
工业增加值	亿元	245 406	275 119	301 089	311 858	313 071
工业增加值占比	%	32.9	33.1	32.8	31.6	30.8
GDP 环比发展速度	%	106.8	106.9	106.7	106.0	102.3
GDP 环比增长速度	%	6.8	6.9	6.7	6.0	2.3
年末国家外汇储备	亿美元	30 105	31 399	30 727	31 079	32 165

（资料来源：国家统计局《2020 年国民经济和社会发展统计公报》，2021 年 2 月 28 日）

从表 5-1 可以看出，时间数列一般由两个基本要素组成：一是现象所属时间，构成时间数列的时间单位可以视研究目的与现象性质而定，可以是年份、季度、月份或者其他任何时间形式；二是统计指标在一定时间条件下的具体数值。时间数列的一般形式见表 5-2。

表 5-2　时间数列基本形式

时间 t_i	t_0	t_1	t_2	t_3	…	t_n
发展水平 y_i	y_0	y_1	y_2	y_3	…	y_n

研究时间数列的主要目的是进行时间数列分析，了解现象过去的活动过程，评价当前的状况和对未来的决策。编制时间数列的主要作用有：

(1)通过时间数列可以描述社会经济现象发展变化及历史状况，便于计算一系列动态分析指标，以便具体深入地揭示现象发展变化的数量特征。

(2)根据时间数列可以揭示社会经济现象的发展速度、发展趋势，探索现象发展变化的规律，分析长期趋势、季节变动、循环变动和随机变动，了解和分析社会经济现象发展变化的规律性。

(3)时间数列分析是统计分析建模的重要方法，能够对社会经济现象进行短期或长期预测。

5.1.2 时间数列的分类

1. 绝对数时间数列、相对数时间数列和平均数时间数列

时间数列可以按照统计指标的表现形式进行分类,包括绝对数时间数列、相对数时间数列和平均数时间数列。其中,绝对数时间数列是基本数列,相对时间数列和平均时间数列是派生数列。

1)绝对数时间数列

绝对数时间数列也称总量指标动态数列,是将一系列不同时间上的总量指标按时间先后顺序排列起来的数列。总量指标是反映现象在一段时间内达到的规模、水平和工作总量的指标。例如,国内生产总值、工业增加值、年末国家外汇储备等。按照总量指标所反映的内容不同,可以分为总体单位总量和总体标志总量。如年末人口数是总体单位总量指标,国内生产总值是总体标志总量指标。同时,根据总量指标反映的社会经济现象所属时间的不同,可以将绝对数时间数列分为时期数列和时点数列。

(1)时期数列。

时期数列表示所列总量指标都是反映社会经济现象在一段时间内发展过程总量的数列。例如,各年国内生产总值、第三产业增加值等。

时期数列具有以下三个特点:

①可加性。各时期上的数值分别反映现象在这一段时期内所达到的总规模、总水平,是现象在这一段时期内发展过程的累计总量。性质相同而时期不同的总量指标可以相加,所得数值反映更长时间内该现象发展的总量。例如,一个季度的产值是由 3 个月的产值加总所得,一年的产值是由 12 个月的产值加总所得。

②时期数列中各指标值的大小与其所属时期长短有直接联系。通常,时期越长,指标值越大;时期越短,指标值越小。例如,季度 GDP 总是大于月度 GDP,年度 GDP 总是大于季度 GDP。

③时期数列各指标值需要连续统计。由于时期指标是反映现象在一段时期内的发展过程总量,所以必须在这段时间内逐一登记现象发生的数量,并进行累计得到指标数值。例如,为获取 2021 年国内生产总值,需要 12 个月连续记录各个月的增加值,才能累计汇总为该年国内生产总值,而并不能在最后一个月(12 月份)直接获取。

(2)时点数列。

时点数列表示所列总量指标都是反映社会经济现象在某一时刻(或瞬间)总量的数列。例如,年末国家外汇储备、全国就业人数等。

时点数列具有以下三个特点:

①不可加性。主要指时间数列中各指标值不能按时间顺序纵向相加,因为把不同时点的总量指标相加后,无法解释所得数值的时间状态,相加后不具有实际经济意义。例如,2019 年末国家外汇储备为 31 079 亿美元,2020 年末国家外汇储备为 32 165 亿美元,如果把这两个年末数值相加,既不属于 2019 年也不属于 2020 年。

②时点数列中各指标值的大小与其时点间隔长短没有直接联系。间隔是指相邻两个时点指标值之间的时间距离,因为时点指标的时间单位是瞬间,所以大多数时间间隔的长短与指标值的大小没有直接关系。例如,年末的人口数就不一定比年内各月末的数值大。但如果现象本身具有长期变化趋势(第二种时间数列分类中的非平稳数列),呈现增长或下降趋势,则指标数值的大小与时间间隔长短有一定关系。例如,我国总人口呈增长趋势,时间间隔越长,指标

数值越大。

③时点数列各指标值采用间断统计方式获得。时点指标具有不连续统计的特点，反映现象在某一时刻上的数量，只需要在某一时点上（如月末、年末等）进行统计该时点资料即可，不必连续统计。例如，我国历次的人口普查采取十年一次的统计方式获得人口资料。

2）相对数时间数列

相对数时间数列是把一系列在不同时间上的相对指标按时间先后顺序排列形成的数列，用以反映社会经济现象之间相互联系的发展过程。相对数时间数列的各个指标值不能简单直接地相加。例如，表 5-1 中的工业增加值占比就是相对数时间数列。

3）平均数时间数列

平均数时间数列是把一系列不同时间上的平均指标按时间先后顺序排列形成的数列，用以反映社会经济现象总体各单位某一数量标志值一般水平的发展过程。平均数时间数列的各个指标值不能简单直接地相加。例如，将各年居民的平均工资收入、人均劳动生产率指标按时间先后顺序排列所形成的数列就是平均数时间数列。

因此，绝对数时间数列反映了社会经济现象的规模和水平的变化，相对数时间数列或平均数时间数列反映了社会经济现象之间相互联系的发展过程。在经济统计分析中，常常将绝对数、相对数和平均数时间数列结合起来，多方位、多角度对社会经济现象进行全面的分析与评价。具体时间数列的种类如图 5-1 所示。

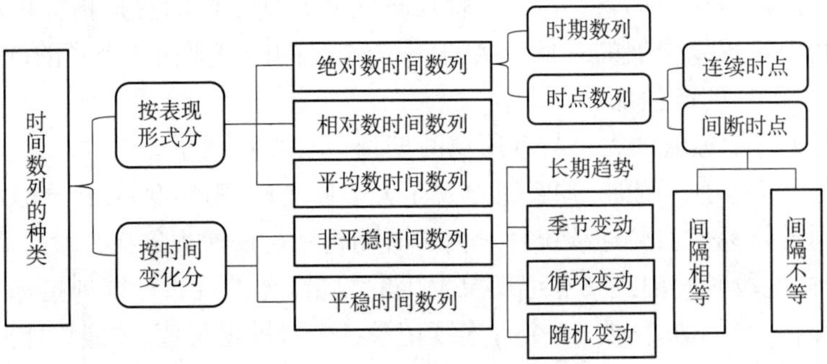

图 5-1　时间数列的种类

2. 平稳数列和非平稳数列

按照现象随时间变化的表现，时间数列可分为平稳数列和非平稳数列两大类。

1）平稳数列

平稳数列是基本上不存在趋势的数列，这类数列中的各个观察值基本上都在某个固定的水平上下波动，虽然在不同的时间段波动的程度不同，但并不存在某种规律，其波动是随机的。平稳数列表明现象的未来与其历史过程具有高度相似性，因而可以有效预测未来。

2）非平稳数列

非平稳数列是包含长期趋势、季节变动或循环变动的数列，既可能只包含其中的一种成分，又可能是几种成分的组合。因此，非平稳数列又分为有长期趋势的数列、有趋势和季节变动的数列、几种成分混合而成的复合型数列。对于非平稳数列，应先认识其变化规律，然后利用事物发展的惯性来预测未来。

5.1.3　时间数列的编制原则

时间数列是动态分析的依据，编制时间数列要保证各项观察值具有可比性。所谓可比性，即要求各项观察值的所属时间、总体范围、经济内容、计算方法、计算价格、计量单位等方面具有一致性。

1. 所属时间的一致性

对于时期数列，由于各观察值的大小与所属时期长短直接相关，因此各观察值所属时间的长短应该一致，否则不便于对比分析；对于时点数列，虽然两时点间隔长短与观察值无明显关系，但为了更好地反映现象的发展变化过程，两时点间的间隔也应尽可能相等。

2. 总体范围的一致性

在同一时间数列中观察值所属空间范围应该一致，如地区范围、隶属范围、分组范围等。当时间数列中某些观察值总体不一致时，必须进行适当调整使其一致，否则前后期指标值不能直接对比。

3. 经济内容的一致性

统计指标的经济内容是由其理论内涵决定的，同一指标在不同时间的含义、范畴可能会发生变化，因此要求用来比较的时间段内指标的经济含义要前后一致。例如，新中国成立以来，我国曾经采取过国内生产总值、国民总收入、社会总产值和工农业总产值等指标反映我国的经济活动总量，这些指标都有不同的经济内涵，在编制时间数列时就需要加以区别和调整。

4. 计算方法的一致性

对于指标名称、总体范围和经济内容都相同的指标，计算方法的不同也会导致数值的差异，使得各时间的指标数值不具有可比性。例如，国内生产总值(GDP)按照生产法、收入法和支出法算得的结果就有差异。因此，在利用时间数列进行动态比较时，各时期(时点)指标值的计算方法要统一。

5. 计算价格的一致性

统计指标的计算价格种类较多，有现行价格和不变价格之分。不变价格为了适应客观经济条件的变化也在不断调整，形成了多个时期的不变价格。因此，在编制时间数列遇到前后时期所用计算价格不同时，需要进行调整使其统一。

6. 计量单位的一致性

统计指标的计量单位种类较多，有实物单位、价值单位、劳动时间单位等，实物单位又分自然单位、度量衡单位和标准实物单位等。因此，在编制时间数列时，要求计量单位保持一致，否则也需要进行调整。

5.1.4　时间数列的常用分析方法

传统的时间数列分析中，常用的统计方法有 4 种，分别是：图形描述法、指标分析法、构成因素分析法和预测法。

(1)时间数列图形描述法，即作时间数列的线图，通过图形观察指标值随时间变化的模式及变化规律。

(2)时间数列指标分析法，即通过设计和计算一系列反映时间数列动态特征的分析指标，包括发展水平、平均发展水平、增长量、平均增长量、发展速度、平均发展速度、增长速度、平均增长速度等来揭示现象所达到的水平和发展变化的快慢速度。

(3)时间数列构成因素分析法，即将时间数列的观察值看作是由长期趋势、季节变动、循环变动和不规则变动等因素构成，而且是多种因素共同作用的结果。通过对这些因素进行分解，揭示现象随时间变化而发展的动态规律。

(4)时间数列预测法，即在揭示时间数列变化规律的基础上，假定现象今后的发展变化遵循这些规律，从而利用惯性原理对现象未来的发展做出短期预测。

时间数列这 4 种基本分析方法，各具特色，作用不尽相同，揭示的问题也不一样。因此在分析问题时，应根据研究的目的和任务，有针对性地予以采用。

5.2 时间数列的水平分析

时间数列的动态特征主要包括两个方面：一是某一时间内现象变化到什么水平，即研究时间数列的发展水平和平均发展水平问题；二是现象以什么速度在变化，即研究现象发展速度和平均发展速度问题。本节介绍时间数列水平特征的统计描述，下一节介绍时间数列速度特征的统计描述。

时间数列分析的水平指标是以绝对数形式表示的动态分析指标，包括发展水平、平均发展水平、增长量和平均增长量 4 种指标。

5.2.1 发展水平

发展水平是指时间数列中具体时间条件下所对应的统计指标数值，反映现象在不同时间发展所达到的规模和水平。可以表现为总量指标，如工资总额、年末人口数等；也可以表现为相对指标或平均指标，如人口出生率、职工平均工资等。

在时间数列中，常用 $t_i(i=1,2,\cdots,n)$ 表示现象所属时间，y_i 表示现象在时间 t_i 上的发展水平，描述现象在某一时间上所达到的数量状态。其中，第一项观察值 y_1 称为最初水平，最后一项观察值 y_n 称为最末水平；将所研究的时期称为报告期，所对应的发展水平称为报告期水平，用作报告期比较标准的时期称为基期，所对应的发展水平称为基期水平。例如，2020 年我国的 GDP 达到什么水平？$t_{2020}=2020$ 年为报告期，$y_{2020}=1\ 015\ 986$ 亿元为报告期水平；与 2016 年相比，GDP 变化情况如何？则 $t_{2016}=2016$ 年为基期，$y_{2016}=746\ 395$ 亿元为基期水平。

5.2.2 平均发展水平

平均发展水平，又称为序时平均数或动态平均数，是时间数列中各期发展水平的平均数。它不仅反映现象在一段时期内发展过程所达到的一般水平，还可以用来消除现象在短期内波动的影响，便于观察现象发展的基本趋势。

作为动态平均数，与前面章节所介绍的静态平均数相比，它们有共同点，即都是用于主观消除现象的个体差异，反映现象的一般水平。区别主要表现在：序时平均数消除的是现象在不同时间上的数量差异，它能够从动态上说明现象在一定时期内发展变化的一般水平，需要依据时间数列计算；而静态平均数消除的是同一时间总体各单位在某一数量标志上的差异，它是从静态上说明总体各单位在该数量标志上的一般水平，需要依据频数分布数列计算。

时间数列按照指标表现形式不同分为绝对数时间数列、相对数时间数列和平均数时间数列，因此计算序时平均数的计算方法不同。

1. 由绝对数时间数列计算序时平均数

1)由时期数列计算序时平均数

由于时期数列中各项指标数值可以相加,因此时期数列的序时平均数直接用各时期指标数值之和除以时期项数来计算。

具体计算公式如下:

$$\bar{y}=\frac{y_1+y_2+\cdots+y_n}{n}=\frac{\sum_{i=1}^{n}y_i}{n} \tag{5-1}$$

式中,$\bar{y}$ 为 y 的序时平均数,n 为观察值 y_i 的个数。

【例5-1】 依据表5-1的数据计算"十三五"期间我国年均国内生产总值。

解:依据式(5-1)得

$$\bar{y}=\frac{\sum_{i=1}^{n}y_i}{n}=\frac{746\ 395+832\ 036+919\ 281+986\ 515+1\ 015\ 986}{5}=900\ 042.6(亿元)$$

计算结果表明,我国"十三五"期间年平均国内生产总值为900 042.6亿元。

2)由时点数列计算序时平均数

在社会经济统计中,一般将一天看作一个时点,即以"一天"作为最小时间单位。因此,可以把时点数列分为连续时点数列和间断时点数列。在序时平均数计算的时间长度里,如果具有每一天的观察值,则属于连续时点数列情形;否则属于间断时点数列情形。

对于连续时点数列计算序时平均数,需要考虑数列中各项观察值所对应的时间长度是否相等。若不等,则时间长度对均值会产生不同的影响,应当以时间长度为权数进行加权平均。

对于间断时点数列计算序时平均数,需要考虑数列中相邻两项观察值间的间隔长度是否相等。若不等,则间隔长度对均值会产生不同的影响,应当以间隔长度为权数进行加权平均。

(1)由连续时点数列计算序时平均数。

①当观察值所对应的时间长度相等,序时平均数的计算公式为

$$\bar{y}=\frac{y_1+y_2+\cdots+y_n}{n}=\frac{\sum_{i=1}^{n}y_i}{n} \tag{5-2}$$

例如,存款(贷款)平均余额指标,一般是由报告期内每日存款(贷款)余额之和除以报告期日数所得。

【例5-2】 某陶瓷企业3月份上旬每天的职工人数见表5-3,计算该企业平均职工人数。

表5-3　某陶瓷企业3月上旬职工人数

日　期	1日	2日	3日	4日	5日	6日	7日	8日	9日	10日
职工人数(人)	887	886	880	882	884	883	885	886	883	884

解:由已知得,该时间数列属于连续时点数列,依据式(5-2)计算得

$$\bar{y}=\frac{\sum_{i=1}^{n}y_i}{n}=\frac{887+886+880+882+884+883+885+886+883+884}{10}=884(人)$$

计算结果表明,该企业3月上旬平均职工人数为884人。

②当观察值所对应的时间长度不相等，数据登记的时间单位仍然是1天，但数据不是逐日变动，只在指标值发生变动时才记录一次。此时需要采用加权算数平均的方法计算序时平均数，权数是每一指标值的持续天数。计算公式如下：

$$\bar{y}=\frac{y_1f_1+y_2f_2+\cdots+y_nf_n}{f_1+f_2+\cdots+f_n}=\frac{\sum_{i=1}^{n}y_if_i}{\sum_{i=1}^{n}f_i} \tag{5-3}$$

式中，f_i 表示各指标数值之间的时间间隔。

【例5-3】 某陶瓷企业1月份职工人数资料见表5-4，计算该企业1月份平均职工人数。

表5-4 某陶瓷企业1月份职工人数

日期	1～3	4～8	9～14	15～19	20～26	27～28	29～31
职工人数(人)	158	150	148	156	160	162	165
对应天数(天)	3	5	6	5	7	2	3

解：由已知得该时间数列属于连续间隔不等的时点数列，依据式(5-3)可得

$$\bar{y}=\frac{\sum_{i=1}^{n}y_if_i}{\sum_{i=1}^{n}f_i}=\frac{158\times3+150\times5+148\times6+156\times5+160\times7+162\times2+165\times3}{3+5+6+5+7+2+3}$$
$$=156(人)$$

计算结果表明，该企业1月份平均职工人数为156人。

(2)由间断时点数列计算序时平均数。

由于时点现象的量变与时间无直接关系，因此在统计工作中，许多时点现象并不是逐日进行统计，而是隔一段时间(如一个月、一个季度、一年等)对其期初或期末时点数据进行登记。由间断时点数列计算序时平均数，关键在于解决时点数不能直接相加的问题。一般的做法是用现象的变化匀速这一假定来解决，而这样得到的序时平均值是一个近似值。

①由间隔相等时点数列计算序时平均数。

假定各指标数值在相邻两个时点之间的变动是均匀的，则两个时点间的代表值是其简单算数平均数，然后根据这些平均数再进行简单平均，得出相应的序时平均数。该方法也称“首末折半法”，具体计算公式如下：

$$\bar{y}=\frac{\frac{y_1+y_2}{2}+\frac{y_2+y_3}{2}+\cdots+\frac{y_{n-1}+y_n}{2}}{n-1}=\frac{\frac{y_1}{2}+y_2+\cdots+y_{n-1}+\frac{y_n}{2}}{n-1} \tag{5-4}$$

【例5-4】 某陶瓷企业2021年第二季度某种商品的库存量见表5-5，计算该商品2021年第二季度月平均库存量。

表5-5 某陶瓷企业2021年第二季度某商品库存量

时间	3月末	4月末	5月末	6月末
库存量(百件)	66	72	64	68

解：由已知得该时间数列属于间隔相等的间断时点数列，依据式(5-4)可得

$$\bar{y}=\frac{\frac{y_1}{2}+y_2+\cdots+y_{n-1}+\frac{y_n}{2}}{n-1}=\frac{\frac{66}{2}+72+64+\frac{68}{2}}{4-1}=67.67\text{(百件)}$$

计算结果表明，该商品 2021 年第二季度月平均库存量为 67.67 百件，即 6 767 件。

【例 5-5】 我国 2016—2020 年各年年末外汇储备额如表 5-6 所示，计算我国 2016—2020 年年末平均外汇储备额。

表 5-6　2016—2020 年年末外汇储备额

时间	2016	2017	2018	2019	2020
年末外汇储备额(亿美元)	30 105	31 399	30 727	31 079	32 165

解：由已知得该时间数列属于间隔相等的间断时点数列，依据式(5-4)可得

$$\bar{y}=\frac{\frac{y_1}{2}+y_2+\cdots+y_{n-1}+\frac{y_n}{2}}{n-1}=\frac{\frac{30\,105}{2}+31\,399+30\,727+31\,079+\frac{32\,165}{2}}{5-1}=31\,085\text{(亿美元)}$$

计算结果表明，我国 2016—2020 年年末平均外汇储备额为 31 085 亿美元。

②由间隔不等时点数列计算序时平均数。

假定各指标数值在相邻两个时点之间的变动是均匀的，则两个时点间的代表值是其简单算数平均数，然后根据这些平均数以时间间隔作为权数进行加权平均，得出相应的序时平均数。该方法也称“两两平均法”，具体计算公式如下：

$$\bar{y}=\frac{\left(\frac{y_1+y_2}{2}\right)f_1+\left(\frac{y_2+y_3}{2}\right)f_2+\cdots+\left(\frac{y_{n-1}+y_n}{2}\right)f_{n-1}}{f_1+f_2+\cdots+f_{n-1}} \tag{5-5}$$

式中，f_i 表示各指标数值之间的时点间隔的长度。

【例 5-6】 某陶瓷企业 2021 年的银行存款余额如表 5-7 所示，计算 2021 年该企业银行平均存款余额。

表 5-7　2021 年某陶瓷企业银行存款余额资料

时间	1 月 1 日	4 月 1 日	9 月 1 日	12 月 1 日	12 月 31 日
银行存款余额(万元)	360	300	420	440	480
相邻时点间隔长度(月)	3	5	3	1	

解：由已知得该时间数列属于间隔不等的间断时点数列，依据式(5-5)可得

$$\bar{y}=\frac{\left(\frac{y_1+y_2}{2}\right)f_1+\left(\frac{y_2+y_3}{2}\right)f_2+\cdots+\left(\frac{y_{n-1}+y_n}{2}\right)f_{n-1}}{f_1+f_2+\cdots+f_{n-1}}$$

$$=\frac{\frac{360+300}{2}\times3+\frac{300+420}{2}\times5+\frac{420+440}{2}\times3+\frac{440+480}{2}\times1}{3+5+3+1}$$

$$\approx378.33\text{(万元)}$$

计算结果表明，2021 年该企业银行平均存款余额约为 378.33 万元。

【例 5-7】 某企业 2021 年钢材库存量资料见表 5-8，计算 2021 年该企业钢材月平均库存量。

表 5-8　2021 年某企业钢材库存量资料

时间	1 月 1 日	2 月 1 日	7 月 1 日	10 月 1 日	12 月 31 日
钢材库存量(吨)	350	260	400	280	200
相邻时点间隔长度(月)	1	5	3	3	

解：由已知得该时间数列属于间隔不等的间断时点数列，依据式(5-5)可得

$$\bar{y}=\frac{\left(\frac{y_1+y_2}{2}\right)f_1+\left(\frac{y_2+y_3}{2}\right)f_2+\cdots+\left(\frac{y_{n-1}+y_n}{2}\right)f_{n-1}}{f_1+f_2+\cdots+f_{n-1}}$$

$$=\frac{\frac{350+260}{2}\times1+\frac{260+400}{2}\times5+\frac{400+280}{2}\times3+\frac{280+200}{2}\times3}{1+5+3+3}$$

$$=308(\text{吨})$$

计算结果表明，2021 年该企业钢材月平均库存量为 308 吨。

2. 由相对数时间数列计算序时平均数

相对数和平均数都是两个有联系的绝对数对比求得的，用符号表示为 $y=\frac{a}{b}$。因此，相对数或平均数时间数列中各项观察值不能直接相加，具体的计算思路是：先判断分子数列和分母数列的时间属性，分别计算构成该相对数或平均数数列的分子数列序时平均数($\bar{a}$)和分母数列序时平均数($\bar{b}$)，然后再对比求得该相对数或平均数时间数列的均值($\bar{y}$)，用公式表示如下：

$$\bar{y}=\frac{\bar{a}}{\bar{b}} \tag{5-6}$$

【例 5-8】 已知某陶瓷企业 2021 年职工人数资料如表 5-9 所示，计算该企业第四季度生产工人占职工人数的平均比重。

表 5-9　某陶瓷企业 2021 年职工人数资料

时间	9 月 30 日	10 月 31 日	11 月 30 日	12 月 31 日
全部职工人数(人)	550	600	650	720
生产工人所占比重(%)	76	75	78	80

解：生产工人占职工人数的比重是生产工人数与全部职工人数之比。

首先，生产工人数(a)＝全部职工人数(b)×生产工人所占比重(y)。

然后，分别根据相等间隔时点数列中的“首末折半法”计算生产工人时点数列序时平均数和全部职工人数时点数列序时平均数。

最后，将平均生产工人数除以平均职工人数，即得到生产工人占职工人数平均比重。

$$\bar{y}=\frac{\bar{a}}{\bar{b}}=\frac{\left(\frac{550\times0.76}{2}+600\times0.75+650\times0.78+\frac{720\times0.8}{2}\right)/3}{\left(\frac{550}{2}+600+650+\frac{720}{2}\right)/3}=77.14\%$$

计算结果表明，该企业第四季度生产工人占职工人数的平均比重为 77.14%。

【例 5-9】 根据表 5-10 分别计算甲、乙、丙三个企业 2021 年第二季度产值计划平均完成程度。

表 5-10 甲、乙、丙三个企业生产情况表

企业	指标	4月	5月	6月
甲	实际产值(万元)	1 540	1 600	1 680
	计划产值(万元)	1 500	1 550	1 600
乙	计划产值(万元)	2 700	2 750	2 800
	计划完成程度(%)	98	105	104
丙	实际产值(万元)	3 960	4 545	5 250
	计划完成程度(%)	99	101	105

解:计划完成程度=实际完成值÷计划完成值。由于企业产值时间数列属于时期数列,因此实际完成均值与计划完成均值都采用简单算数平均计算。

甲企业月均计划完成程度:

$$\bar{y}_{甲}=\frac{\bar{a}}{\bar{b}}=\frac{(1\,540+1\,600+1\,680)/3}{(1\,500+1\,550+1\,600)/3}=103.66\%$$

乙企业月均计划完成程度:

$$\bar{y}_{乙}=\frac{\bar{a}}{\bar{b}}=\frac{(2\,700\times0.98+2\,750\times1.05+2\,800\times1.04)/3}{(2\,700+2\,750+2\,800)/3}=102.37\%$$

丙企业月均计划完成程度:

$$\bar{y}_{丙}=\frac{\bar{a}}{\bar{b}}=\frac{(3\,960+4\,545+5\,250)/3}{\left(\frac{3\,960}{0.99}+\frac{4\,545}{1.01}+\frac{5\,250}{1.05}\right)/3}=101.89\%$$

计算结果表明,2021 年甲、乙、丙三家企业第三季度产值的计划平均完成程度分别是 103.66%、102.37%和 101.89%。

【例 5-10】 某商场 2021 年下半年的零售额、月初库存额及流通费用数据资料如表 5-11 所示,已知 12 月末商品库存额为 710 万元,计算该商场 2021 年下半年商品平均流转次数和平均流通费用率。

表 5-11 某商场 2021 年零售额、月初库存额及流通费用数据资料 单位:万元

时间	7月	8月	9月	10月	11月	12月
零售额(a)	1 107	1 160	1 150	1 170	1 200	1 370
月初库存额(b)	680	675	670	650	670	690
流通费用(c)	108	102	98	95	100	104

解:根据商品流通理论可知,库存商品流转次数=零售额/月初库存额,流通费用率=(流通费用/零售额)×100%;且零售额和流通费用属于时期数列,月初库存额属于间隔相等的间断时点数列。

①平均流转次数:

$$\bar{y}_1=\frac{\bar{a}}{\bar{b}}=\frac{\sum a/n}{\left(\frac{b_0}{2}+b_1+\cdots+b_{n-1}+\frac{b_n}{2}\right)/n}$$

$$=\frac{(1\,107+1\,160+1\,150+1\,170+1\,200+1\,370)\div6}{\left(\frac{680}{2}+675+670+650+670+690+\frac{710}{2}\right)\div6}=1.77(次)$$

②平均流通费用率：

$$\bar{y}_2=\frac{\bar{c}}{\bar{a}}=\frac{\sum c/n}{\sum a/n}$$

$$=\frac{(108+102+98+95+100+104)\div 6}{(1\,107+1\,160+1\,150+1\,170+1\,200+1\,370)\div 6}\times 100\%=8.48\%$$

计算结果表明，该商场 2021 年下半年商品平均流转次数和平均流通费用率分别为 1.77 次和 8.48%。

3. 由平均数时间数列计算序时平均数

平均数是由两个相关的指标对比计算得到的派生指标。对平均数时间数列求序时平均数，其基本方法与相对数时间数列序时平均数的计算方法类似，即先分别求出分子数列和分母数列的序时平均数，然后将两个序时平均数进行对比，得到平均数时间数列的序时平均数。

【例 5-11】 某陶瓷企业 2021 年上半年职工人数及月平均工资资料如表 5-12 所示，计算该企业 2021 年上半年的职工月平均工资。

表 5-12 某陶瓷企业职工人数与工资资料

时间	1 月	2 月	3 月	4 月	5 月	6 月	7 月
平均工资(元)	3 400	3 000	3 200	3 550	3 150	3 000	3 250
月初职工人数(人)	650	670	680	730	655	710	690

解：工资总额＝平均工资×平均职工人数，而工资总额属于时期数列，职工人数属于间隔相等的间断时点数列。因此上半年月平均工资计算如下：

$$\bar{y}=\frac{\bar{a}}{\bar{b}}=\frac{\left(\begin{array}{l}3\,400\times\frac{650+670}{2}+3\,000\times\frac{670+680}{2}+3\,200\times\frac{680+730}{2}+\\3\,550\times\frac{730+655}{2}+3\,150\times\frac{655+710}{2}+3\,000\times\frac{710+690}{2}\end{array}\right)\div 6}{\left(\frac{650}{2}+670+680+730+655+710+\frac{690}{2}\right)\div 6}=3\,126(\text{元})$$

计算结果表明，该企业 2021 年上半年的职工月平均工资为 3 126 元。

5.2.3 增长量

增长量表示报告期水平与基期水平之差，反映社会现象在一定时期内数量增减变化的绝对水平。公式表达为：增长量＝报告期水平－基期水平。因此，增长量可以是正值，表示现象的增加量；也可以是负值，表示现象的减少量。

根据所选的基期不同，增长量可以分为逐期增长量和累计增长量。逐期增长量表示为报告期水平与前一期水平之差，反映报告期较上期增加(或减少)的绝对数量；累计增长量表示报告期水平与某一固定期水平之差，反映报告期与该固定时期内增加(或减少)的绝对数量。具体如下所示：

逐期增长量：$y_1-y_0, y_2-y_1, \cdots, y_n-y_{n-1}$

累计增长量：$y_1-y_0, y_2-y_0, \cdots, y_n-y_0$

逐期增长量与累计增长量之间存在以下数量关系：

(1)各逐期增长量之和等于相应时期的累计增长量，即

$$\sum_{i=1}^{n}(y_i - y_{i-1}) = y_n - y_0 \tag{5-7}$$

(2)相邻两时期的累计增长量之差等于相应时期的逐期增长量,即

$$(y_i - y_0) - (y_{i-1} - y_0) = y_i - y_{i-1},(i=1,2,\cdots,n) \tag{5-8}$$

因此,逐期增长量与累计增长量之间的数量关系决定了对逐期增长量计算平均值只能使用算数平均法。

在实际统计工作中,为了消除季节变动,可以将基期定为上年同期发展水平,计算年距增长量,表明报告期水平较上年同期水平增加(或减少)的绝对量。具体公式如下:

$$年距增长量=报告期某季(月)发展水平-上年同季(月)发展水平 \tag{5-9}$$

【例 5-12】 根据表 5-1 的资料,计算我国"十三五"时期国内生产总值(GDP)的逐期增长量和累计增长量。

解:根据逐期增长量和累计增长量公式,得出结果如表 5-13 所示。

表 5-13　2016—2020 年国内生产总值　　单位:亿元

指　　标	2016	2017	2018	2019	2020
国内生产总值(GDP)	746 395	832 036	919 281	986 515	1 015 986
逐期增长量	—	85 641	87 245	67 234	29 471
累计增长量	—	85 641	172 886	240 120	269 591

5.2.4 平均增长量

平均增长量表示时间数列各逐期增长量的序时平均数,反映现象在一段时期内平均增减的绝对数量。常用的计算方法有两种:

1. 水平法

平均增长量既可以由逐期增长量求得,也可以由累计增长量求得。计算公式如下:

$$\begin{aligned}平均增长量 &= \frac{各逐期增长量之和}{逐期增长量项数} = \frac{\sum_{i=1}^{n}(y_i - y_{i-1})}{n} \\ &= \frac{累计增长量}{时间数列项数-1} = \frac{y_n - y_0}{(n+1)-1}\end{aligned} \tag{5-10}$$

由于水平法计算的平均增长量只与期初和期末水平有关,与中间水平无关,因此,推算各期水平之和与实际水平之和可能存在很大差别,不能反映真实情况。

【例 5-13】 依据表 5-13,计算我国 2016—2020 年间国内生产总值(GDP)的平均增长量。

解:根据式(5-10)可得,GDP 平均增长量$=\frac{269\ 591}{4}=67\ 397.75$(亿元)

计算结果表明,我国 2016—2020 年间 GDP 的平均增长量为 67 397.75 亿元。

2. 总和法

总和法考虑了总量,以基期水平为基础,每期按照总和法计算平均增长量,n 期后计算的理论水平之和与 n 期实际水平之和相等。

设平均增长量为$\overline{\Delta y}$,则$(y_0 + \overline{\Delta y}) + (y_0 + 2\,\overline{\Delta y}) + \cdots + (y_0 + n\,\overline{\Delta y}) = \sum_{i=1}^{n} y_i$

$$\overline{\Delta y}=\frac{2(\sum_{i=1}^{n}y_i-ny_0)}{n(n+1)}=\frac{2\sum_{i=1}^{n}(y_i-y_0)}{n(n+1)} \tag{5-11}$$

【例 5-14】 以例 5-13 的资料为例，用总和法计算我国 2016—2020 年间国内生产总值(GDP)的平均增长量。

解：根据式(5-11)可得

$$\overline{\Delta GDP}=\frac{2\times(85\ 641+172\ 886+240\ 120+269\ 591)}{4\times5}=76\ 823.8(\text{亿元})$$

计算结果表明，我国 2016—2020 年间 GDP 的平均增长量为 76 823.8 亿元。

5.3 时间数列的速度分析

时间数列的速度分析指标是反映国民经济运行的主要指标，包括发展速度、增长速度、平均发展速度、平均增长速度和增长 1%的绝对值等。

5.3.1 发展速度

发展速度表示报告期发展水平与基期发展水平之比，用以反映社会经济现象发展变化的快慢程度。其计算公式为

$$\text{发展速度}=\frac{\text{报告期发展水平}}{\text{基期发展水平}} \tag{5-12}$$

由于采用的基期不同，发展速度可以分为定基发展速度和环比发展速度。定基发展速度是报告期水平与某一固定基期水平之比，说明社会经济现象在观察期内发展的总速度；环比发展速度是报告期水平与前一期水平之比，说明社会经济现象逐期发展变化的快慢程度。具体表达形式如下所示：

定基发展速度： $\frac{y_1}{y_0},\frac{y_2}{y_0},\cdots,\frac{y_n}{y_0}$

环比发展速度： $\frac{y_1}{y_0},\frac{y_2}{y_1},\cdots,\frac{y_n}{y_{n-1}}$

定基发展速度与环比发展速度之间存在如下数量关系：

(1)定基发展速度等于相应各时期内各环比发展速度的连乘，即

$$\frac{y_n}{y_0}=\frac{y_1}{y_0}\times\frac{y_2}{y_1}\times\cdots\times\frac{y_n}{y_{n-1}} \tag{5-13}$$

(2)两个相邻时期的定基发展速度之比等于相应后一期的环比发展速度，即

$$\frac{y_i}{y_0}\div\frac{y_{i-1}}{y_0}=\frac{y_i}{y_{i-1}}\quad(i=1,2,\cdots,n) \tag{5-14}$$

因此，定基发展速度与环比发展速度之间的数量关系决定了对环比发展速度计算平均值需要使用几何平均法。

在实际统计工作中，为了消除季节变动，可以通过计算年距发展速度表明报告期发展水平相比上年同期变动的方向和程度。具体公式如下：

$$\text{年距发展速度}=\frac{\text{报告期某季(月)发展水平}}{\text{上年同季(月)发展水平}} \tag{5-15}$$

【例 5-15】　根据表 5-1 的资料，计算我国 2016—2020 年间国内生产总值的定基发展速度与环比发展速度。

解：根据定基发展速度和环比发展速度公式，得出结果如表 5-14 所示。

表 5-14　2016—2020 年国内生产总值

指　　标	2016	2017	2018	2019	2020
国内生产总值(亿元)	746 395	832 036	919 281	986 515	1 015 986
定基发展速度(%)	—	111.47	123.16	132.17	136.12
环比发展速度(%)	—	111.47	110.49	107.31	102.99

5.3.2　增长速度

增长速度表示为增长量与基期水平之比，用以反映社会经济现象在一段时期内相对增降变化的快慢程度，说明了报告期水平比基期水平增降了百分之几。当发展速度大于 1 时，增长速度为正值，表示现象的增长程度；当发展速度小于 1 时，增长速度为负值，表示现象的降低程度；当发展速度等于 1 时，增长速度为零，表示现象无变化。其计算公式为：

$$\text{增长速度}=\frac{\text{报告期发展水平}-\text{基期发展水平}}{\text{基期发展水平}}=\frac{\text{增长量}}{\text{基期发展水平}}=\text{发展速度}-1 \quad (5\text{-}16)$$

由于采用的基期不同，增长速度可以分为定基增长速度和环比增长速度。定基增长速度是累计增长量与某一固定基期水平之比，反映社会经济现象在观察期内增长的总速度；环比增长速度是逐期增长量与前一时期水平之比，反映社会经济现象逐期增长的速度。

设增长速度为 A，定基增长速度和环比增长速度的公式分别为：

定基增长速度：
$$A_i=\frac{y_i-y_0}{y_0}=\frac{y_i}{y_0}-1,(i=1,2,\cdots,n) \quad (5\text{-}17)$$

环比增长速度：
$$A_i=\frac{y_i-y_{i-1}}{y_{i-1}}=\frac{y_i}{y_{i-1}}-1,(i=1,2,\cdots,n) \quad (5\text{-}18)$$

需要注意的是，定基增长速度和环比增长速度之间没有直接换算关系，因此由环比增长速度推算定基增长速度时，需要将各环比增长速度加 1 后连乘，得到定基发展速度后再减 1，即得到定基增长速度。

在实际统计工作中，为了消除季节变动，可以通过计算年距增长速度表明报告期发展水平相比上年同期增长的相对程度。

具体公式如下：

$$\begin{aligned}\text{年距增长速度}&=\frac{\text{报告期某季(月)发展水平}-\text{上年同季(月)发展水平}}{\text{上年同季(月)发展水平}}\\&=\frac{\text{增长量}}{\text{上年同季(月)发展水平}}=\text{年距发展速度}-1 \quad (5\text{-}19)\end{aligned}$$

【例 5-16】　根据表 5-1 的资料，计算我国 2016—2020 年间国内生产总值的逐期增长量、环比发展速度、环比增长速度，以 2016 年为基期的累计增长量、定基发展速度和定基增长速度。

解：根据已知的资料和公式，各指标的计算结果如表 5-15 所示。

表 5-15 2016—2020 年国内生产总值

指标		2016	2017	2018	2019	2020
国内生产总值(亿元)		746 395	832 036	919 281	986 515	1 015 986
增长量(亿元)	逐期	—	85 641	87 245	67 234	29 471
	累计	—	85 641	172 886	240 120	269 591
发展速度(%)	定基	—	111.47	123.16	132.17	136.12
	环比	—	111.47	110.49	107.31	102.99
增长速度(%)	定基	—	11.47	23.16	32.17	36.12
	环比	—	11.47	10.49	7.31	2.99

5.3.3 平均发展速度

平均发展速度是各时期环比发展速度的序时平均数,反映社会经济现象在一定时期内逐期发展变化的一般程度。常用的计算方法有水平法和累计法。

1. **水平法**(几何平均法)

由于一定时期内现象发展的总速度等于各期环比发展速度的连乘,因此可以按照几何平均法计算平均发展速度。

设观察期的时间长度为 n 期,平均发展速度为 $\bar{y}$,现象的起始发展水平为 y_0,第 i 期达到的发展水平为 $y_i(i=1,2,\cdots,n)$。若现象按平均发展速度 $\bar{y}$ 来发展变化,则各期可能达到的水平为 $y_0\bar{y},y_0\bar{y}^2,\cdots,y_0\bar{y}^n$。根据等式 $y_0\bar{y}^n=y_n$,可以求出:

$$\bar{y}=\sqrt[n]{\frac{y_n}{y_0}}=\sqrt[n]{\frac{y_1}{y_0}\times\frac{y_2}{y_1}\times\cdots\times\frac{y_n}{y_{n-1}}} \tag{5-20}$$

可以看出,水平法侧重于考查现象最末一期水平,按水平法得出的平均发展速度去计算理论最末一期发展水平,并要求与实际最末一期发展水平相等。

【例 5-17】 依据表 5-15 的资料,计算我国 2016—2020 年各年国内生产总值的平均发展速度。

解:由式(5-20)可得,$\bar{y}=\sqrt[n]{\frac{y_n}{y_0}}=\sqrt[4]{\frac{1\,015\,986}{746\,395}}=108.01\%$。

计算结果表明,我国 2016—2020 年间 GDP 的平均发展速度为 108.01%。

2. **累计法**(方程法)

同水平法的假设条件一致,现要求根据各期理论发展水平之和与实际发展水平之和相等构建方程,求得累计法的平均发展速度。其公式表达如下:

$$y_0\bar{y}+y_0\bar{y}^2+\cdots+y_0\bar{y}^n=\sum_{i=1}^{n}y_i$$

即

$$\bar{y}+\bar{y}^2+\cdots+\bar{y}^n=\frac{\sum_{i=1}^{n}y_i}{y_0} \tag{5-21}$$

通过解 $\bar{y}$ 的 n 次方程得到平均发展速度 $\bar{y}$。可以看出,累计法侧重于考查现象整个发展过程。由于高次方程求解比较复杂,需根据平均增长速度查表计算。

5.3.4 平均增长速度

平均增长速度是时间数列中各期环比增长速度的序时平均数,用以反映社会经济现象在一定时期内逐期平均增长的程度。平均增长速度不能根据环比增长速度直接平均求得，而是采用间接的方式，从平均发展速度减1求得。其计算公式如下：

$$平均增长速度=平均发展速度-1 \tag{5-22}$$

平均增长速度有正负之分，正值表示现象在一定时期内逐期平均递增的程度，即平均增长率；负值表示现象在一定时期内逐期平均递减的程度，即平均递减率。

【例 5-18】 以例 5-17 的资料为例，计算我国 2016—2020 年各年国内生产总值的平均增长速度。

解： 由式(5-22)可得，平均增长速度＝平均发展速度－1＝108.01%－100%＝8.01%。

计算结果表明，我国 2016—2020 年间 GDP 的平均增长速度为 8.01%。

【例 5-19】 已知某陶瓷企业 2016—2021 年利润额历年增长速度分别为 4.8%、9.0%、8.8%、8.1%、11.6%、16.1%，计算该企业 2016—2021 年利润额的平均增长速度。

解： 根据各期环比增长速度加1得到环比发展速度，并求得平均发展速度为

$$\bar{y}=\sqrt[n]{\frac{y_1}{y_0}\times\frac{y_2}{y_1}\times\cdots\times\frac{y_n}{y_{n-1}}}=\sqrt[6]{1.048\times1.09\times1.088\times1.081\times1.116\times1.161}=109.68\%$$

年利润额平均增长速度＝利润额平均发展速度－1＝109.68%－100%＝9.68%

计算结果表明，该企业 2016—2021 年利润额的平均增长速度为 9.68%。

5.3.5　应用速度指标注意的问题

针对描述社会经济现象的时间数列，一般用水平指标描述现象发展水平，用速度指标描述其发展变化的快慢程度。为了避免出现误用和滥用动态指标的现象，实际应用中需要注意以下几点：

(1)当时间数列观察值中出现0或负数，不宜计算速度指标。

例如，某陶瓷企业连续5年的利润额分别为7万元、3万元、0万元、－2万元、4万元，对这一时间数列计算速度指标，不符合数学公理，也无法解释其实际意义。因此，直接用绝对数进行分析更加合理。

(2)速度指标需要与水平指标相结合，从而更确切和全面地描述现象。

在进行时间数列分析时，既要看速度，也要看水平。速度是一个相对值，它与对比的基期大小有很大关系。由于对比的基数不同，可能会造成速度上的虚假现象。针对这一问题，可以用增长1%的绝对值来解决速度指标的局限性。

增长1%的绝对值表示速度每增长1%而增加的绝对数量，计算公式为

$$增长1\%的绝对值=\frac{逐期增长量}{环比增长速度\times100\%}=\frac{前一期发展水平}{100} \tag{5-23}$$

(3)用年度化增长率对发展时间长度不等的现象作比较分析。

当现象使用时间长度不等的月度(或季度)数据进行速度比较时，会造成时间和指标都不可比。而年度化增长率是指将月度(或季度)增长率换算成以年为时间单位表示的增长率，目的是使得各月(或季度)增长率具有相同的比较基础。其计算公式为

$$年度化增长率=\left(\frac{y_n}{y_0}\right)^{\frac{m}{n}}-1 \tag{5-24}$$

式中：n 表示现象由 y_0 发展到 y_n 所跨过的总月份数(或总季度数)，m 表示一年中的总月份数

(或季度数)，即求月增长率年度化时，$m=12$；季度增长率年度化时，$m=4$。

【例5-20】 某陶瓷企业2016—2021年利润额如表5-16所示，计算该企业年利润每增长1%的绝对值。

解：根据已知的资料和公式5-23，计算结果如表5-16所示。

表5-16 某陶瓷企业利润额资料

年 份	2016	2017	2018	2019	2020	2021
利润额(万元)	200	230	250	240	180	260
增长1%的绝对值	—	2.00	2.30	2.50	2.40	1.80

【例5-21】 已知某陶瓷企业2015年第四季度投资总额为10万元，2018年第一季度投资总额为20万元；2015年1月实现的销售利润为50万元，2019年2月实现的销售利润为90万元。试分别计算该企业投资总额和销售利润的年度化增长率。

解：(1)从2015年第四季度到2018年第一季度所跨过的总季度数$n=9$，而一年中总季度数$m=4$，则投资总额的年度化增长率$=\left(\frac{20}{10}\right)^{\frac{4}{9}}-1=36.08\%$。

(2)从2015年1月到2019年2月所跨过的总月份数$n=49$，而一年中总月份数$m=12$，则销售利润的年度化增长率$=\left(\frac{90}{50}\right)^{\frac{12}{49}}-1=15.48\%$。

计算结果表明，该企业投资总额和销售利润的年度化增长率分别为36.08%和15.48%。

5.4 时间数列的长期趋势分析

编制时间数列进行动态分析，不仅需要运用动态指标描述现象发展的水平和速度特征，还需要在定性分析的基础上定量分析现象变动的规律，找出影响现象发展的基本因素，并运用数学模型进行预测分析。

5.4.1 时间数列的构成因素及分解模型

1. 时间数列的构成因素

社会经济现象的性质多种多样，而影响事物发展的因素千差万别。针对影响时间数列形成的变动规律而言，一般可以将所有影响因素归为四类，分别为长期趋势、季节变动、循环变动和不规则变动。

1)长期趋势

长期趋势(T)是指现象在一段相当长的时期内呈现出向上或向下的变动趋势。一般来说，长期趋势受根本性支配因素影响的基本走势会保持不变。例如，我国GDP呈逐年上升的趋势。值得注意的是，这里的长期并非时间意义上的绝对长短，而是针对时间数列的各期间隔而言。如果时间数列以年为间隔，则两年、三年不为长期，很难表现出长期规律性；但如果以月为间隔，则一年有12个月，可以从数据中看出一些长期规律。

2)季节变动

季节变动(S)是指现象在一年内或者更短的时间内随着季节的变化而发生的周期性变

动。例如，农产品的生产具有明显的季节性，而且年复一年地呈现规律性变动。在实际生活中，季节变动也包括一年内基于社会、经济、政治、自然因素影响所形成的有规律有周期性的重复变动。例如，学校寒暑假、春运等，这些都可以称为季节变动。

3)循环变动

循环变动(C)是指现象以若干年为周期呈现涨落起伏相间或相似的变动。例如，社会经济由衰退、萧条、复苏、繁荣所构成的循环变动。与季节变动不同的是，循环变动周期较长，且周期长短不固定、波动大小不一致；而季节变动是一年内按月或按季的周期性变动。

4)不规则变动

不规则变动(I)也称随机变动，是指由于意外突发事件或偶然因素所形成的不规则变动。因其不确定性，该影响是无法消除的。例如，天灾、人祸、战乱等。

社会经济现象的发展变化是由趋势、季节、循环和不规则这四类因素共同作用的结果，要想了解某一类因素影响的大小，需从时间数列观察值中分解出来。

2. 时间数列的分解模型

变量关系的定量分析须在一定的模型下进行，按照四类影响因素之间的作用机制，可以分为最基本的加法模型和乘法模型。

1)加法模型

假设四个构成因素之间相互独立，Y 表示时间数列的指标值，则时间数列各期发展水平是各个构成因素的总和。

具体模型表示为

$$Y=T+S+C+I \tag{5-25}$$

式中，T、S、C、I 与 Y 的量纲相同。

2)乘法模型

假设四个构成要素不相互独立，则乘法模型表示为

$$Y=T\times S\times C\times I \tag{5-26}$$

式中，T 与 Y 的量纲相同，S、C、I 以对 T 的百分比表示。

一般而言，长期趋势和季节变动属于常态现象，$T+S$ 或 $T\times S$ 为常态变动，$C+I$ 或 $C\times I$ 为剩余变动。具体分析采用哪种模型，需要根据研究对象的性质、研究目的和掌握的资料情况而定。本节和下一节主要研究常态变动的两个因素，即长期趋势分析和季节变动分析。

5.4.2 长期趋势分析

长期趋势的测度，一方面可以清晰地描述社会经济现象在较长时期内发展变动的基本方向和变化形式，为预测现象的发展趋势提供依据；另一方面可以用来消除时间数列中长期趋势的影响，为研究季节变动和循环变动提供依据。

测度长期趋势的方法很多，最常见的三种方法有：移动平均法、指数平滑法和模型拟合法。

1. 移动平均法

移动平均法是指由原时间数列按照一定的间隔长度逐期移动，分别计算出一系列移动平均数，用这些移动平均数构成的新数列反映现象变动的趋势。这个新的时间数列把原始数列中的某些不规则变动加以修匀，以消除偶然因素的影响，使得指标值变动得更平滑，从而呈现出现象发展的变动趋势。

设移动间隔长度为 k，则移动平均数的公式为

$$\overline{y_i}=\frac{y_i+y_{i+1}+\cdots+y_{i+k-1}}{k} \tag{5-27}$$

【例 5-22】 某陶瓷企业 2021 年各月销售额资料如表 5-17 所示，试用移动平均法计算3 个月移动平均值和 4 个月移动平均值。

解：根据已知的资料和式(5-27)，得出计算结果如表 5-17 所示。可以看出，经过移动平均后所得的序时平均数时间数列的项数比原始时间数列少，但长期趋势的表现较为清晰。

表 5-17 某陶瓷企业 2021 年各月销售额资料 单位：万元

月份	产量	三项移动平均	四项移动平均	
			一次移动	二次修正
1	450	—	—	—
2	470	460	—	—
3	460	470	465.00	471.25
4	480	480	477.50	483.75
5	500	500	490.00	496.25
6	520	510	502.50	506.63
7	510	515	511.25	515.63
8	515	520	520.00	522.5
9	535	530	525.00	527.5
10	540	535	530.00	534.38
11	530	540	538.75	—
12	550	—	—	—

因此，在使用移动平均法时应注意以下几点问题：

(1)合理选择步长 k。移动平均所取的项数越多即 k 值越大，新数列对原数列修匀的效果越好。但移动平均的步长直接影响新数列的项数和水平值，究竟定多少为宜，应依据研究现象的特点而定。一般来说，若现象本身存在自然变动周期，就以周期长度为移动步长。例如，按季度数据排列的时间数列，移动平均项数为 4 较为合理。若时间数列各期水平无明显波动规律，则以奇数项移动平均。

(2)注意新数列中各项观察值位置的排列。凡是采用奇数项移动平均，一次就能得到长期趋势值，位置刚好对准移动间隔的中间时期；若采用偶数移动平均，则需要进行两次移动平均，才能得到长期趋势值，位置对准原设定时期，见表 5-17 的第 4、5 列数据。

(3)注意移动平均的局限。由于移动平均所得的趋势值项数比原始时间数列的项数少，奇数项移动平均所形成的新数列首尾各少$\frac{k-1}{2}$项，偶数项移动平均所形成的新数列首尾各少$\frac{k}{2}$项，因此当数据量不是足够多时，不建议采用该方法。

(4)计算序时平均数的方法合理。若时间数列是时点数列，则移动平均数应按时点数列计算序时平均数的方法计算。

2. **指数平滑法**

指数平滑法是指用过去时间数列值的加权平均数作为趋势值，它是加权移动平均的一种

特殊情形。其基本形式是根据本期的实际值 y_t 和本期的趋势值$\hat{y}_t$，分别给予不同权数 α 和 $1-\alpha$ 计算加权平均数作为下期的趋势值 $\hat{y}_{t+1}$。其计算公式为

$$\hat{y}_{t+1}=\alpha y_t+(1-\alpha)\hat{y}_t \tag{5-28}$$

式中，$\hat{y}_{t+1}$ 表示时间数列 $t+1$ 期趋势值，y_t 表示时间数列 t 期的实际值，$\hat{y}_t$表示时间数列 t 期的趋势值，α 表示平滑系数($0<\alpha<1$)。

若利用指数平滑法进行预测，只需一个 t 期的实际值 y_t，一个 t 期的趋势值$\hat{y}_t$和一个 α 值，所用数据量和计算量都很少，这是移动平均法无法做到的。

【例 5-23】 某陶瓷企业 2021 年 8 个月的销售额资料如表 5-18 所示，已知 1 月份的趋势值为 150.8 万元，α 分别取 0.2 和 0.8，试用指数平滑法进行长期趋势分析。

表 5-18 某陶瓷企业 2021 年 8 个月的销售额资料 单位：万元

月份	1	2	3	4	5	6	7	8
销售额	154	148	142	151	145	154	157	151

解：已知 $y_1=154$，$\hat{y}_1=150.8$，$\alpha=0.2$，根据公式 5-28 可以求出$\hat{y}_2$，即

$$\hat{y}_2=0.2\times154+(1-0.2)\times150.8=151.44(\text{万元})$$

依此类推，可求出各个月的平滑预测值如表 5-19 所示。结果表明，9 月份趋势值为 151.08 万元($\alpha=0.2$)或 152.02 万元($\alpha=0.8$)。

表 5-19 某陶瓷企业各个月的平滑预测值

月份	y_t	$\hat{y}_t$	
		$\alpha=0.2$	$\alpha=0.8$
1	154	150.8	150.8
2	148	$0.2\times154+(1-0.2)\times150.8=151.44$	$0.8\times154+(1-0.8)\times150.8=153.36$
3	142	$0.2\times148+(1-0.2)\times151.44=150.75$	$0.8\times148+(1-0.8)\times153.36=149.07$
4	151	$0.2\times142+(1-0.2)\times150.75=149$	$0.8\times142+(1-0.8)\times149.07=143.41$
5	145	$0.2\times151+(1-0.2)\times149=149.4$	$0.8\times151+(1-0.8)\times143.41=149.48$
6	154	$0.2\times145+(1-0.2)\times149.4=148.52$	$0.8\times145+(1-0.8)\times149.48=145.9$
7	157	$0.2\times154+(1-0.2)\times148.52=149.62$	$0.8\times154+(1-0.8)\times145.9=152.38$
8	151	$0.2\times157+(1-0.2)\times149.62=151.1$	$0.8\times157+(1-0.8)\times152.38=156.08$
9	—	$0.2\times151+(1-0.2)\times151.1=151.08$	$0.8\times151+(1-0.8)\times156.08=152.02$

一次指数平滑较为简单，但也存在不足，从例 5-23 可以看出，初始值和 α 值的确定是关键，它们直接影响趋势值误差的大小。通常对于初始值和 α 值的确定可以参照以下方法确定。

1)初始值的确定

如果资料样本量 $n\geqslant50$，则经过长期平滑的推算，初始值的影响变得很小，为了简便起见，可以用第一期水平作为初始值；但如果 $n<50$，则初始值的影响较大，可以选用最初几期的平均数作为初始值。

2)α 值的确定

在选择 α 值时，一个衡量标准是使得趋势值与实际值之间的误差最小，具体如何选择，需要视时间数列的变化趋势而定。

(1)当时间数列呈较稳定的水平趋势时,α 值应取小一些,如 0.1～0.3,以减小修正幅度,各期指标值的权数差别不大,预测模型能包含更长时间数列的信息。

(2)当时间数列波动较大时,应选择居中的 α 值,如 0.3～0.5。

(3)当时间数列波动很大时,呈现明显迅速上升或下降的趋势时,α 值应取大一些,如 0.6～0.8,以使得预测模型灵敏度高些,迅速跟上数据的变化。

(4)在实际预测中,可选取几个 α 值进行试算,并选择预测误差最小的 α 值。

(5)结合概率法求 α 值。

①确定时间数列随机变量的概率分布。由于绝大多数的时间数列随机变量往往可以表示成大量独立随机变量的总和,根据李亚普诺夫中心极限定理可知,时间数列随机变量近似服从正态分布,即 $\hat{y}_{t+1} \sim N(\mu, \sigma^2)$。

②确定时间数列随机变量的取值范围。由式(5-28)可知,从实际值资料第 1 期开始,可以不断递推下去,直到推出所需要的预测值为止,即 $\hat{y}_{t+1} = \alpha y_t + (1-\alpha)\hat{y}_t = \alpha y_t + [\alpha(1-\alpha)y_{t-1} + (1-\alpha)(1-\alpha)\hat{y}_{t-1}] = \alpha y_t + \alpha(1-\alpha)y_{t-1} + \alpha(1-\alpha)^2 y_{t-2} + \alpha(1-\alpha)^3 y_{t-3} + \cdots + \alpha(1-\alpha)^{t-1} y_1 + (1-\alpha)^t y_1$。

当 $\alpha=1$ 时,$\hat{y}_{t+1}=y_t$;当 $\alpha=0$ 时,$\hat{y}_{t+1}=y_1$。因此,$\hat{y}_{t+1}$ 的取值在 y_1 和 y_t 之间。

③用概率的方式表示 α 值。为了研究随机变量 $\hat{y}_{t+1}$ 以多大概率在 y_1 和 y_t 之间取值,假定 $P(y_1 \leqslant \hat{y}_{t+1} \leqslant y_t) = \alpha$ [或 $P(y_t \leqslant \hat{y}_{t+1} \leqslant y_1) = \alpha$],由正态分布性质可知,$\dfrac{\hat{y}_{t+1}-\mu}{\sigma} \sim N(0,1)$。按照标准正态分布的概率计算方法,可求出:

$$
\begin{aligned}
P(y_1 \leqslant \hat{y}_{t+1} \leqslant y_t) &= P\left(\frac{y_1-\mu}{\sigma} \leqslant \frac{\hat{y}_{t+1}-\mu}{\sigma} \leqslant \frac{y_t-\mu}{\sigma}\right) \\
&= \Phi\left(\frac{y_t-\mu}{\sigma}\right) - \Phi\left(\frac{y_1-\mu}{\sigma}\right) = \alpha
\end{aligned} \tag{5-29}
$$

其中,$\Phi\left(\dfrac{y_t-\mu}{\sigma}\right)$ 和 $\Phi\left(\dfrac{y_1-\mu}{\sigma}\right)$ 的值可以查正态分布表,最终求得平滑系数 α 值。

【例 5-24】 某地区 2011—2019 年的粮食产量资料如表 5-20 所示,试运用指数平滑法进行趋势分析。

表 5-20　某地区 2011—2019 年粮食产量　　单位:万吨

年份	2011	2012	2013	2014	2015	2016	2017	2018	2019
粮食产量	52.4	67.9	79.3	89.8	91.6	100.3	112.1	118	123

解: $\bar{y} = \dfrac{\sum_{i=1}^{t} y_i}{t} = 92.71$, $S^2 = \dfrac{\sum_{i=1}^{t}(y_i-\bar{y})^2}{t-1} = 491.18$,取样本均值和方差代替总体均值和方差,则 $\hat{\mu} = \bar{y} = 92.71$, $\hat{\sigma}^2 = S^2 = 491.18$, $y_1 = 52.4$, $y_t = 123$。

$$
\begin{aligned}
P(y_1 \leqslant \hat{y}_{t+1} \leqslant y_t) &= P(52.4 \leqslant \hat{y}_{t+1} \leqslant 123) \\
&= P\left(\frac{52.4-92.71}{22.16} \leqslant \frac{\hat{y}_{t+1}-92.71}{22.16} \leqslant \frac{123-92.71}{22.16}\right) \\
&= \Phi(1.37) + \Phi(1.82) - 1 = 0.914\,66 + 0.964\,85 - 1 \\
&= 0.879\,51 \approx 0.9 = \alpha
\end{aligned}
$$

分别取 $\alpha=0.1$、$\alpha=0.5$、$\alpha=0.9$，运用指数平滑法计算趋势预测值，并比较各个 α 值的标准误差。具体结果见表5-21，从最后一行标准误差(SY)可以看出，当 $\alpha=0.9$ 时估计的标准误差最小。因此，可以选择 $\alpha=0.9$ 进行预测，并验证了概率法计算 α 值具有较好的有效性和科学性。

表5-21 指数平滑法趋势值及标准误差 单位：万吨

年份	产量 y_t	$\alpha=0.1$		$\alpha=0.5$		$\alpha=0.9$	
		$\hat{y}_t$	$(y_t-\hat{y}_t)^2$	$\hat{y}_t$	$(y_t-\hat{y}_t)^2$	$\hat{y}_t$	$(y_t-\hat{y}_t)^2$
2011	52.4	—	—	—	—	—	—
2012	67.9	52.4	240.25	52.4	240.25	52.4	240.25
2013	79.3	53.95	642.62	60.15	366.72	66.35	167.70
2014	89.8	56.49	1 109.89	69.73	403.01	78.01	139.12
2015	91.6	59.82	1 010.19	79.76	140.13	88.62	8.8
2016	100.3	62.99	1 391.67	85.68	213.71	91.30	80.96
2017	112.1	66.73	2 058.86	92.99	365.17	99.40	161.28
2018	118	71.26	2 184.36	102.55	238.85	110.83	51.41
2019	123	75.94	2 214.97	110.27	161.99	117.28	32.68
SY	—	—	36.83	—	16.32	—	10.50

3. 模型拟合法

模型拟合法是在相关分析的基础上，根据时间数列变动的形态特征，选择一个合适的模型，并用观察值估计模型中的未知参数，最后依据此模型计算趋势值。关键需要解决两个问题：一是选择何种模型？二是用什么方法估计模型参数？

选择模型最直观的方法是作时间数列的线图，观察图中时间数列变动轨迹的形态，并确定拟合模型的形式。模型选择好后，需要用样本观测值来估计模型未知参数，最常用的方法是最小二乘法，其思想是要求真实值与估计值之间的误差最小，即纵向距离最短，以残差平方和来表示。本章以一元线性回归模型为例进行说明。

设趋势直线方程为 $\hat{y}_t=a+bt\,(t=1,2,\cdots,n)$，根据最小二乘法的思想原理，构造残差平方和 Q，用来描述真实值与估计值的误差大小，并求 Q 的最小值。则

$$\min Q=\sum(y_t-\hat{y}_t)^2=\sum(y_t-a-bt)^2 \tag{5-30}$$

根据微分学中的极值原理，分别求 Q 关于未知参数 a 和 b 的一阶偏导数，并令其等于零，即

$$\begin{cases}\dfrac{\partial Q}{\partial a}=-2\sum(y_t-a-bt)=0\\[2ex]\dfrac{\partial Q}{\partial b}=-2\sum(y_t-a-bt)t=0\end{cases} \tag{5-31}$$

将上式进行整理，并求解方程组，可得参数 a 和 b 的估计值，如式(5-32)。

$$\begin{cases}\hat{b}=\dfrac{n\sum ty_t-\sum t\sum y_t}{n\sum t^2-\left(\sum t\right)^2}\\[3ex]\hat{a}=\dfrac{\sum y_t}{n}-\hat{b}\dfrac{\sum t}{n}=\bar{y}-\hat{b}\bar{t}\end{cases} \tag{5-32}$$

【例 5-25】 某陶瓷企业 2016—2020 年的销售额资料如表 5-22 所示，试通过一元线性回归模型预测 2021 年该企业的销售额。

表 5-22 某陶瓷企业 2016—2020 年的销售额

年份	2016	2017	2018	2019	2020
销售额(万元)	100	118	140	162	180

解：建立直线趋势模型的计算表，如表 5-23 所示。

表 5-23 直线趋势模型计算表

年份	t	y	t^2	ty
2016	1	100	1	100
2017	2	118	4	236
2018	3	140	9	420
2019	4	162	16	648
2020	5	180	25	900
合计	15	700	55	2 304

根据公式 5-32 可得：

$$\begin{cases} \hat{b} = \dfrac{n\sum ty_t - \sum t \sum y_t}{n\sum t^2 - \left(\sum t\right)^2} = \dfrac{5 \times 2\,304 - 15 \times 700}{5 \times 55 - 15^2} = 20.4 \\ \hat{a} = \dfrac{\sum y_t}{n} - \hat{b}\dfrac{\sum t}{n} = \dfrac{700 - 20.4 \times 15}{5} = 78.8 \end{cases}$$

因此，一元线性回归模型表示为 $\hat{y}_t = 78.8 + 20.4t$，将 $t = 6$ 代入模型可以求得 $\hat{y}_{2021} = 78.8 + 20.4 \times 6 = 201.2$(万元)。

5.5 时间数列的季节变动分析

5.5.1 季节变动的内涵

季节变动是指一些现象由于受自然条件或社会经济条件的影响，在一个年度内随着季节的更替而发生比较有规律的变动。如时令水果、蔬菜等商品的生产与销售，各种传染病发病周期，旅游服务的提供和消费等。

季节变动一般有三个基本特征：①季节波动会周而复始地出现；②季节波动每年重复出现；③季节波动的轨迹具有相似性。季节变动一般使用季节指数来测度，即定义若干年同期平均数与观察期所有观察值的总平均数的比值为该期的季节指数。

其公式表示为：

$$季节指数(S_j) = \frac{各年同期平均数(\bar{y}_j)}{各年各期总平均数(\bar{y})} \tag{5-33}$$

当季节指数 $S_j > 100\%$ 时，表明现象在此时处于旺季；当季节指数 $S_j < 100\%$ 时，表明现象此时处于淡季。

注意，若时间数列中的观察值是月度或季度数据，而各个季节指数又是以全年月度或季度的平均数为基础计算的，因此 12 个月(或 4 个季度)季节指数的平均数应等于 100%，而各月

（或季）的季节指数之和应等于 1 200%（或 400%）。

5.5.2 季节变动的测定方法

按照是否排除长期趋势的影响来测定季节变动，可以分为两种方法：一是不排除长期趋势的影响，直接根据原时间数列来测定，常用按月（季）简单平均法；二是依据消除长期趋势后的时间数列来测定，常用移动平均趋势剔除法。

1. 按月（季）简单平均法

根据时间数列的属性不同，简单平均法的使用也不同。若属于时期数列，则可按简单算术平均法计算；若属于时点数列，由于季节变动现象均以年内逐月（或季）反映，则可按“首尾折半法”计算。具体计算步骤如下：

（1）将所给若干年（m）分月度（或季度）资料按各年同期对齐排列。

（2）将各年同月（或季）的数值进行加总，计算若干年内不同年份同月（或季）的平均数 $\bar{y}_j = \frac{\sum_{i=1}^{m} y_{ij}}{m}$（$i$ 年 j 期，$j = 12$ 或 4）。

（3）计算所有数据的总平均数 $\bar{y} = \frac{\sum_{i=1}^{m}\sum_{j=1}^{12或4} y_{ij}}{12m 或 4m}$。

（4）将若干年内同月（或季）的平均数与总平均数相比，求得各月的季节指数 $S_j = \frac{\bar{y}_j}{\bar{y}}$。

【例 5-26】 某陶瓷企业 2018—2021 年青花瓷商品销售量如表 5-24 所示，计算各月季节指数。

表 5-24 2018—2021 年青花瓷商品销售量 单位：百件

月份	年份						
	2018	2019	2020	2021	同月合计	同月平均 $\bar{y}_j$	季节指数 S_j(%)
1 月	5	4	6	7	22	5.50	32.71
2 月	3	4	4	5	16	4.00	23.79
3 月	8	9	10	12	39	9.75	57.99
4 月	9	9	10	9	37	9.25	55.02
5 月	13	12	14	15	54	13.50	80.30
6 月	20	22	23	27	92	23.00	136.80
7 月	37	39	40	42	158	39.50	234.94
8 月	44	47	48	46	185	46.25	275.09
9 月	26	28	30	31	115	28.75	171.00
10 月	14	15	17	19	65	16.25	96.65
11 月	5	4	4	3	16	4.00	23.79
12 月	1	2	2	3	8	2.00	11.90
年合计	185	195	208	219	807	—	1 200
年平均 $\bar{y}_i$	15.42	16.25	17.33	18.25	—	16.812 5	100

解：

(1)计算四年同月平均数 $\bar{y}_j$：$\bar{y}_1=\frac{5+4+6+7}{4}=5.5$，其他月平均数依此类推。

(2)计算四年所有观察值的总平均数 $\bar{y}$：$\bar{y}=\frac{5.5+4+9.75+\cdots+2}{12}=16.8125$。

(3)计算季节指数 S_j：$S_1=\frac{5.5}{16.8125}=32.71\%$，其他月的季节指数依此类推。

因此，该陶瓷企业青花瓷商品在6至9月为销售旺季，其余月份为淡季。

按月(季)平均法只适用于具有水平趋势的时间数列，若时间数列具有上升(或下降)的长期趋势，则近期数据对同期平均数具有较大作用，仅使用简单算数平均不符合实际，影响季节指数的正确计算。

2. 移动平均趋势剔除法

趋势剔除法是时间数列长期趋势较为明显的情况下分离季节变动的一种方法，其基本思想是从时间数列中将长期趋势剔除掉，并应用同期平均法剔除循环变动和不规则变动，最后计算季节指数。

常用的趋势剔除法为移动平均法，其具体计算步骤如下：

(1)根据时间数列中各年的月(或季)度数据，计算12项(或4项)移动平均数 T_{ij}。由于是偶数项移动平均，所以趋势值 T_{ij} 要分两步求得。

(2)剔除长期趋势，用时间数列中各月(或季)的数值 y_{ij} 除以对应的趋势值 T_{ij}，计算比值，$y_{ij}^*=\frac{y_{ij}}{T_{ij}}(\%)$。

(3)将新的时间数列 y_{ij}^* 按月(或季)排列，计算各年同月(或季)平均数 $\bar{y}_j^*(\%)$，该平均数即各月(或季)的季节指数。

(4)当各月(或季)的季节指数之和不等于1 200%(或400%)时，需计算调整系数，$a=\frac{m}{\sum_{j=1}^{m}\bar{y}_j^*}$，其中 $m=1\ 200\%$(或400%)。

(5)计算季节指数，$S_j=\bar{y}_j^*\times a$。

【例5-27】 已知某企业红叶陶瓷销售量资料见表5-25，试用趋势剔除法测定季节指数。

表5-25 2017—2021年红叶陶瓷商品销售量 单位：百件

季度	年份				
	2017	2018	2019	2020	2021
第1季度	15	16	18	23	28
第2季度	19	20	22	25	36
第3季度	7	10	10	15	16
第4季度	10	11	14	18	20

解：从表5-25可以看出，该陶瓷销售量在2017年至2021年间有明显上升的趋势。因此，需要采用趋势剔除法测定季节指数。具体趋势剔除法见表5-26。

(1)计算移动平均数 T_{ij}。由于所给资料为季度数据，因此选取步长 $k=4$，需要进行二次修正。

(2)计算比值 $y_{ij}^{*}=\frac{y_{ij}}{T_{ij}}$,剔除长期趋势。如 $y_{13}^{*}=\frac{y_{13}}{T_{13}}=\frac{7}{12.875}=54.37\%$,其他数据依此类推,具体数据见表5-26。

(3)将剔除长期趋势后的数据按各年同季排列成表5-27,并计算各年同季平均数 $\bar{y}_{j}^{*}$。

(4)计算调整系数,$a=\frac{m}{\sum_{j=1}^{m}\bar{y}_{j}^{*}}=\frac{400\%}{397.83\%}=100.55\%$。

(5)计算季节指数,$S_j=\bar{y}_{j}^{*}\times a$,得出以下结果:

$S_1=119.5\%\times1.005\,5=120.16\%$,$S_2=139.905\%\times1.005\,5=140.67\%$

$S_3=60.88\%\times1.005\,5=61.21\%$,$S_4=77.542\,5\%\times1.005\,5=77.97\%$

表5-26　红叶陶瓷销售量资料　　单位:百件

年　份	季度	销售量 y_{ij}	四项移动平均 T_{ij}		$y_{ij}^{*}=\frac{y_{ij}}{T_{ij}}$(%)
			一次移动	二次修正	
2017	1	15	—	—	—
			—		
	2	19		—	—
			12.75		
	3	7		12.875	54.37
			13.00		
	4	10		13.125	76.19
			13.25		
2018	1	16		13.375	119.63
			13.50		
	2	20		13.625	146.79
			13.75		
	3	8		14.000	57.14
			14.25		
	4	11		14.500	75.86
			14.75		
2019	1	18		15.00	120.00
			15.25		
	2	22		15.625	140.80
			16.00		
	3	10		16.625	60.15
			17.25		
	4	14		17.625	79.43
			18.00		
2020	1	23		18.625	123.49
			19.25		
	2	25		19.720	126.58
			20.25		
	3	15		20.875	71.86
			21.50		
	4	18		22.875	78.69
			24.25		
2021	1	28		24.375	114.87
			24.50		
	2	36		24.750	145.45
			25.00		
	3	16		—	—
	4	20	—	—	—

表5-27　季节指数计算表　　单位:%

年　份	第一季度	第二季度	第三季度	第四季度	合　计
2017	—	—	54.37	76.19	—
2018	119.63	146.79	57.14	75.86	—
2019	120.00	140.80	60.15	79.43	—

续表

年　份	第一季度	第二季度	第三季度	第四季度	合　计
2020	123.49	126.58	71.86	78.69	—
2021	114.87	145.45	—	—	—
同季平均 $\bar{y}_j^*$	119.50	139.91	60.88	77.54	397.83
季节指数 S_j	120.16	140.67	61.21	77.97	400

5.6　Excel 的应用例解

5.6.1　时间数列发展速度的应用

【例 5-28】　根据例 5-15，运用 Excel 计算我国 2016—2020 年间国内生产总值的定基发展速度、环比发展速度和平均发展速度。

解：将数据录入 Excel，如图 5-2 所示。

	A	B	C
1	年份	GDP	
2	2016	746395	
3	2017	832036	
4	2018	919281	
5	2019	986515	
6	2020	1015986	
7			

图 5-2　GDP 时间数列

(1)根据定基发展速度公式，首先在 Excel 中 C3 单元格输入公式“=B3/B2*100”（“$”表示对单元格的绝对引用），然后向下复制至最后一个观测值。

(2)根据环比发展速度公式，首先在 Excel 中 D3 单元格输入公式“=B3/B2*100”，然后向下复制，直至最后一个观测值，并在 D7 单元格输入“=GEOMEAN(D3：D6)”，得到平均发展水平，所得结果如图 5-3 所示。

	A	B	C	D
1	年份	GDP	定基发展速度	环比发展速度
2	2016	746395		
3	2017	832036	111.47	111.47
4	2018	919281	123.16	110.49
5	2019	986515	132.17	107.31
6	2020	1015986	136.12	102.99
7	平均			108.01
8				

图 5-3　GDP 定基和环比发展速度

5.6.2　时间数列长期趋势分析的应用

【例 5-29】 根据例 5-22，α 取 0.2，运用 Excel 采用 3 期移动平均法和一次指数平滑法进行长期趋势分析。

解：(1)移动平均法。

①选择“数据”→“数据分析”命令，在出现的对话框中选择“移动平均”选项，单击“确定”按钮。

②在出现的对话框中，在“输入区域”中输入要预测的数据所在区域。在“间隔”中输入移动平均的间隔长度 3，在“输出区域”中选择结果的输出位置，选中“图表输出”和“标准误差”复选框，单击“确定”按钮。界面如图 5-4 所示。

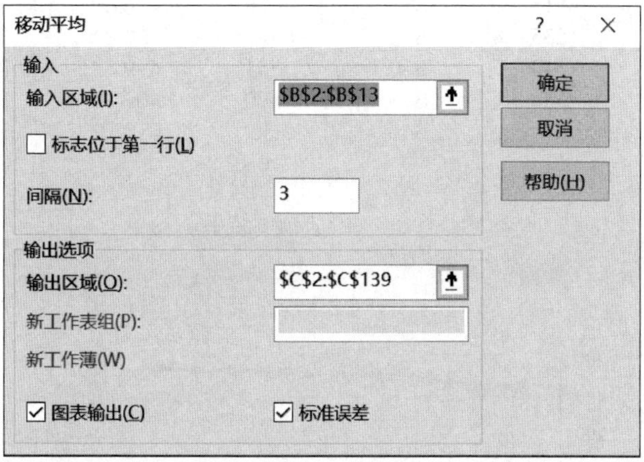

图 5-4　移动平均 k=3

(2)指数平滑法。

①选择“数据”→“数据分析”命令，在出现的对话框中选择“指数平滑”选项，单击“确定”按钮。

②在出现的对话框中，在“输入区域”中输入要预测的数据所在区域。在“阻尼系数”中输入 $1-\alpha$ 的值(本例为 0.8)，在“输出区域”中选择结果的输出位置，选中“图表输出”和“标准误差”复选框，单击“确定”按钮。界面如图 5-5 所示。

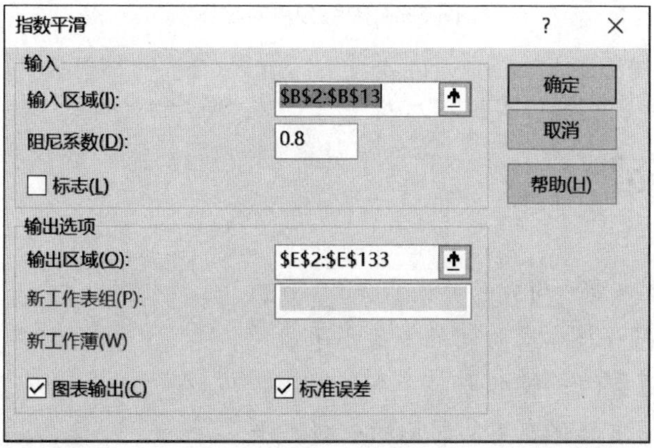

图 5-5　指数平滑 $\alpha=0.2$

最后，得出预测结果如图5-6和图5-7所示（图中的#N/A表示没有数值）。根据预测误差的计算得出移动平均和指数平滑的预测误差分别是12.08和34.85。因此，采用移动平均预测效果要好些。

月份	产量	移动平均k=3	预测误差	指数平滑a=0.2	预测误差
1	450	#N/A	#N/A	#N/A	#N/A
2	470	#N/A	#N/A	450.00	#N/A
3	460	460	#N/A	454.00	#N/A
4	480	470	#N/A	455.20	#N/A
5	500	480	12.91	460.16	18.72
6	520	500	17.32	468.13	27.31
7	510	510	16.33	478.50	40.39
8	515	515	11.55	484.80	41.91
9	535	520	8.66	490.84	39.14
10	540	530	10.41	499.67	35.84
11	530	535	10.80	507.74	38.68
12	550	540	8.66	512.19	36.84
MSE			12.08		34.85

图5-6　趋势预测结果

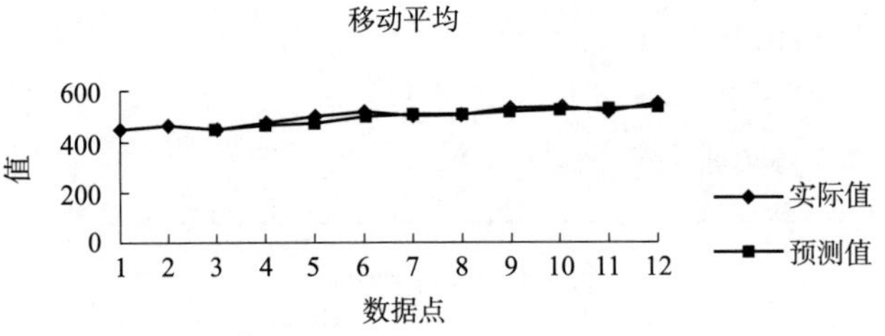

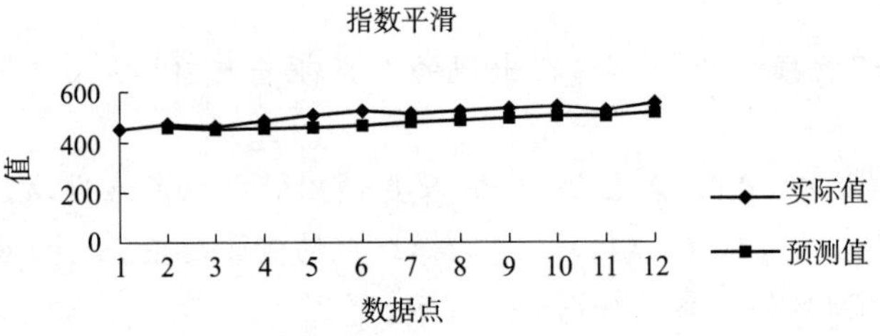

图5-7　趋势预测对比图

思考与练习

一、单选题

1. 序时平均数和一般平均数的共同点是（　　）。

A. 均是反映同一总体同时间的一般水平

B. 都是反映现象的一般水平

C. 都是反映同质总体在不同时间的一般水平

D. 均可消除时间波动的影响

2. 相邻两个时期累积增长量之差等于对应的(　　)增长量。
   A. 逐期　　B. 累计　　C. 逐期和累计　　D. 平均
3. 某企业第一、第二季度和下半年的原材料平均库存额分别为10万元、15万元和20万元,则全年的平均库存额为(　　)万元。
   A. 15　　B. 16.25　　C. 11.25　　D. 13.85
4. 某公司2020年产值为2 000万元,计划到2030年产值翻两番,则公司计划产值每年平均增长速度为(　　)。
   A. 16.65%　　B. 13.43%　　C. 11.61%　　D. 14.87%
5. 计算序时平均速度指标应采用(　　)。
   A. 简单算术平均数　　B. 几何平均数
   C. 加权算数平均数　　D. 调和平均数

二、多选题

1. 时间数列按指标表现形式不同可分为(　　)。
   A. 绝对数时间数列　　B. 时期数列
   C. 相对数时间数列　　D. 时点数列
   E. 平均数时间数列
2. 时期数列的特点有(　　)。
   A. 数列中每一个指标数值的大小与其时间长短一般有直接关系
   B. 数列中各个指标数值可以相加
   C. 数列中每一个指标数值大小与其时间长短无直接关系
   D. 数列中各个指标数值不能相加
   E. 数列中每个指标数值,通常是通过连续不断登记而获得的
3. 时点数列的特点有(　　)。
   A. 数列中每一个指标数值的大小与其时间长短一般有直接关系
   B. 数列中各个指标数值可以相加
   C. 数列中每一个指标数值大小与其时点间隔大小无直接关系
   D. 数列中各个指标数值不能相加
   E. 数列中每个指标数值,通常是通过一次性登记而获得的
4. 增长1%的绝对值(　　)。
   A. 表示每增加一个百分点所增加的绝对量
   B. 表示每增加一个百分点所增加的相对量
   C. 等于前期水平除以100
   D. 等于前期水平除以100%
   E. 等于前期水平乘以1%
5. 已知一个时间数列的项数、平均增长量和平均发展速度,便可以求出(　　)。
   A. 末期的累积增长量　　B. 实际的各期发展水平
   C. 各期的环比发展速度　　D. 实际的最初水平
   E. 实际的最末水平

三、简答题

1. 简述编制时间数列的原则。

2. 简述动态平均数和一般平均数的区别与联系。

四、计算题

1. 已知某企业某种产品产值的有关资料，如表 5-28 所示。

表 5-28　某企业某产品产值相关资料

年　份	2015	2016	2017	2018	2019	2020
产值(万元)	15 000					
逐期增长量(万元)	—	1 500				1 480
累计增长量(万元)	—					
环比发展速度(%)	—		108			
定基发展速度(%)	—					
环比增长速度(%)	—			8		
定基增长速度(%)	—					
增长1%增加产值(万元)	—					350

要求：将表格中的空格填写完整。

2. 已知某只股票 2021 年各统计时点的收盘价如表 5-29 所示。

表 5-29　2021 年某股票收盘价

统计时点	1月1日	3月1日	7月1日	10月1日	12月31日
收盘价(元)	15.2	14.2	17.6	16.3	15.8

要求：计算该股票 2021 年的年平均价格。

3. 已知某企业职工情况表如表 5-30 所示。

表 5-30　某企业职工情况

月　份	1	2	3	4	5	6	7
月初职工人数(人)	1 200	1 250	1 300	1 280	1 350	1 380	1 350
产值(万元)	1 400	1 410	1 420	1 420	1 430	1 425	1 430

要求：计算第一季度、第二季度和上半年职工人均产值。

4. 已知某厂 2020 年的产值为 2 000 万元，规划 10 年内产值翻两番。

要求：

(1)产值能在 10 年内翻两番，计算从 2021 年起每年要保持的平均增长速度。

(2)若 2021—2022 年两年的平均发展速度为 105%，做到 10 年内翻两番，计算后 8 年应有的平均发展速度。

(3)若要求提前两年达到产值翻两番，计算每年应有的平均发展速度。

5. 已知某企业商品最近几年各季度的销售量资料如表 5-31 所示。

要求：

(1)用同期平均法计算季节指数。

(2)用移动平均趋势剔除法计算季节指数。

表5-31 某企业商品销售情况 单位:万元

年　份	1季度	2季度	3季度	4季度
2018	13	18	5	8
2019	14	18	6	10
2020	16	22	8	12
2021	19	25	15	17

第6章　统计指数分析

引导案例

日常生活中人们关心的统计指数

目前,我国统计部门和一些宏观管理部门根据不同的研究问题,分门别类地编制了一些价格指数。例如,居民消费价格指数(CPI)、工业生产者出厂价格指数(PPI)、商品零售价格指数(RPI)、国民幸福指数(GNH)、农产品生产价格指数(API)等。国家统计局公布的《2021年国民经济和社会发展统计公报》显示:2021年全年居民消费价格比上年上涨0.9%(见表6-1),工业生产者出厂价格上涨8.1%,工业生产者购进价格上涨11.0%,农产品生产者价格下降2.2%。2022年3月1日,国家统计局公布2022年2月中国制造业采购经理指数(PMI)为50.2%,比上月上升0.1个百分点,制造业景气水平略有上升。

表6-1　2021年居民消费价格比上年涨跌幅度　　单位:%

指标	全国	城市	农村
居民消费价格	0.9	1.0	0.7
其中:食品烟酒	−0.3	0.0	−1.2
衣着	0.3	0.3	0.0
居住	0.8	0.8	1.1
生活用品及服务	0.4	0.4	0.4
交通通信	4.1	4.2	3.9
教育文化娱乐	1.9	2.0	1.7
医疗保健	0.4	0.3	0.7
其他用品及服务	−1.3	−1.4	−1.2

这些都是人们日常生活中关心的统计指数。什么是统计指数?如何编制?反映什么内容?有何作用?本章将对上述问题进行解答。

6.1 统计指数的基本内容

6.1.1 统计指数的概念

统计指数作为经济分析的重要工具，迄今为止尚未有一个较为统一的科学概念，统计学中的指数具有广义与狭义之分。广义的统计指数是指一切用以表明所研究事物的变化方向及程度的相对数。如发展速度、比较相对数等都是广义统计指数。狭义的统计指数是指综合反映复杂总体数量变动方向和程度的特殊相对数。

所谓复杂总体是指由许多度量单位不同或性质各异的个体组成的、数量上不能直接加总的总体。例如，某商店销售三种商品，其价格和销售量的有关资料如表6-2所示。每种商品4月相对3月的销售量和价格都有所变化，如果只反映一种商品的销售量和价格变化，可以直接计算；但如果要反映三种商品的综合变化，就需要用一种特殊的方法来解决，这就是狭义的指数方法。本章主要讨论狭义统计指数的编制方法及其在统计分析中的应用。

表6-2 某商店销售的三种商品情况

商品名称	计量单位	销售量		价格	
		3月	4月	3月	4月
甲	件	500	560	220	200
乙	双	320	360	200	210
丙	条	450	480	120	140
合计	—	—	—	—	—

统计指数的意义在于反映复杂经济现象在时间或空间上的发展变化情况，以及它们对总额或总量的影响程度。统计指数的应用范围非常广泛，如居民消费价格指数、农产品收购价格指数、工业品出厂价格指数、股票价格指数、购买力指数等。因此，统计指数具有两个特点：

(1)综合性。狭义的统计指数不是反映一种事物的变动，而是综合反映多个个体构成的总体变动，所以是一种综合性指数。例如，居民消费价格指数是概括反映居民所有生活消费项目总体的价格变动。

(2)平均性。由于各个个体的变动是参差不齐的，狭义的统计指数反映的总体变动只能是一种平均意义上的变动，即表示个体变动的一般水平。例如，2021年全年居民消费价格比上年上涨0.9%，表示从平均意义上讲，我国居民各项消费的价格上涨了0.9%，但有的项目上涨幅度高于0.9%，有的上涨幅度低于0.9%，如城镇上涨1%，农村上涨0.7%，有的甚至下降，如食品烟酒价格同比下降0.3%。

6.1.2 统计指数的作用

1. 可以分析复杂社会经济现象总体变动的方向和程度

通过统计指数的方法可以将复杂的现象进行综合，使得不能直接相加的现象可以加总对比，从而反映复杂经济现象的总变动方向和变动幅度。例如，要了解全国居民生活消费品价格水平的总变动，由于不同的消费品使用价值不同、计量单位不同，不能把所有的消费品单价直接进行加总对比，而单件消费品的变化又不能反映整体消费品价格的变化。因此，需要找到一种能综合反映整体消费品价格变化的统计方法，即为统计指数。

2. 可以对复杂经济现象总体变动进行因素分析

利用统计指数可以测定复杂社会经济现象总变动中，各构成因素的变动对现象总变动的影响。任何一个复杂现象都是由多个因素构成的，如销售额主要受价格和销售量两个因素影响，编制商品的价格指数和销售量指数，可以分析它们的变动对销售额变动的影响。各构成因素对现象总变动的影响可以从相对数和绝对数两个方面分析，相对数表示影响程度，绝对数表示影响的绝对效果。

3. 可以反映社会经济现象的长期变动趋势

在由连续编制的动态指数形成的指数数列中，可以发现事物的发展变化过程、规律和趋势。例如，根据 2001 至 2021 年共 21 年的零售商品价格资料，编制 20 个环比价格指数，从而构成价格指数数列，揭示价格的变动趋势。

6.1.3 统计指数的分类

1. 按研究范围不同，分为个体指数和总指数

个体指数是表明复杂社会经济总体中个别要素或个别现象数量对比关系的相对数。如单个商品的销售量指数、单个商品的价格指数、单个产品的成本指数等。通常，个体价格指数、个体销售量指数分别记作 $k_p=\frac{p_1}{p_0}$ 和 $k_q=\frac{q_1}{q_0}$。总指数是表明复杂经济现象中多种要素在数量上综合变动情况的一种特殊相对数。例如，工业生产指数、社会商品零售价格指数、消费者价格指数等。

2. 按指数性质不同，分为数量指标指数和质量指标指数

数量指标指数是指用以反映社会经济总体的数量或规模变动方向和程度的指数，如职工人数指数、产品产量指数、商品销售量指数、工业生产指数等。质量指标指数是指用以反映社会经济总体的质量或内涵上变动情况的指数，如单位成本指数、物价指数、劳动生产率指数等。

3. 按采用基期的不同，分为定基指数和环比指数

定基指数是指指数数列中每个指数都以某一固定时期的水平作为对比的基期计算的指数。环比指数是指指数数列中每个指数都以前一个时期的水平作为对比的基期计算的指数。例如，编制物价指数时，均选用相应的前一年物价水平作为比较的基期，即为环比指数。若每年的物价指数以某一固定年份的物价水平作为比较的基期，即为定基指数。

4. 按编制方法的不同，分为综合指数和平均指数

综合指数是通过同度量因素，将两个时期不能同度量的现象指标过渡到能够同度量的指标，然后再计算出的指数。平均指数是从个体指数出发，通过对个体指数加权平均计算而编制的指数。

6.2 综合指数的编制和计算

6.2.1 编制综合指数的基本原理

综合指数是统计指数的一种主要形式，它是按照加权综合的方法计算出两个综合的总量，

并进行对比的结果。综合指数的编制是先综合后对比，即先通过同度量因素将各种不同事物的数量进行加总，后将两个同类现象数量的总量进行比较计算的过程。对比的现象都是可以分解为两个或两个以上因素，一般归纳为两类：一是指数化因素，即指数所要研究的对象，突出表现其变动的因素；二是同度量因素，即为了解决不能直接加总而引入使用的中介因素。

在计算总指数时，首先要确定同度量因素，把不能度量的复杂现象过渡到能够同度量、可以加总的另一现象；其次是确定同度量因素所在时期。

1. 同度量因素的确定

同度量因素是把不能直接加总的指标过渡为可以相加的那个媒介因素。不仅起到同度量的作用，还起到权数的作用。在研究经济现象中，以什么因素作为同度量因素，要通过现象之间的客观联系来决定，比如用以下经济关系式表示：

$$\begin{aligned}&\text{商品销售额}=\text{商品销售量}\times\text{商品销售价格}\\&\text{职工工资总额}=\text{职工人数}\times\text{职工工资水平}\end{aligned}\qquad(6\text{-}1)$$

式中，等号右边的两个现象是复杂总体，其中一个是数量指标，一个是质量指标，它们是影响等号左边价值总量的因素。因此，数量与价格、数量指标与质量指标互为同度量因素。

2. 同度量因素时期的确定

为了明确反映某种现象的变动，必须把同度量因素固定在一定时期水平。较为常见的加权综合指数形式有拉氏指数和帕氏指数两种。拉氏指数是1864年由德国学者Laspeyres提出的，要求在计算综合指数时，把作为同度量因素（权数）的各变量值固定在基期；帕氏指数是1874年由德国学者Paasche提出的，要求在计算综合指数时，把作为同度量因素（权数）的各变量值固定在报告期。

综合指数一般分为数量指标综合指数和质量指标综合指数。

6.2.2 数量指标综合指数的编制

当编制综合指数的指数化因素是数量指标，则称该指数为数量综合指数。比如商品销售量指数、工业产品产量指数、农副产品产量指数等，反映产量或销售量等总体规模变动的一般程度。

【例6-1】 某超市三种商品的销售价格和销售量情况如表6-3所示，试计算销售量综合指数。

表6-3 某超市三种商品的价格和销售量

商品名称	计量单位	销售量		单价(元)		销售额(元)			
		2020年(q_0)	2021年(q_1)	2020年(p_0)	2021年(p_1)	p_0q_0	p_1q_1	p_0q_1	p_1q_0
甲	件	1 200	1 500	1.2	1.3	1 440	1 950	1 800	1 560
乙	双	1 500	2 000	1	1.1	1 500	2 200	2 000	1 650
丙	条	500	600	3.2	3.5	1 600	2 100	1 920	1 750
合计	—	—	—	—	—	4 540	6 250	5 720	4 960

解：由于三种商品的销售量不能直接相加，必须通过同度量因素——价格p使其转化为可以相加的销售额指标。为了分析销售量（指数化因素）的变动，必须假设价格没有变动，即假

定报告期和基期的价格相同。在计算数量指标综合指数时,有两种常用的价格:基期价格和报告期价格。

(1)以基期价格作为同度量因素,即用 p_0 作为权数,则商品销售量综合指数计算公式为

$$\overline{k_q}=\frac{\sum p_0q_1}{\sum p_0q_0} \tag{6-2}$$

该指数称为拉氏数量指数。因此,本题中$\overline{k_q}=\dfrac{\sum p_0q_1}{\sum p_0q_0}=\dfrac{5\,720}{4\,540}\times 100\%=125.99\%$。

计算结果表明,在三种商品基期价格不变时,三种商品销售量报告期比基期平均增长25.99%。分子与分母的差额为$\sum p_0q_1-\sum p_0q_0=5\,720-4\,540=1\,180$(元),表示由于销售量增加,使得商品销售额增加 1 180 元。

(2)以报告期价格作为同度量因素,即用 p_1 作为权数,则商品销售量综合指数计算公式为

$$\overline{k_q}=\frac{\sum p_1q_1}{\sum p_1q_0} \tag{6-3}$$

该指数称为帕氏数量指数。因此,本题中$\overline{k_q}=\dfrac{\sum p_1q_1}{\sum p_1q_0}=\dfrac{6\,250}{4\,960}\times 100\%=126.01\%$。

计算结果表明,在三种商品报告期价格不变时,三种商品销售量,报告期比基期平均增长26.01%。分子与分母的差额为$\sum p_1q_1-\sum p_1q_0=6\,250-4\,960=1\,290$(元),表示由于销售量增加,使得商品销售额增加 1 290 元。

在实际应用中,在编制数量指标指数时,一般选择质量指标作为同度量因素,并将其固定在基期,即用拉氏公式计算。

数量指标指数: $\overline{k_q}=\dfrac{\sum p_0q_1}{\sum p_0q_0}$(相对变动)

分子与分母的差额: $\sum p_0q_1-\sum p_0q_0$(绝对变动)

6.2.3 质量指标综合指数的编制

当编制综合指数的指数化因素是质量指标,则称该指数为质量指标综合指数。比如商品零售价格指数、工业生产者出厂价格指数、产品成本指数等,反映价格变动的一般程度。

【例 6-2】 续例 6-1,某超市三种商品的销售价格和销售量情况如表 6-3 所示,试计算价格综合指数。

解:由于三种商品的价格相加没有实际意义,必须通过同度量因素——销售量 q 使其转化为可以相加的销售额指标。为了分析价格(指数化因素)的变动,必须假设销售量没有变动,即假定报告期和基期的销售量相同。在计算质量指标综合指数时,有两种常用的销售量:基期销售量和报告期销售量。

(1)以基期销售量作为同度量因素,即用 q_0 作为权数,则商品价格综合指数计算公式为

$$\overline{k_p}=\frac{\sum p_1q_0}{\sum p_0q_0} \tag{6-4}$$

该指数称为拉氏质量指数。因此，本题中$\overline{k_p}=\frac{\sum p_1q_0}{\sum p_0q_0}=\frac{4\,960}{4\,540}\times100\%=109.25\%$。

计算结果表明，在三种商品基期销售量不变时，三种商品价格，报告期比基期平均增长9.25%。分子与分母的差额为$\sum p_1q_0-\sum p_0q_0=4\,960-4\,540=420$(元)，表示由于价格上涨，使得商品销售额增加420元。

(2)以报告期销售量作为同度量因素，即用q_1作为权数，则商品价格综合指数计算公式为

$$\overline{k_p}=\frac{\sum p_1q_1}{\sum p_0q_1} \tag{6-5}$$

该指数称为帕氏质量指数。因此，本题中$\overline{k_p}=\frac{\sum p_1q_1}{\sum p_0q_1}=\frac{6\,250}{5\,720}\times100\%=109.27\%$。

计算结果表明，在三种商品报告期销售量不变时，三种商品价格报告期比基期平均增长9.27%。分子与分母的差额为$\sum p_1q_1-\sum p_0q_1=6\,250-5\,720=530$(元)，表示由于价格上涨，使得商品销售额增加530元。

在实际应用中，在编制质量指标指数时，一般选择数量指标作为同度量因素，并将其固定在报告期，即用帕氏公式计算。

质量指标指数：　$\overline{k_p}=\frac{\sum p_1q_1}{\sum p_0q_1}$（相对变动）

分子与分母的差额：　$\sum p_1q_1-\sum p_0q_1$（绝对变动）

6.3　平均指数的编制和计算

运用综合指数法要求掌握研究总体全面的统计数据，而在很多情况下，这是难以实现的。因此，除了在较小范围内且商品品种较少的情况时直接采用综合指数法外，一般采用平均指数法。

平均指数是以个体指数为基础，采用相应的总量数据为权数加权计算总指数的方法。其中，作为权数的总量通常是两个变量的乘积，可以是价值总量或是其他总量，而个体指数是个体质量指数或个体数量指数。

6.3.1　加权算数平均数指数

加权算数平均数指数，是以个体指数为变量，以基期的总量数据为权数，对个体指数进行加权算数平均计算的总指数。

设基期总量权数为p_0q_0，个体质量指数为$k_p=\frac{p_1}{p_0}$，个体数量指数为$k_q=\frac{q_1}{q_0}$。

(1)加权平均质量指数：

$$\overline{k_p}=\frac{\sum p_1q_0}{\sum p_0q_0}=\frac{\sum \frac{p_1}{p_0}p_0q_0}{\sum p_0q_0}=\frac{\sum k_pp_0q_0}{\sum p_0q_0} \tag{6-6}$$

(2)加权平均数量指数：

$$\overline{k_q}=\frac{\sum p_0q_1}{\sum p_0q_0}=\frac{\sum \frac{q_1}{q_0}p_0q_0}{\sum p_0q_0}=\frac{\sum k_qp_0q_0}{\sum p_0q_0} \tag{6-7}$$

【例 6-3】 设某企业生产三种产品的有关资料如表 6-4 所示，试以基期总成本为权数计算三种产品的单位成本总指数和产量总指数。

表 6-4 某企业生产三种产品的有关资料

商品名称	计量单位	总成本(万元)		个体成本指数	个体产量指数
		2020 年 (p_0q_0)	2021 年 (p_1q_1)	(p_1/p_0)	(q_1/q_0)
甲	件	200	220	1.14	1.03
乙	双	50	50	1.05	0.98
丙	条	120	150	1.20	1.10

解：根据式(6-6)可计算出三种产品的单位成本总指数为

$$\overline{k_p}=\frac{\sum k_pp_0q_0}{\sum p_0q_0}=\frac{1.14\times200+1.05\times50+1.20\times120}{200+50+120}=114.73\%$$

$$\sum k_pp_0q_0-\sum p_0q_0=424.5-370=54.5(\text{万元})$$

根据式(6-7)可计算出三种产品的产量总指数为

$$\overline{k_q}=\frac{\sum k_qp_0q_0}{\sum p_0q_0}=\frac{1.03\times200+0.98\times50+1.10\times120}{200+50+120}=104.59\%$$

$$\sum k_qp_0q_0-\sum p_0q_0=387-370=17(\text{万元})$$

计算结果表明，报告期与基期相比，该企业三种产品的单位成本平均提高了 14.73%，由于单位成本的上升，使得总成本增加了 54.5 万元；三种产品的产量平均提高了 4.59%，由于产量的上升，使得总成本增加了 17 万元。

6.3.2 加权调和平均数指数

加权调和平均数指数，是以个体指数为变量，以报告期的总量数据为权数，对个体指数进行加权算数平均计算的总指数。

设报告期总量权数为 p_1q_1，个体质量指数为 $k_p=\frac{p_1}{p_0}$，个体数量指数为 $k_q=\frac{q_1}{q_0}$。

(1)加权调和质量指数：

$$\overline{k_p}=\frac{\sum p_1q_1}{\sum p_0q_1}=\frac{\sum p_1q_1}{\sum \frac{p_0}{p_1}p_1q_1}=\frac{\sum p_1q_1}{\sum \frac{p_1q_1}{k_p}} \tag{6-8}$$

(2)加权调和数量指数：

$$\overline{k_q}=\frac{\sum p_1q_1}{\sum p_1q_0}=\frac{\sum p_1q_1}{\sum \frac{q_0}{q_1}p_1q_1}=\frac{\sum p_1q_1}{\sum \frac{p_1q_1}{k_q}} \tag{6-9}$$

【例 6-4】 续例 6-3,试以报告期总成本为权数计算三种产品的单位成本总指数和产量总指数。

解:根据式(6-8)可计算出三种产品的单位成本总指数为

$$\overline{k_p}=\frac{\sum p_1q_1}{\sum \frac{p_1q_1}{k_p}}=\frac{220+50+150}{\frac{220}{1.14}+\frac{50}{1.05}+\frac{150}{1.20}}=114.88\%$$

$$\sum p_1q_1-\sum \frac{p_1q_1}{k_p}=420-365.6=54.4(\text{万元})$$

根据式(6-9)可计算出三种产品的产量总指数为

$$\overline{k_q}=\frac{\sum p_1q_1}{\sum \frac{p_1q_1}{k_q}}=\frac{220+50+150}{\frac{220}{1.03}+\frac{50}{0.98}+\frac{150}{1.10}}=104.74\%$$

$$\sum p_1q_1-\sum \frac{p_1q_1}{k_q}=420-400.97=19.03(\text{万元})$$

计算结果表明,报告期与基期相比,该企业三种产品的单位成本平均提高了 14.88%,由于单位成本的上升,使得总成本增加了 54.4 万元;三种产品的产量平均提高了 4.74%,由于产量的上升,使得总成本增加了 19.03 万元。

6.3.3 综合指数与平均指数的关系

综合指数与平均指数都是编制总指数的方法,两者之间既有联系,也有区别。

1. 综合指数与平均指数的联系

(1)两种方法都是总指数的编制方法,其最后结果都是总指数。

(2)在一定条件下,两类指数具有变形关系,即使用 p_0q_0 或 p_1q_1 权数时,平均指数是综合指数的变形;如果使用其他的权数,则不会存在变形关系。

(3)当掌握的资料不能直接用综合指数时,可以用平均指数,二者具有完全相同的经济意义和计算结果。

2. 综合指数与平均指数的区别

(1)两种指数的出发点不同。在解决复杂总体不能直接同度量的问题上,综合指数是通过引入同度量因素,先计算总体的总量,再进行对比,即先综合后对比;而平均指数是在个体指数基础上进行加权平均计算总指数,即先对比后综合,两种指数各有用处。

(2)两种指数的权数不同。综合指数所用的权数(同度量因素)是不同时期的数量(产量、销售量)或物价,平均指数所用的权数是不同时期的价值量(产值、销售额)。

(3)两种指数所依据的资料不同。综合指数需要有总体的全面资料,所选的同度量因素要求严格,一般采用与指数指标有明确经济关系的指标。而平均指数既适用于全面资料,也适用于非全面资料。

6.4 指数体系和因素分析

6.4.1 指数体系

1. 指数体系的概念

社会经济现象之间存在客观的相互影响和联系，并可以用经济方程式表现出来。如：商品销售额=商品销售量×商品销售价格。按指数形式表现时，同样也存在这种对等关系，即：商品销售额指数=商品销售量指数×商品销售价格指数。

因此，指数体系表示不仅在经济上具有一定联系，而且在数量上具有一定对等关系的两个或两个以上的指数所构成的整体。按照编制综合指数的一般原理，其计算公式为

$$\frac{\sum p_1q_1}{\sum p_0q_0}=\frac{\sum p_0q_1}{\sum p_0q_0}\times\frac{\sum p_1q_1}{\sum p_0q_1} \tag{6-10}$$

$$\sum p_1q_1-\sum p_0q_0=(\sum p_0q_1-\sum p_0q_0)+(\sum p_1q_1-\sum p_0q_1) \tag{6-11}$$

利用指数体系进行因素分析时，应注意以下三点：

(1)因素分析的对象一般是复杂现象。所谓复杂现象，即指受多因素影响的现象，其总量表现为若干因素量的乘积，其中任一因素的变动都会使总量发生变化。因素分析的目的就是要测定这些因素的变动对总体变动的影响方向和程度。

(2)因素分析中的指数体系以等式的形式表现。编制指数体系的基本思想是，测定一个因素的变动时假定其他因素不变，并以等式来表现体系。

(3)因素分析的结果有相对数也有绝对数。从指数体系的表现形式可以看出，若干因素指数的乘积应等于总变动指数，若干因素的影响差额之和应等于总体变动实际发生的总变差。

2. 指数体系的作用

(1)利用指数体系可以进行指数间的相互推算。例如，我国商品销售量总指数往往是根据商品销售额指数除以价格总指数进行推算的。

(2)利用指数体系进行因素分析。指数体系是确定同度量因素的根据之一，要求各个指数之间在数量上要保持一定的联系。在多因素分析中，又称为连锁关系替代法。例如，在编制产品产量指数时，如果使用基期价格作为同度量因素，则编制产品价格指数时必须用报告期的产品产量作为同度量因素；在编制产品产量指数时，如果使用报告期价格作为同度量因素，则编制产品价格指数时必须用基期的产品产量作为同度量因素。

6.4.2 因素分析

利用指数从数量上分析复杂经济现象变动中各个因素变动影响的方法称为指数因素分析法。因素分析的基本步骤有：

(1)总变动分析。从相对数角度分析总变动方向与程度，从绝对数角度分析总变动增减绝对值。

(2)影响因素分析。从相对数角度分析各影响因素变动方向与程度，从绝对数角度分析各影响因素变动对总变动影响的增减绝对值。

按被研究现象性质的不同可以分为总量指标因素分析和平均指标因素分析。

1. **总量指标因素分析**

1)两因素分析

总量指标的两因素分析,在指数体系上表现为总变动指数等于两个因素指数的乘积。确定同度量因素时,应遵循如下原则:一个因素指数的同度量因素固定在报告期,则另一个因素指数的同度量因素要固定在基期。实际分析中,最常用的是数量指标指数采用基期加权拉氏指数法,质量指标指数采用报告期加权帕氏指数法。以"销售额指数=销售量指数×销售价格指数"为例,计算公式如下:

$$\text{销售额指数}\left(\frac{\sum p_1q_1}{\sum p_0q_0}\right)=\text{销售量指数}\left(\frac{\sum p_0q_1}{\sum p_0q_0}\right)\times\text{销售价格指数}\left(\frac{\sum p_1q_1}{\sum p_0q_1}\right)$$

销售额实际增减变动$\left(\sum p_1q_1-\sum p_0q_0\right)$=销售量变动对销售额影响的绝对数额$\left(\sum p_0q_1-\sum p_0q_0\right)$+价格变动对销售额影响的绝对数额$\left(\sum p_1q_1-\sum p_0q_1\right)$

【例6-5】 某陶瓷企业生产三种使用价值和计量单位都不同的产品,报告期和基期总产值和有关资料见表6-5。试对该企业总产值进行因素分析。

表6-5　某陶瓷企业相关资料

产品	单位	产品产量q		出厂价格p(元/单位)		总产值(万元)		
		基期	报告期	基期	报告期	p_0q_0	p_1q_1	p_0q_1
甲	吨	6 000	5 000	110	100	66	50	55
乙	台	10 000	12 000	50	60	50	72	60
丙	件	40 000	41 000	20	20	80	82	82
合计	—	—	—	—	—	196	204	197

解:(1)总产值指数为

$$\overline{k_{总}}=\frac{\sum p_1q_1}{\sum p_0q_0}=\frac{204}{196}\times100\%=104.08\%$$

总变动为

$$\sum p_1q_1-\sum p_0q_0=204-196=8(\text{万元})$$

(2)产品产量指数为

$$\overline{k_q}=\frac{\sum p_0q_1}{\sum p_0q_0}=\frac{197}{196}\times100\%=100.51\%$$

产量变动导致总变动为

$$\sum p_0q_1-\sum p_0q_0=197-196=1(\text{万元})$$

(3)出厂价格指数为

$$\overline{k_p}=\frac{\sum p_1q_1}{\sum p_0q_1}=\frac{204}{197}\times100\%=103.55\%$$

价格变动导致总变动为

$$\sum p_1q_1-\sum p_0q_1=204-197=7(\text{万元})$$

(4)指数体系：104.08%=100.51%×103.55%

8(万元)=1(万元)+7(万元)

计算结果表明，该企业报告期的总产值较基期增长了4.08%，增加额为8万元。其中，产品产量增长0.51%，使得总产值增加1万元；出厂价格增长3.55%，使得总产值增加7万元。

2)多因素分析

多因素分析是将所研究现象分解为三个或三个以上的影响因素，分别测定各影响因素的变动程度及影响。其原理和方法与两因素分析一致，但以下几点需要注意：

(1)多因素分析遵循连环替代法原则，即逐项分析，逐项确定同度量因素。

(2)为了分析一个因素的影响，要求把其余因素固定不变。当分析第一个因素的影响时，把其他所有因素固定在基期保持不变；但分析第二个因素的影响时，把已经分析过的因素固定在报告期，没有分析过的因素仍固定在基期；但分析第三个因素的影响时，把已经分析过的两个因素固定在报告期，没有分析过的因素固定在基期，依此类推。

(3)各因素顺序的排列一般遵循数量指标因素在前、质量指标因素在后的原则。

以“原材料费用额=产品产量(q)×单耗(m)×原材料单价(p)”为例，计算公式如下：

$$\frac{\sum q_1m_1p_1}{\sum q_0m_0p_0}=\frac{\sum q_1\ m_0p_0}{\sum q_0m_0p_0}\times\frac{\sum q_1m_1p_0}{\sum q_1m_0p_0}\times\frac{\sum q_1m_1p_1}{\sum q_1m_1p_0} \tag{6-12}$$

$$\sum q_1m_1p_1-\sum q_0m_0p_0=\left(\sum q_1\ m_0p_0-\sum q_0m_0p_0\right)+\left(\sum q_1m_1p_0-\sum q_1m_0p_0\right)+\left(\sum q_1m_1p_1-\sum q_1m_1p_0\right) \tag{6-13}$$

【例 6-6】 续例6-5，将产品产量分为职工平均人数和全员劳动生产率两个因素，报告期和基期总产值和有关资料见表6-6。试对该企业总产值进行多因素分析。

表 6-6 某陶瓷企业相关资料

产品	单位	职工平均人数 q (人)		全员劳动生产率 m (单位/人)		出厂价格 p (元)	
		基期	报告期	基期	报告期	基期	报告期
甲	吨	1 200	1 000	5	5	110	100
乙	台	1 000	1 000	10	12	50	60
丙	件	800	1 000	50	41	20	20

解：由已知可以得出以下计算，见表6-7。

表 6-7 某陶瓷企业计算表

产品	单位	总产值(万元)			
		$q_0m_0p_0$	$q_1m_1p_1$	$q_1m_0p_0$	$q_1m_1p_0$
甲	吨	66	50	55	55
乙	台	50	72	50	60
丙	件	80	82	100	82
合计	—	196	204	205	197

(1)总产值指数为

$$\overline{k_{总}} = \frac{\sum q_1 m_1 p_1}{\sum q_0 m_0 p_0} = \frac{204}{196} \times 100\% = 104.08\%$$

总变动为

$$\sum q_1 m_1 p_1 - \sum q_0 m_0 p_0 = 204 - 196 = 8(\text{万元})$$

(2)职工平均人数指数为

$$\overline{k_q} = \frac{\sum q_1 m_0 p_0}{\sum q_0 m_0 p_0} = \frac{205}{196} \times 100\% = 104.59\%$$

职工人数变动导致总变动为

$$\sum q_1 m_0 p_0 - \sum q_0 m_0 p_0 = 205 - 196 = 9(\text{万元})$$

(3)劳动生产率指数为

$$\overline{k_m} = \frac{\sum q_1 m_1 p_0}{\sum q_1 m_0 p_0} = \frac{197}{205} \times 100\% = 96.1\%$$

劳动生产率变动导致总变动为

$$\sum q_1 m_1 p_0 - \sum q_1 m_0 p_0 = 197 - 205 = -8(\text{万元})$$

(4)出厂价格指数为

$$\overline{k_p} = \frac{\sum q_1 m_1 p_1}{\sum q_1 m_1 p_0} = \frac{204}{197} \times 100\% = 103.55\%$$

价格变动导致总变动为

$$\sum q_1 m_1 p_1 - \sum q_1 m_1 p_0 = 204 - 197 = 7(\text{万元})$$

(5)指数体系：　　104.08%=104.59%×96.1%×103.55%

8(万元)=9(万元)-8(万元)+7(万元)

计算结果表明，该企业报告期的总产值较基期增长了 4.08%，增加额为 8 万元。其中，平均人数增长 4.59%，使得总产值增加 9 万元；全员劳动生产率下降 3.9%，使得总产值减少 8 万元；出厂价格增长 3.55%，使得总产值增加 7 万元。

可以看出，三因素分析弥补了两因素分析的不足，更加深入地揭示了问题症结主要在于劳动生产率的下降，便于企业加强管理，提高经济效益。

2. 平均指标因素分析

从综合指数的定义可以看出，当一个总量指标可以分解成两个因素的乘积时，就可以计算每一个因素变动对总量的影响。在分组的条件下，总平均指标的变动也受两个因素的影响：一个是各组变量水平变动的影响，另一个是各组单位数在总体总数中所占比重变动的影响，即结构变动的影响。因此，平均指标也可以借鉴总量指标因素分析法来分析总平均数的变动及原因。

令 $\bar{x} = \frac{\sum xf}{\sum f} = \sum x \frac{f}{\sum f}, \bar{x}_1 = \frac{\sum x_1 f_1}{\sum f_1}, \bar{x}_0 = \frac{\sum x_0 f_0}{\sum f_0}, \bar{x}_n = \frac{\sum x_0 f_1}{\sum f_1}\left(\frac{f}{\sum f}\text{为权数结构}\right)$

则平均指标变动指数体系为

总平均数指数＝变量水平指数×结构变动指数

用符号表示为

$$\frac{\bar{x}_1}{\bar{x}_0}=\frac{\bar{x}_1}{\bar{x}_n}\times\frac{\bar{x}_n}{\bar{x}_0} \tag{6-14}$$

$$\bar{x}_1-\bar{x}_0=(\bar{x}_1-\bar{x}_n)+(\bar{x}_n-\bar{x}_0) \tag{6-15}$$

各指数的实际意义如下：

(1)可变构成指数$\overline{k_{可}}=\frac{\bar{x}_1}{\bar{x}_0}$，反映总体平均水平的实际变动方向及幅度。$\bar{x}_1-\bar{x}_0$ 是总体平均水平实际增减的绝对量。

(2)固定构成指数$\overline{k_{固}}=\frac{\bar{x}_1}{\bar{x}_n}$，反映变量值水平的总变动方向及幅度。$\bar{x}_1-\bar{x}_n$ 反映变量值水平的变动对总体平均水平实际影响的绝对量。

(3)结构变动指数$\overline{k_{结}}=\frac{\bar{x}_n}{\bar{x}_0}$，反映总体结构的变动对总体平均水平的影响。$\bar{x}_n-\bar{x}_0$ 反映总体结构的变动对总体平均水平影响的绝对量。

【例 6-7】 已知某陶瓷企业基期和报告期职工的月工资情况如表 6-8 所示，试对该企业职工平均工资进行因素分析。

表 6-8 某陶瓷企业职工月工资情况

类别	月工资额 x(元)		职工人数 f(人)		工资总额(元)		
	基期	报告期	基期	报告期	x_0f_0	x_1f_1	x_0f_1
后勤	700	780	48	40	33 600	31 200	28 000
行政	750	810	50	60	37 500	48 600	45 000
技术	800	830	80	80	64 000	66 400	64 000
合计	—	—	178	180	135 100	146 200	137 000

解：首先计算工资指数 $\bar{x}_1$、$\bar{x}_n$ 和 $\bar{x}_0$，分别为

$$\bar{x}_1=\frac{\sum x_1f_1}{\sum f_1}=\frac{146\ 200}{180}=812.22(\text{元})$$

$$\bar{x}_n=\frac{\sum x_0f_1}{\sum f_1}=\frac{137\ 000}{180}=761.11(\text{元})$$

$$\bar{x}_0=\frac{\sum x_0f_0}{\sum f_0}=\frac{135\ 100}{178}=758.99(\text{元})$$

则可变构成指数：$$\overline{k_{可}}=\frac{\bar{x}_1}{\bar{x}_0}=\frac{812.22}{758.99}\times100\%=107.01\%$$

$$\bar{x}_1-\bar{x}_0=812.22-758.99=53.23(\text{元})$$

固定构成指数：$$\overline{k_{固}}=\frac{\bar{x}_1}{\bar{x}_n}=\frac{812.22}{761.11}\times100\%=106.72\%$$

$$\bar{x}_1-\bar{x}_n=812.22-761.11=51.11(\text{元})$$

结构变动指数：
$$\overline{k_{结}}=\frac{\bar{x}_n}{\bar{x}_0}=\frac{761.11}{758.99}\times100\%=100.28\%$$

$$\bar{x}_n-\bar{x}_0=761.11-758.99=2.12(\text{元})$$

指数体系：
$$107.02\%=106.72\%\times100.28\%$$
$$53.23(\text{元})=51.11(\text{元})+2.12(\text{元})$$

计算结果表明，该企业报告期的职工平均工资较基期增长了7.01%，增加额为53.23元。其中，工资水平增长6.72%，使得平均工资增加51.11元；结构变动0.28%，使得平均工资增加2.12元。

6.5 几种常用的经济指数

实际应用中，统计指数的编制都比较复杂，很少有完全按照前面章节所列的公式计算的。但理解统计指数编制的思想和原理，对理解现实中的指数是具有一定帮助的。

在现实生活中，统计指数通常是由特定政府部门或专业研究机构编制而成的。比如，统计部门公布的各种价格指数主要是统计局的相关部门编制的，股票价格指数是证券交易所编制的，等等。对大众而言，只需要知道统计指数所表达的意思就可以，无须理解指数的具体编制过程，如同你不会因为不知道CPI是如何编制的而不知道如何去消费一样。统计部门编制的价格指数主要有消费者价格指数(CPI)、生产者出厂价格指数(PPI)、商品零售价格指数(RPI)、农产品生产价格指数(API)等，其中绝大多数人关心的主要是消费者价格指数。

6.5.1 消费者价格指数

消费者价格指数(Consumer Price Index，CPI)，也称居民消费价格指数，是世界各国通用的一种指数。CPI是度量一定时期内与居民生活有关的商品及服务价格变动的相对数，反映消费品和服务价格水平变动的趋势和程度。

$$\text{CPI}=\frac{\text{一组固定商品按当期价格计算的价格}}{\text{一组固定商品按基期价格计算的价值}}\times100\% \tag{6-16}$$

该指数采用的是以固定权数进行加权算术平均计算，即

$$\overline{K_p}=\frac{\sum k_p\omega}{\sum\omega} \tag{6-17}$$

式中，k_p 表示各种商品价格的个体指数，ω 表示固定权数。

我国居民消费价格指数的权数，主要是依据居民家庭用于各种商品服务的开支在所有消费商品或服务总开支所占的比重确定的。CPI指数计算统一执行国家统计局规定的“八大类”指数体系，即指数的构成(权重)包括食品(34%)、烟酒及用品(4%)、衣着(9%)、家庭设备用品及维修服务(6%)、医疗保健和个人用品(10%)、交通和通信(10%)、娱乐教育文化用品及服务(14%)、居住(13%)等，每个大类中又包含多个具体项目，总共300多项。

消费者价格指数的作用主要有：

(1)测定通货膨胀率。即通过CPI增幅测定通货膨胀率，其计算公式为

$$通货膨胀率=\frac{报告期居民消费价格指数}{基期居民消费价格指数}-1 \tag{6-18}$$

一般来说，当 CPI 增幅大于 3%，称为通货膨胀；当 CPI 增幅大于 5%，称为严重的通货膨胀。

(2)反映居民购买力水平。所谓货币购买力，即单位货币所能购买商品和服务的数量。根据货币流通规律，若货币发行量过多，货币贬值，货币购买力即下降。货币购买力大小同商品和服务价格变化成反比，具体公式为

$$货币购买力=\frac{1}{居民消费价格指数} \tag{6-19}$$

(3)计算国内生产总值等实际价值的重要依据。由于物价的变动影响货币购买力，不同时期等量的货币收入，其实际收入存在差异。即存在以下关系：

$$实际收入指数=\frac{货币收入指数}{居民消费价格指数} \tag{6-20}$$

6.5.2　生产者价格指数

生产者价格指数(Producer Price Index，PPI)，用来衡量工业企业产品出厂价格变动趋势和程度，是反映一时期内生产领域价格变动情况的重要经济指标，也是制定有关经济政策和国民经济核算的重要依据。目前，我国 PPI 调查产品有 4 000 多种，覆盖全部 39 个工业行业大类，调查种类有 186 个。

根据价格传导机制，PPI 对 CPI 有一定的影响。PPI 反映生产环节的价格水平，CPI 反映消费环节的价格水平。整个价格水平的波动一般先出现在生产领域，然后通过产业链向下游产业扩散，最后波及消费品。PPI 能够反映生产者获得原材料的价格波动情况，推算预期 CPI，估计通货膨胀风险。因此，一般情形下，PPI 上升现象传递着不良的信号。如果生产者转移成本，终端消费品价格上涨，会加剧通货膨胀；如果成本不转移，企业利润下降，则经济面临下行的风险。

6.5.3　商品零售价格指数

商品零售价格指数(Retail Price Index，RPI)是反映一定时期内商品零售价格变动趋势和程度的相对数。RPI 的变动与国家的财政收入、市场供需平衡、消费与积累的比例关系有关。

我国目前编制商品零售价格指数是以实际调查的综合平均价格，按照加权算术平均法逐期计算的。具体计算公式为

$$\overline{K}=\frac{\sum k\omega}{\sum \omega} \tag{6-21}$$

式中，k 表示各种商品价格的个体指数，ω 表示固定权数，是根据社会商品零售总额中各类商品所占比重确定的。

6.5.4　农产品生产价格指数

农产品生产价格指数(Agricultural Price Index，API)是反映一定时期内，农产品生产者

第一手出售农产品价格水平变动趋势和幅度的相对数。农产品生产价格指数可以客观反映全国农产品生产价格水平和结构变动情况，满足农业和国民经济核算需要。其中，某代表品生产价格指数是通过对全部有出售该产品行为的调查单位的个体指数进行几何平均求得的，大、中、小类价格指数是通过对其所属类（或代表品）的价格指数进行加权平均求得的。因农产品受季节性因素影响较大，现行农产品生产价格指数采用同比指数（上年同期＝100）。

6.5.5　股票价格指数

股票价格指数（Stock Price Index，SPI），是反映股市总体价格或某类股价变动和走势的相对数，其单位用"点"来表示。股价指数是影响投资人决策行为的重要因素，也是反映经济运行的"晴雨表"。我国上证指数和恒生股指都是采用以基期股票发行量为同度量因素的拉氏综合指数编制而成。其计算公式为

$$\overline{k_p} = \frac{\sum p_1 q_0}{\sum p_0 q_0} \tag{6-22}$$

按照编制股价指数时纳入指数计算范围的股票样本数量，可以将股价指数分为全部上市股价指数和成分股指数。全部上市股价指数是指将所反映出的价格走势涉及的全部股票都纳入指数计算范围，如上海证券交易所发布的上证综指，就是把全部上市股票的价格变化都纳入指数计算范围。成分股指数是指从指数所涵盖的全部股票中选取一部分较有代表性的股票作为指数样本，计算时只把选取的成分股纳入指数计算范围，如深圳证券交易所成分股指数就是从深圳证券交易所全部上市股票中选取 40 种，计算综合性成分股指数。该指数可以近似反映全部上市股票的价格走势。

6.5.6　国民幸福指数

国民幸福指数（Gross National Happiness，GNH）是由 20 世纪 70 年代南亚不丹国王提出的。他认为，政策应该关注幸福，并应以实现幸福为目标，人生基本的问题是如何在物质生活和精神生活之间保持平衡。在这种执政理念下，他提出了由政府善治、经济增长、文化发展和环境保护四个层面组成的"国民幸福指数"。目前，尚没有任何一种幸福感测量工具能够得到普遍认同，可以试用以下两个公式计算国民幸福指数。

$$\text{国民幸福指数} = \frac{\text{收入的递增}}{\text{基尼系数} \times \text{失业率} \times \text{通货膨胀率}} \tag{6-23}$$

$$\begin{aligned}\text{国民幸福指数} = {} & a\% \times \text{生产总值指数} + b\% \times \text{社会健康指数} + c\% \times \text{社会福利指数} + \\ & d\% \times \text{社会文明指数} + e\% \times \text{生态环境指数}\end{aligned} \tag{6-24}$$

式中，a、b、c、d、e 分别表示各变量所占的权重。

6.6　Excel 的应用例解

【例 6-8】　根据例 6-5，某陶瓷企业生产三种使用价值和计量单位都不同的产品，报告期和基期总产值和有关资料输入 Excel（见图 6-1），利用 Excel 计算总产值指数、产品产量指数和出厂价格指数。

	A	B	C	D	E	F	G	H	I
1	产品	单位	产品产量 q		出厂价格（元）p		总产值（万元）		
2									
3			基期	报告期	基期	报告期	p_0q_0	p_1q_1	p_0q_1
4	甲	吨	6000	5000	110	100	66	50	55
5	乙	台	10000	12000	50	60	50	72	60
6	丙	件	40000	41000	20	20	80	82	82
7	合计	-	-	-	-	-	196	204	197
8	总产值指数	1.040816	绝对变动	8					
9	产品产量指数	1.005102		1					
10	出厂价格指数	1.035533		7					

图 6-1　Excel 指数分析计算

解：(1)计算各种产品基期产值 p_0q_0 和总产值 $\sum p_0q_0$。在 G4 单元格中输入"＝C4＊E4/10000"，然后向下拖动，填充计算所有产品基期产值。选定 G4:G6 区域，单击"编辑"中的"自动求和"，在 G7 单元格出现该列的求和值。

(2)计算各种产品报告期产值 p_1q_1 和总产值 $\sum p_1q_1$。在 H4 单元格中输入"＝D4＊F4/10000"，然后向下拖动，填充计算所有产品报告期产值。选定 H4:H6 区域，单击"编辑"中的"自动求和"，在 H7 单元格出现该列的求和值。

(3)计算各种产品产值 p_0q_1 和总产值 $\sum p_0q_1$。在 I4 单元格中输入"＝D4＊E4/10000"，然后向下拖动，填充计算所有产品产值。选定 I4:I6 区域，单击"编辑"中的"自动求和"，在 I7 单元格出现该列的求和值。

(4)计算总产值指数。在 B8 单元格中输入"＝H7/G7"，在 D8 单元格中输入"＝H7－G7"，求得总产值指数和绝对变动。

(5)计算总产品产量指数。在 B9 单元格中输入"＝I7/G7"，在 D9 单元格中输入"＝I7－G7"，求得产品产量指数和绝对变动。

(6)计算出厂价格指数。在 B10 单元格中输入"＝H7/I7"，在 D10 单元格中输入"＝H7－I7"，求得总产值指数和绝对变动。

思考与练习

一、单选题

1. 狭义指数是指(　　)。

   A. 反映价格变动的相对数

   B. 反映动态变动的相对数

   C. 反映物量变动的相对数

   D. 反映不能直接相加和对比的复杂现象综合变动的相对数

2. 运用综合指数法编制总指数的关键问题之一是(　　)。

   A. 确定被比对象　　　　B. 确定同度量因素及其固定时期

   C. 确定对比基期　　　　D. 计算个体指数

3. 统计指数划分为个体指数和综合指数的依据，是按指数(　　)。

A. 反映的对象范围不同　　B. 同度量因素不同

C. 计算时是否进行加权　　D. 指数化的指标不相同

4. 以 p 代表质量指标，q 代表数量指标，下标0表示基期，下标1表示报告期，则质量指标综合指数的公式是(　　)。

A. $\frac{\sum p_1q_1}{\sum p_0q_0}$　　B. $\frac{\sum p_1q_0}{\sum p_1q_1}$　　C. $\frac{\sum p_1q_1}{\sum p_0q_1}$　　D. $\frac{\sum p_0q_1}{\sum p_1q_1}$

5. 某商店商品销售额报告期和基期相同，商品价格报告期比基期提高了5%，则报告期商品销售量比基期(　　)。

A. 提高了10%　　B. 减少了4.8%　　C. 增长了5.2%　　D. 减少了10%

二、多选题

1. 同度量因素的作用有(　　)。

A. 平均作用　　B. 权数作用　　C. 比较作用　　D. 稳定作用

E. 同度量作用

2. 编制综合指数的一般原则有(　　)。

A. 质量指标指数以报告期数量指标为同度量因素

B. 数量指标指数以报告期质量指标为同度量因素

C. 质量指标指数以基期数量指标为同度量因素

D. 数量指标指数以基期质量指标为同度量因素

3. 若用 p 表示价格，q 表示商品销售量，则公式 $\sum p_1q_1 - \sum p_0q_1$ 的意义有(　　)。

A. 综合反映价格变动和销售量变动的绝对额

B. 综合反映多种商品价格变动而增减的销售额

C. 综合反映由于价格变动而使消费者增减的货币支出额

D. 综合反映多种商品销售量变动而增减的销售额

E. 综合反映商品销售额本身变动而增减的绝对额

4. 下列指数中，属于质量指标综合指数的有(　　)。

A. 农产品产量总指数　　B. 农产品收购价格总指数

C. 某种工业产品成本总指数　　D. 全部商品批发价格指数

E. 职工工资个体指数

5. 下面能反映平均指标变动的指数有(　　)。

A. 可变构成指数　　B. 固定构成指数

C. 结构变动影响指数　　D. 算术平均指数

E. 调和平均指数

三、判断题

1. 广义指数就是指各种相对数。(　　)

2. 劳动生产率指数和单位成本指数都是数量指标综合指数。(　　)

3. 为使价格指数的计算符合现实经济意义，在编制价格总指数时，同度量因素应是基期的商品销售量。(　　)

4. 平均指数编制总指数方法，既可用于全面调查的资料，也可用于非全面调查的资料。（　　）

5. 统计指数是综合反映社会经济现象总变动方向及变动幅度的相对数。（　　）

四、简答题

1. 什么是综合指数？什么是平均指数？二者之间有何联系和区别？

2. 同度量因素有何作用？在编制综合指数时，应如何选择使用同度量因素？其时期怎样固定？

3. 什么是指数体系？因素分析与指数体系的关系如何？举例说明指数因素分析应如何进行。

五、计算题

1. 已知某商店四种主要商品的销售价格和销售量资料，如表 6-9 所示。

表 6-9　某商店主要商品的销售价格和销售量资料

商品种类	销售量		单价（元）	
	基　期	报告期	基　期	报告期
甲（件）	200	240	10	12
乙（台）	100	88	54	68
丙（盒）	410	400	26	32
丁（个）	600	640	8	8

要求：

(1)计算四种商品的价格个体指数和销售量个体指数。

(2)计算四种商品价格总指数及由于价格变动使得销售额增减的金额。

(3)计算四种商品销售量总指数及由于销售量变动使得销售额增减的金额。

2. 根据表 6-10 所示资料，计算三种商品销售量总指数。

表 6-10　某商店主要商品的销售价格和销售量资料

商品种类	销售量		基期商品销售额（元）
	基　期	报告期	
甲（件）	8 000	8 800	80 000
乙（台）	2 000	2 500	16 000
丙（盒）	10 000	10 500	60 000
合计	—	—	156 000

3. 已知某商场资料，如表 6-11 所示。

表 6-11　某商场资料

商品种类	销售额（万元）		商品销售量报告期比基期增减（%）
	基　期	报告期	
洗衣机（台）	5 000	8 880	23
电冰箱（台）	4 500	4 200	−7
合计	9 500	13 080	—

要求：

(1)计算商品销售价格总指数。

(2)计算销售额指数和销售量总指数。

(3)从相对数和绝对数两个方面分析由于价格和销售量变动对销售额的影响。

4. 已知三种产品的单位产品原材料耗用量(单耗)、原材料价格和产量资料，如表6-12所示。

表6-12　三种商品的单耗、原材料价格和产量资料

产品			原材料					
名称	产量		名称	单位	单耗		购进单价(元)	
	基期	报告期			基期	报告期	基期	报告期
甲(件)	100	120	A	千克	11	9	18	22
乙(台)	50	56	B	千克	22	17	15	20
丙(套)	90	98	C	千克	6	5	40	45

要求：

(1)计算产品产量总指数、原材料单耗总指数和原材料单价总指数。

(2)运用多因素分析原理说明产品产量、原材料单耗、原材料单价对原材料总费用的影响。

5. 某企业工人的资料如表6-13所示。

表6-13　某企业工人工资资料

工人	工资水平(元)		工人人数(元)	
	基期	报告期	基期	报告期
技术工	700	750	300	400
普通工	400	450	200	600
合计	—	—	500	1 000

要求：运用平均指标指数体系分析各组工人工资水平和工人结构的变动对全厂平均工资变动的影响。

第 7 章　数理统计基础

引导案例

国家的财政收入与税收有着密切的依存关系。表 7-1 是从《中国统计年鉴》中抽取的 1978 年到 2008 年共 31 年间中国的税收(x,百亿元)和财政收入(y,百亿元)数据。

表 7-1　中国财政收入与税收数据　　　　单位:百亿元

年份	y	x	年份	y	x
1978	11.326 2	5.192 8	1994	52.181	51.268 8
1979	11.463 8	5.378 2	1995	62.422	60.380 4
1980	11.599 3	5.717	1996	74.079 9	69.098 2
1981	11.757 9	6.298 9	1997	86.511 4	82.340 4
1982	21.123 3	7.000 2	1998	98.759 5	92.628
1983	18.669 5	7.555 9	1999	114.440 8	106.825 8
1984	16.428 6	9.473 5	2000	133.952 3	125.815 1
1985	20.048 2	20.407 9	2001	163.860 4	153.013 8
1986	21.220 1	20.907 3	2002	189.036 4	176.364 5
1987	21.993 5	21.403 6	2003	217.152 5	200.173 1
1988	23.572 4	23.904 7	2004	263.964 7	241.656 8
1989	26.649	27.274	2005	316.492 9	287.785 4
1990	29.371	28.218 7	2006	387.602	348.043 5
1991	31.494 8	29.901 7	2007	513.217 8	456.219 7
1992	34.833 7	32.969 1	2008	613.303 5	542.196 2
1993	43.489 5	42.553			

通过表中数据不难发现,国家的财政收入与税收存在某种密切的联系。那么,两者之间是什么样的关系?线性的还是非线性的?这个问题可以通过散点图迅速地得到直观的结果。接下来,税收对财政收入的影响是正向的还是负向的?税收每增长一个单位,财政收入增长的幅度能达到多少?在一定的、合理的假定条件下,我们可以通过建立统计模型,运用一系列的统计推断方法来得到上述定量研究的答案,并检验所用假定的合理性。

7.1 抽样推断概述

在统计调查中,为了取得某一社会经济现象总体的特征,除用全面调查的方法之外,能否从总体中抽取部分单位进行调查,进而掌握总体的综合特征呢？尤其是当总体包含的单位数众多而没有办法获得全面调查数据,或者某些现象总体的综合特征需要经过破坏性测试才能获得的情况下,能否只根据对总体的一部分单位进行调查获得的数据来推断总体的特征呢？

事实上,在现实工作和生活中,我们总是自觉或不自觉地和总体与样本打交道。例如,买橘子时,为了解一批橘子的甜度情况,我们只需要品尝一两个,然后通过这一两个橘子的甜度判断这批橘子的甜度,这就是用个体推断总体。仓库保管员为了了解商品的保存质量,不一定每件商品都检查,只需要从中抽取几箱检测就可以掌握这批商品的保存质量。

7.1.1 总体与个体

在统计学中,我们把所要调查对象的全体称为总体(Population),把总体中的每个成员称为个体(Individual),从总体中抽取出的若干个体称为样本(Sample),样本中包含的个体的总数量称为样本容量(Sample Size)。

总体中的个体总数可以用数量表示。为了叙述简单和明确,我们把个体看成数量,把总体看成数量的集体,我们要调查的是总体的性质。

总体中个体的数目有时是确定的,有时较难确定,但是往往并不影响总体的确定,也不影响问题的解决。例如在判断一批橘子甜不甜时,并不需要知道该批橘子总共有多少个。

7.1.2 抽样推断的概念

抽样推断是按照随机原则,从研究对象总体中抽取一部分个体进行观察,并根据样本的实际观测结果,对总体的数量特征做出具有一定可靠程度的估计和判断,从而达到对研究对象总体的认识的一种统计方法。

抽样推断既包含搜集统计资料的过程(一般称为抽样调查),也包含对现象总体进行科学的估计和判断的分析阶段(一般称为参数估计和假设检验)。因此,抽样推断在统计调查和统计分析中都得到了广泛的应用。抽样推断的核心问题是如何根据已知的部分资料来推断未知的总体情况。

7.1.3 抽样推断的特点

1. 抽样推断是非全面调查

与全面调查不同,抽样推断不需要调查总体中所有的单位,只需要从总体中抽取部分样本,获得样本信息,并推断总体特征。

2. 按照随机原则抽选调查单位

在非全面调查中的重点调查和典型调查过程中,一般会提前根据调查任务的要求选择部分调查单位进行调查。而抽样推断在选取调查单位时,必须严格按照随机性的原则抽取调查单位,否则会造成样本不具备代表性,导致推断得到的估计产生较大偏差,甚至因而作出错误的结论和决策。

3. 用样本的指标值推断总体的指标值

通过样本指标的观测值进行推断，得到总体的基本数量特征是抽样推断的基本目标。这点也与重点调查不同，重点调查不需要去推断总体。重点调查的结果就说明了总体的主要情况。

4. 抽样推断中产生的抽样误差是可控的

抽样推断是会产生抽样误差的。但与其他的统计估算不同的是，抽样调查的误差范围是可以事先计算并控制的，以保证抽样推断的结果满足可靠程度的要求。

7.1.4 抽样推断的作用

抽样推断的作用主要体现在以下几个方面：

(1)对某些不可能进行全面调查而又要求反映其全面情况的无限总体，必须采用抽样推断的方法。例如，在生产线中会有持续生产的产品，如果要了解生产线生产出来的产品质量状况，就必须采取抽样推断的方法。

(2)对某些属于破坏性或消耗性产品质量的检查只能进行抽样推断。例如，汽车安全检查、食品卫生状况的检查及灯管耐用时间的实验等都是具有破坏性或损耗性的，不可能进行全面调查，只能进行抽样推断。

(3)对某些不必要进行全面调查的总体可以利用抽样推断法取得资料。城乡居民家庭支出情况等问题，从理论上可以进行全面调查获得数量特征，但实践中做不到并且也没有必要。对这类问题一般采取抽样调查的方法。对农产品产量的调查数据一般也采取抽样推断的方法。因为如果要进行全面调查，就必须等到全部收割完毕并统计一段时间后能取得，一般要 2 个月左右，这对于农产品的收购、储运和运输等都是不利的。而如果作抽样调查，就可以在收获农产品的同时获得样本数据和推断结果，从而可以有效安排并管理相关活动。

(4)抽样调查可以对全面调查的资料进行验证和补充，并以此作为修正数字的参考。全面调查过程中涉及的调查单位多，汇总过程人员也多，因此发生登记误差的可能性大；抽样调查过程往往相对专业，发生登记误差的可能性较小。在很多人口和农业领域的调查过程中，为保证调查数据的准确性，往往结合抽样调查对全面调查的资料进行验证，并以此作为修正数字的参考。

(5)抽样推断法可以用于生产过程的质量控制。抽样推断法不仅用于生产结果的核算，而且用于生产过程中的质量控制。通过抽取一定的产品检验生产过程是否存在问题，并提供相关信息，便于采取措施预防并降低次品率。

(6)利用抽样推断原理，可以对某些总体的假设进行检验，判断真伪，为制定决策提供依据。例如，对新工艺、新技术的可行性研究或实验过程中，需要通过对未知的总体做出一些假设，然后利用抽样推断的方法对假设是否成立进行检验并做出判断。

7.1.5 抽样推断的基本指标

1. 总体指标

根据总体中全体个体的观测值计算出来的，反映总体某种属性或特征的综合指标称为总体指标。总体指标主要包括以下三种。

1)总体均值(Mean)

它是全体个体的平均值，统计学中通常用 μ 表示。总体均值刻画了全体数据的中心位置。

其计算公式为

$$\mu=\frac{x_1+x_2+\cdots+x_N}{N}=\frac{1}{N}\sum_{i=1}^{N}x_i$$

其中,N 是总体所包含的全体个体的总数,x_i 是第 i 个个体的值,$i=1,2,\cdots,N$。

特别的,对于区间数据,在计算总体均值时,一般以区间中点值作为各个个体的观测值。

2)总体方差(Variance)

我们称

$$\sigma^2=\frac{(x_1-\mu)^2+(x_2-\mu)^2+\cdots+(x_N-\mu)^2}{N}=\frac{1}{N}\sum_{i=1}^{N}(x_i-\mu)^2$$

为总体方差或方差。

由于 $|x_i-\mu|$ 刻画的第 i 个个体相对总体中心的波动程度,显然,总体方差刻画了个体相对总体中心的平均波动程度。换句话说,总体方差是个体波动程度的平均值。方差越大,个体波动幅度越大,全体数据越分散。

总体方差的平方根 σ 称为总体标准差(Standard Deviation)。

如果总体服从正态分布,则样本落在区间$(\mu-\sigma,\mu+\sigma)$内的概率为 68.27%,落在区间$(\mu-1.96\sigma,\mu+1.96\sigma)$内的概率为 95%,落在区间$(\mu-3\sigma,\mu+3\sigma)$内的概率为 99.73%。这就是质量管理中著名的"3σ 准则"的由来。

特别的,当总体的一个现象有且只有两种表现时,其中具有某种表现(不妨记作 A)的个体数占总体中全部个体总数的比例称为总体成数,记为 P。如果当第 i 个个体表现出现象 A 时,我们记 $x_i=1$,否则 $x_i=0$。则表现出现象 A 的个体的总数 N_A 为

$$N_A=x_1+x_2+\cdots+x_N$$

于是,总体成数 P 为

$$P=\frac{N_A}{N}=\frac{x_1+x_2+\cdots+x_N}{N}=\frac{1}{N}\sum_{i=1}^{N}x_i$$

可见,总体成数是总体均值的特例。

而总体成数的方差为

$$\sigma^2=\frac{1}{N}\sum_{i=1}^{N}(x_i-\mu)^2=\frac{1}{N}[N_A(1-P)^2+(N-N_A)P^2]=P(1-P)$$

2. 样本指标

样本指标是指根据从总体中抽取得到样本计算得到的综合指标。与总体指标相对应,样本指标也有三种,分别为样本均值、抽样方差和样本标准差。

由于抽样的随机性,每次随机抽样所得的样本未必完全相同,自然的,利用所得样本计算得到的样本指标数值也会随之变化。因而,样本指标本质上也是随机变量。

样本均值(sample mean),顾名思义,即抽样所得到的样本的平均值。通常用 $\bar{x}$ 表示。显然,样本均值刻画的是抽样获得的数据的中心位置。其计算公式为

$$\bar{x}=\frac{x_1+x_2+\cdots+x_n}{n}=\frac{1}{n}\sum_{i=1}^{n}x_i$$

其中 n 是样本容量,并称

$$s^2=\frac{(x_1-\bar{x})^2+(x_2-\bar{x})^2+\cdots+(x_n-\bar{x})^2}{n-1}=\frac{1}{n-1}\sum_{i=1}^{n}(x_i-\bar{x})^2$$

为样本方差(Sample Variance)。样本方差刻画的是在抽得的样本中个体相对样本均值的波动程度。样本方差越大，抽得的样本波动幅度越大，数据越分散。

样本方差的平方根称为样本标准差，记作 s。

特别的，当总体的一个现象有且只有两种表现时，其中具有某种表现(不妨记作 A)的个体数 n_A 占抽样样本中全部个体总数 n 的比例称为抽样成数，记为 p。如果当第 i 个个体表现出现象 A 时，我们记 $x_i=1$，否则 $x_i=0$。则有

$$n_A = x_1 + x_2 + \cdots + x_n = \sum_{i=1}^{n_1} x_i$$

于是

$$p = \frac{n_A}{n} = \frac{x_1 + x_2 + \cdots + x_n}{n} = \frac{1}{n}\sum_{i=1}^{n} x_i$$

可见，抽样成数是样本均值的特例。而样本成数的方差为

$$s^2 = \frac{1}{n}\sum_{i=1}^{n}(x_i - \bar{x})^2 = \frac{1}{n}[n_A(1-p)^2 + (n-n_A)p^2] = p(1-p)$$

【例 7-1】 某灯泡厂生产的 10 000 只灯泡中，有 450 只为不合格品，则

总体次品率为

$$P=\frac{N_A}{N}=\frac{450}{10\ 000}=4.5\%$$

总体方差为

$$\sigma^2=0.045\times(1-0.045)=0.043$$

而若抽样检查了 100 只灯泡，其中有 3 只不合格，则

抽样次品率为

$$p=\frac{n_A}{n}=\frac{3}{100}=3\%$$

样本方差为

$$s^2=0.03\times0.97=0.029\ 1$$

7.1.6 抽样方法和样本可能数目

样本可能数目和抽样方法有关。根据取样的方法不同，抽样方法可以分为重复抽样和不重复抽样。

重复抽样又叫有放回抽样，是指抽样时对每次被抽到的单位登记后放回，再次参与下一次抽选的抽样方法。在重复抽样的过程中，先前被抽到过的个体在后面的每次抽样时仍然有可能被抽到。n 次抽取过程相当于进行了 n 次独立的试验。易知任一个体每次被抽中的概率都是相等的。一般地，从总体 N 中抽取 n 个个体，构成不同样本的全部可能性 m 为

$$m=N^n$$

不重复抽样又称为不放回抽样。与重复抽样不同，不重复抽样时每次从总体中抽出的个体登记后并不放回总体，只有未被抽到过的个体继续参加下一轮的抽取，直到抽到所需要的样本量为止。

不重复抽样由于每次抽样不重复，所以实质上相当于从总体中一次性抽取 n 个个体；由于每次抽取的样本不放回，显然本次抽取的结果会影响下一次抽取开始时的状态，因而各次抽取

过程是不独立的，不过每个个体在各次抽取过程中被抽到的概率仍然是相等的。在实际应用中，当 $N \gg n$ 时，通常认为不重复抽样中的每次抽取个体的试验是近似独立的。一般情况下，不重复抽样从总体 N 中抽取 n 个个体，构成不同样本的全部可能性为

$$m = N(N-1)(N-2)\cdots(N-n+1) = \frac{N!}{(N-n)!}$$

7.2　抽样误差

7.2.1　抽样误差的概念

统计数据和客观实际数量之间是有差别的，这种差别通常被称为误差。

在统计推断中，误差的来源是多方面的，统计误差按产生的来源分类，有登记性误差和代表性误差。

登记性误差又称调查误差或工作误差，是指在调查过程中，由于各种主观或客观原因而引起的误差。例如：由于指标含义不清、口径不同而造成的误差；由于被调查者不愿意提供真实的信息，以及在登记、计算、抄写上有差错等而出现的误差。这种登记性误差不论是在抽样调查还是在其他形式的调查中都有可能产生。调查的范围越广、规模越大、内容越复杂，产生登记性误差的可能性就越大。登记性误差是所有统计调查都可能发生的，且可以采取一定方法加以避免的。

代表性误差是指在抽样调查中，所获得的样本的结构情况不足以代表总体的状况，此时用部分去推断总体所产生的误差。代表性误差的发生有两种情况。一种是由于违反了抽样调查的随机原则。例如，有意识地多选好的单位或较差的单位进行调查而造成的偏差。在产品质量检测中，调查者为了得到较好的调查结论而有意地选择部分质量较好的产品作为样本，而在样本中剔除掉一些较差的产品。这种由于破坏抽样过程的随机原则而产生的误差称为偏差。显然，只要遵循随机原则就可以避免产生偏差或将其减小到最低程度。另一种情况是指遵循了随机原则，但抽到的不同的样本而产生的随机性误差。随机性误差在抽样推断中是不可避免的，是偶然的代表性误差。

抽样误差是指由于随机抽样的偶然因素使样本各单位的结构不足以代表总体结构，而引起抽样指标和全局指标的绝对离差，是客观存在并不可避免的。

通常意义上的抽样误差是指随机性误差，主要包括两类：抽样偏差和抽样平均误差。抽样偏差是样本指标和总体指标间的差异，即 $|\bar{x}-\mu|$；抽样平均误差是由于抽样的随机性造成的样本指标的平均值相对总体指标的平均波动。

7.2.2　影响抽样误差的因素

为了计算抽样误差并对抽样误差加以控制，需要分析影响抽样误差的因素。影响抽样误差的因素主要有 3 个方面：样本容量、总体方差、抽样组织方式和抽样方法。

1. 样本容量

在其他条件不变的情况下，抽取的样本越多，抽样误差越小；样本数越少，抽样误差越大。样本容量和抽样误差呈反方向变动关系。这是因为样本量越大，样本所包含的总体的信息越

多，抽样误差也就越小。当样本量与总体包含的个体总量相等时，实际上就不存在抽样误差了。

2. 总体的波动程度

总体的波动越大，抽样误差也就越大，而总体的波动越小，抽样误差也越小。当总体不存在波动，个体指标值都相等时，抽样指标和总体指标一致，抽样误差实际上也不存在了。

3. 抽样组织方式和抽样方法

采用不同的组织方式，会有不同的抽样误差。这是因为不同的抽样组织方式下抽得的样本，对于总体的代表性也不同。通常我们根据事先给定的抽样误差要求，判断并给出各种抽样组织方式。采用不同的抽样方法，抽样误差也会不同。一般来说，各种抽样方法的抽样误差是整群抽样＞系统抽样＞随机抽样＞分层抽样。而不重复抽样比采用重复抽样的抽样误差小。

7.2.3 抽样平均误差

1. 抽样平均误差的含义

从一个总体中可能抽取很多样本，因此样本指标（例如样本均值）将随着不同的样本而表现出不同的取值，说明抽样误差是个随机变量。它们对总体指标（如总体均值的离差）也将有大有小。也就是说，理论上可以计算得到多个抽样误差。有的误差为正数，有的误差为负；有的误差可能大些，有的误差可能小些。一个自然的想法是使用这些误差的平均值作为抽样平均误差的定义，以此来反映抽样误差的一般水平。然而，由于所有可能的样本均值的平均值等于总体均值，因此用简单的算术平均的方法求得的抽样平均误差一定为零。因此，我们采用类似标准差的方法来定义并计算抽样平均误差，即抽样平均误差定义为抽样平均值的标准差。

2. 样本均值的抽样平均误差 $\mu_{\bar{x}}$

（1）重复抽样下的抽样平均误差为

$$\mu_{\bar{x}}=\sqrt{\frac{\sigma^2}{n}}=\frac{\sigma}{\sqrt{n}} \tag{7-1}$$

（2）不重复抽样下的抽样平均误差为

$$\mu_{\bar{x}}=\sqrt{\frac{\sigma^2}{n}\left(\frac{N-n}{N-1}\right)} \tag{7-2}$$

其中，σ 为总体标准差，n 为样本量，N 为总体包含的个体总数。

当 N 很大而 n 比较小，一般采用以下的近似公式

$$\mu_{\bar{x}}=\sqrt{\frac{\sigma^2}{n}\left(\frac{N-n}{N}\right)}=\sqrt{\frac{\sigma^2}{n}\left(1-\frac{n}{N}\right)} \tag{7-3}$$

【例 7-2】 某灯泡厂生产的 10 000 只灯泡中，随机抽检 100 只灯泡，其中有 3 只不合格。求次品率的抽样平均误差。

解：由于总体方差未知，我们以样本方差替代。由例 7-1，样本方差为

$$s^2=0.03\times 0.97=0.029\,1$$

产品质量抽样通常为不重复抽样，由式(7-3)，次品率的抽样平均误差为

$$\mu_{\bar{x}}=\sqrt{\frac{\sigma^2}{n}\left(1-\frac{n}{N}\right)}=\sqrt{\frac{0.029\,1}{100}\left(1-\frac{100}{10\,000}\right)}=1.70\%$$

7.3 抽样推断的理论基础

7.3.1 大数定律

抽样推断是建立在概率论的大数定律基础上的。大数定律是关于大量随机现象具有稳定性质的定律。大数定律认为，如果被研究总体是由大量相互独立的随机因素所构成的，而每个因素对总体的影响都相对小，那么这些大量的因素加以综合平均的结果会使因素的个别影响相互抵消，而呈现出共有的作用特征，使得总体具有稳定的性质。

大数定律理论上揭示了样本和总体的内在联系。也就是说，随着样本量 n 的增加，抽样均值有接近于总体均值的趋势。即，无论要求怎样的精度，只要随机抽样抽取的样本足够多，用样本均值作为总体均值的估计能达到所要求的精度的概率是趋于 1 的。即对任意的 $\varepsilon>0$，$\lim\limits_{n\to\infty}P\{|\bar{x}-\mu|<\varepsilon\}=1$。

大数定律论证了样本均值趋近于总体均值，为估计总体的均值提供了依据。但是样本均值与总体均值的差异究竟有多大、分布怎样，则没有给出。

7.3.2 中心极限定理

中心极限定理是概率论中重要的基本定理，有广泛的实际应用背景。在自然界与生产中，一些现象受到许多相互独立的随机因素的影响。如果每个因素所产生的影响都很微小时，总的影响可以看作是服从正态分布的。中心极限定理就是从数学上证明了这一现象。

设从均值为 μ、方差为 σ^2 的任意一个有限总体中抽取样本量为 n 的简单随机样本。则当 n 趋于无穷大时，样本均值 $\bar{x}$ 的极限分布是均值为 μ、方差为 σ^2/n 的正态分布。

正是由于中心极限定理给出了样本均值的分布，我们才能在对总体均值作出点估计之后进行进一步的推断工作。

运用中心极限定理要求样本量 n 充分大(此时的样本称为大样本)。那么多大才是充分大呢？这与总体的分布形状有关。总体偏离正态越远，则要求 n 越大。在实际应用中，一般当样本量 $n\geqslant30$ 时即认为是大样本，$n<30$ 为小样本。

7.4 参数估计

参数估计就是利用抽样调查中实际观测到的样本指标值来估计相应的总体指标值。抽样估计包括点估计和区间估计。

7.4.1 总体参数的点估计

所谓的点估计，就是根据所要估计的总体参数的特点，构造样本指标的函数(这样的函数称为估计量)，并以该估计量在实际抽样结果下的观测值作为总体待估参数的估计值。

根据大数定律，一般取样本均值 $\bar{x}$ 作为总体均值 μ 的估计，并以样本方差 s^2 作为总体方差 σ^2 的估计。

对总体的同一待估参数，从不同的角度出发，往往可以构造多个估计量。很自然的，我们希望能够找到一个“最优”的估计量。那么“最优”估计是否存在？又如何评价估计量的优劣呢？

由于样本指标是随机变量，作为样本指标函数的估计量自然也是一随机变量。因此随着抽取的样本不同，总体参数的估计量就有着不同的观测值。因此，要判断一种估计量的好坏，往往需要通过多次重复试验，看这种估计量是否在某种意义上最接近于被估计参数的真值。常用的评价估计量优劣的准则有以下三条。或者说，通常我们希望所用的估计量最好能满足以下三项要求的一条或数条。

7.4.2 估计量的三条评价准则

1. **无偏性**(Unbiasedness)

抽样估计是利用随机抽样得到的估计量的观测值作为总体未知参数的估计。由于抽样的随机性，我们不可能指望每次抽样获得的估计值都等于总体参数的真实值。退而求其次，我们希望估计量具有这样的性质：如果能作多次抽样，那么我们得到的多个估计值的平均值能够等于总体待估参数的真实值。即，从平均的意义上说，总体未知参数的估计是没有偏差的。估计量这样的性质称为无偏性。具有无偏性的估计量称为无偏估计。

例如，我们通常以样本均值作为总体均值的估计量。可以证明，样本均值是总体均值的无偏估计。即，样本均值的平均值等于总体均值。

无偏性体现了一种频率思想，只有在大量重复使用时，无偏性才有意义。例如，要估计某批产品的合格率 θ，从中抽取 n 个产品进行检查，发现有 X 个合格。容易验证，在假定 $X \sim b(n,\theta)$ 下，X/n 是合格率 θ 的无偏估计。然而对某一次具体观测值 x 来说，X/n 要么等于 θ 要么不等于 θ，此时无偏性显得没有意义；然而，如果问题改为工厂每天都对其生产的产品进行抽检，若假定生产过程相对稳定，则估计的无偏性要求便是合理的。比如用 X/n 估计 θ，对每一天而言，该估计可能偏大也可能偏小。但在一段较长的时期内，X/n 平均来说在 θ 的周围波动。

2. **相合性**(Consistency)

所谓的相合性是指：随着样本量的增大，估计量和总体未知参数之间的绝对离差能够任意小的概率是趋于1的。相合性被认为是对估计的一个最基本的要求。如果一个估计量，无论做多少次试验或有多少个观测值，它都不能把要估计的参数估计到任意指定的精度，那么这个估计是很值得怀疑的。通常，不满足相合性要求的估计一般不予考虑。可以证明，样本均值是总体均值的相合估计。

3. **有效性**(Efficiency)

对同一总体参数，如果有多个估计量，那么方差越小的估计量在多次抽样中得到的观测值就越集中。与之相反，方差越大的估计量其观测值的波动也越大。换言之，方差小的估计量表现更稳定。我们称方差小的估计量比方差大的估计量更有效。如果某个估计量的方差比其他任意一个估计量的方差都小，我们就称之为有效估计。

例如，一般抽样得到的 n 个样本的样本均值作为总体均值的估计。也可以用 n 个样本的任意一个样本的值来估计总体的均值。在统计上很容易证明两者都是无偏估计量。样本均值的方差只有任意一个样本的方差的 $1/n$，因而相比于以任意一个样本作为估计量，以样本均值 $\bar{x}$ 作为总体均值 μ 的估计是更有效的估计。

另外，可以证明样本方差 s^2 是总体方差 σ^2 的有偏估计。因此，在有些场合，经常对其作无偏化处理，取

$$s_n^2=\frac{n}{n-1}s^2=\frac{1}{n-1}\sum_{i=1}^{n}(x_i-\bar{x})^2$$

作为总体方差的估计。

需要指出的是，初学者往往认为无偏估计总是优于有偏估计的，其实不然。一个估计假如它是无偏的，但是它的方差很大，那就意味着该估计量的观测值就会在参数真值周围很大的一个范围内波动，在实际运用中很可能会远离参数真实值。而一个偏差和方差都很小的有偏估计反而在实际运用中距参数的真实值更近。因而在某些场合，我们会综合考虑估计量的偏差和方差，选择均方误差（它等于估计量的方差与偏差平方的和）达到最小的估计量。这方面的内容可以参见数理统计的专门参考书。

7.4.3　总体参数的区间估计

参数的点估计给出了总体参数的一个具体的数值作为估计，便于计算和使用。但是估计的精度如何、距离参数的真实值有多远，点估计不能回答，需要由其分布来反映。实际中，度量一个点估计的精度的最直观的方法就是给出一个尽量窄的随机区间，同时它能够以足够大的可能性（概率）包含了参数的真实值。这就产生置信区间的概念。

1. 区间估计的概念

参数区间估计是利用实际抽样数据，给出总体待估参数 θ 的上限的估计量 $\hat{\theta}_U$ 和下限的估计量 $\hat{\theta}_L$，即指出总体参数可能存在的区间范围 $(\hat{\theta}_L,\hat{\theta}_U)$，这一随机区间包含待估参数 θ 的真实值的概率不低于预先指定的可信度（即概率）$1-\alpha$。而不是直接给出总体参数的点估计。满足上述要求的随机区间 $(\hat{\theta}_L,\hat{\theta}_U)$ 称为待估参数 θ 的置信度为 $1-\alpha$ 的置信区间，通常也简称为 $1-\alpha$ 置信区间。

2. 区间估计的步骤

构造未知参数 θ 的置信区间的最常用的方法是枢轴量法，其步骤可以概括为如下三步：

（1）构造一个关于样本和 θ 的函数 $G=G(x_1,x_2,\cdots,x_n,\theta)$，使得 G 的分布与未知参数 θ 无关。一般称具有这样性质的 G 为枢轴量。枢轴量一般从 θ 的点估计出发寻找。

（2）适当选取两个常数 c,d，使得对于给定的 $\alpha(0<\alpha<1)$，有

$$P(c\leqslant G\leqslant d)=1-\alpha$$

在离散的场合，上式中的等号改为大于等于（$\geqslant$）。

（3）将 $c\leqslant G\leqslant d$ 等价变形为 $\hat{\theta}_L\leqslant\theta\leqslant\hat{\theta}_U$，则有

$$P(\hat{\theta}_L\leqslant\theta\leqslant\hat{\theta}_U)=1-\alpha$$

则 $(\hat{\theta}_L,\hat{\theta}_U)$ 是 θ 的一个 $1-\alpha$ 置信区间。

显然，满足以上概率等式的随机区间 $(\hat{\theta}_L,\hat{\theta}_U)$ 是不唯一的。对于满足以上概率等式的随机区间 $(\hat{\theta}_L,\hat{\theta}_U)$，自然的，我们希望它的长度越短越好。因为在同样的置信度下，区间的长度越短，意味着我们在相同的可信度下，获得的估计越精确。对于对称的分布，例如正态分布，可以证明，在相同的置信度下，对称区间的长度最短。下面，我们不加证明地给出大样本时总体均值 μ 的 $1-\alpha$ 置信区间。

3. 大样本时总体均值 μ 的 $1-\alpha$ 置信区间的构造步骤

(1)以样本均值 $\bar{x}$ 作为总体均值 μ 的点估计。

(2)计算样本均值 $\bar{x}$ 的抽样平均误差 $\mu_{\bar{x}}$(见 7.2.3 节)。

(3)则总体均值 μ 的 $1-\alpha$ 置信区间为

$$(\bar{x}-Z_{1-\alpha/2}\cdot\mu_{\bar{x}},\ \bar{x}+Z_{1-\alpha/2}\cdot\mu_{\bar{x}}) \tag{7-4}$$

也经常用 $\bar{x}\pm Z_{1-\alpha/2}\cdot\mu_{\bar{x}}$ 表示。其中 $Z_{1-\alpha/2}$是标准正态分布的 $1-\frac{\alpha}{2}$分位数。可见,总体均值 μ 的 $1-\alpha$ 置信区间是一个以样本均值为中心,半径为 $Z_{1-\alpha/2}\cdot\mu_{\bar{x}}$ 的对称区间。

注:小样本时,正态总体均值 μ 的 $1-\alpha$ 置信区间形式为

$$(\bar{x}-t_{1-\alpha/2}(n-1)\cdot\mu_{\bar{x}},\ \bar{x}+t_{1-\alpha/2}(n-1)\cdot\mu_{\bar{x}}) \tag{7-5}$$

式中,$t_{1-\alpha/2}(n-1)$是自由度 $n-1$ 的 t 分布的 $1-\frac{\alpha}{2}$分位数。

【例 7-3】 检查某灯泡厂生产的某型号灯泡的使用寿命,随机抽检 100 只灯泡,数据见表 7-2。试估计该型号灯泡的使用寿命。

表 7-2 灯泡使用寿命数据

使用寿命 x(千小时)	组中值 x_i	灯泡数 n_i
(20,25]	22.5	4
(25,30]	27.5	18
(30,35]	32.5	24
(35,40]	37.5	28
(40,45]	42.5	16
(45,50]	47.5	10
合　计		100

解:(1)计算样本均值、标准差,并计算抽样平均误差。

$$\bar{x}=\frac{1}{n}\sum_{i=1}^{6}n_ix_i=\frac{4\times22.5+18\times27.5+\cdots+10\times47.5}{100}=35.7(\text{小时})$$

$$s=\sqrt{\frac{1}{n}\sum_{i=1}^{6}n_i\,(x_i-\bar{x})^2}=6.65(\text{小时})$$

$$\mu_{\bar{x}}=\frac{s}{\sqrt{n}}=6.65\div10=0.665(\text{小时})$$

(2)计算 95%置信区间。

由于样本量 $n=100\gg30$,可以认为是大样本,由(7-5)式,可以得到灯泡寿命的 95%置信区间为$\left(35.7-1.96\times\frac{6.65}{10},35.7-1.96\times\frac{6.65}{10}\right)$,即(34.40,37.00)。

综上,得到以下结论:

该型号灯泡的平均寿命为 35.7 千小时。并且我们以 95%的可信度,估计灯泡寿命在 34.4~37.00 千小时。

【例 7-4】 (基于 Excel 的抽样推断)从某工厂工人中随机抽取 34 人,获取他们的月工资数据如下(单位:元):

7 112　6 930　5 154　8 583　8 121　3 131　7 378　8 350　4 872　8 730　8 032
3 436　5 445　4 972　3 169　6 485　3 140　6 999　4 324　6 189　4 320　3 710
5 512　6 075　5 586　3 648　7 076　3 240　7 430　4 594　6 166　4 430　4 204
6 320

(1)打开 Excel,将所有样本数据输入在同一列上。

(2)选择"数据"→"数据分析",打开"数据分析"对话框,选择其中的"描述统计"选项,并单击"确定"按钮,如图 7-1 所示。

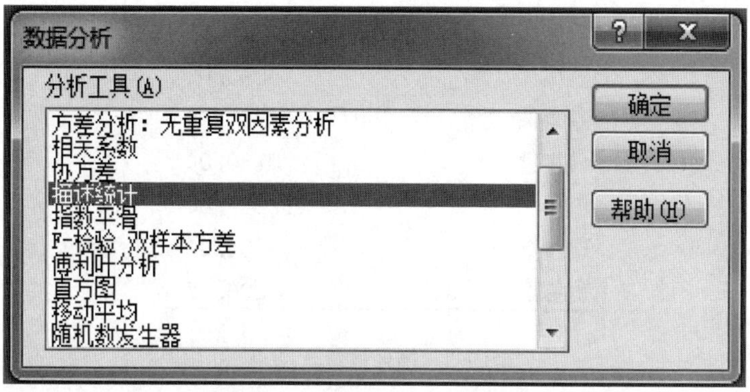

图 7-1　"数据分析"对话框

(3)在弹出的"描述统计"对话框中,选择输入区域为 A1:A34,分组方式为"逐列",并勾选"汇总统计"和"平均数置信度"复选框(默认是 95%置信度),如图 7-2 所示。

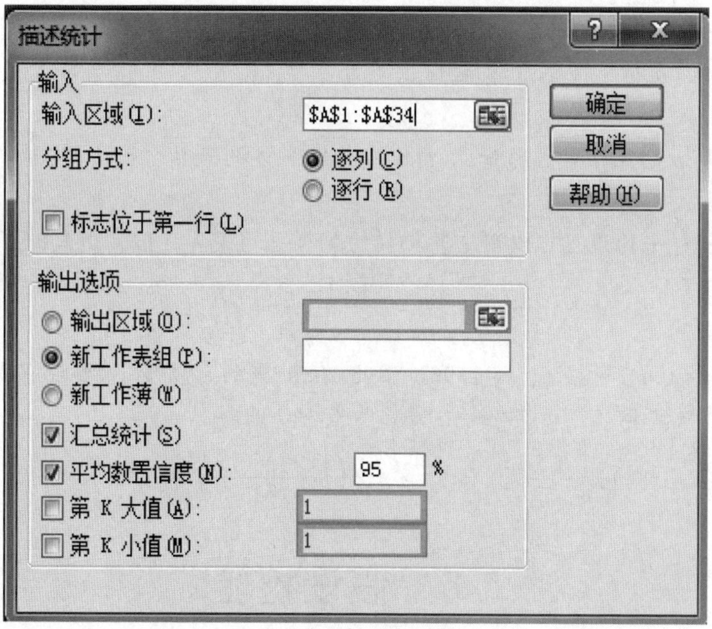

图 7-2　"描述统计"对话框

(4)单击"描述统计"对话框中的"确定"按钮,可以得到图 7-3 所示的统计结果。

平均	5672.71
标准误差	298.09
中位数	5549.00
众数	#N/A
标准差	1738.15
方差	3021152.70
峰度	-1.14
偏度	0.12
区域	5599.00
最小值	3131.00
最大值	8730.00
求和	192872.00
观测数	34.00
置信度(95.0%)	606.47

图 7-3　描述性统计结果

可见,工厂工人的平均工资的点估计为 5 672.71 元。而其 95%置信区间为 5 672.71±606.47 元,即以 95%的可信度推断该厂工人的月工资收入在 5 066.24～6 279.18 元之间。

【例 7-5】（抽样调查样本量的确定）对足够多的民众作调查,以确定民众对某提案的支持率 p。假定民众的态度是彼此独立的,为了有 95%的可信度使支持率的预测误差不超过 4.5%,至少需要调查多少民众?

解:由(7-4)式,支持率 p 的 95%置信区间为

$$(\bar{x}-Z_{1-\alpha/2}\cdot\mu_{x},\ \bar{x}+Z_{1-\alpha/2}\cdot\mu_{x}),$$

其中,$\bar{x}$ 是支持率 p 的点估计。易知以 $\bar{x}$ 作为支持率 p 的点估计时,对支持率的预测误差不超过 $Z_{1-\alpha/2}\cdot\mu_{x}$。

大样本时,抽样平均误差可以用重复抽样的抽样平均误差近似。由式(7-1):

$$\mu_{\bar{x}}\approx\frac{\sigma}{\sqrt{n}}=\frac{\sqrt{P(1-P)}}{\sqrt{n}}\leqslant\frac{0.5}{\sqrt{n}}$$

而当置信度 $1-\alpha=0.95$ 时,$Z_{1-\alpha/2}=1.96$。因此,在 95%的可信度下,要使得支持率的预测误差不超过 4.5%,只需要 $Z_{1-\alpha/2}\cdot\mu_{x}\leqslant0.045$,即至少要调查

$$1.96\times\frac{0.5}{\sqrt{n}}\leqslant0.045\Rightarrow n\geqslant\left(\frac{1.95\times0.5}{0.045}\right)^2\approx470(\text{人})$$

7.5　假设检验

假设检验是利用样本数据来检验事先对总体某些数量特征所作的假设是否可信的一种统计方法。当对总体参数的真实性存疑,需要通过样本来考查其正确与否时,往往有助于假设检验作判断,从而作出接受或拒绝假设的决定。假设检验是统计推断的一项重要内容,其实也是

抽样估计的必然延续，以判断所作估计的误差是否显著，故也称为显著性检验。

假设检验是以样本特征值验证假设的总体特征值是否成立的一种统计推断方法，是抽样推断的另一重要形式。因此，假设检验和抽样估计有着不可分割的联系。例如，对消耗性产品的质量进行检验，由于不可能对全部产品进行测试，因此必须通过抽样调查，以样本的不合格品率来推断全部产品的不合格品率。如果我们按一定的置信度估计总体的不合格品率，那就是一个参数估计问题，更准确地说，是一个区间估计问题；如果要以一定的概率水平，通过样本数据判断该批产品是否合格，那就是一个假设检验问题。事实上，这两个问题对同一个实例用的是同一批样本，同一个统计量，同一种分布，因而区间估计问题可以转换成假设检验问题，同样的，假设检验问题也可以转换成区间估计问题。

7.5.1　假设检验的思想

假设检验中是否要拒绝预先给定的假设(一般称原假设)依据的是基于“小概率原理”的反证法思想。所谓“小概率原理”是指小概率事件在单次试验中几乎不可能发生。根据这一原理，我们首先假定原假设成立。然后分析在原假设成立的情况下，能够获得实际样本这一事件是否是小概率事件。如果是小概率事件，则有充分理由怀疑原假设的合理性，应当做出拒绝原假设的决定。如果不是小概率事件，那么就没有足够理由推翻原假设，应当做出不拒绝原假设的决定。

7.5.2　原假设和备择假设

假设检验首先是从对总体参数所作的一个假设(称之为原假设)开始，然后通过抽样获得的数据进行检验，进而判断对总体所作的假定是否可靠。因此，进行假设检验必须先对总体参数值作出假设命题，它首先必须包含原假设 H_0。从决策的角度而言，如果我们根据检验规则拒绝了关于总体参数的原假设 H_0，那么对于该总体参数我们该作一个什么判断呢？很显然应该准备一个备选方案以供选择，我们称之为备择假设 H_1。换言之，当原假设 H_0 被拒绝时，我们转而采纳备择假设 H_1。因此，假设命题包括两部分：原假设 H_0 和备择假设 H_1。通常，H_0 与 H_1 是互相对立的命题。

7.5.3　显著性水平

我们之所以拒绝原假设，并不是因为它存在逻辑上的绝对矛盾，或者假设实际上就是完全不成立的，而仅仅是因为它成立的可能性很小。根据小概率事件原理，概率很小的事件在单次试验中几乎是不会发生的。如果根据原假设的条件正确计算出某一结果发生的概率很小，理应在一次试验中不至于发生，然而在一次试验中事实上却发生了，我们则认为原假设不正确，而拒绝接受。

这里关键的问题是，概率要小到何种程度才足以否定原来所作的假设。在进行假设检验时应该事先规定一个小概率的标准，作为判断的临界值，这个临界概率称为显著性水平，一般用 α 表示。由于原假设的分布是已知的，因而检验统计量的观测值和理论值(数学期望)的差异在一定范围内的概率可以得到，差异超过这个范围的概率同样可以得到。如果差异过大，以致发生这种结果的概率很小，并且小到低于给定的临界值，我们就拒绝原假设。即认为实际数据与原假设存在显著的差异；反之，如果观测到的差异在原假设成立的情况下发生的概率大于给定的临界值，我们就不拒绝原假设，即不能认为实际数据与原假设存在显著的差异。

7.5.4 拒绝域与接受域

假设检验问题的一般提法是：在给定备择假设 H_1 下对原假设 H_0 做出判断，若拒绝原假设 H_0，那就意味着不拒绝备择假设 H_1，否则就不拒绝原假设 H_0。在拒绝原假设 H_0 或不拒绝原假设 H_0 之间做出某种判断，必须要从子样 $x_1, x_2, \cdots, x_n$ 出发，制定一个法则。一旦子样的观察值确定之后，就利用我们制定的法则做出判断，拒绝原假设 H_0 还是不拒绝原假设 H_0。那么检验法则是什么呢？它应该是以定义在样本空间上的一个函数为依据所构造的一个准则，这个函数一般称为检验统计量。

根据假设检验的思想，一旦建立了原假设 H_0 和备择假设 H_1，就应该利用选定的检验统计量，计算实际样本出现的概率 p，并在与显著性水平 α 比较后作出拒绝或接受原假设的决策。

从另一个角度出发，我们也可以根据预先给定的显著性水平 α 和合理确定的小概率事件 A[对应的检验统计量 $T=T(x_1, x_2, \cdots, x_n)$落在区域 W 里]，由下式出发

$$P(A) \leqslant \alpha \Leftrightarrow P(T \in W) \leqslant \alpha$$

得到与“小概率事件 A”对应的检验统计量 T 所在的区域 W。

这样，对于抽样得到的样本，如果检验统计量 T 的值落在 W 内，就意味着小概率事件发生，依据“小概率原理”，我们应当拒绝原假设。小概率事件对应的这个区域 W 称为拒绝域。而如果检验统计量 T 的值落在 W 之外，我们就不能拒绝原假设。W 之外的区域称为接受域。

7.5.5 假设检验中的两类错误

假设检验是在子样观察值确定之后，基于“小概率原理”进行推断的。然而，小概率事件在单次试验中只是出现的可能性较小，并非不可能发生。甚至根据概率理论，零概率事件在单次试验中也是可能会出现的。由于样本的随机性，基于“小概率原理”的推断不可避免地存在犯错的可能。表 7-3 列出了假设检验决策与事实是否相符的全部四种可能。

表 7-3 假设检验的决策结果

数据表现	采取的决策	总体真实情况	
		H_0 为真	H_1 为真
$T \notin W$	接受 H_0	决策正确	决策错误 （第二类错误）
$T \in W$	拒绝 H_0	决策错误 （第一类错误）	决策正确

可见，假设检验可能会犯两类错误。一类错误是原假设 H_0 为真，却因为实际抽样获得的数据使得检验统计量落在拒绝域中，使得我们依照“小概率原理”拒绝了原假设。这类错误称为第一类错误，也称弃真错误。另一类错误是指原假设 H_0 并不成立时，却因为样本的表现使得检验统计量未落入拒绝域而导致我们没能拒绝 H_0 犯下的错误，这类错误称为第二类错误。

由于实际中能够当没能拒绝原假设时一般采取接纳原假设的操作，所以第二类错误也常称为纳伪错误。

由于小概率事件发生时我们才拒绝 H_0，而原假设成立时小概率事件发生的概率为显著性水平 α，所以假设检验犯第一类错误的概率为 α。犯第二类错误的概率一般难以计算，通常犯第二类错误的概率用 β 表示。

自然的，我们希望犯两类错误的概率都是愈小愈好。遗憾的是，当样本容量 n 给定时，想要同时控制住犯两类错误的概率是不可能的。通常采取的做法是优先控制犯第一类错误的概率，即显著性水平 α，这也是显著性检验一词的由来。如果在犯第一类错误的概率不超过 α 的所有检验中，有一个检验犯第二类错误的概率不超过其他任何一个检验犯第二类错误的概率，那么这样的检验称为最优功效检验。实际上，对于正态总体数据或大样本数据，我们常用的检验都是最优功效检验。

7.5.6　双侧检验和单侧检验

根据假设的形式，可以把检验分为双侧检验和单侧检验，单侧检验又进一步分为右侧检验和左侧检验，见表 7-4。

表 7-4　检验的类型

检验类型	原假设 H_0	备择假设 H_1
双侧检验（单点检验）	$\mu=\mu_0$	$\mu\neq\mu_0$
右侧检验	$\mu\leqslant\mu_0$	$\mu>\mu_0$
左侧检验	$\mu\geqslant\mu_0$	$\mu<\mu_0$

可见，所谓的双侧检验、右侧检验和左侧检验，都是指的备择假设的形式。同样的问题和数据，检验类型不同，检验的拒绝域自然也就不同。对于常用的正态总体均值的检验，其检验拒绝域形式见表 7-5。

表 7-5　大样本总体均值检验的拒绝域

检验类型	原假设与备择假设	检验拒绝域 W
双侧检验（单点检验）	$H_0:\mu=\mu_0\quad H_1:\mu\neq\mu_0$	$\lvert\bar{x}-\mu_0\rvert>Z_{1-\alpha/2}\cdot\frac{s}{\sqrt{n}}$
右侧检验	$H_0:\mu\leqslant\mu_0\quad H_1:\mu>\mu_0$	$\bar{x}-\mu_0>Z_{1-\alpha}\cdot\frac{s}{\sqrt{n}}$
左侧检验	$H_0:\mu\geqslant\mu_0\quad H_1:\mu<\mu_0$	$\bar{x}-\mu_0<Z_{\alpha}\cdot\frac{s}{\sqrt{n}}$

对于小样本的正态总体，上述检验拒绝域表达式中的标准正态分布的分位数要用自由度为 $n-1$ 的 t 分布的相应的分位数替代。

【例 7-6】 某灯泡厂生产的某型号灯泡，规定次品率不得高于 5%。某日随机抽检 100 只灯泡，发现有三只不合格。估计该批次灯泡次品率是否达标？

解：建立检验问题：

$$H_0: p \geqslant p_0 = 0.05 \quad H_1: p < p_0 = 0.05$$

由于抽样量 $n=100$，可以视为大样本。取 α 为常用的显著性水平 0.05，由表 7-5，检验的拒绝域为

$$p - p_0 < Z_\alpha \cdot \frac{p(1-p)}{\sqrt{n}} = -1.65 \times \frac{0.03 \times 0.97}{\sqrt{100}} = -0.0048$$

而抽样结果可知，$p - p_0 = 0.03 - 0.05 = -0.02 \ll -0.0048$，故应拒绝原假设，即，应当认为该批次灯泡次品率达到要求。

7.5.7 假设检验的一般步骤

一个完整的假设检验过程，一般包括五个主要步骤：

(1)根据所研究的问题和实际数据表现，选定原假设和备择假设。

(2)根据问题背景，选择显著性水平，即允许犯第一类错误的概率(最常用取 0.05 或 0.01，一般的研究项目中显著性水平都是给定的)。

(3)选定合适的检验统计量，其在原假设成立的条件下分布是完全确定的。

(4)确定检验的拒绝域或接受域，并注意是双侧检验还是单侧检验。

(5)根据样本数据计算统计量的数值并由此做出决策。如果统计量的值落在拒绝域内，就说明原假设与样本描述的情况有显著差异，应该拒绝。反之，如果落在接受域内，说明样本和原假设描述情况的差异是不显著的，不能拒绝原假设。

注：现代统计学一般会依据 p 值作出决策。所谓 p 值，就是在原假设成立的条件下，观测到的样本出现的概率。如果 $p < \alpha$，就说明发生的是小概率事件，应当拒绝原假设，否则就不能拒绝原假设。

7.5.8 假设检验的若干注意事项

1. 显著性水平的选取

显著性水平就是拒绝原假设所犯错误的概率。自然的，显著性水平主要由拒绝原假设所承担的风险来决定，应当根据实际研究问题的性质和结论准确性的要求而有所不同。在实践中，通常采用 0.1、0.05、0.01、0.001 等显著性水平。例如，民意调查采用显著性水平 0.01，工程技术检验采用显著性水平 0.001，而在制药或生物领域甚至取 0.000 1，等等。

2. 单侧检验问题中原假设的选取

单侧检验是现实中经常遇到的问题。例如，向某种媒介上投放广告有没有提高产品的关注度，某种促销方案有没有提升商品的销量，某种新工艺是否改善了产品的质量指标或是降低了成本等。很显然，这些问题中，我们感兴趣的是指标的新值是否高于原值或者低于原值。对于双侧检验问题，当原假设被拒绝时，我们自然会关心被检验的指标是比假定值大还是比假定值小，这样也就转入到了单侧检验问题。

在这些单侧检验问题中，原假设该如何选取呢？或者说，对同一批数据，作左侧检验和右侧检验的结论是否等价呢？即，左侧检验下拒绝 $\mu \geqslant \mu_0$ 与右侧检验下不能拒绝 $\mu \leqslant \mu_0$ 是否是一回事呢？答案是否定的。

在显著性检验中，我们能控制的是犯第一类错误的概率。即，如果我们拒绝了原假设 H_0，最差的情况是犯下第一类错误，而犯第一类错误的概率是不会超过预先指定的临界概率 α

的。换句话说，无论原假设是否成立，因为拒绝原假设而犯错的风险是能控制在较低的水平的。但如果没能拒绝原假设，则可能犯下第二类错误，而犯第二类错误的概率，或者说犯第二类错误的风险是不可控的。

鉴于以上原因，对于单侧检验，我们在一般按“保守”的原则选取原假设。这里的“保守”指的是原假设相对于样本的表现是保守的。即，如果样本数据表现出指标上升，那么原假设就应取指标下降；如果样本数据表现出指标下降，那么原假设就应取指标上升。这样，我们作出拒绝原假设的决定时，就不仅有数据的支持，还能保证结论有足够高的可信度（犯错的可能性不超过α）。

3. 假设检验与置信区间的关系

对于总体均值参数μ的水平为α的检验，也可以通过观察参数的$1-\alpha$置信区间来实行。一般的说，如果参数μ的$1-\alpha$置信区间不包含μ_0，则认为μ显著地异于μ_0，即认为$\mu \neq \mu_0$；否则没有足够的理由否认$\mu=\mu_0$。特别的，如果参数μ的$1-\alpha$置信区间在μ_0的右侧，则认为$\mu>\mu_0$；类似的，如果参数μ的$1-\alpha$置信区间在参数的左侧，则认为$\mu<\mu_0$。这方面的内容可参见数理统计的相关教材和参考书。

【例 7-7】 根据例 7-4 的工人工资收入数据，能否认为该工厂工人的月平均工资高于 5 000 元？（假定显著性水平取为$\alpha=0.05$）

解：由例 7-4，该工厂工人的月平均工资的 95%置信区间为 5 066.24～6 279.18 元。显然该置信区间在 5 000 元右侧。因此我们有充足的理由相信该工厂工人的月平均工资高于 5 000 元。

7.6 相关分析

7.6.1 相关分析的概念

任何一种现象的发生和发展都不是孤立的。总是或多或少受到其他现象的影响。现象间的互相联系或制约的关系，称为依存关系。例如，人们的消费水平一般随着经济收入的增加而增长，也会随着物价的上涨而下降，等等。

1. 函数关系

函数关系是指变量之间存在的严格的确定性关系。在这种关系中，某一变量的取值能够被另一个变量或其他几个变量按某一规律唯一的确定，这种关系称为函数关系。即，这种关系可以用数学表达式反映出来。如圆柱体的体积V与圆柱高h和底面半径r之间的函数关系为$V=\pi r^2 h$。

2. 相关关系

变量之间也可能存在的这样一种依存关系：某一变量的取值受另一个变量或其他几个变量的影响，但这个变量的值并不能由其他变量精确确定，而是表现出一定的波动性。这种依存关系称为相关关系。即，变量之间的依存关系的具体关系值不是固定的。

3. 相关关系与函数关系的联系

由于有观察或测量误差等原因，函数关系在实际中往往通过相关关系表现出来。在研究相关关系时，又常常要使用函数关系作为数学工具，以便找出相关关系的一般数量表现形式。

两者之间既有区别又有联系。

7.6.2 相关关系的种类

变量之间的相关关系可以从不同的角度进行分类，不同种类的相关关系要用不同的方法进行研究。

1. 按相关的因素多少分为单相关和复相关

现象之间的相关因素，只涉及两个变量之间的依存关系，就称为单相关。如果涉及三个或三个以上变量之间的关系时，即某一个变量与另外两个或多个变量的复杂依存关系，就称为复相关，或多元相关。在本小节的相关关系的叙述中，如未加说明，均指的是两个变量间的相关关系。

2. 按相关的形式不同分为线性相关和非线性相关

所谓的线性相关，是指变量 x 对变量 y 的影响是线性的。从散点图上看［见图 7-4(a)］，两个变量的多次观测值在坐标平面上大致呈现为一条直线，即它们的散点会在一条直线的两侧波动。

非线性相关也称曲线相关，指解释变量 x 对响应变量 y 的影响是非线性的。从散点图［见图 7-4(b)］上看，两个变量的多次观测值围绕着坐标平面上某条曲线波动。

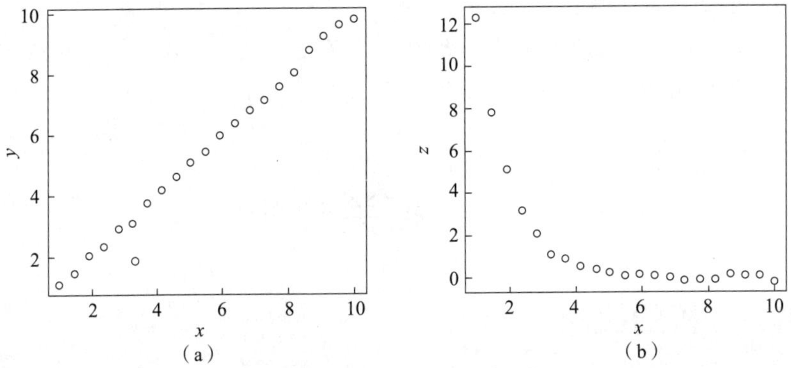

图 7-4 线性相关与非线性相关

3. 按相关变量变化的方向不同分为正相关和负相关

当一个变量数值增加或减少，另一个变量数值也增加或减少，即两个变量同方向变动时，称为正相关。

当一个变量数值增加或减少时，另一个变量的数值相应地减少或增加，即两个变量变动方向相反时，称为负相关。

7.6.3 相关分析的主要内容

相关分析的目的在于分析变量之间相关关系的形式和密切程度，以及依存关系的规律。在实际应用中有非常广泛的应用。相关分析的主要内容包括：

(1)确定现象之间有无关系以及相关关系的表现形式。这是相关分析的出发点，有相关关系才能用相应的方法去分析，否则，只会得出错误的结论。相关关系表现为何种形式就用什么样的方法分析，若把本属于直线相关的变量用曲线的方法来分析，就会产生认识上的偏差。

(2)确定相关关系的密切程度。对于这个问题，直线相关用相关系数表示，曲线相关用相关指数表示,相关系数的用途很广泛。

(3)选择合适的回归模型,分析变量之间的影响程度。

(4)分析回归结果的可靠程度。

(5)回归模型的显著性检验和各解释变量的显著性检验。

通常在完成对回归模型中参数的估计之后,要进行模型的显著性检验和各解释变量的显著性检验。

模型的显著性检验是检验我们选定的解释变量集 $x=(x_1,x_2,\cdots,x_p)$ 是否确实与响应变量 y 之间存在相关性,即 y 在数值上的变动主要是什么原因造成的:是解释变量集 $x=(x_1,x_2,\cdots,x_p)$ 在起主导作用,还是随机误差在起主导作用?

当模型的显著性检验结果表明解释变量集 $x=(x_1,x_2,\cdots,x_p)$ 对响应变量 y 的影响是显著的时,我们还要对各个解释变量分别作显著性检验,也称为对回归系数的显著性检验。因为解释变量集对响应变量的影响显著仅仅意味着 p 个解释变量从整体的角度看是对 y 有显著影响的,但并不意味着每个解释变量都对 y 有显著的影响。特别是由于样本的随机性,某些原本为零的回归系数很可能被估计为非零,也就意味着原本不相关的变量因为随机抽样的偶然性表现为"相关"。回归系数的显著性检验目的就是为了检查这种"相关"是不是因为数据的选取原因偶然造成的。

7.6.4　相关关系的判断

判断现象之间是否存在相关关系,首先可以通过编制相关表和绘制相关图等进行定性分析。当然也可以根据专业知识和经验来判断,这里不作介绍。

1. 相关表

相关表是一种反映变量之间相关关系的统计表。将某一变量按其取值从小到大排列,然后再将与其相关的另一变量的对应值平行排列,便可得到简单的相关表。不过相关表只适合样本量不大的情形。

2. 相关图

相关图又称散点图,它是将成对的观测数据 (x_i,y_i) 逐一在平面直角坐标系中绘出,以表达相关点的分布状况。通过相关图,可以大致看出两个变量之间有无相关关系以及相关的形态、方向和密切程度。很显然,作为图示化展示数据的一种方式,相关图比相关表直观得多,更容易展现变量间的关系。图 7-5 展示了数据的相关性与散点分布的对应关系。

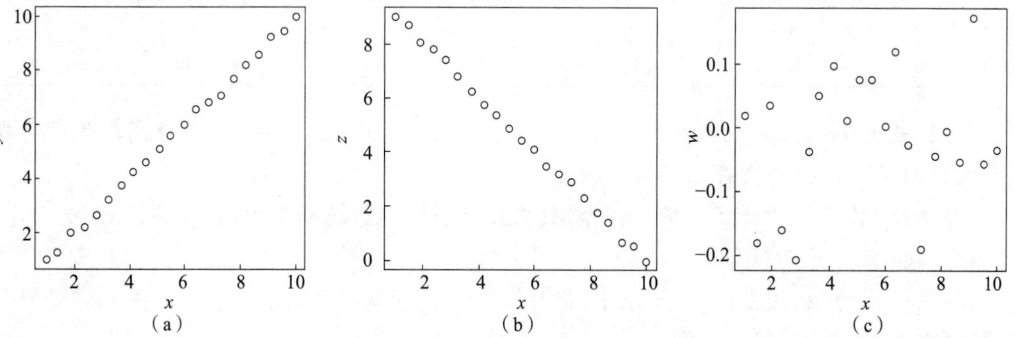

图 7-5　正相关、负相关与不相关

7.6.5 相关程度的量化度量

通常我们使用线性模型来刻画解释变量与响应变量之间的关系。即使解释变量与响应变量之间不是线性关系，我们也可以通过数据变换的方式将非线性关系转变为线性关系。因而线性相关的强弱程度是很值得关注的指标。对于变量间线性相关程度的强弱，可以用Pearson相关系数来度量。在各种文献中，如果不加说明，相关系数通常指的是Pearson相关系数。在本书中，我们也直接用相关系数代替Pearson相关系数。

1. 相关系数的概念

由于相关系数的定义涉及数学期望和协方差的概念，所以这里不给出相关系数的定义。简单的说，相关系数度量的是两个变量之间存在线性依赖关系的强弱程度。利用样本数据可以计算得到样本相关系数，并以之作为总体相关系数的估计。总体相关系数一般用ρ表示，而样本相关系数一般用r表示。

(1)ρ的取值范围为闭区间$[-1,1]$。

(2)ρ的绝对值越接近于1，表明线性相关程度越强；越接近于0，表明线性相关程度越弱。

(3)ρ的绝对值越等于1，意味着两变量几乎必然是线性关系。

(4)$\rho=0$说明两变量不存在线性相关关系。

2. 相关系数与相关性

(1)$\rho>0$时，称两个变量是正相关的。

(2)$\rho<0$时，称两个变量是负相关的。

(3)$\rho=0$时，称两个变量不相关。

一般地，当$|\rho|<0.3$时，称两个变量弱相关；当$0.3\leqslant|\rho|\leqslant0.8$时，称两个变量存在中等相关关系；而当$|\rho|>0.8$时，称两个变量强相关。

【例7-8】 在某班级随机抽取了12名学生，测量他们的身高和体重，以研究身高与体重的相关性。数据见表7-6。

表7-6 学生身高体重数据

学生编号	1	2	3	4	5	6
身高(cm)	171	175	159	155	152	158
体重(kg)	57	64	41	38	35	44
学生编号	7	8	9	10	11	12
身高(cm)	154	164	168	166	159	164
体重(kg)	41	51	57	49	47	46

(1)打开Excel，上述数据按列录入Excel，并作散点图。由图7-6，可见身高与体重存在明显的线性趋势。说明两者存在很强的相关性。

(2)选择“数据”→“数据分析”，打开“数据分析”对话框，选择其中的“相关系数”选项，并单击“确定”按钮，如图7-7所示。

(3)在弹出的“相关系数”对话框中，选择“输入区域”为A2:B13，“分组方式”为“逐列”，之后单击“确定”按钮，如图7-8所示。

在弹出的新表单中，得到身高与体重的相关系数为0.959 3，说明两者是强相关的。

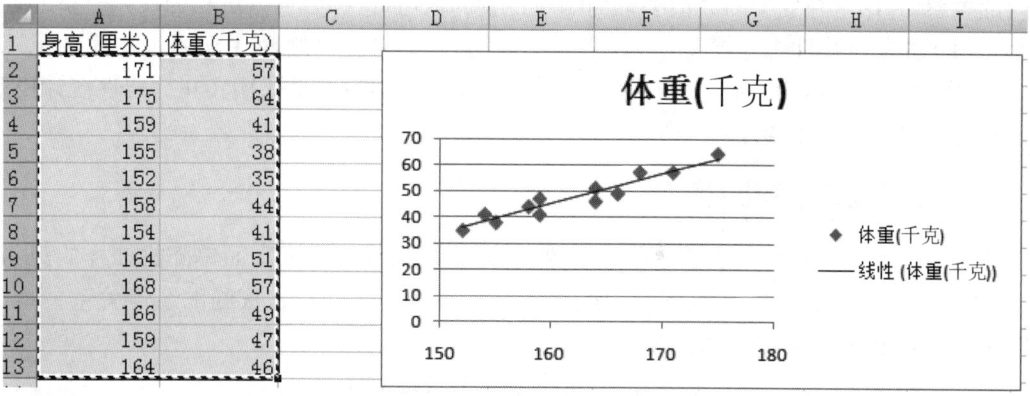

图 7-6　身高-体重散点图

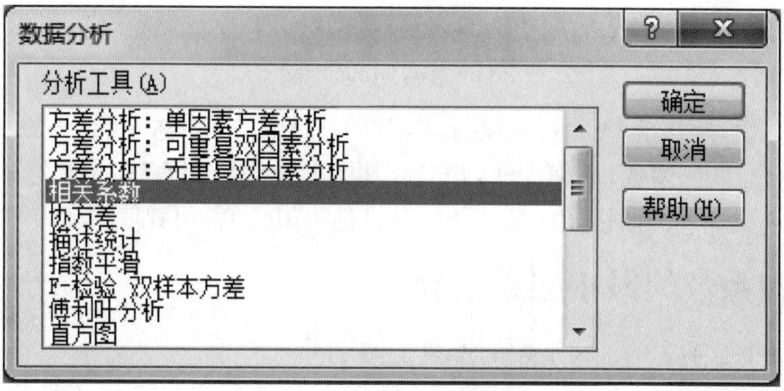

图 7-7　“数据分析”对话框

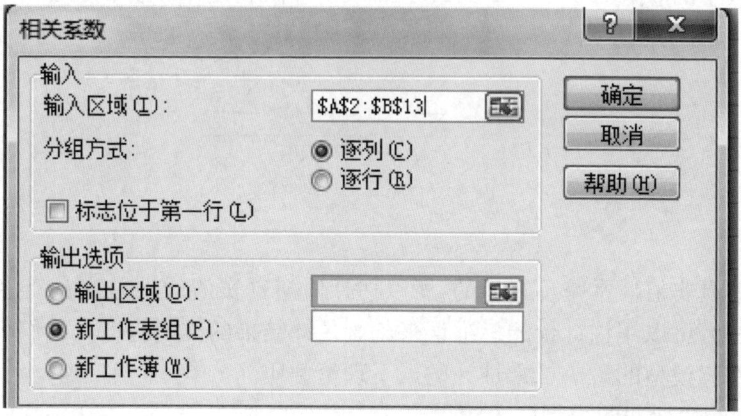

图 7-8　“相关系数”对话框

7.7　回归分析

如果确定了变量之间确实存在较强的相关关系，就可以建立适当的统计模型来描述变量之间的关系，并用解释变量的数值去推测响应变量的取值，这种分析方法称为回归分析。如果变量之间建立的是线性统计模型，就称之为线性回归；如果变量之间建立的是非线性统计模型，则称之为非线性回归。由于非线性统计模型提出可以通过变量代换转化为线性统计模型，我们在这里只介绍一元线性回归分析。

7.7.1 一元线性回归模型

假定响应变量 y 和解释变量 x 都是一维的，并且我们获得了 n 次简单随机抽样的观测值 $(x_i, y_i), i=1,2,\cdots n$。如果根据经验或散点图，能够认为两者间存在很强的线性关系关系，则此时 y 和 x 的相关关系可以表示为

$$y_i=\beta_0+\beta_1 x_i+\varepsilon_i \quad (i=1,2,\cdots n) \tag{7-6}$$

式中，ε_i 是第 i 次观测时的随机误差。这便是 y 关于 x 的一元线性回归模型的形式。一般总是假定 x 是非随机的，即 x 的值是可以精确测量或严格控制的。β_0, β_1 是未知参数，称为回归系数。通常我们还假定误差 ε 的期望为零，方差是常数，即

$$E(\varepsilon)=0, \operatorname{var}(\varepsilon)=\sigma^2$$

由观测数据 $(x_i, y_i), i=1,2,\cdots,n$，可以获得 β_0, β_1 的估计 $\hat{\beta}_0, \hat{\beta}_1$，并称 $\hat{y}=\hat{\beta}_0+\hat{\beta}_1 x \ (i=1,2,\cdots n)$ 为 y 关于 x 的经验回归函数，简称为回归方程，其图形称为回归直线。给定 $x=x_0$，称由回归方程得到的 $\hat{y}_0=\hat{\beta}_0+\hat{\beta}_1 x_0$ 为回归值（在某些场合也称为拟合值、预测值）。

7.7.2 回归系数的最小二乘估计

一般采用最小二乘法估计模型中的参数 β_0, β_1。令

$$Q(\beta_0, \beta_1)=\sum_{i=1}^{n}(y_i-\beta_0-\beta_1 x)^2$$

使得上式达到最小的 $\hat{\beta}_0, \hat{\beta}_1$ 称为 β_0, β_1 的最小二乘估计。利用微积分的知识不难得到为 β_0, β_1 的最小二乘估计为

$$\begin{cases} \hat{\beta}_1=\dfrac{n\sum\limits_{i=1}^{n} x_i y_i-\sum\limits_{i=1}^{n} x_i \sum\limits_{i=1}^{n} y_i}{n\sum\limits_{i=1}^{n} x_i^2-\left(\sum\limits_{i=1}^{n} x_i\right)^2} \\ \hat{\beta}_0=\bar{y}-\hat{\beta}_1 \bar{x} \end{cases}$$

响应变量的真实值通常是不知道的，所以估计值与真实值的误差究竟有多大我们也不可能知道。但是我们可以用估计量的标准误来刻画估计结果的准确程度。我们不加证明地给出上述一元线性回归模型的最小二乘估计的以下理论性质。

定理 7.1 在线性回归模型(7-6)下，有

(1) $\hat{\beta}_0 \sim N\left(\beta_0, \left(\dfrac{1}{n}+\dfrac{\bar{x}^2}{\sum\limits_{i=1}^{n}(x_i-\bar{x})^2}\right)\sigma^2\right)$，$\hat{\beta}_1 \sim N\left(\beta_1, \dfrac{1}{\sum\limits_{i=1}^{n}(x_i-\bar{x})^2}\sigma^2\right)$

(2) 对给定的 $x=x_0$，$\hat{y}_0=\hat{\beta}_0+\hat{\beta}_1 x_0 \sim N\left(\beta_0+\beta_1 x_0, \left(\dfrac{1}{n}+\dfrac{(x_0-\bar{x})^2}{\sum\limits_{i=1}^{n}(x_i-\bar{x})^2}\right)\sigma^2\right)$

定理7.1说明：

- $\hat{\beta}_0, \hat{\beta}_1$分别是$\beta_0, \beta_1$的无偏估计。
- $\hat{y}_0 = \hat{\beta}_0 + \hat{\beta}_1 x_0$是$E(y_0) = \beta_0 + \beta_1 x_0$的无偏估计。
- 要提高$\hat{\beta}_0, \hat{\beta}_1$的估计精度(即降低它们的方差)，可以考虑适当的增加样本量n，也可以设法增大$\sum_{i=1}^{n}(x_i - \bar{x})^2$，即在观测时尽量使得解释变量$x_1, x_2, \cdots, x_n$分散开。

7.7.3 回归方程的显著性检验

从回归系数的最小二乘估计可以看出，对任意给出的n对数据(x_i, y_i)，都可以求出$\hat{\beta}_0, \hat{\beta}_1$，从而可以形式上写出回归方程$\hat{y} = \hat{\beta}_0 + \hat{\beta}_1 x$，但是这样得到的回归方程不一定有意义。

在使用回归方程以前，首先应对回归方程是否有意义进行判断。什么叫回归方程有意义呢？我们知道，建立回归方程的目的是寻找y的均值随x变化的规律，即找出回归方程$E(y) = \beta_0 + \beta_1 x$。如果$\beta_1 = 0$，那么不管$x$如何变化，$E(y)$不随$x$的变化作线性变化，那么这时求得的一元线性回归方程就没有意义，或称回归方程不显著。如果$\beta_1 \neq 0$，那么当x变化时，$E(y)$随x线性变化，这时求得的回归方程就有意义，或称回归方程是显著的。

综上，对回归方程是否有意义作判断就是要对如下的假设作检验：

$$H_0: \beta_1 = 0 \quad \text{vs} \quad H_1: \beta_1 \neq 0$$

拒绝H_0表示回归方程是显著的。

对模型的显著性检验一般是通过方差分析的方法做的F检验；而对一元线性回归模型而言，模型的显著性检验就是检验回归系数β_1是否等于零。根据定理7.1的结果，对回归系数β_1是否为零可以采用t检验。另外，式(7-6)不显著时，$E(y)$不受x的影响，这等价于y与x不相关。因此式(7-6)的模型显著性检验也可以通过检验相关系数是否为零完成。此处不展开叙述。但需要说明，这三种检验仅对于一元线性回归模型是等价的。对于多元线性回归模型，这三种检验并不等价。

7.7.4 多元线性回归模型

如果响应变量y是一维的，解释变量$x = (x_1, x_2, \cdots, x_p)$是$p$维的，并且我们获得了$n$次简单随机抽样的观测值$(x_{i1}, x_{i2}, \cdots, x_{ip}, y_i)$，$i = 1, 2, \cdots n$。如果根据经验或散点图，能够认为两者间存在很强的线性相关关系，则此时y和x的相关关系可以表示为

$$y_i = \beta_0 + \beta_1 x_{i1} + \beta_2 x_{i2} + \cdots + \beta_p x_{ip} + \varepsilon_i (i = 1, 2, \cdots n) \tag{7-7}$$

式中，ε_i是第i次观测时的随机误差。这便是y关于x的多元线性回归模型。

借助矩阵的记号，式(7-7)可以简洁地表示为

$$Y = X\beta + \varepsilon$$

并且回归系数向量β的最小二乘估计及最小二乘估计的理论性质也有更简洁的表达方式。不过在本书中，我们并不展开叙述。

7.8 基于 Excel 的抽样推断

7.8.1 一元线性回归分析

财政收入与税收有着密切的关系。表 7-7 收集了我国 1978—2008 年共 31 年的税收(x)和财政收入(y)数据,试分析税收与财政收入之间的依存关系。

表 7-7 1978—2008 年财政收入与税收数据 单位:百亿元

年份	y	x	年份	y	x
1978	11.326 2	5.192 8	1994	52.181	51.268 8
1979	11.463 8	5.378 2	1995	62.422	60.380 4
1980	11.599 3	5.717	1996	74.079 9	69.098 2
1981	11.757 9	6.298 9	1997	86.511 4	82.340 4
1982	21.123 3	7.000 2	1998	98.759 5	92.628
1983	18.669 5	7.555 9	1999	114.440 8	106.825 8
1984	16.428 6	9.473 5	2000	133.952 3	125.815 1
1985	20.048 2	20.407 9	2001	163.860 4	153.013 8
1986	21.220 1	20.907 3	2002	189.036 4	176.364 5
1987	21.993 5	21.403 6	2003	217.152 5	200.173 1
1988	23.572 4	23.904 7	2004	263.964 7	241.656 8
1989	26.649	27.274	2005	316.492 9	287.785 4
1990	29.371	28.218 7	2006	387.602	348.043 5
1991	31.494 8	29.901 7	2007	513.217 8	456.219 7
1992	34.833 7	32.969 1	2008	613.303 5	542.196 2
1993	43.489 5	42.553			

操作步骤:

首先建立一个 Excel 工作簿,命名为"我国财政收入与税收的一元线性回归分析",并将数据和相关文字输入到工作表中。接下来分别采用绘制散点图-添加趋势线法、回归分析函数和分析工具三种方法来对自 1978—2008 年间我国财政收入与税收收入情况进行回归分析。

1. 通过绘制散点图-添加趋势线法进行回归分析

(1)选择子图表类型。如图 7-9 所示,选中单元格区域 B2:C32,在"插入"选项卡的"图表"组中,单击"推荐的图表",在弹出的对话框中选择"推荐的图表"→"散点图",单击"确定"按钮。

(2)编辑散点图。在散点图中的"图表标题"输入标题"财税收入与税收收入散点图"。继而单击散点图并单击右侧弹出的加号按钮(图表元素),勾选"坐标轴标题"复选框。在两个"坐标轴标题"处,分别输入相应的横纵坐标标题,即得图 7-10。

2. 利用回归分析函数和数组形式

1)公式法

(1)在单元格 D2 中输入"截距",在单元格 E2 输入公式"=INTERCEPT(C2:C32,B2:

B32)”，按回车键即可得到财税收入对税收收入回归的截距。

(2)在单元格 D3 中输入“斜率”，在单元格 E3 中输入公式“=SLOPE(C2:C32,B2:B32)”，按回车键即可得到财税收入对税收收入回归的斜率。

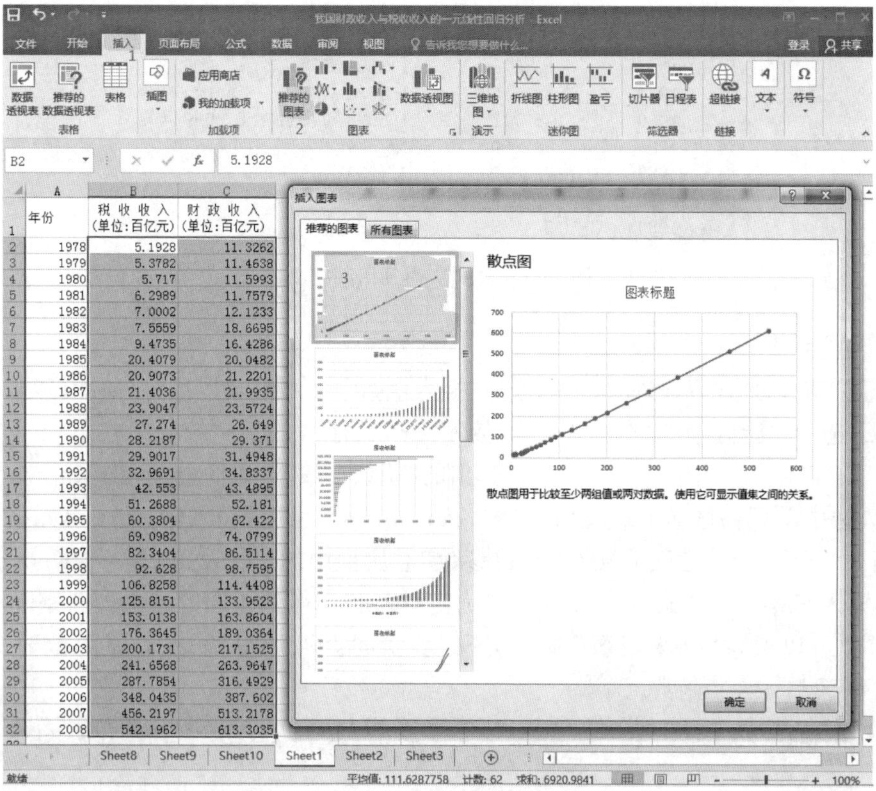

图 7-9 “插入图表”对话框

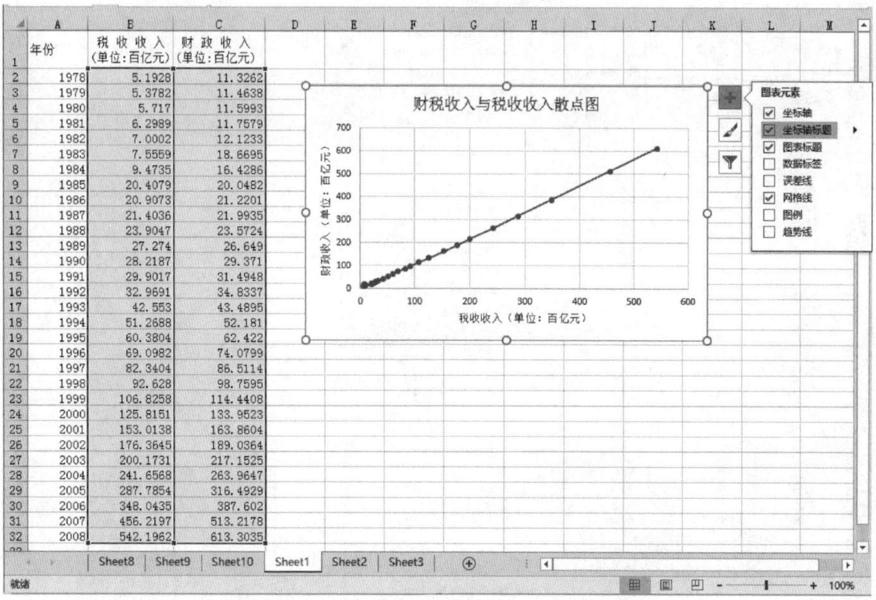

图 7-10 财税收入与税收收入散点图

(3)在单元格 D4 中输入“可决系数”,在单元格 E4 中输入公式“=RSQ(C2:C32,B2:B32)”,按回车键即可得到可决系数,计算结果如图 7-11 所示。

	A	B	C	D	E
1	年份	税收收入(单位:百亿元)	财政收入(单位:百亿元)		
2	1978	5.1928	11.3262	截距	-1.19656
3	1979	5.3782	11.4638	斜率	1.11622539
4	1980	5.717	11.5993	可决系数	0.998944
5	1981	6.2989	11.7579		
6	1982	7.0002	12.1233		
7	1983	7.5559	18.6695		
8	1984	9.4735	16.4286		

图 7-11　公式法得到回归结果

2)插入函数法

除了直接输入公式方法外,也可以通过“插入函数”命令加以计算。比如计算“截距”,单击单元格 E2,选择功能区中的“公式”→“函数库”→“其他函数”→“统计”,在下拉菜单中选择“INTERCEPT”函数,如图 7-12 所示。在弹出的“函数参数”对话框中,单击“Known_y's”后的折叠按钮,选中单元格区域 C2:C32;单击“Known_x's”后的折叠按钮,选中单元格区域 B2:B32,如图 7-13 所示(注:也可直接在“函数参数”对话框中的“Known_y's”和“Known_x's”后直接分别输入 C2:C32 和 B2:B32)。单击“确定”按钮,会得到相同的结果。斜率和可决系数的计算同样可以通过“插入函数”命令实现,步骤同上,区别只需在选择函数时分别选择“SLOPE”函数和“RSQ”函数。

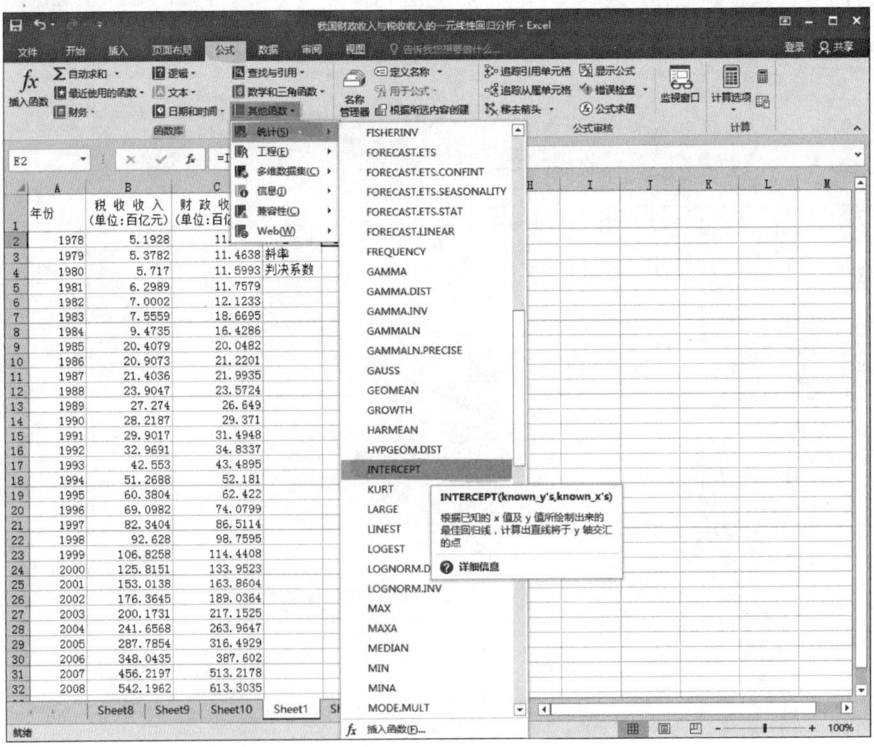

图 7-12　插入截距计算函数

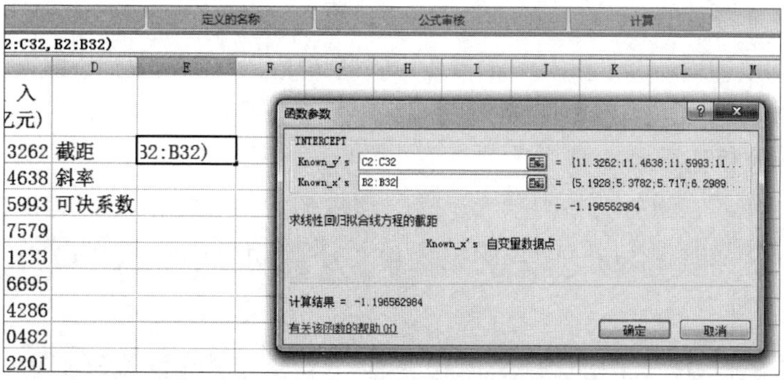

图 7-13　回归模型中的变量设置对话框

3. 函数数组

利用函数的数组形式。选中单元格区域 E6:F10，然后输入公式“=LINEST(C2:C32,B2:B32,1,1)”，并同时按【Shift+Ctrl+Enter】组合键执行数组运算，得到数组运算的结果如图 7-14 所示。该结果也可以通过“插入函数”命令实现，首先选择一个 5×2 的单元格区域，单击“公式”→“函数库”→“其他函数”→“统计函数”→“LINEST”函数，在弹出的“函数参数”对话框中设置相应参数，如图 7-15 所示，因为截距不强制设为 0 且返回附加统计，所以参数 Const 和 Stats 均选择 TURE。同时按【Shift+Ctrl+Enter】组合键执行数组运算，即可得到与输入公式相同的数组运算结果。

年份	税收收入(单位:百亿元)	财政收入(单位:百亿元)			
1978	5.1928	11.3262	截距	-1.196562984	
1979	5.3782	11.4638	斜率		
1980	5.717	11.5993	可决系数		
1981	6.2989	11.7579			
1982	7.0002	12.1233		1.11622539	-1.2
1983	7.5559	18.6695		0.006739905	1.161
1984	9.4735	16.4286		0.998943808	5.095
1985	20.4079	20.0482		27428.13259	29
1986	20.9073	21.2201		712076.8336	752.9
1987	21.4036	21.9935			

图 7-14　LINEST 函数给出的拟合结果

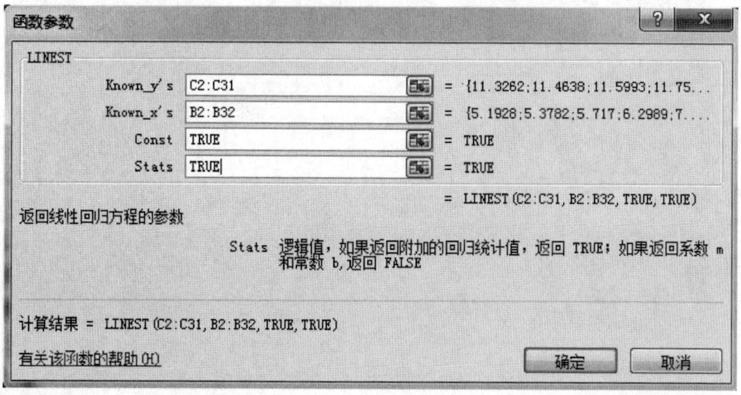

图 7-15　LINEST“函数参数”对话框

如图 7-14 所示，得到的结果分别是(按行)：斜率和截距的估计值；斜率和截距估计值的标准误；可决系数和残差的标准误；模型显著性检验的 F 检验统计量的值和残差的自由度；回归项的离差平方和与残差项的离差平方和。

4. 利用回归分析工具

(1)选择回归工具。选择“数据”→“分析”→“数据分析”命令，随即弹出“数据分析”对话框，在“分析工具”中选择“回归”选项，如图 7-16 所示，完成后单击“确定”按钮，随即弹出“回归”对话框。

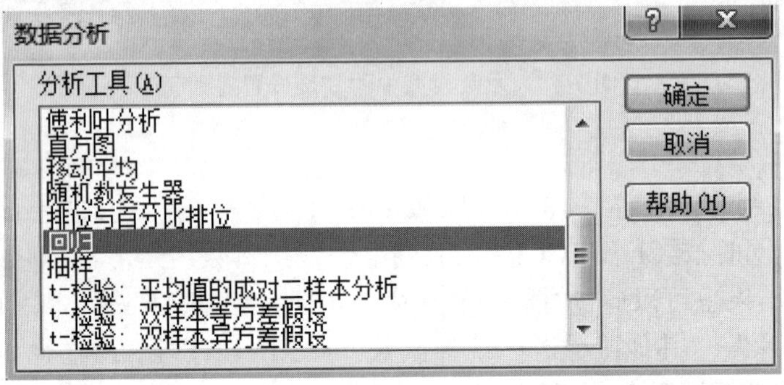

图 7-16 “数据分析”对话框

(2)设置“回归”选项。在“回归”对话框中，首先设置“输入”内容，单击“Y 值输入区域”后面的折叠按钮，选取单元格区域 C1:C32，同样单击“X 值输入区域”后面的折叠按钮，选取单元格区域 B1:B32；因为“输入区域”包含标志项，所以选中“标志”复选框；选中“置信度”复选框，并默认为 95%。然后设置“输出选项”，选中“新工作表组”以将输出结果显示在一个新的工作表上。接着将“残差”“正态分布”中的选项全部选中，以观察残差、标准残差、残差图、线性拟合图等信息，如图 7-17 所示。最后单击“确定”按钮，得到回归结果，如图 7-18～图 7-21 所示。

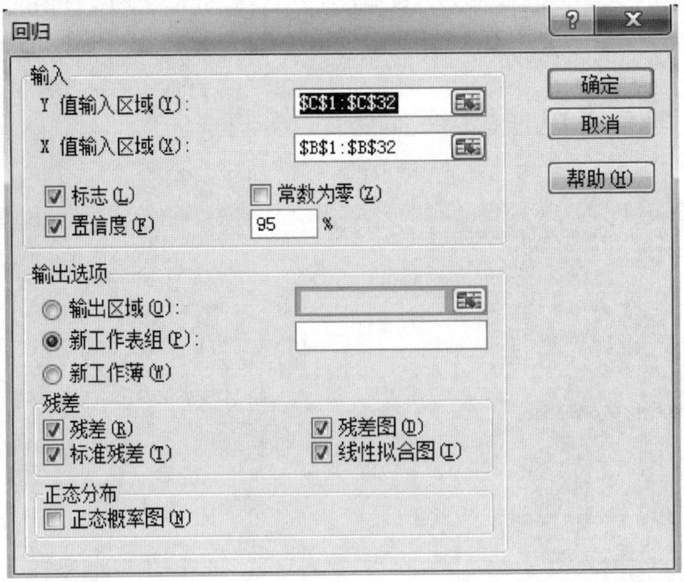

图 7-17 “回归”对话框

SUMMARY OUTPUT								
回归统计								
Multiple	0.999472							
R Square	0.998944							
Adjusted	0.998907							
标准误差	5.095248							
观测值	31							
方差分析								
	df	SS	MS	F	gnificance F			
回归分析	1	712076.8	712076.8	27428.13	1.03E-44			
残差	29	752.8849	25.96155					
总计	30	712829.7						
	Coefficien	标准误差	t Stat	P-value	Lower 95%	Upper 95%	下限 95.0%	上限 95.0%
Intercept	-1.19656	1.161245	-1.03041	0.311334	-3.57158	1.17845	-3.57158	1.17845
税 收 收	1.116225	0.00674	165.6144	1.03E-44	1.102441	1.13001	1.102441	1.13001

图 7-18　回归模型拟合结果

RESIDUAL OUTPUT					PROBABILITY OUTPUT	
观测值	预测财政收入(单位:百亿元)	残差	标准残差		百分比排位	财政收入(单位:百亿元)
1	4.59977222	6.726428	1.342706		1.612903226	11.3262
2	4.80672041	6.65708	1.328863		4.838709677	11.4638
3	5.18489757	6.414402	1.28042		8.064516129	11.5993
4	5.83442912	5.923471	1.182422		11.29032258	11.7579
5	6.61723799	5.506062	1.099101		14.51612903	12.1233
6	7.23752444	11.43198	2.28201		17.74193548	16.4286
7	9.37799824	7.050602	1.407416		20.96774194	18.6695
8	21.5832531	-1.53505	-0.30642		24.19354839	20.0482
9	22.1406961	-0.9206	-0.18377		27.41935484	21.2201
10	22.6946788	-0.70118	-0.13997		30.64516129	21.9935
11	25.4864701	-1.91407	-0.38208		33.87096774	23.5724
12	29.2473683	-2.59837	-0.51868		37.09677419	26.649
13	30.3018664	-0.93087	-0.18582		40.32258065	29.371
14	32.1804737	-0.68567	-0.13687		43.5483871	31.4948
15	35.6043835	-0.77068	-0.15384		46.77419355	34.8337
16	46.302176	-2.81268	-0.56146		50	43.4895
17	56.0309733	-3.84997	-0.76852		53.22580645	52.181
18	66.2015725	-3.77957	-0.75446		56.4516129	62.422
19	75.9326022	-1.8527	-0.36983		59.67741935	74.0799
20	90.7138821	-4.20248	-0.83888		62.90322581	86.5114
21	102.197162	-3.43766	-0.68621		66.12903226	98.7595
22	118.045107	-3.60431	-0.71948		69.35483871	114.4408
23	139.241446	-5.28915	-1.0558		72.58064516	133.9523
24	169.601326	-5.74093	-1.14598		75.80645161	163.8604
25	195.66597	-6.62957	-1.32337		79.03225806	189.0364
26	222.241734	-5.08923	-1.01589		82.25806452	217.1525
27	268.546893	-4.58219	-0.91468		85.48387097	263.9647
28	320.036807	-3.54391	-0.70742		88.70967742	316.4929
29	387.298428	0.303572	0.060598		91.93548387	387.602
30	508.047449	5.170351	1.032087		95.16129032	513.2178
31	604.016602	9.286898	1.853818		98.38709677	613.3035

图 7-19　拟合模型的残差和响应变量的累计分布

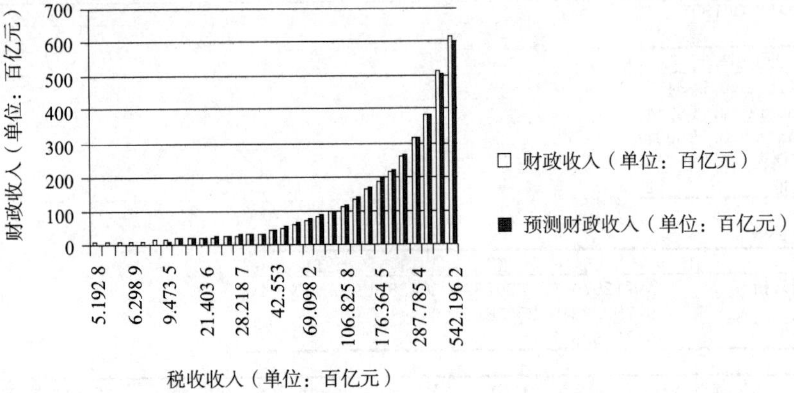

图 7-20　财政收入与税收收入线性拟合图

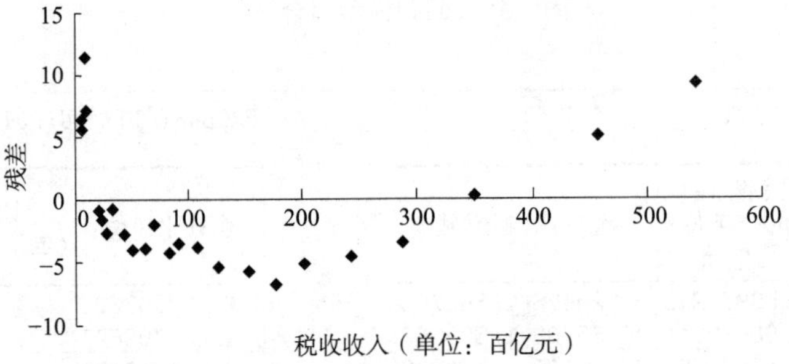

图 7-21　拟合模拟残差图

实例的结果分析：

在该实例中依次采用了绘制散点图-添加趋势线法、回归分析函数法和回归分析工具法对我国 31 年的财政收入和税收收入进行了回归分析，得到的线性回归方程均为

$$\bar{y}=1.1162x-1.1966$$

下面具体分析该回归方程的拟合优度和显著性检验结果。从输出结果可知，可决系数 R^2 为 0.998 9，说明该回归方程的拟合度很高。回归方程表明，财政收入 99.89％的波动是由于税收收入的变化造成的。税收收入每增加 1 个单位，财政收入相应地平均增加 1.116 2 个单位。

关于回归系数和回归方程的显著性检验，在本回归方程中，税收收入系数的 p 值为 1.03E−44，远远小于显著性水平 0.05（置信度默认为 95％），说明该回归系数显著，即应当认为税收对财政收入有显著性影响；模型 F 检验的 p 值也为 1.03E−44，说明回归方程显著（从这里也可以看到，对于一元线性回归问题，对模型的显著性检验和对回归系数的显著性检验是等价的）。因此，税收收入对财政收入有显著性影响。

7.8.2　多元线性回归分析

财政收入是一个国家政府按照有关的法律和法规在一定时期内（一般为一年）取得的各种形式收入的总和。财政收入水平是反映一国经济实力的重要标志。

在 7.8.1 节，我们发现 1978—2008 年我国财政收入与税收之间的确存在线性回归关系。为了进一步考查财政收入和其他变量之间的数量关系，我们建立多元线性回归来进行分析。

本例共取五个变量进行分析，分析财政收入 y 和国内生产总值 x_1、税收 x_2、进出口贸易总额 x_3、经济活动人口总数 x_4 之间的关系。数据见图 7-22。本例数据来自《中国统计年鉴》及海关总署(以 2008 年的经济活动人口为测算值)，数据时限为 1978—2008 年。

年份	财政收入（百亿元）	国内生产总值（百亿元）	税 收（百亿元）	进出口贸易总额（百亿元）	经济活动人口总数（百万人）
1978	11.3262	36.241	5.1928	3.55	406.82
1979	11.4638	40.382	5.3782	4.12	415.92
1980	11.5993	45.178	5.717	5.7	429.03
1981	11.7579	48.603	6.2989	8.904	441.65
1982	12.1233	53.018	7.0002	12.801	456.74
1983	18.6695	59.574	7.5559	15.903	467.07
1984	16.4286	72.067	9.4735	18.202	484.33
1985	20.0482	89.891	20.4079	20.667	501.12
1986	21.2201	102.014	20.9073	26.019	515.46
1987	21.9935	119.545	21.4036	32.202	530.6
1988	23.5724	149.223	23.9047	41.6	546.3
1989	26.649	169.178	27.274	49.802	557.07
1990	29.371	185.984	28.2187	55.601	653.23
1991	31.4948	216.625	29.9017	72.258	660.91
1992	34.8337	266.519	32.9691	91.196	667.82
1993	43.4895	345.605	42.553	112.71	674.68
1994	52.181	466.7	51.2688	203.819	681.35
1995	62.422	574.949	60.3804	234.999	688.55
1996	74.0799	668.505	69.0982	241.338	697.65
1997	86.5114	731.427	82.3404	269.672	708
1998	98.7595	769.672	92.628	268.577	720.87
1999	114.4408	805.794	106.8258	298.963	727.91
2000	133.9523	882.281	125.8151	392.742	739.92
2001	163.8604	943.464	153.0138	421.933	744.32
2002	189.0364	1203.327	176.3645	513.782	753.6
2003	217.1525	1358.228	200.1731	704.835	760.75
2004	263.9647	1598.783	241.6568	955.391	768.23
2005	316.4929	1832.174	287.7854	1169.218	778.77
2006	387.602	2119.235	348.0435	1409.714	782.44
2007	513.2178	2495.299	456.2197	1667.402	786.45
2008	613.3035	3006.7	542.1962	1778.8983	790.48

图 7-22　中国经济数据

本例中，直接应用回归工具进行分析。类似一元线性回归分析的操作，选择回归工具后，在“回归”对话框中，首先设置“输入”内容，单击“Y 值输入区域”后面的折叠按钮，选取单元格区域 B1:B32。同样单击“X 值输入区域”后面的折叠按钮，选取单元格区域 C1:F32；因为“输入区域”包含标志项，所以选中“标志”复选框；选中“置信度”复选框，并默认为 95%。然后设置“输出选项”，选中“新工作表组”以将输出结果显示在一个新的工作表上。接着将“残差”选项中除“线性拟合图”外的选项全部选中，以观察残差、标准残差、残差图等信息，如图 7-23 所示。最后单击“确定”按钮，得到回归结果，如图 7-24 和图 7-25 所示。

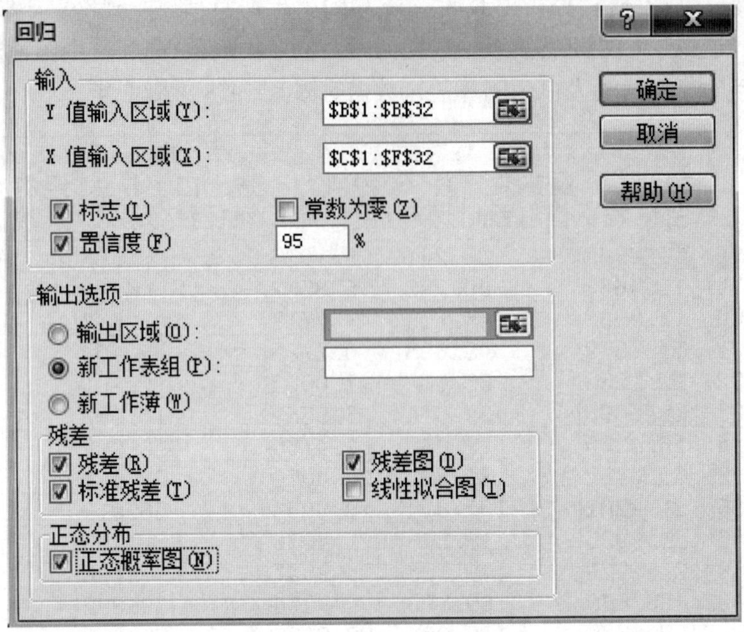

图 7-23 “回归”对话框

SUMMARY OUTPUT								
回归统计								
Multiple R	0.999858							
R Square	0.999716							
Adjusted R Square	0.999672							
标准误差	2.789651							
观测值	31							
方差分析								
	df	SS	MS	F	Significance F			
回归分析	4	712627.4	178156.8	22893	1.0868E-45			
残差	26	202.336	7.782155					
总计	30	712829.7						
	Coefficien	标准误差	t Stat	P-value	Lower 95%	Upper 95%	下限 95.0%	上限 95.0%
Intercept	23.53211	4.599071	5.116709	2.47E-05	14.07858231	32.98564	14.07858	32.98564
国内生产总值(百亿元)	-0.00339	0.008075	-0.4194	0.678365	-0.019984734	0.013211	-0.01998	0.013211
税 收(百亿元)	1.164115	0.040489	28.75145	3.1E-21	1.080888877	1.247341	1.080889	1.247341
进出口贸易总额(百亿元)	0.000292	0.008553	0.034133	0.973031	-0.017288325	0.017872	-0.01729	0.017872
经济活动人口总数(百万人)	-0.04374	0.009264	-4.7218	7E-05	-0.062783537	-0.0247	-0.06278	-0.0247

图 7-24 多元线性回归模型的拟合结果

RESIDUAL OUTPUT

观测值	预测 财政收入（百亿元）	残差	标准残差
1	11.66047	-0.33427	-0.12871
2	11.46439	-0.00059	-0.00023
3	11.26956	0.329744	0.12697
4	11.38427	0.373629	0.143868
5	11.52679	0.59651	0.22969
6	11.70054	6.968959	2.68344
7	13.13623	3.292371	1.267747
8	25.07106	-5.02286	-1.93408
9	24.98567	-3.76557	-1.44996
10	24.84361	-2.85011	-1.09745
11	26.97067	-3.39827	-1.30852
12	30.35664	-3.70764	-1.42765
13	27.19496	2.176036	0.837896
14	28.71933	2.775473	1.068713
15	31.82443	3.009266	1.158736
16	42.41957	1.069926	0.411981
17	51.8905	0.290495	0.111857
18	61.82502	0.596982	0.229871
19	71.2605	2.819398	1.085626
20	86.0184	0.493002	0.189833
21	97.30155	1.457948	0.561392
22	113.408	1.032778	0.397677
23	134.7568	-0.80446	-0.30976
24	166.028	-2.16763	-0.83466
25	191.9518	-2.91536	-1.12258
26	218.8861	-1.73364	-0.66755
27	266.1092	-2.14452	-0.82576
28	318.6192	-2.12629	-0.81874
29	387.7041	-0.10206	-0.0393
30	512.2598	0.957967	0.368871
31	610.4707	2.832789	1.090783

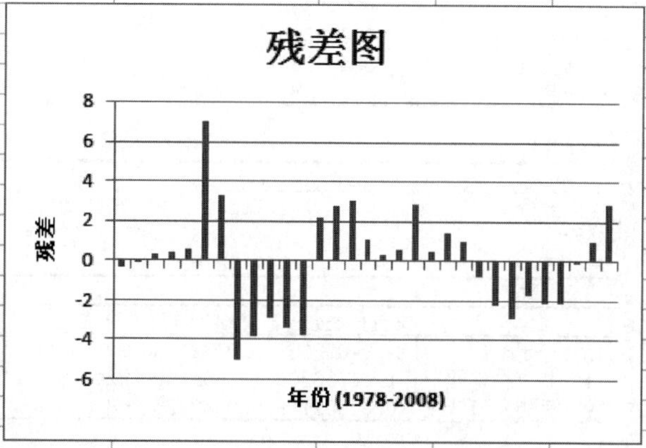

图 7-25　拟合残差和残差图

得到的线性回归方程为

$$y=23.532-0.0039x_1+1.1641x_2+0.0003x_3-0.0437x_4$$

下面具体分析该回归方程的拟合优度和显著性检验结果。从输出结果可知，调整的可决系数 R^2 为 0.999 7，说明该回归方程的拟合优度很高，拟合效果很好。模型显著性检验的 p 值为 1.087E−45，说明回归方程显著，即国内生产总值、税收、进出口贸易总额、经济活动人口总数这四个变量作为一个整体，对财政收入的确是有着显著影响的。但从各回归系数的显著性检验结果看，国内生产总值和进出口贸易总额对财政收入的影响并不显著（两者的 p 值远远大于 0.05）。这也说明，对于多元线性回归问题，对模型的显著性检验和对回归系数的显著性检验是不等价的。

鉴于国内生产总值和进出口贸易总额对财政收入的影响并不显著，可以考虑将它们从模型中移除。通过变量选择，确定应当在模型中保留变量 x_2 和 x_4。以 y 关于变量 x_2 和 x_4 建模的回归分析结果如图 7-26 所示。

	A	B	C	D	E	F	G	H	I
1	SUMMARY OUTPUT								
2									
3	回归统计								
4	Multiple R	0.99985698							
5	R Square	0.99971398							
6	Adjusted R Squar	0.99969355							
7	标准误差	2.698435183							
8	观测值	31							
9									
10	方差分析								
11		df	SS	MS	F	gnificance F			
12	回归分析	2	712625.835	356312.92	48933.65	2.45E-50			
13	残差	28	203.883468	7.2815524					
14	总计	30	712829.719						
15									
16		Coefficients	标准误差	t Stat	P-value	Lower 95%	Upper 95%	下限 95.0%	上限 95.0%
17	Intercept	24.94872156	3.07321752	8.1181112	7.73E-09	18.65352	31.24392	18.65352	31.24392
18	税 收（百亿元）	1.14796203	0.0051088	224.70271	3.86E-47	1.137497	1.158427	1.137497	1.158427
19	经济活动人口总数(	-0.04682419	0.00539257	-8.683099	1.97E-09	-0.05787	-0.03578	-0.05787	-0.03578

图 7-26 保留两个变量的拟合结果

最后得到的线性回归方程为

$$y=24.859+1.148x_2-0.0468x_4$$

调整的可决系数 R^2 为 0.999 7，说明该回归方程的拟合度很高。

思考与练习

1. 抽样推断有何作用?

2. 重复抽样和不重复抽样有哪些区别?

3. 点估计和区间估计有何差异?

4. 如何判断相关关系?

5. 对一批产品按随机不重复抽样方式抽取 100 件，发现其中有 10 件是废品。问：

(1)在 0.05 的显著性水平下，能否认为这批产品的废品率不超过 15%?

(2)估计这批产品废品率的范围。

(3)在对废品率作估计时，如果要以 95%的可信度保证估计的误差不超过 3%，至少应抽检多少件产品?

6. 某种产品产量与单位成本的资料见表 7-8。

表 7-8 产量与单位成本数据

产量(万件)	2	3	4	3	4	5	6
单位成本(元/件)	73	72	71	73	70	69	68

试求：

(1)产品产量与单位成本的相关系数。

(2)确定单位成本与产品产量的直线回归方程，说明回归系数的意义。

(3)计算产量上升为6.5万件时的单位成本。

7. 某房地产公司想了解为什么公司中的某些分公司比其他分公司表现出色。初步分析认为,决定年销售总额(以百万元计)的关键因素是广告预算(以千元计)和销售代理数量。为此抽取了八家分公司数据作为样本,见表7-9。

表7-9 8家分公司销售数据

分公司	广告预算(千元)	代理数量(个)	年销售额(百万元)
1	249	15	32
2	183	14	18
3	310	21	49
4	246	18	52
5	288	13	36
6	248	21	43
7	256	20	24
8	241	19	41

试求:

(1)分别计算广告预算和销售代理数量与年销售额的相关系数。

(2)确定年销售额与广告预算和销售代理数量的线性回归模型,解释回归系数的意义。

第 8 章　统计决策与评价

引导案例

小明的投资理财决策与评价

小明有一笔 10 万元的奖金，原本打算存银行，可 2021 年 3 月 1 日银行存款利率下降，一年期定期存款利率由原来的 3.25%降至 2.5%。小明觉得利率太低，所以改变原有决定。

小明收集了很多投资信息，股票、基金、理财产品等。小明认为股票风险太大，货币型基金可以考虑。在小明手机上有支付宝钱包，里面的余额宝和招财宝引起了小明的关注。余额宝 2021 年 3 月份的七日年化利率为 4.5%左右，而招财宝短期理财 3～6 个月的收益率为 5.5%，中期理财 6～12 个月的收益率为 5.68%，中长期理财 12～24 个月的收益率为 5.93%。但是招财宝有一项规定，如果理财产品没有到期就变现的话，需要交 0.2%的手续费。

经过换算，小明综合考虑各种风险因素后，决定将 10 万元奖金中的 3 万元购买余额宝，4 万元购买招财宝短期理财产品，2 万元购买中期理财产品，1 万元购买中长期理财产品。

小明的决定属于统计决策，这个决定的优劣属于统计评价。那么什么是统计决策与统计评价？统计决策与统计评价都有哪些常用方法？本章将着重介绍这些基础内容。

8.1　统计决策概述

8.1.1　统计决策的概念

统计决策是为了实现某一特定的统计目标，在具备相应统计信息和经验的基础上，根据客观条件，提出各种备选行动方案，并利用统计科学理论和方法，进行必要的分析和判断，从中选出一个最满意方案的过程。广义地说，所有利用统计信息和统计方法进行的决策，都属于统计决策，但一般情况下认为统计决策是定量的、非对抗型的决策。

1. 统计决策是非对抗型决策

统计决策按照对象的性质，可以分为对抗型决策和非对抗型决策。对抗型决策是由多个不同的决策主体在相互竞争和对抗中进行决策，必须考虑对方可能采取的策略。例如，两国代表团谈判、两军对峙等，这类决策对象的有关情况难以利用统计方法进行定量分析与预测，因而不是统计决策研究的对象。非对抗型决策是指只有一个决策主体，只需要考虑可能出现的不同状态，不必考虑对方可能采取的决策。例如，根据未来的市场需求量做出生产多少产品的决策等。这类对象的有关情况都是统计调查的对象，具有系统、完整的统计资料，可以利用统计方法进行定量分析与预测。

2. 统计决策是定量决策

统计决策的对象是能够用数据量化的对象，因此在决策的过程中，方案的制定和选择是通过对决策对象及可能出现的自然状态进行定量分析，计算相关数量指标(参数)，经过一系列数量比较和研究实现的。

3. 统计决策方案便于比较选择

统计决策的依据是统计数据，其方案可以通过数据进行量化，不同方案的差别表现较为明显，便于决策者进行比较、鉴别和选择。

8.1.2 统计决策的步骤

统计决策是一个复杂的过程，主要包括5个步骤，即确定决策目标、拟定备选方案、列出自然状态、选择最满意方案和实施方案。

1. 确定决策目标

决策目标是在一定条件约束下，决策者希望达到的结果。决策目标应根据所研究问题的具体特点来确定，尽可能简单明确，用具有可量化的数量指标体现其内容和含义。

2. 拟定备选方案

拟定备选方案是寻找实现目标的所有可能途径。备选方案是决策者可以调控的因素，方案中所调控的变量称为行动变量，所有备选方案的集合称为行动空间。拟定备选方案需要进行调查研究，掌握充分的信息资料，确定衡量各个方案优劣的标准，以便后续对各种方案进行评价和决策。

3. 列出自然状态

自然状态是指实施行动方案时，可能面临的客观条件和外部环境。自然状态是相斥的，在同一决策问题中，各种自然状态不会同时出现。例如，某商品未来的市场销售情况可分为好、中、差三种自然状态。基于自然状态的客观性，人们通过估计各种状态可能出现的概率，以提高决策科学性。因此，所有可能出现的状态集合称为状态空间，各种状态可能出现的概率集合称为状态空间的概率分布。

4. 选择最满意方案

在拟定备选方案、列出自然状态后，需要计算备选方案在各种状态下的结果。决策者在比较各种可能产生的结果基础上，按照一定的准则选择最满意方案。在同样可以实现决策目标的前提下，选择方案的准则通常要求以效果好坏为主要标准。例如，以得到的利益尽可能大、付出的代价尽可能小等。

5. 实施方案

实施方案就是组织人力、物力和财力，将已选择的最满意方案付诸于实践。由于决策是根据对未来的预期所做出的行为，还需要通过实践检验来验证所选方案的可靠性和科学性。

为确保统计决策的顺利执行，还需要具备以下几个条件：①决策者期望达到的目标。作为决策问题的目标，需要转化成可量化的指标。②至少存在两种或两种以上可供选择的行动方案。③至少存在两种或两种以上的自然状态。④可以计算出各种自然状态的概率。⑤可以计算出执行各种方案的损益值。

8.1.3 统计决策的分类

1. 单目标决策和多目标决策

按决策目标多少,可以分为单目标决策和多目标决策。当决策所要实现的目标只有一个,称为单目标决策。例如,商店经理的销售决策,一般只需要实现利润最大化这一目标。当决策所要实现的目标有两个或两个以上,称为多目标决策。例如,现代化城市交通路线的策划,需要同时考虑运输效率、安全可靠、美化市容、方便市民、经济效益等目标。

2. 确定型决策、风险型决策和非确定型决策

按决策过程信息的完备程度,可以分为确定型决策、风险型决策和非确定型决策。确定型决策是指自然状态已完全确定,可以按既定目标和评价标准选定行动方案的决策。例如:某快递员向 5 个小区投递派件,投递路线共 120 条,从中找出最短路线。

风险型决策是指决策者对将要出现的各种自然状态不能肯定,但其发生的概率可以计算,依据各种自然状态的概率所做出的决策。不管选择哪个行动方案都要承担一定的风险。例如:某公司采购某种商品,如果市场销路好,则可盈利 5 万元;如果市场销路差,则可能造成 1 万元的损失。决策者无法知道市场销路如何,只能估计各种情况出现的概率和损益值。

非确定型决策是指决策者对未来可能出现的自然状态有所了解,但无法确定这些自然状态可能发生的概率。在确定可行方案时,需要列出一切可能发生的未来事件,根据决策准则,选择最满意的方案。

8.2 统计决策的方法

8.2.1 确定型决策

确定型决策可分为单纯选优决策法和模型选优决策法。单纯选优决策法是根据已有数据,通过比较,直接选择出最满意方案。模型选优决策法是在对象自然状态完全确立的条件下,建立数学模型,通过运算选择最满意方案。

1. 微分极值决策法

微分极值决策法是根据决策目标和条件建立数学方程,利用微分极值的计算原理求解方程的极大值或极小值,进而做出最满意选择的方法。

【例 8-1】 某企业试制成功某产品,其单位产品变动成本为 20 元,固定成本为 10 万元。经试销和市场预测,取得表 8-1 所示的价格和销售量资料。现在准备投放市场,要使利润最大,销售价格应为多少?

表 8-1 某产品价格和销售量资料

销售价格 X/元	10	15	20	25	30	35	40
销售量 Y/万件	60	50	40	30	20	10	0

解:由表 8-1 可知,销售价格和销售量之间存在线性相关,通过回归分析可得回归方程:

$Y=80-2X$。设 V 表示单位产品变动成本，F 表示固定成本，C 表示总成本，R 表示销售收入，P 表示销售利润。则有

总成本：$C=VY+F=80V-2VX+F$

销售收入：$R=XY=-2X^2+80X$

销售利润：$P=R-C=-2X^2+(80+2V)X-(80V+F)$

根据微分极值原理，令 $\frac{dP}{dX}=-4X+80+2V=0$，得出利润最大化的销售价格 $X=30$(元)，最优销售量 $Y=20$(万件)，最大利润为 $P=190$(万元)。

2. 盈亏平衡分析决策法

盈亏平衡分析又称“产量-成本-利润”分析，利用代数或图解法来表示企业在一定时期内产量、成本和收入之间关系的定量分析法。其理论依据是：当企业生产或经营某种产品处于不盈不亏时，总收入应当等于总成本。

$$\text{单位售价}\times\text{产销量}=\text{固定成本}+\text{单位变动成本}\times\text{产销量} \tag{8-1}$$

$$\text{盈亏平衡产销量}=\frac{\text{固定成本总额}}{\text{单位售价}-\text{单位变动成本}} \tag{8-2}$$

企业经营的目的是实现盈利，在实现盈亏平衡的基础上，加上目标利润，便可得到目标利润产销量公式：

$$\text{目标利润产销量}=\frac{\text{固定成本总额}+\text{目标利润}}{\text{单位售价}-\text{单位变动成本}} \tag{8-3}$$

【例8-2】 某工厂产销某种产品，已知固定成本总额为10万元，每件产品售价为15元，每件变动费用为7元。经过试销，市场需求较大，因而计划扩大生产，实现盈利50万元。试求该厂盈亏平衡产销量和目标利润产销量。

解：由式(8-2)和式(8-3)可知

$$\text{盈亏平衡产销量}=\frac{\text{固定成本总额}}{\text{单位售价}-\text{单位变动成本}}=\frac{10}{15-7}=1.25(\text{万件})$$

$$\text{目标利润产销量}=\frac{\text{固定成本总额}+\text{目标利润}}{\text{单位售价}-\text{单位变动成本}}=\frac{10+50}{15-7}=7.5(\text{万件})$$

3. 线性规划决策法

线性规划是运筹学中较为成熟的重要分支，是辅助人们进行科学管理的数学方法。线性决策法是将决策问题转化成线性函数问题，利用线性规划法求解函数的极值，并据此选择最满意的方案。

用图解法求解线性规划的一般步骤是：

(1)建立线性规划数学模型，列出目标函数和约束条件数学方程。

(2)在平面直角坐标系中画等式直线，确定可行域，找出极大(小)值点。

(3)求解极值坐标值，计算目标函数值，确定最优解。

8.2.2 风险型决策

风险型决策是指决策者根据几种不同自然状态可能发生的概率进行决策。不论决策者采用何种方案，都要承担一定的风险。常用的风险型决策法较多，本节仅介绍期望值法、决策树法和边际分析决策法。

1. 期望值法

期望值法是以收益和损失矩阵为依据，分别计算各可行方案的期望值，选择其中期望收益值最大或期望损失值最小的方案作为最优方案。

期望值计算公式为

$$E(d_i)=\sum_{j=1}^{m}x_{ij}P(\theta_j) \tag{8-4}$$

式中，x_{ij} 表示第 i 种方案、第 j 种状态发生时的损益值，$P(\theta_j)$ 表示第 j 种状态发生的概率，总共可能出现 m 种状态。

【例 8-3】 某房地产开发公司计划建设住宅小区，面临两个备选方案，建设经营期限均为 6 年。方案 A 是进行大规模开发，需要投资 2 亿元；方案 B 是进行小规模开发，需要投资 1 亿元。根据市场调研和预测，该时期住宅需求量大的概率是 0.8，需求量小的概率是 0.2，两个方案的年损益值见表 8-2，试对两个方案进行决策。

表 8-2 两个方案的年损益值 单位：万元

投资方案	年损益值	
	需求量大 $P=0.8$	需求量小 $P=0.2$
A 大规模开发	6 000	−2 000
B 小规模开发	3 000	1 000

解：根据期望值法公式 8-3，计算两个方案 6 年内净收益期望值为

$$E(A)=(6\,000\times0.8-2\,000\times0.2)\times6-20\,000=6\,400(\text{万元})$$

$$E(B)=(3\,000\times0.8+1\,000\times0.2)\times6-10\,000=5\,600(\text{万元})$$

由于两方案损益期望值 $E(A)>E(B)$，因此选择大规模开发建设方案更有利。

2. 决策树法

决策树是一类常用于决策的定量工具，通过树形图来表示决策过程中各种行动方案、各方案可能发生的状态和关系以及决策的程序。这种辅助决策工具，可以系统地描述较复杂的决策过程，思路犹如树枝形状，是一个按逻辑关系画出的树形图。具体包括 5 个组成部分：决策点、方案枝、状态点、概率枝和结果点。图 8-1 即为一个简单的决策树。

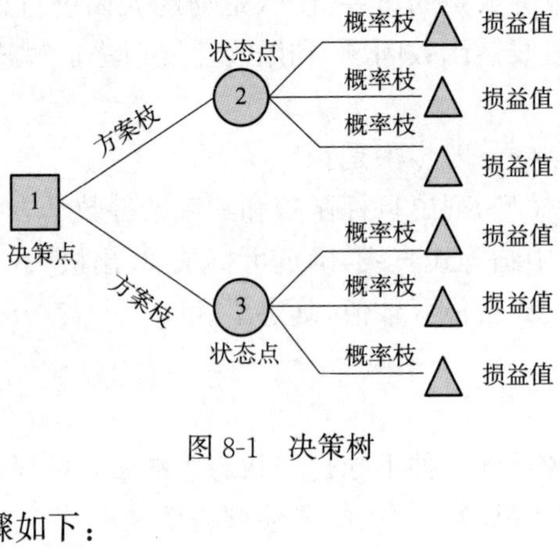

图 8-1 决策树

决策树进行决策的步骤如下：

(1)分析决策问题，确定有哪些方案可供选择，各方案有几个自然状态，从左向右画出树

形图。

(2)将方案序号、自然状态及概率、损益值分别写入状态点、概率枝和结果点上。

(3)计算损益期望值,将每个状态点引入的各概率枝的损益期望值之和标在状态点上,盈利选择最大值(亏损选最小值),标在结点上。

(4)剪枝决策,凡是状态点上的损益期望值小于决策点上数值的方案一律剪掉,最后剩下的方案枝就是所要选择的决策方案。

【例 8-4】 某陶瓷厂进行技术改造,有两个备选方案:一是全套引进国外技术,需要投资200万元;二是引进部分国外关键技术,需要投资140万元。使用期限均为8年,未来市场需求的情况和收益值如表8-3所示。试用决策树进行决策。若使用期限延长至10年又应如何决策?

表 8-3 某陶瓷厂技术改造方案及产生的市场效益 单位:万元

方案	前景看好	销路一般	效率较差
全套引进	120	70	20
部分引进	90	65	45
概率	0.3	0.5	0.2

解:根据表8-3,绘制决策树(图8-2),并计算两个方案8年内净收益期望值为

$$E(1)=(120\times0.3+70\times0.5+20\times0.2)\times8-200=400(万元)$$

$$E(2)=(90\times0.3+65\times0.5+45\times0.2)\times8-140=408(万元)$$

比较两方案的损益期望值,得出 $E(1)<E(2)$,因此选择方案二,即引进部分国外关键技术。

若有效期限延长至10年,计算两个方案10年内净收益期望值为

$$E(1)^*=(120\times0.3+70\times0.5+20\times0.2)\times10-200=550(万元)$$

$$E(2)^*=(90\times0.3+65\times0.5+45\times0.2)\times10-140=545(万元)$$

比较两方案的损益期望值,得出$E(1)^*>E(2)^*$,因此选择方案一,即全部引进国外关键技术。

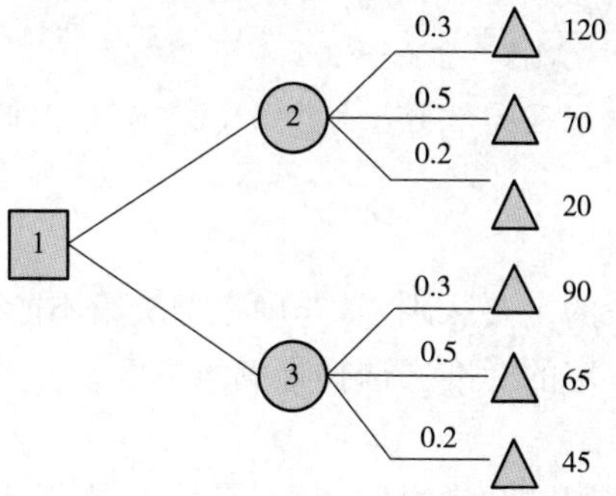

图 8-2 例 8-4 决策树

3. 边际分析决策法

边际分析实质上是求函数的边际极值,应用微分极值原理,当追加的支出和追加的收入相

等时，该临界点即为利润最大点。以企业存货决策为例，具体步骤如下：

(1)多购一件商品，可能产生卖掉或卖不掉两种结果，这两种结果的概率总和为1。若 p 表示卖掉追加商品的概率，则 $1-p$ 是卖不掉追加商品的概率。

(2)令 MP 表示追加商品卖掉的边际利润，ML 表示追加商品卖不掉的边际损失。储蓄并售出一件追加商品的期望边际利润为 $MP\times p$，储蓄但未售出一件追加商品的期望边际损失为 $ML\times(1-p)$。

(3)最佳存货量应满足边际利润等于边际损失，即 $MP\times p=ML\times(1-p)$，可以求出 $p=\frac{ML}{MP+ML}$，这个 p 值表示如果想多储蓄一定数量的商品，则这些商品能卖掉的概率不能小于 p。如果全部存货都能卖掉的概率大于 p，则应该追货，否则就不应该追货，即销售量累积概率不小于 p。

【例 8-5】 某陶瓷企业的青花瓷每日各种存货方案的条件利润资料见表 8-4，试求最佳销售量。

表 8-4 青花瓷条件利润资料 单位：百元

销量(件)	存货(件)				概率	累积概率
	10	11	12	13		
10	30	28	26	24	0.15	1
11	30	33	31	29	0.20	0.85
12	30	33	36	34	0.40	0.65
13	30	33	36	39	0.25	0.25

解：由表中条件利润可知，该企业每日存货量和销量相同时，可获得利润分别为 10 件 3 000 元、11 件 3 300 元、12 件 3 600 元、13 件 3 900 元。即每多售一件，可获得利润 300 元。若日存销量不相等，必然造成损失为：当存货 11 件销量 10 件，积压一件损失 200 元(3 000－2 800)；当存货 10 件销量 11 件，失去销售机会而损失 300 元(3 300－3 000)。因此，可以计算得出，边际利润 MP＝300(元/件)，边际损失 ML＝200(元/件)。

最佳存货量概率 $p=\frac{ML}{MP+ML}=\frac{200}{200+300}=0.40$，根据销售量的累积概率结果可以看出，销售量不超过 12 件的累积概率为 0.65，由于 0.65>0.4，因此 12 件应该储存。

8.2.3 非确定型决策

非确定型决策与风险决策的主要区别是，非确定型决策不能进行期望值的计算，因此不能依据期望值计算的结果按照一定的标准去选择最满意方案。

1. 乐观法

乐观法又称“最大最大”准则，即“大中取大”。其特点是，决策者持最乐观态度，决策时不放弃任何一个获得最好结果的机会，愿意以承担一定风险的代价去获得最大的利益。

【例 8-6】 某厂经过市场调查研究，估计本厂生产的产品在近五年内科技含量和工艺技术应有较大提高，市场需求将出现高、中、低三种状态。为了适应科技发展和市场需求，厂里组织专家研究制定了新建、扩建、改建和技术改造四种行动方案，各种方案的损益值见表 8-5，试选择最满意方案。

表 8-5　某厂产品损益值计算表　　单位：百万元

可行方案	自然状态			
	市场需求状态			极大值
	高	中	低	
新建	10	4	−1	10
扩建	7	6	1	7
改建	5	2	3	5
技术改造	6	5	4	6

解：根据表中各方案极大值的比较，新建方案的极大值最大为 10（百万元），故采用新建方案为最满意方案。

2. 悲观法

悲观法又称"最大最小"准则，其决策原则是"小中取大"。悲观法就是决策时持悲观态度，基于出现最不利的情况来选择最满意方案。即从每种方案中选择收益值最小的方案，然后再选择收益值最大的方案作为最满意方案。

以例 8-6 为例，四个方案里收益值极小值依次为−1、1、3、4（百万元），其中 4（百万元）在四个方案的极小值中最大，因此技术改造方案是最满意方案。

3. 赫威斯决策法

赫威斯决策法又称系数法，是介于乐观法和悲观法之间的一种决策方法。根据经验确定一个反映最有利情况出现程度大小的系数 α，用 α 和 $1-\alpha$ 分别对方案的最大收益值和最小收益值进行加权，求得赫威斯决策收益值，据此选择最满意方案。

以例 8-6 为例，设 $\alpha=0.7$，则各方案的赫威斯决策收益值为

新建：$0.7\times10+0.3\times(-1)=6.7$（百万元）。

扩建：$0.7\times7+0.3\times1=5.2$（百万元）。

改建：$0.7\times5+0.3\times3=4.4$（百万元）。

技术改造：$0.7\times6+0.3\times4=5.4$（百万元）。

因此，新建方案的赫威斯决策收益值最大，新建方案为最满意方案。

4. 等可能法

等可能法又称等概率标准，即假定未来各种自然状态发生的概率相同，如果未来有 n 种自然状态，则认为每种自然状态发生的概率均为 $\frac{1}{n}$，然后按照风险型决策问题的决策准则，求各方案的期望值，根据最大期望值选择最满意方案。

以例 8-6 为例，按等可能法决策，各状态概率值为 $\frac{1}{3}$，则各方案的收益值为

新建：$\frac{1}{3}\times(10+4-1)=4.333$（百万元）。

扩建：$\frac{1}{3}\times(7+6+1)=4.667$（百万元）。

改建：$\frac{1}{3}\times(5+2+3)=3.333$(百万元)。

技术改造：$\frac{1}{3}\times(6+5+4)=5$(百万元)。

因此，技术改造方案的收益值最大，技术改造方案为最满意方案。

5. 后悔法

后悔法又称遗憾值法，即当某一种自然状态出现时，就会明确那个方案是最满意的，如果决策人并未采用最满意方案，而采用其他方案，则会感到后悔。其后悔值表示为每种自然状态下，各行动方案的最高收益值与其他收益值之差。通过计算、比较选择各方案最大后悔值中最小值对应的方案。

以例 8-6 为例，根据后悔值定义，按状态求出各方案后悔值，如表 8-6 所示。

从表 8-6 可以看出，扩建方案的最大后悔值是四个方案最大后悔值的最小值，因此扩建方案是最满意方案。

表 8-6　各方案后悔值计算表

可行方案	各自然状态下的后悔值			最大值
	高	中	低	
新建	0	2	5	5
扩建	3	0	3	3
改建	5	4	1	5
技术改造	4	1	0	4

8.3　综合评价概述

在现实生活中，综合评价问题无处不在。例如本章引导案例所述，在小明做出最终投资决定之前，一定会将不同的投资方式，在安全性、收益性和回收期限等方面进行全面、综合的比较，这个过程实际上就是在进行综合评价。

8.3.1　综合评价的定义

综合评价，是指以各评价客体在不同侧面的数量特征为基础，运用一系列数学、统计学和其他定量方法进行适当综合，得出反映客体特征的综合数量水平，以便进行决策、排序和比较的统计方法。

综合评价问题从本质上看是一个信息处理的问题，开展评价的过程实际上是将无序的数量信息有序化。在这过程中，需要选取适当的数量特征，规范数量信息，确定不同数量特征的重要程度，建立综合数量模型，最终将无序的信息有序化，即包括构建指标体系、数据的处理、指标的赋权和建模。

8.3.2　综合评价的要素和基本步骤

1. 基本要素

(1)目的，即综合评价应该达到的目标。只有明确了研究目的，才能有效选取综合评价的指标体系和综合评价方法。

（2）主体，即评价者。评价者的不同认知水平、文化程度等因素对综合评价过程与结果都会产生较大的影响。

（3）客体，即评价对象。在一般的综合评价问题中，评价对象包括单位的多少，主要取决于综合评价的目的。

（4）指标体系，即特征指标集。只有选取恰当的特征指标，并构成与问题密切相关的指标体系，才能保证综合评价结果的科学性和可靠性。

（5）评价方法。通常为数据的处理方法、权重系数的确定方法和综合评价价值函数的总称。

2. 基本步骤

与基本要素相对应，基本步骤主要包括：确定评价目的、确定评价对象和指标体系、搜集和处理指标数据、确定权重系数和价值函数、给出评价结果、对结果进行检验、分析和运用评价结果。

8.4 综合评价方法

8.4.1 数据的处理

综合评价需要按照一定的权重和价值模型，将不同的指标值综合起来。但评价对象的属性特征多元化，且各指标的计量单位和变动方向不尽相同。因此，为了使各指标值能够综合使用，需要事先对各指标数值进行无量纲化和同向化处理。

1. 数据的无量纲化处理

1）阈值法

阈值法也称为临界值法，是将实际值与阈值相对比，以消除不同指标的计量单位，使所有指标都调整为统一的数量级方法。

（1）增加型无量纲化公式：

$$y_i=\frac{x_i}{\max\limits_{1\leqslant i\leqslant n}(x_i)} \tag{8-5}$$

式中，x_i 为实际值，y_i 为无量纲化值。一般而言，y_i 会随着 x_i 的增大而增大，适合对正指标进行无量纲化处理。

（2）减少型无量纲化公式：

$$y_i=\frac{\max\limits_{1\leqslant i\leqslant n}(x_i)-x_i}{\max\limits_{1\leqslant i\leqslant n}(x_i)-\min\limits_{1\leqslant i\leqslant n}(x_i)} \tag{8-6}$$

式中，x_i 为实际值，y_i 为无量纲化值。一般而言，y_i 会随着 x_i 的增大而减小，适合对逆指标进行无量纲化处理。

2）标准化法

标准化法是用每一个变量值的算数离差除以变量值的标准差，计算公式为

$$y_i=\frac{x_i-\bar{x}}{s} \tag{8-7}$$

式中，y_i 为无量纲化值，$\bar{x}$ 和 s 为相应指标的均值和标准差，主要适合无量纲化值允许为负值或零的情形。

2. 数据的同向化处理

一般来说，以“极大型”指标作为标准型指标，同向处理就是将其他变化方向的指标转化为标准型指标的过程。

1)极小型指标的同向处理

设 x_i 为极小型指标值，x_i^* 为同向处理后的指标值。

(1)若 x_i 存在一允许上限 M，则 $x_i^* = M - x_i, -\infty < x_i < +\infty$。

(2)若 x_i 不存在一允许上限 M，且 $x_i > 0$，则 $x_i^* = \frac{1}{x_i}$。

(3)若 x_i 不存在一允许上限 M，且 $x_i < 0$，则 $x_i^* = -x_i$。

2)居中型指标的同向处理

设 x_i 为居中型指标值，a 为最适合值。

(1)若 x_i 存在一允许上限 M 和一允许下限 m，a 为区间中点，则

$$x_i^* = \begin{cases} \dfrac{2(x_i - m)}{M - m} & m \leqslant x_i \leqslant a \\ \dfrac{2(M - x_i)}{M - m} & a \leqslant x_i \leqslant M \end{cases} \tag{8-8}$$

(2)若 x_i 不存在一允许上限 M 和一允许下限 m，a 为任意值，则

$$x_i^* = \frac{1}{1 + |a - x_i|} \tag{8-9}$$

8.4.2 指标的赋权

在进行综合评价时，需要明确各指标在模型中的权重，即某一指标在整个综合评价中的作用。目前为止，权重的确定没有一个统一的让大众普遍接受的方法。下面介绍两种常用的赋权法。

1. 离差权法

若某一指标在每个样本中的取值差异不大，则认为该指标提供的信息量较少，应赋予的权重较小；反之，若某项指标在每个样本中的取值差异较大，则认为该指标提供的信息量较多，应赋予较大的权重。

设 σ_j 为第 j 个指标的标准差，则第 j 个指标的权重系数为：

$$\omega_j = \frac{\sigma_j}{\sum_{j=1}^{m} \sigma_j}, j = 1, 2, \cdots, m \tag{8-10}$$

式中，$\sigma_j = \sqrt{\dfrac{\sum_{i=1}^{n} (x_{ij} - \overline{x_j})^2}{n - 1}}$，标准差也可以采用离散系数替代。

2. 层次分析法

层次分析法(Analytic Hierarchy Process，AHP)，是由美国运筹学家 T. L. Saaty 最早提出来的。该方法能将复杂系统的决策思维进行层次化，把决策过程中定性和定量的方法有机

结合起来，通过构建判断矩阵、排序计算和一致性检验得出具有说服力的权重。

设判断矩阵 $\boldsymbol{A}=(a_{ij})_{n\times n}(i,j=1,2,\cdots,n)$，若矩阵同时满足以下要求：

$$a_{ij}>0,a_{ii}=1,a_{ji}=\frac{1}{a_{ij}}$$

则称 $\boldsymbol{A}$ 为正互反判断矩阵。若 $a_{ij}=\frac{a_{ik}}{a_{jk}}(i,j,k=1,2,\cdots,n)$，则称 $\boldsymbol{A}$ 为一致性判断矩阵。

设多综合评价问题中，各个指标的权重矢量为 $\boldsymbol{W}=(\omega_1,\omega_2,\cdots,\omega_n)^T$，令 $a_{ij}=\frac{\omega_i}{\omega_j}$，记为指标 $\boldsymbol{A}_i$ 和 $\boldsymbol{A}_j$ 的权重比，则可构造如下权重比的一致性判断矩阵 $\boldsymbol{A}$：

$$\boldsymbol{A}=\begin{bmatrix} \frac{\omega_1}{\omega_1} & \frac{\omega_1}{\omega_2} & \cdots & \frac{\omega_1}{\omega_n} \\ \frac{\omega_2}{\omega_1} & \frac{\omega_2}{\omega_2} & \cdots & \frac{\omega_2}{\omega_n} \\ \cdots & \cdots & \cdots & \cdots \\ \frac{\omega_n}{\omega_1} & \frac{\omega_n}{\omega_2} & \cdots & \frac{\omega_n}{\omega_n} \end{bmatrix}=(a_{ij})_{n\times n}$$

其中，$a_{ii}=\frac{\omega_i}{\omega_i}=1,a_{ij}=\frac{\omega_i}{\omega_j}=\frac{1}{a_{ji}},a_{ij}=\frac{a_{ik}}{a_{jk}}$，将 $\boldsymbol{W}$ 右乘 $\boldsymbol{A}$ 可得：

$$\boldsymbol{AW}=\begin{bmatrix} \frac{\omega_1}{\omega_1} & \frac{\omega_1}{\omega_2} & \cdots & \frac{\omega_1}{\omega_n} \\ \frac{\omega_2}{\omega_1} & \frac{\omega_2}{\omega_2} & \cdots & \frac{\omega_2}{\omega_n} \\ \cdots & \cdots & \cdots & \cdots \\ \frac{\omega_n}{\omega_1} & \frac{\omega_n}{\omega_2} & \cdots & \frac{\omega_n}{\omega_n} \end{bmatrix}\begin{bmatrix} \omega_1 \\ \omega_2 \\ \vdots \\ \omega_n \end{bmatrix}=\begin{bmatrix} n\omega_1 \\ n\omega_2 \\ \vdots \\ n\omega_n \end{bmatrix}=n\boldsymbol{W}$$

因此，n 是 $\boldsymbol{A}$ 的唯一非零最大的特征根，记为 λ_{max}，则 $\boldsymbol{W}$ 是 λ_{max} 对应的特征向量，即为各个指标的权重 ω。

在实际问题中，判断矩阵 $\boldsymbol{A}$ 未必能保证是正互反且具有一致性的判断矩阵，则需要借助一致性指标 C. I 和同阶随机一致性指标 R. I 相比，得出一致性比率 C. R。其中，C. I$=\frac{\lambda_{max}-n}{n-1}$，R. I 为对应阶数的平均随机一致性指标，如表 8-7 所示。

表 8-7　R. I 值与阶数对应表

n	1	2	3	4	5	6	7	8	9	10	11	12	13	14	15
R. I	0	0	0.58	0.89	1.12	1.26	1.36	1.41	1.46	1.49	1.52	1.54	1.56	1.58	1.59

最后，计算一致性比例 C. R$=\frac{\text{C. I}}{\text{R. I}}$，如果 C. R$<0.1$，则认为判断矩阵的一致性可以接受。

【例 8-7】　已知判断矩阵 $\boldsymbol{A}$，试检验其一致性并求出权重 $\boldsymbol{W}$。

$$\boldsymbol{A}=\begin{bmatrix} 1 & 1/3 & 1/2 \\ 3 & 1 & 3 \\ 2 & 1/3 & 1 \end{bmatrix}$$

解:求解行列式 $\begin{vmatrix} 1-\lambda & 1/3 & 1/2 \\ 3 & 1-\lambda & 3 \\ 2 & 1/3 & 1-\lambda \end{vmatrix}=0$,得出 $\lambda_{max}=3.0536$

$C.I=\frac{\lambda_{max}-n}{n-1}=\frac{0.0536}{2}=0.0268$,3 阶 $R.I=0.52$,则 $C.R=\frac{C.I}{R.I}=0.0515<0.1$,因此判断矩阵 $\boldsymbol{A}$ 具有一致性。

由 $\begin{bmatrix} 1-3.0536 & 1/3 & 1/2 \\ 3 & 1-3.0536 & 3 \\ 2 & 1/3 & 1-3.0536 \end{bmatrix}\begin{bmatrix} \omega_1 \\ \omega_2 \\ \omega_3 \end{bmatrix}=0$,求出权重矢量 $\boldsymbol{W}$:

$$\boldsymbol{W}=(0.1571,0.5936,0.2493)^T$$

8.4.3 常用综合评价方法

一个综合评价方法,实际上是一种赋权方法和一种价值函数的组合。常见的综合评价法有:综合指数法、功效系数法和灰色关联综合评价法等。

1. **综合指数法**

综合指数法是在确定一套合理的经济效益指标体系基础上,对各项效益指标个体指数加权平均,计算出经济效益综合值,用以综合评价经济效益的一种方法。

其中,各项指标的权数 w_j 代表其重要程度。通过各个被评价单位的实际数据计算个体指数 k_{ij},再利用线性加权综合评价模型进行综合排序。

个体指数表示每一评价单位的实际数据 x_{ij} 与该指标某一具体的基准水平 x_{0j} 之比。具体表示为:$k_{ij}=\frac{x_{ij}}{x_{0j}}$。其中,当 $x_{ij}>0$ 时,$x_{0j}=\min_i x_{ij} or \overline{x_j}$。

因此,可以利用线性综合评价模型,求出各评价单位的综合指数:

$$y_i=\sum_{j=1}^{m} w_j k_{ij} \tag{8-11}$$

2. **功效系数法**

功效系数法是根据多目标规划的原理,把所要评价的各项指标分别对照各自的标准,并根据各项指标的权数,通过功效函数转化为可以度量的评价分数,再对各项指标的单项评价分数进行加总,求得综合评价分数,用以进行综合评价的方法。其基本步骤是先采用功效系数无量纲化处理数据,再用线性模型将无量纲化值综合在一起得到相应的综合评价指数。

设 x_{ij} 为第 i 个单位的第 j 项指标的实际值,其功效系数 k_{ij} 表示为

$$k_{ij}=\frac{x_{ij}-\min_i(x_{ij})}{\max_i(x_{ij})-\min_i(x_{ij})}p+q \tag{8-12}$$

基于百分制考虑,设 $p=40,q=60$,并采用公式 8-11 线性综合评价模型。

3. **灰色关联综合评价法**

灰色系统理论认为,由于客观事物的复杂性,人们对客观事物的认识具有广泛的灰色性,即信息不完全性和不确定性。在综合评价中,被评价对象的各个统计指标都会有不确切性,而主观定性指标的灰色性更大。

1)关联度的概念

关联度是事物之间关联性大小的度量,定量地描述了事物之间相对变化的情况,即变化的

大小、方向和速度等。如果事物变化的态势基本一致，则可以认为它们之间的关联度较大；反之，关联度较小。

灰色关联度综合评价法的基本思想是从被评价对象中确定一个理想化的最优样本，并以此为参考序列，通过计算各样本序列与参考序列的关联度，对被评价对象做出综合比较和排序。

2)关联度的计算

设有 n 个被评价对象，每个被评价对象都有 p 个评价指标，则第 i 个被评价对象可以表述为 $x_i^* = \{x_{i1}^*, x_{i2}^*, \cdots, x_{ip}^*\} i=1,2,\cdots,n$。具体步骤如下：

(1)确定参考序列。根据评价指标的经济含义，确定各项指标的最优值组成参考序列，可以表述为 $x_0 = \{x_{01}, x_{02}, \cdots, x_{0p}\}$，表示综合评价的标准。如果是正向指标，则 x_{0j} 是 n 个被评价对象第 j 项指标实际值的最大值，反之为最小值。

(2)无量纲化。由于被评价指标量纲和数量级的不同，各评价指标间具有不可比性，需要对实际指标值进行无量纲化处理。常用阈值法无量纲化公式为

$$x_{ij} = \frac{x_{ij}^*}{x_{0j}}, i=1,2,\cdots,n, j=1,2,\cdots,p \tag{8-13}$$

此时，各指标的最优值为1，最优参考序列为 $x_0 = \{1,1,\cdots,1\}$。

(3)求两级最大差 Δ_{max} 和两级最小差 Δ_{min}。绝对差计算公式为

$$\Delta_{ij} = |x_{ij} - 1|, i=1,2,\cdots,n, j=1,2,\cdots,p$$

$$\Delta_{max} = \max_{1\leqslant i\leqslant n} \max_{1\leqslant j\leqslant p} \Delta_{ij}, \Delta_{min} = \min_{1\leqslant i\leqslant n} \min_{1\leqslant j\leqslant p} \Delta_{ij} \tag{8-14}$$

(4)计算关联度。根据公式计算关联系数：

$$\varepsilon_{ij} = \frac{\Delta_{min} + \rho\Delta_{max}}{\Delta_{ij} + \rho\Delta_{max}} \tag{8-15}$$

式中，ρ 为分辨系数，$0<\rho<1$，并计算第 i 个被评价对象与最优参考序列间的关联度：

$$r_i = \frac{1}{p}\sum_{j=1}^{p} \varepsilon_{ij} \tag{8-16}$$

(5)计算综合评价系数，构造百分制评分。其计算公式为

$$E_i = r_i \times 100 \tag{8-17}$$

(6)比较与排序。根据 $\{E_i\}$ 可对被评价对象做出排序和比较，如果 $E_i > E_j$，则表明第 i 个样本比第 j 个样本好。

【例8-8】 利用灰色关联度综合评价法对三个公司的统计对象进行综合评价，评价指标体系由7个指标组成，有关数据见表8-8。

表8-8　三个公司各项统计指标实际值

公司	广告效率(%)x_1	成本利润率(%)x_2	人均销售收入(万元)x_3	营销开支比率(%)x_4	收入利税率(%)x_5	资产报酬率(%)x_6	顾客满意度x_7
甲	54.05	32.84	914.2	16.34	55.27	24.91	0.355 4
乙	53.02	38.17	959.8	15.37	54.45	23.84	0.225 2
丙	50.92	34.28	999.9	14.88	55.05	23.45	0.328 9
最优序列	54.05	38.17	999.9	14.88	55.27	24.91	0.355 4

解：(1)确定参考序列。根据各项指标经济含义，确定正、逆向指标，并构造最优序列。

(2)无量纲化。用最优序列数值去除各项指标数值,结果见表 8-9。

表 8-9 无量纲化处理后的数值

公司	x_1	x_2	x_3	x_4	x_5	x_6	x_7
甲	1	0.860 4	0.914 3	0.910 6	1	1	1
乙	0.980 9	1	0.959 9	0.968 1	0.985 2	0.957 0	0.633 7
丙	0.942 1	0.898 1	1	1	0.996 0	0.941 4	0.925 4
最优序列	1	1	1	1	1	1	1

(3)求两级最大差 Δ_{max} 和两级最小差 Δ_{min}。先求出 Δ_{ij},见表 8-10。可以得出,$\Delta_{max}=0.366\ 3$,$\Delta_{min}=0$。

表 8-10 Δ_{ij} 数据表

公司	x_1	x_2	x_3	x_4	x_5	x_6	x_7	min	max
甲	0	0.139 6	0.085 8	0.089 4	0	0	0	0	0.139 6
乙	0.019 1	0	0.040 1	0.031 9	0.014 3	0.043 0	0.366 3	0	0.366 3
丙	0.057 9	0.101 9	0	0	0.004 0	0.058 6	0.074 6	0	0.101 9

(4)计算关联系数。取 $\rho=0.5$,根据式(8-15),得出 ε_{ij} 结果见表 8-11。

表 8-11 ε_{ij} 数据表

公司	x_1	x_2	x_3	x_4	x_5	x_6	x_7	均值
甲	1	0.567 4	0.681 2	0.672 1	1	1	1	0.845 8
乙	0.905 8	1	0.820 4	0.851 8	0.925 1	0.810 0	0.333 3	0.806 6
丙	0.759 8	0.642 5	1	1	0.978 7	0.757 6	0.710 7	0.835 6

(5)计算关联度。根据式(8-16),可以得出,$r_{甲}=0.845\ 8$,$r_{乙}=0.806\ 6$,$r_{丙}=0.835\ 6$。

(6)计算综合评价系数。根据式(8-17),得出 $E_{甲}=84.58$,$E_{乙}=80.66$,$E_{丙}=83.56$。

(7)比较和排序。由于 $E_{甲}>E_{丙}>E_{乙}$,因此认为甲公司统计对象最好,丙公司次之,乙公司最差。

用灰色关联综合评价法进行综合评价,能通过改变分辨系数 ρ 的大小提高综合评价结果的区分效度,而且数学处理过程不复杂,并能使用样本所提供的全部信息。由于评价对象或多或少都具有灰色性,该种方法适用范围较广。但没有考虑各评价指标的相对重要性,把各指标同等看待,使用等权 $\frac{1}{\rho}$ 计算综合评价系数,可以通过引入权数改进这种评价方法,即 $E_i=\sum_{j=1}^{p} w_{ij}\varepsilon_{ij}\times 100$,$w_{ij}$ 为第 j 项指标的权数。

8.5 Excel 的应用例解

【例 8-9】 某地医院 2011—2020 年相关指标资料如图 8-3 所示,运用 Excel 采用离差权法确定指标的权重。

	A	B	C	D	E	F	G
1	年份	有效率（%）	病死率（%）	平均住院日（天）	病床使用率（%）	出入院诊断符合率（%）	甲级病案率（%）
2	2011	96.20	2.10	19.50	73.30	96.40	77.60
3	2012	95.60	1.80	21.00	70.90	97.80	79.20
4	2013	95.50	1.90	20.10	59.70	96.80	71.40
5	2014	95.60	1.70	16.40	74.20	98.60	86.30
6	2015	96.80	1.50	15.20	75.10	98.90	92.20
7	2016	96.90	1.20	16.30	76.30	99.10	95.80
8	2017	97.10	1.30	15.60	75.90	99.30	96.70
9	2018	97.20	1.10	16.40	78.60	99.80	98.20
10	2019	97.10	1.10	17.10	76.20	99.70	98.10
11	2020	96.80	0.90	16.80	77.10	99.50	97.50
12	标准差	0.652380257	0.38	1.907459043	5.095301758	1.140570033	9.474280975
13	标准差和	18.64999207					
14	权重	0.03498019	0.020375344	0.102276668	0.273206645	0.061156596	0.508004558

图 8-3　某地医院 2011—2020 年相关指标资料

解:(1)计算各指标的标准差。在 B12 单元格中输入“＝STDEV. P(B2:B11)”,并用拖动鼠标的方式,将 B12 单元格的公式复制到 C12:G12 区域,得到所有指标的标准差。

(2)计算标准差总和。在 B13 单元格中输入“＝SUM(B12:G12)”,得到全部指标的标准差之和。

(3)计算各指标的权重。在 B14 单元格中输入“＝B12/＄B＄13”,得到有效率指标权重,并用拖动鼠标的方式,将 B14 单元格的公式复制到“C14:G14”区域,得到所有指标的权重。

思考与练习

一、单选题

1. 风险型决策中,决策者能控制的是(　　)。

   A. 方案制定　B. 市场的状态　C. 状态发生的概率　D. 竞争者的反应

2. 当决策者对未来的不确定因素都可控时,宜采用(　　)。

   A. 确定型决策　B. 风险型决策　C. 非确定型决策　D. 主观决策

3. 风险厌恶者在决策时更倾向于(　　)。

   A. 乐观法　B. 悲观法　C. 后悔值法　D. 等可能法

4. 通过判断指标之间的相似程度来筛选指标的方法是(　　)。

   A. 试算法　B. 层次分析法　C. 系统聚类法　D. 综合评分法

5. $y_i=\frac{x_i-\bar{x}}{s}$是(　　)的公式。

   A. 指标同度量的相对化处理方法　B. 指标同度量的标准化处理方法

   C. 指标同度量的功效系数法　D. 确定指标权重系数法中的变异系数法

二、多选题

1. 决策的基本要素有(　　)。

   A. 决策主体　B. 决策目标　C. 决策对象　D. 决策涉及的环境

   E. 备选方案

2. 统计决策的特点有(　　)。

A. 非对抗型决策　B. 定量决策　C. 多目标决策　D. 方案便于比较

E. 定性决策

3. 下列属于非确定型决策的有(　　)。

A. 期望收益法　B. 乐观法

C. 后悔值法　D. 悲观法

E. 微分极值决策法

4. 统计综合评价包括三要素,分别为(　　)。

A. 评价主体　B. 评价标准　C. 评价模型　D. 评价客体

E. 评价方法

5. 评价指标同度量的处理方法包括(　　)。

A. 离差权法　B. 层次分析法　C. 相对化方法　D. 功效系数法

E. 标准化方法

三、简答题

1. 简述统计决策的种类及意义。

2. 简述确定型决策应具备的条件。

3. 简述决策树的含义及结构。

4. 说明统计综合评价的步骤。

5. 在统计综合评价中,为什么要确定评价指标的权重系数?确定权重系数的方法有哪些?

四、计算题

1. 某厂为适应市场的需要,准备扩大生产能力,有两种方案可供选择:①建大厂;②先建小厂,后考虑扩建。如果建大厂,需要投资700万元,在市场销路好时,每年收益210万元;销路差时,每年亏损40万元。如果先建小厂,在市场销路好时,则3年后进行扩建。建小厂的投资为300万元,市场销路好时,每年收益90万元;销路差时,每年收益60万元。如果3年后扩建,则扩建投资为400万元,收益情况同第一个方案一致。

未来市场销路好的概率为0.7,销路差的概率为0.3;如果前3年销路好,则后7年销路好的概率为0.9,销路差的概率为0.1。无论选用何种方案,使用期限均为10年,试做决策分析。

2. 某商店出售新鲜扇贝,平均售价为20元/kg,平均成本为10元/kg,商店的销售宗旨是当天进货当天销售,如果当天卖不出去折价处理的话,则每千克平均损失3元,商店以往每天的扇贝市场需求状态及概率资料见表8-12,请问商店的领导该如何决策每天的进货量?

表8-12　扇贝市场需求状态及概率

市场需求量/kg	0	100	200	300	400
概率	0.1	0.2	0.4	0.2	0.1

3. 某企业开发新产品,经过预测,市场需求为高、中、低三种自然状态,概率很难预知。目前共有三种方案可供选择:A方案为技术改造,B方案为购置新设备,C方案为重点购置,其余自己制造。新产品生产五年,所获收益见表8-13。试用悲观法、乐观法、后悔值法分别选择最满意方案。

表 8-13　收益表　　　　单位:万元

方案＼自然状态	需求量高	需求量一般	需求量低
A	105	70	−5
B	80	55	5
C	90	52	15

4. 表 8-14 所示为 3 个地区的经济效益情况表。

表 8-14　地区经济效益情况表

指标名称		计量单位	实际值		
			甲地区	乙地区	丙地区
产品销售率	x_1	%	75	85	60
百元产值实现利税	x_2	元	25	28	13
全员劳动生产率	x_3	千元/人	9	12	6
万元产值能耗	x_4	吨	45	25	22

根据表 8-14,利用变异系数法计算各指标的权重系数。

5. 为对企业的生产经营活动进行评价,国家统计局在考查企业生产经营活动各方面后确定的考核指标体系见表 8-15,试采用功效系数法评价甲、乙企业的经营水平。($p=40,q=60$)

表 8-15　考核指标体系资料

指标	单位	权重(%)	极大值	极小值	指标值	
					甲企业	乙企业
总资产贡献率	元/百元	20	20	8	15	10
资本保值增值率	元/百元	16	150	100	130	100
资产负债率	元/百元	12	75	40	70	50
流动资产周转率	元/百元	15	2	1.5	1.6	1.5
成本费用利润率	元/百元	14	4	2.5	3	4
全员劳动生产率	元/人	10	20 000	15 000	15 000	16 000
产品销售率	元/百元	13	120	80	105	100

第9章 国民经济生产统计

引导案例

以下给出“2021年国民经济和社会发展统计公报”中的部分内容摘要作为本章“国民经济生产统计”引入的案例，摘要如下：

2021年经国家统计局初步核算，全年国内生产总值1 143 670亿元，比上年增长8.1%，两年平均增长5.1%(见图9-1)。其中，第一产业增加值83 086亿元，比上年增长7.1%；第二产业增加值450 904亿元，增长8.2%；第三产业增加值609 680亿元，增长8.2%。第一产业增加值占国内生产总值比重为7.3%，第二产业增加值比重为39.4%，第三产业增加值比重为53.3%(见图9-2)。全年最终消费支出拉动国内生产总值增长5.3个百分点，资本形成总额拉动国内生产总值增长1.1个百分点，货物和服务净出口拉动国内生产总值增长1.7个百分点。全年人均国内生产总值80 976元，比上年增长8.0%。国民总收入1 133 518亿元，比上年增长7.9%。全员劳动生产为146 380元/人，比上年提高8.7%(见图9-3)。

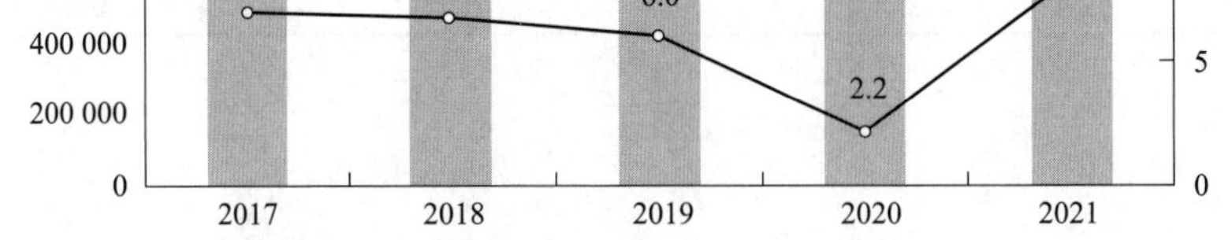

图9-1 2017—2021年国内生产总值及其增长速度

全年居民消费价格比上年上涨0.9%。工业生产者出厂价格上涨8.1%。工业生产者购进价格上涨11.0%。农产品生产者价格下降2.2%。12月份，70个大中城市中，新建商品住宅销售价格同比上涨的城市个数为53个，下降的为17个；二手住宅销售价格同比上涨的城市个数为43个，持平的为1个，下降的为26个。图9-4所示为2021年居民消费价格月度涨跌幅度。

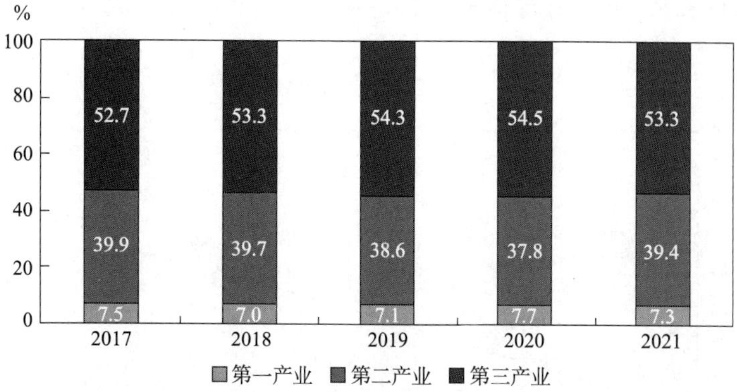

图 9-2　2021 年三次产业增加值占国内生产总值比重

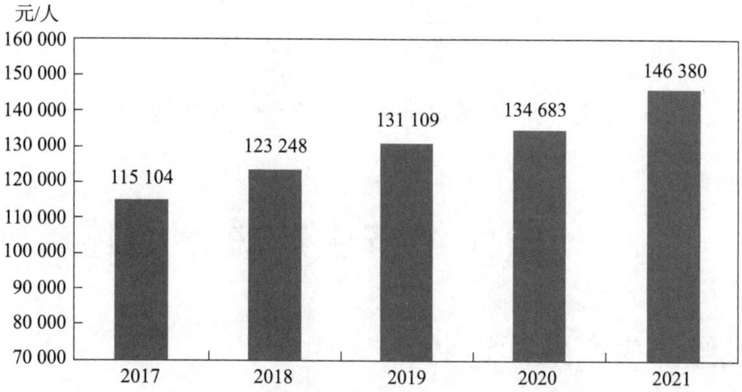

图 9-3　2017—2021 年全员劳动生产率

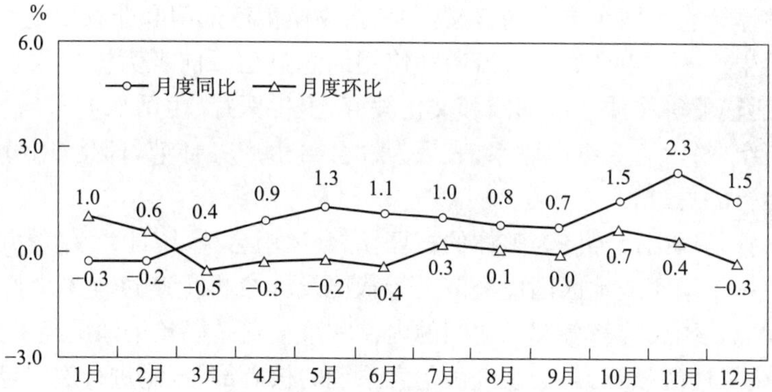

图 9-4　2021 年居民消费价格月度涨跌幅度

城乡区域协调发展扎实推进。年末全国常住人口城镇化率为 64.72%，比上年末提高 0.83 个百分点(见图 9-5)。分区域看，全年东部地区生产总值 592 202 亿元，比上年增长 8.1%；中部地区生产总值 250 132 亿元，增长 8.7%；西部地区生产总值 239 710 亿元，增长 7.4%；东北地区生产总值 55 699 亿元，增长 6.1%。全年京津冀地区生产总值 96 356 亿元，比上年增长 7.3%；长江经济带地区生产总值 530 228 亿元，增长 8.7%；长江三角洲地区生产总值 276 054 亿元，增长 8.4%。粤港澳大湾区建设、黄河流域生态保护和高质量发展等区域重大战略深入实施。

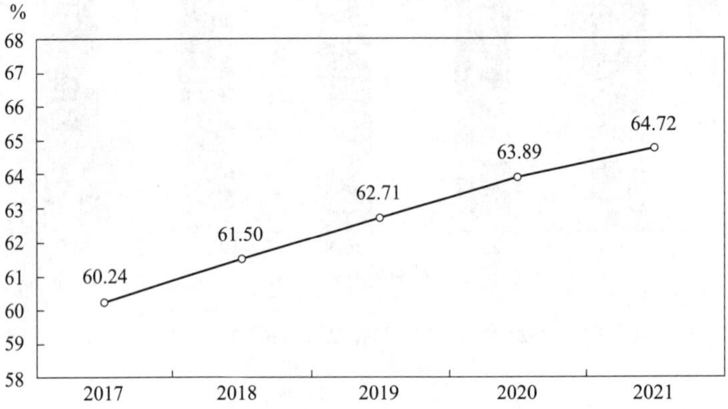

图 9-5　2017—2021 年年末常住人口城镇化率

以上是 2021 年我国国民经济数据统计部分的情况，接下来引入国民经济生产统计的概念。

9.1　国民经济生产统计概述

9.1.1　国民经济生产统计定义

首先简单介绍一下国民经济与国民经济核算的概念。

国民经济是一个国家或地区全部经济活动的总和，是一个纵横交错、极其复杂的网络般经济活动的有机整体。它有两个方面的含义：一是指物质生产部门和非物质生产部门的总和；二是指社会产品再生产——生产、分配、流通和使用的总过程。前者为横向联系，由工业、农业、建筑业、商业和运输业等物质生产部门和文化教育、卫生医疗、生活旅游及城乡交通管理等非物质生产部门所组成；后者为纵向联系，表现为社会再生产各环节，即生产、分配、流通和使用四个环节不断运行的总过程。

国民经济核算是以国民经济为整体的核算，综合运用会计、统计、数学等知识与方法，从数量上系统地反映一个国家或地区国民经济运行状况及社会再生产过程中生产、分配、交换、使用各个环节之间以及国民经济各部门之间的内在联系。它是以整个国民经济为对象的宏观核算，是国民经济全局性的核算，是宏观经济信息系统的核心部分，是进行宏观经济管理、调控和决策的基础。

国民经济生产统计是国民经济核算中的一部分，即生产范围。

生产范围是指生产在机构单位负责、控制和管理下，利用劳动和资本等要素，将某些货物和服务投入转化为另一些货物和服务产出的过程。

国民经济核算的生产范围通常包括以下四部分：

(1)生产者提供或准备提供给其他单位的货物或服务的生产。

(2)生产者用于自身最终消费或固定资本形成的所有货物的自给性生产。

(3)生产者用于自身最终消费或固定资本形成的知识载体产品的自给性生产,但不包括住户所从事的类似活动。

(4)自有住房提供的住房服务和付酬家庭服务人员提供的家庭服务和个人服务的自给性生产。

因此,生产范围包括所有货物的生产,不论是对外提供的货物还是自产自用的货物,而服务的生产,则基本上限于对外提供的部分。自给性服务,除了自有住房服务和付酬家庭服务人员提供的家庭或个人服务外,则被排除在生产范围之外。被排除在生产范围之外的自给性服务是指住户成员为本住户提供的家庭或个人服务,如清扫房屋、做饭、照顾老人、教育儿童等。可以看出,从过去的限制性生产观(强调物质生产、排斥服务产品的生产)扩大为综合性生产观,进而解决了与国际统计口径不一致的问题。

9.1.2 社会产品的概念及其特性

产品即货物和服务,是生产活动的成果。产品可以作为其他货物和服务生产的投入,也可以作为最终消费品或投资品。

社会产品是国民经济生产的结果,是国民经济生产统计的对象。社会产品的内涵实质上是一定时期内社会生产劳动的有效成果,是使用价值和价值的统一体。

社会产品由两个组成部分:一部分是物质生产部门的劳动者在必要劳动时间内生产的那部分社会产品,它是用来满足劳动者及其家庭的个人消费的;另一部分则是劳动者在剩余劳动时间内生产的那部分社会产品,是社会产品中除去用于补偿物质消耗部分和必要产品部分后所剩余的部分。

这个定义明确了社会产品的五个特性:

(1)劳动性。社会产品是人类劳动创造出的产品,即是劳动的成果。不经过人类劳动过程的产品不是社会产品。例如,粮食、棉花、钢材、汽车和房屋是社会产品,而河流、原始森林、矿藏是大自然的产物,不是人类劳动的成果,所以不属于社会产品。

(2)生产性。社会产品是需付酬的劳动产品,并且属于国家内部所付酬的劳动产品。因此,从国外进口的外国产品、自我家务劳动不属于社会产品。从国外进口的原材料、设备、家用电器以及粮食等商品,在国外旅游期间所接受的服务等,不是我国国民经济部门的生产劳动成果,不能作为我国的社会产品进行统计;不付酬的自我务劳动服务也不是社会产品。

(3)有用性。社会产品是有效的劳动成果,即合格品应符合产品质量标准要求。因此,废品、物质产品生产部门的劣质服务、无效服务均不属于社会产品。

(4)社会性。社会产品是根据社会需要生产的,是要通过市场运行、交换、流通进行消费的。因此,自制且自用的物品不属于社会产品。

社会性亦称市场性,指社会产品是社会有效劳动的成果。社会劳动的成果,是根据社会需要生产的,是通过市场实现消费。而非社会劳动的成果,虽然也是有效劳动成果,但是属于自我服务和家务劳动性质,不是为社会提供产品,不需要进行流通。但在实际中,根据核算体系对国民经济生产范围的界定,将所有的物质产品(货物),不论是对外还是自产自用的货物均作为社会产品;而自给性服务产品,除了自有住房服务和付酬家庭雇员提供的家庭或个人服务外,则不作为社会产品,例如自制的衣服和食品等。

随着国民经济的不断发展,劳动的分工、协作、社会化程度在不断提高,家务劳动正逐渐转向社会,因此,社会产品的统计范围也在日益扩大。

(5)时期性。社会产品是一定时期内的劳动成果。国民经济生产活动总是连续不断地进行着，社会产品随着生产活动也在不断增加，所以，对生产活动成果的社会产品只能是按时期为单位来计量。如果忽略了产品生产统计的时期性，就会出现计量上的重复或遗漏。所以说数值计量表现出连续性，需要连续计数统计，是属于时期指标。

从这五个特性可以得出，社会产品是使用价值和价值的统一体，两者缺一不可。

9.1.3 社会产品的分类

社会产品的分类主要是从物质产品的呈现形态及生产完成的状态进行划分。

1. 按呈现形态进行分类，社会产品分为物质产品和服务产品

(1)物质产品。物质产品又称实物产品或有形产品，亦称货物。可以用实物单位进行计量的社会产品。例如：工业产品、农业产品、建筑产品等。物质产品是社会产品的主体。有形性、独立性、可存储性、耐久性和移动性是物资产品的五个特点。

(2)服务产品。服务产品是以提供活劳动进行的社会生产产品。服务产品又称劳务产品，是与物质产品相对应的产品，也称无形产品，一般称之为“劳务”或者是“服务”。企业劳务产品可以划分为两大类：一类是第三产业提供的各种生产性、非生产性服务，产出的是服务性或劳务性产品；另一类是物质性生产企业附带经营的生产、非生产服务，产出的同样也是服务性或劳务性产品。例如：金融服务、保险服务、家政服务、文化服务、餐饮服务等。服务产品有一个特点，即服务生产与消费同时发生。

2. 物质产品按完成状态进行划分，可分为成品、半成品和在产品

(1)成品。成品是指企业完成全部生产过程，经检验合格，可随时提供给社会使用的产品。

在企业，对于没有完成全部生产过程，或者完成了全部生产过程而未通过检验的产品统称为未完成品。未完成品看其是否完成某特定阶段，而划分为半成品和在产品。

(2)半成品。半成品是指在企业内完成了一个或几个车间(或工艺阶段)的生产过程，经检验合格，等待移交后续车间(或工艺阶段)做进一步加工的产品。企业出售或准备出售的半成品，视为企业的成品。

(3)在产品。在产品是指企业车间正在加工的产品，包括在本车间各道工序上加工的产品，或在本车间完成若干工序等待下一道工序继续加工的产品，以及完成本车间全部工序，等待检验进入半成品库的产品。

农业产品划分为成品和未完成品。建筑产品按完成程度划分为交工工程、已完施工和未完施工三种不同产品状态。它的特性是正在运行时。

社会总产品，是指社会各个物质生产部门在一定时期内(通常以年度为单位)所生产出来的全部物质产品的总和。社会总产品也就是社会的商品资本总体，它们的价值也就是社会总产值。

9.1.4 社会产品的计量

1. 社会产品产量的实物量指标

1)定义

社会产品产量的实物量指标是用实物单位计量社会产品的总数量，属于总量指标，可以反映社会产品的总规模。

2)使用

(1)混合实物量指标:把规格、含量不同的同类产品实物数量直接相加而得到的产量。例如:家电类产量、煤产量等。其特点是简便、易于计算,但是数值准确度差。

(2)标准实物量指标:把规格、含量不同的同类产品实物数量折算成标准实物数量而得到的产量。例如,标准煤产量。

3)特点

实物量统计指标的特点是能直接表示产品使用价值数量,但是局限性在于:

(1)只针对有形社会产品计量,无形社会产品不能计量。

(2)有形产品只用于同类产品汇总,不同类产品不可以直接相加。

(3)只能计算成品数量,不能计算半成品数量。

2. 社会产品产量的价值指标

1)定义

社会产品产量的价值指标是以货币单位表示的社会产品的产量。例如:社会总产值、国民生产总值等。

2)特点

价值指标的特点是概括综合性、抽象性。

3)价格问题

(1)现行价格:现行价格是按当前价格计量社会产品的产量。不同时期的价格含物价变动因素。

(2)不变价格:不变价格是按固定时期计量社会产品的产量,是可比价的。

9.2 国内总产出统计

9.2.1 国内总产出的概念及其构成

1. 国内总产出的概念

国内总产出又称总产出(也称总产值),是指一定时期内一个国家(或地区)常住单位生产的所有货物和服务的价值。既包括新增价值,也包括被消耗的货物和服务价值,以及固定资产的转移价值,它反映国民经济各部门生产经营活动的总成果。是人们用来衡量社会生产活动总成果的重要总量指标,总产出包括了转移价值的多次重复计算,因此其数量最大。常住单位是指在我国经济领土范围内具有经济利益中心的经济单位。

2. 国内总产出的构成

国内总产出的构成从不同划分来看,是有所不同的,一般来说是从以下两个方面来划分的:

(1)从实物形态角度来划分,国内总产出由货物产品价值和服务产品价值构成。

(2)从生产(形成)角度来划分,国内总产出是由中间投入的产品价值和最终产品的价值构成。

①中间投入:也称中间产品或中间消耗,是一定时期内所有常住单位在生产或提供货物与服务活动过程中,消耗和转换的所有非固定资产的货物和服务的价值。中间投入一般按购买

者价格计算。

②最终产品:是“中间产品”的对称,是不用再加工而直接用于最终消费的产品。它是从国民经济投入产出平衡的角度来考查经济工作成果的重要指标,也是计算国内生产总值的基础。其内容包括一定时期(年)个人消费品、公共消费品、用作固定资产投资的产品、用于增加储备的产品、用于国防的产品和净出口的产品。最终产品的严格定义为用于“生活消费的产品”。在实际应用中,又将最终产品分为个人最终消费品和集体消费品。

总产出是计算国内生产总值的基础。

3. 国内总产出指标的作用

(1)国内总产出反映了一个国家或地区在一定时期内生产活动的总成果,是国民经济核算中的重要综合指标。

(2)总产出反映了各个生产部门之间的经济技术联系。

(3)总产出指标是基层统计单位计算增加值的基础指标。

国内总产出指标的局限在于产品之间的转移价值被重复计算。生产链条越长、重复次数越多。

9.2.2 国内总产出指标的计算

国内总产出指标的计算方法是:

一个国家国内总产出=国民经济各部门总产出之和

1. 农业、工业、建筑业总产出计算

1)农业总产出计算

(1)定义:农业总产出是指以货币形式表现的农林牧渔业全部产品的总量。它反映一定时期内农业生产的总规模和总成果。

(2)计算原则与方法:农业总产出的计算方法是产品法。

$$\text{总产出(总产值)} = \sum \text{各种农产品当年实际产量} \times \text{该种农产品单价} + \text{种植业总产出} + \text{林业总产出} + \text{牧业总产出} + \text{渔业总产出} + \text{其他农业总产出}$$

(3)统计范围。

①农业。我们把利用动物、植物等生物的生长发育规律,通过人工培育来获得产品的各部门,统称为农业。农业的劳动对象是有生命的动植物,获得的产品是动植物本身。农业是支撑国民经济建设与发展的基础产业。

②林业。林业是指培育和保护森林以取得木材和其他林产品、利用林木的自然特性以发挥防护作用的生产部门,是国民经济的重要组成部分之一,包括造林、育林、护林、森林采伐和更新、木材和其他林产品的采集和加工等。

③牧业。牧业一般是指养殖野生动物,人为地处理它们自身的价值和非自然环境的生物链的社会生产部门。

④渔业。渔业是指捕捞和养殖鱼类和其他水生动物及海藻类等水生植物以取得水产品的社会生产部门,一般分为海洋渔业、淡水渔业。渔业可为人民生活和国家建设提供食品和工业原料。

2)工业总产出计算

(1)定义:工业总产出是指以货币形式表现的工业企业在一定时期内生产的工业最终产品

和提供工业性劳务活动的总价值量，即工业总产值。

(2)计算方法：工业总产出的计算方法是工厂法。

工业总产值＝成品价值＋对外加工费收入＋在制品和半成品期末期初差额价值

其中：

成品产值＝自备原料生产的产品数量(不包括订货来料加工的成品价值)×
本期不含增值的产品实际销售平均单价

对外加工费收入＝对外承接的工业品加工(包括订货来料加工的成品价值)的加工费收入＋
对外承接的加工修理作业的加工费收入

(3)统计范围。工业总产出的统计范围是我国境内(不含香港、澳门、台湾)的全部工业企业。

3)建筑业总产出计算

(1)定义：建筑业总产出是指以货币形式表现的建筑业企业在一定时期内生产的建筑业产品的总和。它反映一定时期内建筑业生产的总规模和总水平。

建筑业是专门从事土木工程、房屋建设和设备安装以及工程勘察设计工作的生产部门。其产品是各种工厂、矿井、铁路、桥梁、港口、道路、管线、住宅以及公共设施的建筑物、构筑物和设施。

(2)计算方法：建筑业总产出的计算方法是产品法(按预算价格计算)。

建筑业总产值＝建筑工程产值＋设备安装工程产值＋非标准设备制造产值

2. 运输、邮电、批发零售贸易、餐饮业总产出计算

(1)运输、邮电业总产出：按营业收入计算。

(2)批发零售贸易、餐饮业总产出：按收入法、支出法计算。

3. 非货物性服务部门总产出计算

(1)定义：这里的非货物性服务部门是指国民经济中除了农业、工业、建筑业、运输及邮电通信业、批发零售贸易和餐饮业以外的其他行业。如教育、卫生、文化、体育、社会工作、娱乐业、公共管理等。

(2)计算方法：

①营利性服务部门：以“营业收入”计算。

②非营利性服务部门：以“经常性业务活动支出”计算。

综上总述：

国内总产出＝货物性生产部门总产出＋货物性服务部门总产出＋
非货物性服务部门总产出(服务总产出)

现在我国产业部门分类按第一级分类是第一产业、第二产业、第三产业。

它们分别归类哪些行业，见第二级分类(见表9-1)。

表9-1 产业部门分类

第一分级	第二级分类
第一产业	农林牧渔业
第二产业	采矿业 制造业 电力、热力、燃气及水生产和供应业 建筑业

续表

第一分级	第二级分类
第三产业	批发和零售业 交通运输、仓储和邮政业、快递业 信息传输、软件和信息技术服务业 金融业 房地产业 租赁和商业服务业 科学研究和技术服务业 水利、环境和公共设施管理业 居民服务、修理和其他服务业 教育 卫生、社会工作 文化、体育和娱乐业 公共管理、社会保障和社会组织 国际组织

9.3 国内生产总值统计

9.3.1 国内生产总值的概念

1. 定义

国内生产总值(简称 GDP)是指按市场价格计算的一个国家(或地区)所有常住单位在一定时期内生产活动的最终成果。国内生产总值一般是一年内在本国领土所生产的最终产品的价值总和,它是以地理上的国境为统计标准,即国内生产总值应包括本国与外国公民在本国所生产的最终产品的价值总和。

GDP 是国际上广泛用于衡量经济运行业绩的指标,它一方面体现为所有常住单位在生产过程中创造的增加值的总和,另一方面体现为常住单位的最终产品价值和净出口的总和。国内生产总值的核算是国民经济核算体系的核心部分。

2. 定义要点

(1)统计对象包含货物、服务产品。

(2)价值形态是本期最终可以使用的产品,指的是全社会最终产品(国内)。

(3)报告单位是常住的基层单位、机构单位。

(4)统计价格是市场成交价格。

9.3.2 国内生产总值指标的作用

国内生产总值是国民经济统计的核心指标。它具有如下作用:

(1)能够综合反映国民经济活动的总量,表明国民经济发展的全貌,特别是能反映第三产业的活动状况。

(2)它是衡量国民经济发展规模、速度的基本指标。

(3)它是分析经济、产业结构和宏观经济效益的基础数据。

(4)有利于分析研究社会最终产品(包括货物和服务)的生产、分配和最终使用情况，能够全面地反映国家、集体和个人三者之间的分配关系。

(5)有利于进行国际上国家之间的经济对比。

9.3.3　国内生产总值的计算方法

国内生产总值的计算(核算)通常有三种方法，分别是生产法、收入法和支出法。三种方法分别从不同的角度反映国民经济生产活动成果。

1. 生产法

生产法是从生产过程中创造新增价值角度去衡量生产活动最终成果的方法。即从生产过程创造的货物和服务价值入手，剔除生产过程中投入的中间货物和服务价值，得到增加值的一种方法。其计算公式为

增加值＝总产出－中间消耗(中间投入)

生产法国内生产总值＝国民经济各产业部门增加值之和

增加值反映一定时期内各产业部门生产经营活动的最终成果。

2. 收入法

收入法也称分配法，从生产过程形成收入的角度，反映生产活动最终成果的方法。国民经济各产业部门收入法之增加值由劳动者报酬、生产税净额、固定资产折旧和营业盈余四个部分组成。其计算公式为

增加值＝劳动者报酬＋生产税净额＋固定资产折旧＋营业盈余

国民经济各产业部门收入法增加值之和等于收入法国内生产总值。

合并理解就是：

国内生产总值＝各产业部门劳动者报酬＋各产业部门生产税净额＋各产业部门固定资产折旧＋各产业部门营业盈余

劳动者报酬是指劳动者因从事生产活动所获得的全部报酬，既包括货币形式的报酬，也包括实物形式的报酬。主要内容是劳动者获得的各种形式的工资、奖金和补贴，还包括劳动者所享受的公费医疗和医药卫生费、上下班交通补贴、单位支付的社会保险费、住房公积金、行政事业单位的离退休金、企业为员工提供的雇员股票期权及其他各种形式的报酬和福利等。

生产税净额是指生产税减去生产补贴之后的差额。生产税主要有增值税、消费税等，其他生产税主要有房产税、车船使用税、城镇土地使用税等。

固定资产折旧是指一定时期内为弥补固定资产损耗，按照规定的固定资产折旧率，提取的固定资产折旧，或按国民经济核算统一规定的折旧率虚拟计算的固定资产折旧(也指为由于自然退化、正常淘汰或消耗而导致的固定资产价值下降，用以代表固定资产通过生产过程转移到其产出中的价值)。它反映了固定资产在当期生产中的转移价值。

营业盈余是指常住单位创造的增加值扣除劳动者报酬、生产税净额和固定资产折旧后的余额。它相当于企业的营业利润加上生产补贴，但要扣除从利润中开支的工资和福利等。

以上各项均属劳动单位获取的初次分配收入，反映国民收入初次分配关系。

3. 支出法

支出法是从最终使用角度反映一个国家在一定时期内生产活动最终成果的一种方法，也即是从最终使用角度计算国内生产总值。最终使用包括最终消费支出、资本形成总额及货物和服务净出口三部分，其计算公式为：

支出法国内生产总值＝最终消费＋资本形成总额＋净出口

最终消费支出是指常住单位为了直接满足个人或公共消费需求而对货物和服务的支出总额。主体分为居民消费支出、政府消费支出和为住户服务的非营利机构消费支出。

总产值与总产出是有区别的。总产值的核算范围是农、工、建、交、商五大物质生产部门，总产出的核算范围是全社会各个行业，既包括物质生产部门，也包括非物质生产部门。

9.3.4 国民生产总值及几个总量指标间的关系

1. 国民生产总值(GNP)

1)定义

国民生产总值也叫国民总收入(GNP)是指一定时期内国内生产总值与来自国外的要素净收入之和。国民总收入是指一个国家(或地区)所有常住单位在一定时期内收入初次分配的最终结果。它以人口为统计标准。

2)国民生产总值与国内生产总值的关系

国民生产总值＝国内生产总值＋来自国外的要素收入净额

其中：

国外要素收入净额＝来自外的生产税及进口税净额＋来自国外劳动者报酬净额＋来自国外的财产收入净额

3)性质

国民生产总值是一个国家所有常住单位在一定时期内收入初次分配的最终成果，反映了本国常住单位原始收入的总和，是收入的概念。

4)国民生产总值与人均国民生产总值的关系

人均国民生产总值是指一个国家的国民生产总值(GNP)除以该国国民人口的总数所得出的商，即分摊到每个国民的国民生产总值的平均值。在经济学上，一般用来衡量或表示一个国家的经济发展程度。

人均国民生产总值是一个国家在一定时期(通常为1年)内所生产的按人口平均计算的社会最终产品和劳务的总值。决定和影响人均国民生产总值的因素有两个：一是一个国家的国民生产总值的增长量，另一个是一个国家的人口增长速度。它与国民生产总值成正比，与人口数量成反比。

国民生产总值有助于了解一国的经济实力与市场规模，而人均国民生产总值则有助于了解一国的富裕程度与生活水平。这两个概念都很重要。

2. 其他总量指标

1)净值

国内生产净值＝国内生产总值－固定资产折旧

国民生产净值＝国民生产总值－固定资产折旧

国民生产净值是指一个国家在一定时期内，国民经济各部门生产的最终产品和劳务价值的净值。它表示经济社会在补偿了资本存量损耗后所生产的净产品总值。

2)初次分配总收入

收入初次分配是指生产活动创造的价值在参与生产活动的生产要素所有者及政府之间的分配。生产要素主要包括劳动力、资本和自然资源。收入初次分配过程包括劳动者报酬、生产税净额、财产收入等交易项目。

3)可支配收入

可支配收入是一个国家创造的国内生产总值,首先在生产要素之间进行初次分配,其次在政府、居民、企业之间进行再分配,同时在国与国之间进行分配。简单地讲,是在初次分配总收入的基础上,通过经常性转移的形式对初次分配总收入进行再次分配。因此,可支配收入指标是观察和分析国家之间、地区之间,以及部门和人群之间收入分配关系最重要的经济指标。

国民可支配总收入＝国民生产总值＋来自国外的经常性转移收支净额

来自国外的经常性转移收支净额＝来自国外的经常性转移收入－付给国外的经常性转移收入

国民可支配净收入＝国民生产净值＋来自国外的经常性转移收支净额

几种总量指标的比较概括如下:

社会总产出包括:中间消耗、固定资产折旧、新创造价值。

国内生产总值(GDP)包括:固定资产折旧和新创造价值。

国民总收入(GNI)包括:固定资产折旧、新创造价值和国外要素收入净额。

国内生产净值包括:新创造价值。

国民净收入包括:新创造价值和国外要素收入净额。

9.3.5　国内生产总值表的概念

国内生产总值表是以国内生产总值指标为核心,对国民经济生产与使用指标进行全面系统的核算,综合反映国民经济发展的规模和结构。国内生产总值表包括国内生产总值总表、生产法国内生产总值表,收入法国内生产总值表和支出法国内生产总值表。

生产法国内生产总值表、收入法国内生产总值表和支出法国内生产总值表分别从价值构成、收入形式和使用去向角度,反映国内生产总值的形成过程。

国内生产总值是按市场价格计算一个国家所有常住单位在一定时期内生产活动的最终成果。

1. 国内生产总值总表

该表将国内生产总值的生产法、收入法和支出法三种计算方法集中体现在一张表中,从不同的角度反映国内生产总值及其构成。表的左端称为生产方,表的右端称为使用方。

2. 生产法国内生产总值表

表的主栏为国民经济行业分类,该分类由粗到细按三个层次划分:第一层为三次产业分组,第二层把三次产业进一步划分为 21 个次级产业部门,第三层又在第二层分类的基础上再细分出 9 个次级产业部门。宾栏为增加值、总产出、中间投入,三者之间的关系为:增加值＝总产出－中间投入,各产业部门增加值合计为国内生产总值。

生产法国内生产总值表直观地反映按生产法计算的各产业部门增加值和国内生产总值,能够全面地反映国民经济各产业部门的生产成果及其在国民经济中所处的地位,以及不同产业部门的投入产出情况。

3. 收入法国内生产总值表

表的主栏与生产法国内生产总值表一样,也是国民经济行业分类和相应的分组;宾栏为增加值、劳动者报酬、生产税净额、固定资产折旧和营业盈余;宾栏各指标之间的关系为:增加值=劳动者报酬+生产税净额+固定资产折旧+营业盈余,各产业部门增加值合计为国内生产总值。

收入法国内生产总值表直观地反映按收入法计算的各产业部门增加值和国内生产总值及其构成情况。

4. 支出法国内生产总值表

表的主栏为最终使用的构成项目,大类包括最终消费、资本形成总额、净出口三项支出。其中,最终消费按消费主体和消费对象进一步细分为若干个支出项目,资本形成总额按资本性质和特点进一步细分为若干个支出项目,净出口分为出口与进口。宾栏为支出金额。

支出法国内生产总值表直观地反映按支出法计算的国内生产总值,能够全面、详细地反映各类最终支出的规模和构成情况。

9.4 国民经济生产统计分析

9.4.1 国民经济生产统计分类分析

1. 国民经济生产计划完成情况分析

国民经济生产计划完成情况主要使用计划完成程度指标、累计计划完成程度指标、计划执行进度指标及实际增加指标来分析。

2. 国民经济生产构成和比例关系分析

(1)国内生产总值构成要素分析可以从三种方法中计算结构关系,观察国内生产总值的组成。

(2)从三次产业结构、部门结构、地区结构角度分析,观察构成状况,了解国民经济构成。

9.4.2 国内生产总值指数

1. 国内生产总值指数的概念

国内生产总值指数是指反映一定时期内国内生产总值变动趋势和程度的相对数。按不变价格计算。

国内生产总值指数是指用来描述国民经济生产和使用总量的动态变化及其因素影响的综合指数。

2. 国内生产总值指数体系的组成

国内生产总值指数包括价值量指数、物量指数和物价指数,三者构成国内生产总值指数体系。

3. 国内生产总值物量指数的计算公式

国内生产总值指数=报告期现价国内生产总值/基期现价国内生产总值

国内生产总值物量指数=国内生产总值价值量指数/国内生产总值物价指数

4. 国内生产总值翻一番所需时间的预测

用几何平均法计算发展速度,推算时间。

9.4.3　国内生产总值增长因素分析的指数体系法

指数体系法是指依据各种社会经济现象之间的联系，建立相关指数体系，用来分析国内生产总值增长影响因素的方法。

一般常用的指数体系有以下五个：

(1)国内生产总值指数＝就业人员数指数×劳动生产率指数。

(2)人均国内生产总值指数＝劳动生产率指数×就业人员数占总人口数比重指数＝报告期人均国内生产总值/基期人均国内生产总值。

(3)国内生产总值指数＝人均国内生产总值指数×总人口指数。

(4)人均国内生产总值指数＝国内生产总值指数/总人口指数。

(5)国内生产总值指数＝资金指数×资金产值率指数。

思考与练习

1. 设有关报告年国民经济的资料如下：

国内生产总值840亿元，固定资产折旧57.6亿元，来自国外要素收入净额0.9亿元，来自国外经常转移净额0.3亿元。

要求：计算报告年的国内生产净值、国民总收入、国民净收入、国民可支配净收入。

2. 设某地区报告某年的数据资料见表9-2。

表9-2　某地区基本数据

项　目	基　期	报告期
国内生产总值(亿元)	437.98	490.035
资金总额(亿元)	718.00	753.900
资金产值率(%)	61.00	65.00

要求：用指数体系对国内生产总值的变动进行因素分析。

3. 已知某地区2019国民经济情况表见表9-3。

表9-3　国民经济数据　　单位：亿元

生　产		使　用	
总产出	53 515.21	居民消费	9 987.53
中间消耗	23 678.32	政府消费	5 120.69
劳动报酬	12 953.47	资本形成总额	7 956.65
生产税	8 020.16	库存变化	1 008.13
生产补贴	782.60	贵重物品的获得减处置	250.40
固定资本折旧	3 976.11	货物和服务出口	10 982.68
营业盈余	5 123.79	货物和服务进口	6 652.1

根据上述材料，分别用生产法、收入法、支出法计算该地区2019的生产总值。

4. 国内生产总值与国内总产出的区别有哪些？

第 10 章　市场调查报告

引导案例

目前，景德镇大约有 5 000 余家大大小小的陶瓷企业和制瓷作坊，产业瓷大部分以制造釉中彩和青花餐茶具为主，手工艺瓷大部分是颜色釉、青花和新彩瓷，最初附加值低的青花玲珑瓷人们觉得不值一做，现在能够生产青花玲珑瓷的厂家已是寥寥无几，市场上出现了青花玲珑瓷"夕下"的现象。对此，景德镇某高校的几位同学组成了调研项目小组开展了调研，以期研究分析造成该现象的原因，并提出针对性的意见建议。

他们采用了文献调查、深层次访谈（走访）、问卷调查（纸质和网络）等调查方法开展了全面的调查，收集了大量的素材和数据，借助 SPSS 和 R 软件，运用描述统计分析、单因素方差分析、双变量相关分析、多重响应分析、Logistic 回归分析等统计方法进行了分析，得到了最终的结论。

项目小组成员面对这次调查活动获得的调查资料与数据分析的结果，应当如何撰写一份调查分析报告呢？

尽管市场调查的复杂程度和规模各有不同，但在最后阶段都需要提供完整有效的调查报告，说明调查的内容和问题。调查报告形式多样，广义地讲，通常可分为书面报告和口头报告两种；狭义地讲，调查报告即书面调查报告。本章主要讲述书面报告的撰写步骤与技巧。

10.1　认识市场调查报告

调查报告是在进行有目的、有系统的全面深入调查和对资料进行详尽分析的基础上，运用一定的理论观点和方法，将调研所得的材料和结论进行综合整理，撰写出的书面报告。调查报告是调查结果的集中表现，是交流、使用和保存调研成果的重要载体，因此，能否撰写出一份高质量的调查报告，直接关系到调查成果的质量，关系到在多大程度上能够得到社会的承认和运用。好的调查报告有望为相关各方提供有价值的成果与资讯。例如，为人们的社会实践提供指导，为政策的制定、修改、调整提供事实和理论的依据，为相关的理论研究提供依据或借鉴等。因此，撰写调查报告是调查总结阶段的一项重要工作。

例如，某航空公司进行航班乘客服务满意度的追踪时，就是这样处理的。每个月在 900 次航班中有 192 000 个乘客被挑选出来，接受一份 4 页的可扫描表格调查。调查内容为乘客对地勤服务（航班预订、机场服务）和空中服务（飞机乘务员、食品、飞机）的满意度。表格由乘务员在飞行刚开始时分发，以便乘客有时间填写问卷。

每个月航空公司内部的营销研究部门都写一份报告来总结顾客的满意度，报告也被传到因特网上。由于样本量很大，数据具有较好的代表性，公司所有的部门都可以使用：营销部门进行战略性规划、产品定位和目标市场选择；财务部门衡量产品投资是否成功；基础部门评估地勤服务，包括办理等级手续的速度和效率（服务代表、候机路线）；管理者评估公司内部目标的完成和外部与竞争者比较之下的业绩。这个覆盖面很广的消费者满意度调查的结果，使公司的所有部门都能时刻了解顾客要求。

从上述联合航空公司的例子，我们可以看出定期进行调查报告的重要性。

10.1.1 市场调查报告的概念和特点

市场调查报告，是指用书面表达的方式反映市场调查过程和调查结果的一种分析报告，它是通过文字、图表等形式将调查研究成果表现出来，是调查活动成果的集中体现，是对调查活动工作的介绍和总结。市场调查报告既可以书面方式向管理者或用户报告调查的结果，也可作为口头汇报和沟通调查结果的依据，亦可制作成多媒体演示课件，向决策者或用户进行演示、解说和沟通。市场调查报告具有以下几个方面的特点：

1. 针对性

市场调查报告要有较强的针对性，包括选题上的针对性和阅读对象的明确性两个方面。一方面，应明确调查的目的，并围绕该目的选择数据资料进行分析论述，撰写调查报告；另一方面，调查报告的阅读对象不同，内容的侧重点也不同。如果调查报告的阅读对象是公司经理，那么重点在于调查结论和建议部分，而不是大量的数据分析；如果阅读对象是市场研究人员，那么重点则是调查所采用的方式、方法、数据来源及结论的推断过程等。

2. 新颖性

企业要在市场竞争中脱颖而出，就要促使自己不断地推陈出新，这就要求市场调查报告具有新颖性，报告要用全新的视角去发现问题，用全新的观念去看待问题，分析的内容要求新颖，根据市场活动的新动向、新问题等提出新观点。例如，对新产品的分析，要包括新产品的发展方向、特性、进程以及所利用的技术，尤其是要分析竞争对手的新产品上市后的竞争趋势。只有做到市场调查报告的新颖性，才有可能为企业发展指明新的方向，企业才能不断采用新工艺，开发新产品，改进经营方式，更新经营理念，开辟新市场。

3. 时效性

市场变化多端，商情、商机瞬息万变，机遇也是稍纵即逝。时效性是为更好地适应市场竞争的需要。调查报告要尽可能利用有效时间，获取最多的市场数据资料，及时反馈给相关部门提供参考，以便适时做出决策，从而在竞争中取胜。

4. 科学性

市场调查报告作为决策的可靠依据，要求其内容必须具备合理性，必须真实、可靠。首先，引用的事例和数据要经过反复核实，做到确凿无误；其次，采用的分析方法要根据实际情况进行筛选，选择最恰当、合理的方法。面对错综复杂、不断变化的社会经济现象，既要具有某行业的专业理论知识和调查技巧，又要对调查对象十分熟悉，还要反应灵敏，具有较强的研究能力，发现问题和捕捉到新的信息。总而言之，调查报告要强调客观性，通过对事实的分析研究，寻找事物的发展变化规律，运用科学的分析方法，得出科学的结论，并在此基础上推理提出解决问题的方法、意见等。

10.1.2 市场调查报告的意义

1. 调查报告是调查工作成果的集中体现

市场调查活动是一个有始有终的活动，从制订调查方案、收集资料、加工整理、分析研究，到撰写并提交报告，是一个完整的工作程序，缺一不可。调查报告必须表述研究的细节，应对已完成的市场调查项目做完整而准确的描述，即详细完整地概括调查目标、主要背景信息、调查方法的评价，以形象化的方式来展示调查结果等，使报告对象可以了解到本质的信息。

2. 调查报告可以全面地反映调查工作的质量

调查报告从某种意义上说就是对调查工作的总结，调查的各个阶段的工作成果，最终都集中体现在报告中。对调查工作质量的评估也很可能主要取决于对调查报告的评价。调查报告能够建立并保持调查研究的可信度，这一点无论如何强调都不过分。调查报告必须让对方感受到调查人员对调查项目的重视程度和对调查质量的控制程度，甚至调查报告的直观形象也会极大地影响调查工作的可信度。

3. 调查报告是管理者进行决策的依据

市场调查通过对大量的数据资料进行分析，掌握数据之间的隐含关系，了解数据信息资料所蕴含的市场特征、规律和趋势，在分析的基础上形成决策者需要的结论和建议。因此，调查报告比起调查资料来，更便于阅读和理解，起到透过现象看本质的作用，使感性认识上升到理性认识，便于更好地指导实践活动。决策管理者可以依据调查报告，加上自身的分析判断，做出合理的决策，采取有效的行动。

4. 调查报告可作为二手文献资料被反复使用

当一项市场调查活动完成之后，调查报告可使调查成果形成一种有条理的固定形式，使调查结果的使用者能简洁系统地了解所调查问题的基本情况、结论和建议；存档后，市场调查报告就成为该项目的历史数据，同时可为相关问题甚至相关行业调查提供的基本参考。作为历史资料，它有可能被重复使用，帮助企业研究其他市场问题，从而降低市场调查的成本。

10.1.3 市场调查报告的类型

确定调查报告的类型也是在撰写报告之前必须做的工作。报告依据不同标准可以划分为多种类型。按表达形式不同，可分为文字报告与口头报告；依据主题与内容不同，可分为综合性报告和专题性报告；依据报告的功能不同，可分为描述性报告和解释性报告；依据研究的目的与读者对象，可分为学术性报告和应用性报告。

1. 综合性报告和专题性报告

综合性报告多为反映某一事物各方面的情况或某种现象各个侧面的情况，是围绕调研对象的基本状况而撰写的全貌表述，涉及面较广，内容比较丰富，报告的篇幅一般较长。专题性报告针对的是某一个特定问题或社会现象的某方面的矛盾和问题，因此主题鲜明，内容专一，针对性和时效性较强，一般篇幅相对较短。

2. 描述性报告和解释性报告

描述性报告是对某一经济社会现象或问题的基本现状、特点和问题进行具体的描述，主要通过定量和定性的方法回答“是什么”和“怎么样”的问题，要求数据资料丰富，陈述完整细致，对调研对象做出全面、系统的反映。解释性报告是对事物或现象作简略描述的基础上,深入探讨事物之间的关系,说明产生的原因,侧重回答"为什么"的问题,有时还需要做某些趋势或前景的预测。解释性报告要求内容更加集中与深入,具有较强的针对性和实证性。需要注意的是,许多报告既有描述又有解释的内容,因此我们不必过于严格划分,这种分类只是提醒我们在撰写报告时明确侧重点在什么地方。

3. 学术性报告和应用性报告

对于学术性报告,可以根据研究的类型细分为理论型和应用型;应用性报告,根据读者对象可分为参阅型报告和通俗型报告。学术性报告是以学术研究为目的撰写的报告,尤其理论型报告的目的是提出、证明或补充某个理论观点,其特点是注重理论研究和陈述,着重陈述分析问题的立场和方法,是研究课程的成果,科学严谨。学术性报告一般通过专著或专业期刊杂志、专业网站发表,或学术会议上交流,主要读者是相关专业人员。应用性报告是以现实应用为目的报告,如为某项具体工作,针对某个社会经济现象和有影响的问题,或对某方案提出意见和建议而撰写的报告。这类报告一般除了具有"专题型调研报告"的特点外,还要求简明、通俗易懂,有实效,往往送交组织调查的相关部门,或发表在某些报刊或内刊上。为各级领导管理部门决策所写的报告通常简要介绍调查过程和研究方法,重点论述调查结果,结论与建议。

10.2 市场调查报告的结构

市场调查报告作为一种特殊的应用文,其格式总的特点是开门见山,准确简练。市场调查报告的结构根据调查目的的不同和调查内容的需要,在格式上会做出不同的安排,因此调查报告的形式没有统一规范。一般来说,一篇完整的调研报告由标题、目录、摘要、正文、附录等几个部分构成。

10.2.1 标题

标题可以作为调查报告的封面,单独占用一页,一种习惯的做法是包括市场调查报告的题目、委托方、调查方的负责人(撰写调查报告者)、提交报告的日期等。如果报告属于机密的,应该在标题页的某处标明。

标题应该是画龙点睛之笔,必须准确概括和揭示调查报告的主体思想,做到题文相符。标题要简单明了,高度概括,对读者具有较强的吸引力。标题的写法多种多样,一般有两种:单标题和双标题。单标题就是调查报告只有一行的标题,一般是通过标题把被调查单位、调查内容明确而具体地表示出来,如《关于某市居民新能源车消费状况与趋势的调研报告》。双标题就是调查报告采用正、副标题,一般正标题表达调查的主题,副标题用于补充说明调查对象和主要内容。如《放眼未来之路——1 200名专家人士眼里的中国数字经济》。

标题的形式一般有以下三种:

(1)"直叙式"标题,是反映调查意向或只表明调查地点、调查项目的标题。例如,《某市文化旅游产业状况调查》《关于陶瓷直播带货现状的调查报告》等。这种标题的特点是简明扼要,比较直观,但略显呆板。

(2)"表明观点式"标题,是直接阐明作者的观点、看法,或对事物的判断、评价的标题。如《数字富农,电商先行》《浮华背后——中国短视频营销调查报告》等。

(3)“提出问题式”标题，是以设问、反问等形式，突出问题的焦点和尖锐性，吸引读者阅读，促使读者思考。例如，《中国社区居家养老，路在何方？》、《速食时代的下一个风口？》

以上几种标题的形式各有所长，特别是第二、三种形式的标题，既表明了作者的态度，又揭示了主题，具有较强的吸引力，但不易看出调查的范围和对象。对此，这种标题可以采用双标题的形式，例如《数字富农，电商先行》这个标题，就可以用副标题“——数字乡村背景下农户参与电商营销意愿的影响因素调查分析(以华东地区为例)”来补充说明正标题。

10.2.2 目录

当市场调查报告的页数或内容较多时，应使用目录或索引形式列出主要纲目及页码，编排在报告题目的后面，可以使阅读者对调查报告的整体框架有一个具体的了解。目录包含报告的各部分内容及其相应的起始页码，通常只编写两个层次的目录(见图 10-1)，一般来说，目录的篇幅不宜超过一页。需要注意的是，报告中的统计表和统计图可在目录中列明。

目录

图 10-1　报告目录

10.2.3 摘要

摘要是市场调查报告的内容提要，是对调查成果及结论的综述，一般而言，摘要必须回答

"研究什么""怎么研究""得到了什么结果""结果说明了什么"等问题。因此,摘要通常包含四个方面的内容:

(1)要申明报告的目的,包括重要的背景情况和项目的具体目的。

(2)介绍调查对象和调查内容,包括调查时间、地点、对象、范围、要点及所要研究的问题。

(3)简要介绍调查研究的方法,给出最主要的结果。

(4)结论和建议,建立在结果基础上的观点和对结果含义的解释,给出相应的意见或提议采取的措施。

一般来说,调查报告的摘要在完成报告后撰写,摘要不是报告正文各章节的等比例浓缩,要自成一篇短文,有着这样一些要求:内容简洁和高度概括,让读者通过阅读摘要能了解本项目调查的全貌;语言文字应通俗精炼,避免使用生僻字句或过于专业性的术语。以下是调查报告摘要举例。

《妥善保护,和谐传承——青花玲珑瓷现状及成因调查报告》摘要

2019年8月26日,国家发展和改革委员会文化和旅游部印发《景德镇国家陶瓷文化传承创新试验区实施方案》,在景德镇市全域范围内开始建设国家陶瓷文化传承创新试验区。在此背景下,从生产、销售和宣传三方面研究景德镇青花玲珑瓷的传承现状以及造成此现状的原因。

本次调查对象主要是景德镇市陶瓷工厂、家庭式作坊和销售陶瓷的店铺以及消费者。首先对青花玲珑瓷制作技艺传承人胡女士进行深度访谈,了解青花玲珑瓷市场状况,其次走访家庭式作坊、大型工厂,了解情况,再对问卷进行修改,最后正式发放问卷。通过调查问卷获得数据,对生产者、卖家和消费者的基本信息进行描述性统计分析,再通过卡方检验、交叉列联表分析、关联规则、决策树等分析方法对数据进行深度分析,得到以下结果:

(1)对生产者和卖家从事陶瓷行业时间、消费者的年龄与列入非遗是否了解做卡方独立性检验,得出两两互不独立。通过交叉列联表分析可知,生产者和卖家从事陶瓷行业时间越长,对青花玲珑瓷制作技艺列入非物质文化遗产越了解;大多数消费者对青花玲珑瓷基本不了解。

(2)对生产者对于青花玲珑瓷列入非物质文化遗产的了解程度和制作技艺没有得到更好传承的原因进行关联规则分析,得出主要原因是:传统瓷器的文化普及不够、政府和民众的不重视、传统瓷器市场饱和非物质文化遗产的传承保护不到位。

(3)对生产者、卖家、消费者对青花玲珑瓷的了解程度和制作技艺列入非物质文化遗产的了解程度以及如何更好传承,建立决策树模型进行深度分析,发现人们更容易接受的传承方式是手工作坊师徒传承与学院式教育相结合;国家规定相关政策,进行学院式教育,能更好地传播青花玲珑瓷文化,传承青花玲珑瓷技艺。

综合分析得到以下结论:①"新""旧"市场差异明显;②"抄""模"式制作风,"老""少"审美各异;③缺少对青花玲珑瓷多角度的销售、宣传;④国家制定相关制度,进行学院式教育,能更好地传播非物质文化,传承非物质文化技艺。在这些结论的基础上,提出如下建议:①生产者管理与产品创新;②加大宣传力度和推广传统瓷器文化;③重视"本土文化",重视非物质文化遗产的保护和传承。

关键词:青花玲珑瓷;关联规则;决策树;数据挖掘;非物质文化遗产传承。

10.2.4 正文

正文是调查报告的主要部分,正文部分必须准确阐明全部有关论据,包括问题的提出,分析研究问题的方法,论证的全部过程以及得到的结论等。正文的具体构成虽然各不相同,但一般应包含如下主要内容:

1. 引言

引言即调查报告的开头。好的开头,既可以使分析报告顺利开展,又能吸引读者。引言的形式多种多样,可根据情况适当选择,但不管怎样,引言部分应围绕这样几个问题展开:为什么进行调查,怎样进行调查,调查的结论如何。引言可以包括以下四项内容中的全部或其中几项:

(1)介绍某研究领域的背景、目前的水平及发展状况等。

(2)对相关领域的文献进行回顾和综述,包括前人的调查研究成果、已经解决的问题,并适当加以评价或比较。

(3)提出目前尚未解决或急需解决的问题及解决这些问题的新方法、新思路,从而引出调查课题的目的与意义。

(4)概括调查报告的主要内容或勾勒其大体轮廓。

值得注意的是,上述4项内容所占的篇幅存在较大的差异性。一般来说,对研究背景、发展状况、文献综述、研究意义等内容应做详细的介绍,而研究目的及内容可以比较简短,研究结果可以省略。这一点与摘要不同,摘要中的目的、内容、方法、结果、结论等内容所占篇幅大体相同,而且摘要必须把主要研究结果列出来。

2. 主体

主体属于论述部分。论述部分是调查报告的核心,它决定着整个调查报告质量的高低和作用的大小。论述部分的重点是通过调查了解到的事实分析说明被调查对象的发生、发展和变化过程,以及调查的结果和存在的问题,提出具体的意见和建议。由于论述一般涉及的内容很多,文字较长,有时也可用概括性或提示性的小标题突出文章的中心思想。

论述部分的结构安排是否恰当,直接影响着调查报告的质量,论述部分大致可分为基本情况部分和分析部分两方面内容。

(1)基本情况部分要真实地反映客观事实,对调查资料和背景资料做客观的介绍说明,或者是提出问题,其目的是要分析问题。需要注意的是,基本情况部分不等于是对事实的简单罗列,应该是有所取舍,有所提炼。主要介绍调查实施情况,如调查地区、调查对象、样本结构和容量、资料收集方法、访问完成情况、调查过程及问题处理、资料处理方法及工具等。

(2)分析部分是调查报告的主要部分,在这一部分,要对数据资料进行质和量的分析,通过分析,了解情况、说明问题和解决问题。分析一般有三类情况:

①原因分析,对出现问题的基本成因进行分析,如对青花玲珑瓷产品稀少进行原因分析,就属于这类。

②利弊分析,对事物在社会经济活动中所处的地位、起到的作用进行利弊分析等,如对某市大学生无纸化学习类App使用现状分析,就属于这类。

③预测分析,对事物的发展趋势和发展规律做出的分析,如对全面三孩政策背景下普惠托育服务的市场前景分析,就属于此类。

这部分内容需要考虑两方面的因素：一是客观、全面分析调查所获得的材料和数据，注重通过文字和统计表、统计图等进行表达；二是要合理安排内容的结构，做到层次清楚、条理分明。层次段落通常有以下几种形式：

①按调查顺序写，以调查问题为主线进行逐个分析，把调查问题按其性质分成几个部分来阐述。

②按某一事物发生、发展、变化的过程写，如事物发生的时间、地点、原因、发展历程、产生的作用、经验教训等，使之脉络清楚。

③按并列形式来写，把多个事物或某一事物的多个方面加以对比来写，每个部分加上小标题，让读者清楚把握它们之间的异同、利弊等。

3. 结论和建议

意见建议是撰写综合调研报告的主要目的，也是读者最为关注的部分。这部分应根据调查结果，提出如何利用正文主体部分所提出的主要内容的总结，并结合实际情况提出其所面临的优势与困难，提出如何利用已证明为有效的措施和解决某一具体问题可供选择的方案与办法，即建议。

结论与建议的几种表现形式。①概括全文。经过层层剖析后，综合说明调查报告的主要观点，深化文章的主题。②形成结论。在对真实资料进行深入、细致的科学分析的基础上，得出报告结论。③提出看法和建议。通过分析，形成对事物的看法，展望未来前景，并在此基础上，提出建议或可行性方案。

结论与建议的语言要求简明扼要，使读者明确主题，加深认识，可参考正文中的信息对建议进行判断、评价，能够启发读者思考和联想。

结论与建议要和正文部分的论述紧密对应，不可以没有依据地提出结论，也不要提出没有经过论证的结论性意见。同时，还应注意这部分内容要具有可行性和可操作性，且有应用价值。

10.2.5　附录

附录是将一些比较重要的参考资料、原始数据(汇总)、背景材料和必要的工作技术报告等作为附件集中附在报告的后面，是调查报告正文包含不了或没有提及，但与正文有关，必须附加说明的部分。它是对正文报告的补充或更详尽的说明。附录一般可以包括以下内容：

(1)调查方案(或项目策划书)。

(2)抽样方案以及有关抽样细节的补充说明。

(3)访问提纲。

(4)调查问卷。

(5)原始资料的来源。

(6)调查获取的原始数据、图表等。

10.3　市场调查报告的撰写与汇报

撰写调查报告的目的是反映实际情况，为决策提供参考依据，因此调查报告的准确性、客观性、完整性以及建设性是至关重要的。调查报告应该是对调查资料进行科学全面的整理和分析的基础上撰写的，其表述形式要易于为读者所理解，内容要能够提供充分的信息，下面简要介绍一下市场调查报告的撰写步骤、撰写技巧、需要注意的问题以及如何进行口头汇报。

10.3.1 市场调查报告的撰写步骤

1. 确定调查报告的主题

调查报告的主题是调查报告的核心问题。主题是否明确、有价值，对调查报告具有决定性的意义。确定主题包括选题和确定观点两个步骤。

选题是指发现、选择、确定和分析论题的过程。论题就是对分析对象和目的的概括。所以选题一般表现为调查报告的标题。通过收集各方面背景材料和调查数据资料，在认识客观事物的基础上，选题应准确揭示调查报告的主题思想，做到题文相符；同时应高度凝练，具有一定的特色、创新性和吸引力。例如案例素材的调查报告题目确定为："妥善保护，和谐传承——景德镇青花玲珑瓷现状调查及成因分析"。

观点是调查研究者对分析对象所持有的看法和评价。确定选题后，对收集的大量资料，经过分析研究，逐步消化、吸收，形成概念，再通过判断、推理，把感性认识上升为理性认识，最后列出论点、论据。因此观点是调查材料的客观性与调查主观认识的统一体，是形成思路、组织材料的基本依据和出发点。

在观点形成过程中应遵循以下几个原则：

(1)分析要深入。要从实际调查的情况和数字出发，通过现象来把握本质。

(2)分析要客观、具体。分析不可先入为主，只能从具体的现象、数字入手，在调查材料上做文章。

(3)立论要新颖、独到。观点是认识的逻辑概括，要用简明、易懂的语言把自己的新认识阐述出来。

确定主题应注意的问题有：

(1)调查报告的主题必须与调查主题相一致。

(2)要根据调查分析的结果确立观点并重新审定主题。

(3)调查报告的主题不宜过大、过长，具有可行性。

2. 取舍数据资料

数据资料是形成调查报告选题观点的基础，选题观点是数据资料的"统帅"和代表，即介绍情况以数据资料为依据，反映问题要用数据资料做定量分析，提建议、措施同样要用数据资料来论证其可行性与效益。获取充分完整的资料，依据主题筛选资料，多次取舍，这是撰写调查报告应遵循的原则。

因此，在写作时，要努力做到用资料说明观点，用观点论证主题，详略得当，主次分明，使观点与数据资料协调统一，以便更好地突出主题。

3. 拟定写作提纲

在确定主题、取舍数据资料后，撰写调查报告就有了一个大致的轮廓。写作提纲是调查报告的骨架，拟定一份合适的提纲可以理清思路。调查报告的写作提纲可分为条目提纲和观点提纲。条目提纲就是从层次上列出报告的章节，观点提纲就是列出各章节要表述和论证的观点。

拟定提纲通常采用"先粗后细"的方式：先拟定粗提纲，把调查报告分成几个大部分，然后在各部分中再充实，按次序或轻重、横向或纵向罗列形成较细的提纲。提纲的粗细反映了笔者对写作内容了解的深浅程度，随着提纲不断细化，笔者的思路越发清晰，在撰写报告时也会越发顺手。另一方面，拟定提纲可使笔者进一步深思熟虑，精益求精，便于对调查报告进行调整和修改。因此，拟定写作提纲是重要且必须的。

4. 撰写初稿

在拟定较细提纲的基础上，便可以正式撰写调查报告。在撰写报告过程中，根据提纲的要求，以事实为依据组织内容，由单独一人或数人分工负责撰写，各部分的写作格式、文字规范，图表和数据都要协调、统一。除此以外，还应注意：

(1)调查报告应摆事实，讲道理，内容是社会经济中的现象，讲清楚该现象发展变化的趋势和规律性。写报告是为了给决策者看的，所以要用他人容易看懂的平实文字表述观点，切忌使用不当的华丽词句，借用晦涩难懂的专业术语以及滥用图表。

(2)使用材料要准确，分析问题要深刻。通俗易懂与理论上深入分析并不矛盾，只是要求在深入分析问题、阐述观点时使用大众化语言，这样并不会降低调查报告的水平和质量。

(3)表述生动活泼，形式灵活多样。针对调查报告各章节各部分不同需要采用不同的反映形式。例如使用适当的统计图表，既可以直观清楚地反映情况和问题，叙述论证时也不显得呆板难懂。

5. 修改、定稿

任何写作都不是一蹴而就的，撰写调查报告也是如此，这不但涉及语言文字的运用，更注重的是事实依据。修改初稿应从以下几个方面入手：

(1)检查调查报告的主题思想是否突出，是否符合调查的目的和要求。

(2)检查引用的资料依据是否准确、合理，全篇报告是否言之有理、论之有据。

(3)检查调查报告中论述的观点是否恰当，表达是否准确。

(4)通读报告时，检查语句是否通顺，有无错别字和用错的标点符号。

总之，针对初稿征求各方意见，逐句推敲，不断完善，反复修改后就可以定稿了。

10.3.2 撰写市场调查报告的技巧

调查报告是一种集叙述性、说明性和议论性相结合的特殊应用文体，因此要撰写出一份好的市场调查报告，需要掌握相应的撰写技巧，主要体现在以下几个方面。

1. 写作的表达方式

表达方式是在写作中运用语言反映客观事物的方法。调查报告的表达方式以说明为主，叙述和议论为辅。

(1)市场调查报告的"叙述"主要用于开头部分(如摘要和正文的开头)，通过叙述事物的来龙去脉来表明市场调查的目的、过程和结果。通常从以下三个方面展开：①概括叙述，将市场调查的过程和情况简要陈述，不需对细节大加铺陈，说明调查报告的主要内容即可；②按时间顺序叙述，即按时间顺序交代调查的目的、对象和经过，如引言部分叙述事物的前因后果、历史与现状；③叙述主体可以省略，通常调查报告的叙述主体是报告撰写者，在报告开头部分出现后，后面的叙述中省略不会导致误解，一般用第一人称即可。

(2)"说明"在调查报告中的主要作用是将研究对象及其存在的问题、程度以及解决问题的办法解释清楚，使读者了解、认识和信服。事物在产生和发展过程中，会呈现各种不同的结构、状态、规模、速度、性质和特征等情况。为了客观、准确地表述这些情况，必须对研究对象有深入细致的了解和清晰的说明。要注意的是，不论采用由主及次、由浅入深，还是由远及近、由表及里的方法，都必须按照事物的逻辑顺序加以说明，否则会显得杂乱无章，说而不明。

(3)"议论"通常是运用归纳、推理等方法将调查中掌握的若干具体事实进行分析论证。调查报告不同于议论文，不可能形成全篇论证，一般是在情况分析、总结以及前景预测中做局部论证。例如针对某产品的市场情况，从几个方面进行分析，每个方面各自形成一个论证过程，用数据资料等做论据去分析证明结论，提出意见建议。这部分要求明确具体，切实中肯，具有较强的针对性和可行性，这样才有助于社会各界对调查对象引起关注，也有助于科学决策，解决问题。

2. 调查报告的语言风格

调查报告不是一般的文学作品，它具有较强的应用性，因此它的语言应该严谨、简明和通俗。

(1)严谨。语言严谨体现在遣词用句要求精准，要有分寸，要对事物进行准确、全面的描述和恰当的评价。因此，在调查报告中不能使用如"可能""也许""大约"等模糊的词语。在选择使用表示强度的副词或形容词时，要注意把握词语的程度差异，例如，"有较大反响"与"反响强烈"、"显著变化"与"很大变化"之间的差别。为确保表述精确，撰写时要尽量少用形容词，最好用数字来补充说明。运用较专业的概念或术语时，要注意其本身的内涵和外延；同时还要区分相近、易于混淆的概念，例如，"发展速度"与"增长速度"、"番数"与"倍数"、"速度"与"速率"等。

(2)简明。在叙述事实情况时，应使用简述的手法，概述事实，力争以较少的文字清楚地表达较多的内容。要使语言简明，重要的是训练归纳的思维和能力，这样才能抓住事物的本质和关键，用最简练的语言概括和表述。

(3)通俗。调查报告的语言应力求朴实严肃、平易近人。通俗易懂才能发挥其应有的作用。但通俗、严肃并非平淡无味，报告撰写者要加强各方面的修养和语言文字表达的训练，提高驾驭语言文字的能力，最终才能写出语言生动、通俗易懂的高水平调查报告。

3. 调查报告中数字的运用

调查报告的可靠程度是首先要考虑的，因此报告的内容不能留下查无实据之隙，任何的分析和论证都要有材料依据，而数字就是最好的依据，即用数字来揭示事物的数量特征和事物之间的数量关系。要注意的是，各种数字最好都有出处以证明其可靠性，同时调查报告中数字的运用，不仅要求准确，还要讲究技巧，力求把数字用活，用得恰到好处。

(1)要防止数字文学化。数字文学化表现在调查报告中到处都是数字，因此在大量使用数字时，要注意方式方法，通常多采用图形和表格对数字进行比较分析、概括归纳等辅助说明，这样做的优点在于有较强的直观效果，提高调查报告的美观性，有助于读者加深对报告内容的理解。

(2)使用数字的要领。在调查报告中，使用汉字与阿拉伯数字应统一。总的原则时：凡是可用阿拉伯数字的地方，均应使用阿拉伯数字。公历世纪、年代、年、月、日和时间应使用阿拉伯数字，如 20 世纪 90 年代、2003 年 4 月；星期几则一律用汉字。注意年份一般不用简写，如 1990 年不能写成 90 年。计数与计量应使用阿拉伯数字。如 100～200、1/5、25%等。应注意：不具有统计意义的一位数，可以使用汉字，如一个人，九本书，十层楼。数字作为词素构成定型的词、词组、惯用语或具有修辞色彩的语句应当用汉字，如第三世界，"十三五"规划、解放军某部一连二排三班、五光十色等。邻近的两个数并列连用表示概数时应当用汉字，如三五天、四五百元，十之八九等。

(3)运用数字的技巧。为了增加数字的表现力，还要对数字进行加工和换算，运用的方法有以下几种：

①比较法。比较是研究事物的基本方法，也是数字加工的基本方法。数字的纵向比较可反映事物自身的发展变化；横向比较可以反映事物间的差距，两者要结合使用。

②化小法。有时数字太大，不易理解和记忆。如果把大数字换算成小数字则便于记忆。如把某厂年产电视机 525 600 台换算成每分钟生产 1 台效果会更好，15 300 000 千米换算成 1.53 亿千米更容易记忆。

③推算法。有时个体数量较小，不易引起人们的重视，但由此推算出的整体数量却大得惊人。如对农民建房占用耕地情况调查发现 12 个村三年每户平均占用耕地 0.73 亩，而由此推算全县农村建房三年共占用耕地上万亩。

10.3.3　撰写市场调查报告中需要注意的问题

市场调查报告是一次调查活动的最终产品，是全体调查人员劳动的结晶，应精益求精，认真完成。一篇高质量的调查报告，要符合调查报告一般的格式，具有较强的逻辑性结构，写作手法也应是多样化的，文字精炼，文风朴实，让读者易于阅读和理解，能再现调查对象在经济社会运行中的真实状态和客观规律性。因此，在撰写市场调查报告时，还应注意以下两个问题。

1. 调查报告不是流水账或数据的堆积

市场调查报告需要概括整个调查活动的过程，讨论和评价其结果，绝不是将调查方案、质量控制方案等原始文件重抄一遍，而是要说明这些方案执行落实的情况，特别是实际完成的情况对于调查结果的影响，需要认真分析清楚，这样才有利于读者评估调查报告的真实性和可信度。

在调查报告中，数据占很大篇幅，发挥十分重要的作用，用准确数据证明事实真相往往比长篇大论更令人信服。但过多地堆砌数据常使人感到眼花缭乱，不得要领，数据本身不能说明什么，其意义在于为理论分析与决策提供客观依据，因此要适当地运用数据，以明确的观点统领数据，通过定性与定量结合分析数据，最终达到透过现象看本质、真正认识经济社会现象发展变化的目的。

2. 市场调查报告必须真实、准确

实事求是的科学态度是写好市场调查报告的最重要原则。真实性首先表现为一切结论来自客观的事实。从事实出发，而不是从某个人的观点出发，先入为主地做出主观判断。调查前所设计的理论模型或先行工作假设，都应毫不例外地接受调查资料的检验。凡是与事实不符的观点，都应该坚决舍弃；凡是暂时还不明确的或存在争议的观点，应如实写明，或放在附录中加以讨论。

市场调查报告还应如实地指出本次调查结果的局限性，说明调查结果适用的范围，在调查过程中曾出现的问题或可能存在的各种抽样误差、调查误差等。承认调查中存在问题或误差并不会降低报告的质量，真实的调查报告才能真正为调查结果的应用提供可靠的参考依据。

10.3.4 市场调查成果的口头报告

市场调查报告形式多样,通常可分为书面报告和口头报告两种。口头报告是在书面调查报告已经完成并提交的基础上,进一步向委托方或读者有重点、有针对性地进行陈述,以加深委托方或读者对书面报告的理解,回答疑问、补充需要的内容,从而扩大调查结果的影响力和应用力度。口头调查报告有以下几个特点和优势:

(1)能在较短的时间内说明调查报告的核心内容。

(2)生动而富有感染力,可以对某些用文字不容易阐述清楚的内容运用各种方式加以说明,容易给听众留下深刻的印象。

(3)能与听众直接交流,对于有疑问的地方,可以当面进行解释,便于增强双方的沟通,加深听众的理解。

(4)具有一定的灵活性,一般可以根据具体情况对报告内容、时间做出必要的调整。

因此,开展市场调查、展示调查结果,比较理想的办法是以书面报告为主,以口头报告进行补充。

1. 口头报告的形式

口头报告一般包括即兴讲解、按书面报告讲解和专门讲解三种形式。不同形式各有优劣,适用于不同的场合,下面简要介绍一下:

(1)即兴讲解,是一种没有充分准备的讲解,只适合于对小型调查项目或调查人员对调查项目的内容和过程较为了解时使用。这种形式的讲解准确性难以保证,风险较大,不适用于中大型调查项目。

(2)按书面报告讲解,是指按照书面报告的内容顺序逐一地解读,并回答一些相应出现的问题。这种形式要求调查人员做好充分的准备,将内容全部形成文字,因此具有系统、全面的特点。但这种形式相对比较呆板,重点不突出,难以引起听众的兴趣,需要使用某些演讲技巧进行弥补。

(3)专门讲解,是经过充分准备而不照本宣科的讲解,是较受欢迎的报告形式。优点是生动活泼,重点突出,机动灵活,针对听众的不同特点和兴趣进行及时调整,使得听众能更好地理解。因此这种形式对报告人员的要求较高,不仅需要报告人员具备较高的个人素质,还需要在报告前做好充分准备。

2. 口头报告的步骤

1)计划与准备

口头报告的基本目标是将调查信息传达给听众,并获得期望的回应或反馈。报告者必须要进行听众分析,通过解决三个问题:“对谁作报告?”“他们为什么要听取我的报告?”“我想让听众知道、相信或做什么?”可以确定演讲的内容、重点以及报告的方法。

演讲者需要通过搭建口头报告的完整框架、梳理报告的要点,填充具体内容,最终确定演讲内容。需要注意的是,演讲内容要详略得当,针对听众最关心的问题给予更多的精力,着重介绍。

采用提纲演讲的方式,演讲前编写演讲大纲及草稿,演讲过程中通过演示文档或手卡的形式提列要点,具体内容由演讲者临场发挥。这种方式以听众为中心,要求演讲者与听众自然对话,灵活调整演讲策略,效果较好。

2)练习与演练

成功离不开反复的科学练习。练习应尽早进行，一方面能使演讲者有充足的时间对演讲内容和方式进行调整优化；另一方面能使演讲者多次演练演讲要点和内容，加深印象，提升信心，避免现场出现失误。

这一阶段，演讲者需要提前熟悉报告需要使用的设施、设备和软件的操作方法，并对完整的报告过程进行至少三次计时演练，使用摄录设备记录完整的演练过程，进行回放观看。这样既可以加强对时间的把握与控制，还可以帮助自己找到演讲过程中的问题并进行改进，达到更好的现场效果。

3)正式报告

语速的把控对演讲效果有着很大的影响。一般来说，正式演讲的语速应在平均每分钟 200 字左右，这就意味着 20 分钟的口头报告包含 4 000 字左右的信息。因此演讲者在不同的情境氛围中，需要根据情况调整语速的快慢，根据内容调整语气和语调，切忌自始至终毫无变化。

另外，报告人演讲时应有意识地与听众进行适当的眼神交流，面带表情，配以适宜的手势和位置变换，更大程度地增加报告的活力和感染力，调动听众的积极性，获取听众的正面反馈。

3. 口头报告成功的辅助工具与技巧

为使报告更直观生动，提高口头报告的效果，在时间和条件允许的情况下，报告者应尽量使用现代技术作为辅助手段，采取适当的技巧。

1)常见的辅助工具

随着科技发展，多媒体技术、计算机、录放设备的使用越来越广泛，这些都为口头报告的有效展示创造了良好的条件，特别是 PPT 演示文稿为更好地进行口头报告提供了极大的帮助，在现实中被广泛应用。

海报(展板)是展示调查结果的一种重要工具。在口头报告之前，海报(展板)可以使用相对大的输出页面提供一个关于研究的综述性介绍，使用简短的文字段落并以要点方式给出结果，大多数调查海报(展板)也包含图形元素，帮助说明研究的重点。

汇报的执行性摘要。每位听众都应有一份执行性摘要的复印件(最好提前几天就发出)，包含汇报流程和主要内容的提要，这样可以使听众在听取口头汇报前就能思考所要提出的问题。需要注意的是，这份摘要中不应出现统计资料图表等细节性内容，同时应预留出足够的空间以利于听众记录或评述。

投影仪和 PPT 文档。利用投影仪把预先准备好的画面在口头介绍时适时地在屏幕上显示出来，这是一种被广泛采用的辅助手段。准备投影的内容可以是文字、图表，甚至是事先摄制好的音频和视频文件等。

使用辅助工具可以促使报告人以一种有规则的方式去组织思维，归纳提炼信息；帮助报告人控制演讲时的气氛和节奏，借助图表增加展示效果，引起听众的注意力，加深印象。

2)口头报告的技巧

报告者的一项工作重点是提供强有力的支撑材料，以证明报告的结论，说服听众。支撑材料应该具备以下特性：相关性，即材料应与主题保持一致，能与其观点相关；可信性，即材料要真实、客观、准确，符合道德、法律原则和规范；时效性，即材料应及时有效；多样性，即材料应以多种形式呈现，满足听众的需求；简洁性，即材料应以易于理解的方式呈现。

PPT 演示文档制作时还需要注意以下几点：

(1)应根据报告的主题进行 PPT 设计，版式、配色或字体等均要与报告主题的风格一致，每张幻灯片的颜色不宜超过 4 种，以免太过花哨。应适当引入动画、图形和声音，目的是补充、强调和简化报告者的思想，但要注意图形和文字的比例，不能喧宾夺主。

(2)每张幻灯片一般只包含一个主要概念或内容，多以要点、标题的形式展示。为了强调要点，可以给要点编号，加粗字体，加下划线，或对不同要点使用对比色等。切忌出现大段文字，具体内容由报告人口述讲解。建议每张幻灯片的文字不超过 8 行，短语或句式的格式要统一。

(3)采用多样化的统计图表更加直观地呈现数据资料，图表要有选择性，不宜太多，要突出重点。保证采用的每一张图表清晰易懂，不宜混杂太多内容，建议表格限制在 5 行 6 列以内；如果使用了坐标图，确保坐标轴被清楚地标识，图表内的数据要说明计量单位。

10.4 市场调查报告案例解析

10.4.1 应用性报告解析

大学生课外阅读情况的调查

阳光下、草坪上、教室里、图书馆……到处可以看见书不离开手的大学生，他们脸上洋溢着满足自信的笑容。

“你课外阅读的主要目的是什么”“你最喜欢阅读哪种类型的书籍?”“你平时看一本书用多长时间?”……前不久，我们对大学生的阅读取向进行了一次访问式调查，目的是了解当代大学生读什么书、读多少书和怎样读书的问题。

通过调查，有部分学生的课外阅读主要是为了休闲。他们认为：“平时专业课程的阅读量已经很大了，课外阅读当然选择内容较轻松的课外书籍，以缓解读书的压力。”这样的学生大约占 44.9%。还有部分同学的课外阅读是为了拓展知识面。这样的学生所占比例较少，只有 8%。

大学生对具有专业知识的书籍是否涉猎不足呢？不少招聘企业都感慨现在的大学生专业能力培养不够，学以致用的能力有所欠缺。在学校期间不注重专业知识的积累和自身专业技能的训练，相关专业课外书籍阅读量较少，可能是造成这种现象的原因之一。

在回答“你最喜欢阅读哪种类型的书籍”时，大多数学生选择报刊，报刊始终占据大学生阅读排行榜的首位。多数学生选择此类书籍大多是因为“阅读起来方便”和“信息量大，来源广泛，易获得”。调查中发现，学校为学生免费提供的《文汇报》成为阅读人次最多的报刊，《青年报》《环球时报》《参考消息》《电脑报》《读者》有一定的市场。在阅读内容上，阅读新闻占 61%，领先其他三项，阅读“生活信息及收集资料”占 24%，阅读“文学作品”占 16%，阅读“评论文章”占 18%。

目前，大学生的阅读结构对大学生正确世界观、人生观的形成非常不利，急需加以正确引导。

解析：

这篇大学生阅读情况调查报告在结构内容和语言方面，都不符合调查报告的写作要求。

具体说来，主要问题体现在：

(1)缺少交代调查基本情况的引言部分。通常调查报告的开头要交代调查的目的、时间、地点、对象、范围以及采用的调查方法等。

(2)主体部分对调查情况的叙述，涉及的调查问题虽多，但提供的调查信息却过于简单，材料不充分。文中虽然提到"对大学生的阅读取向进行了一次访问式调查"，但对调查对象人次，以及以什么方式归纳整理数据，却未做介绍，而这些内容均是不可或缺的。

(3)分析不够深入，原因和结果之间缺乏必然的联系，或者说所得出的结论缺乏充分的依据。如文中写"企业都感慨现在的大学生专业能力很薄弱，学以致用的能力较差"，最终得到学生"不阅读、不关注相关专业课外书籍，是造成这种现象的原因之一"的观点，实际上两者之间难以对应起来。又如，文章的结论是"目前，大学生的阅读结构对大学生正确世界观、人生观的形成非常不利"。综观全文，并没有足够的论据予以支撑，因此这样的结论难以令人信服。

(4)报告最后提到"大学生的阅读结构""急需加以正确引导"，但并没有按调查报告的要求写出相应的建议，而建议是调查报告必不可少的内容。

(5)报告的语言表达不够恰当，尤其是开头，采用的散文语言，不符合调查报告的写作要求。

10.4.2 学术性报告解析

基于TAM模型的直播带货用户信息交互行为影响因素研究(节选)

摘要：本文基于沉浸理论为直播带货中用户信息交互行为的影响因素提供了新的研究视角，在实践层面更好地帮助规范直播带货主播的言行和推动形成良好的直播带货平台生态。在TAM模型基础上，基于沉浸理论构建直播带货用户信息交互影响因素模型和提出研究假设，利用问卷调查收集样本，通过结构方程模型对其进行实证研究。研究结果显示，感知有用性、感知易用性和沉浸体验在直播带货用户信息交互行为影响因素中发挥重要作用。同时，用户信息交互意愿也是直播带货中用户信息交互行为影响因素，社会影响对直播带货中用户信息交互意愿影响不显著。

关键词：直播带货；用户；信息交互行为；影响因素。

一、引言

直播带货有着在家可以实施"云逛街"的销售特点，收获了庞大的用户群体。直播带货通过一种实时信息交互和双向互动的方式，为主播和用户构建双向交互信息平台，为用户提供丰富多样的新型服务。……从直播带货平台用户信息交互行为角度切入分析，有助于更好地了解直播带货的消费者体验，完善平台机制和监督主播行为，从而促进直播带货行业的健康有序发展。

近年来，关于直播带货中用户信息交互行为的文献研究逐渐涌现。对于直播相关的研究，国外学者使用××平台视频游戏现场和真人秀直播现场收集的数据，分析了观看人数和点赞数量等信息活动因素对游戏直播和真人秀直播的不同影响[1]。……有最新研究基于UTAUT2模型，通过问卷调查和结构方程模型对影响消费者实时电子商务购物的因素进行研究[4]。……从现有研究成果来看，国外对网络直播的研究大多集中于游戏直播和真人秀直播领域，对直播带货的相关研究相对较少。国内对直播的研究多集中在直播用户中用户行为模型以及直播中用户的影响因素,对于信息交互的相关研究主要集中于直播以外的其他新媒体中的信息交互行为,而对于直播带货中用户信息交互行为的研究较少,而对于这一问题中影响因素的研究还处于空白阶段。

本研究解决的研究问题如下:①基于什么理论和模型构建直播带货用户信息交互行为影响因素模型;②哪些因素会影响直播带货中用户信息交互行为;③直播带货中用户信息交互行为影响因素的分析对直播带货平台有哪些实践意义。本文为直播带货平台用户信息交互行为研究提供新的理论研究视角,为直播带货平台更好地规范主播与用户的信息互动,促进平台、主播与用户间的和谐生态提供了实践指导。

二、有关概念及理论

1. 直播带货的概念

网络直播是用户生成内容的一种,是多种媒体的一种特殊呈现形式,主播可以通过直播进行日常生活的转播、游戏直播、才艺展示和直播带货等[10]。直播带货是通过网络直播平台进行商品销售的一种新型商品交易形式。直播带货主要是通过某些大型平台,如互联网、展会和节庆活动等,通过直播平台技术对商品进行现场讲解,与观众进行互动交流,引导用户参与购买的新兴商业模式。……

2. 直播带货中用户信息交互行为

信息交互是一个复杂的过程,它集成了用户、内容和向用户提供内容的系统各个方面[12]。直播带货的关键优势在于通过直播平台可以实时进行信息交互,同时直播平台也为主播和用户搭建了一个主播和用户之间的信息交互空间。通过直播平台和用户之间的双向交互可以实现信息交流和沟通,从而帮助用户获取有价值的和多样化的产品信息与专业知识,满足用户对直播带货购买产品的信息需求。……

3. 沉浸理论

沉浸理论是由心理学家于 1975 年首次提出,此理论主要代表着沉浸体验,即人们在参与某种经历时的可忽略外界干扰以达到全心投入的状态,这种状态可以产生幸福感和满足感,并会对人的心理有着积极的影响[14]。……综上可以判断,沉浸体验对于直播带货中的用户信息交互行为具有一定的影响。

三、研究假设与概念模型

1. 概念模型

TAM 模型又称技术接受模型,该模型中包含感知有用性和感知易用性及外部影响因素等对用户行为态度及使用意愿的影响,现已被用于各个不同的研究领域。……

2. 研究假设

本文基于技术接受模型,提出感知有用性和感知易用性作为假设 $H1$ 和 $H2$,并引入社会影响因素提出假设 $H3$,在此基础上引入沉浸理论作用并提出假设 $H4$。通过对直播带货中用户信息交互意愿进行分析,构建直播带货用户信息交互行为影响因素模型。以用户感知有用性、感知易用性、社会影响和沉浸体验为外因潜在变量,以直播带货中用户信息交互意愿为中介变量,以直播带货中用户信息交互行为作为潜在变量,构建了直播带货中用户信息交互行为的影响因素模型。……

$H1$:感知有用性对直播带货用户信息交互意愿产生正向影响。

……

3. 问卷设计

为了构建影响因素模型，本文参照国内外相关学者的研究量表设置了直播带货用户信息交互行为影响因素的调查问卷。问卷包括用户基本信息、直播带货中的用户信息交互行为情况和问项变量，以及被调查者对直播带货信息交互方式的意见和建议。每个变量设计5个问题共30个问项，问题项采用李克特五级量表形式，每一变量由一组陈述句组成，每个问题由“非常赞同”“赞同”“一般”“不赞同”“非常不赞同”5项组成。在问卷发放之前，通过预调研，修正问卷有歧义的问题，经修正后，最后面向大量群体进行网络问卷的发放。

四、数据分析及假设验证

1. 样本选择

根据《中国互联网络发展状况统计报告》显示，我国网民主要集中于18～49岁之间。因此，本文的样本选择主要来源于国内城镇和农村的青年人和中年人，小部分样本为18岁以下的未成年人和50岁以上的中老年人，通过发放问卷的方式对样本进行调查访问。从调查样本描述性统计结果来看，被调查者所在地区为城镇的占比超过80%，其中18～39岁的比重超过70%。调查共发放问卷400份，其中收回问卷335份，实际有效样本达到286份，有效问卷率为85.4%。

2. 信度和效度检验

为了验证调查结果数据的可靠性，本文通过SPSS 25.0进行信度和效度检验，数据分析结果表明适合进行因子分析。Bartlett球形检验统计量为5 080.423，概率显著性Sig值为0.930，可知各变量之间具有强相关性，可以进行因子分析。通过计算Cronbach'α系数进行各变量内部一致性信度分析，各维度Cronbach'α系数均在0.7以上，表明具有内部一致性，信度较高。各变量值之间的相关矩阵如表5所示，各变量AVE的平方根均大于变量间的相关系数，表明各变量间的区别效度较高。

……

3. 验证性因子与模型检验

本文利用AMOS 25.0和SPSS 25.0软件，通过构建结构方程进行验证性因子分析。将测量变量与潜在变量标准化因子载荷系数过低的问项删除，最终保留28个问项，修正后的各指标如表6所示。其数据显示，各观察变量标准化因子载荷系数均大于0.7，表明具有较好的可靠性，组合信度CR均大于0.8，AVE值均大于0.5，代表各个因素具有良好的收敛效度，模型内在质量理想。……

4. 参数估计与假设检验

根据表8的结果显示，构建的直播带货用户信息交互行为影响因素概念模型适配度良好。由表8可知，除$H3$外，其余假设C.R.值均大于1.96，且P值小于0.05，表示除$H3$外其余假设均得到支持。其中感知有用性($\beta=0.231, P<0.01$)、感知易用性($\beta=0.146, P<0.05$)和沉浸体验($\beta=0.450, P<0.001$)对用户的信息交互意愿具有显著正向影响，假设$H1$、$H2$和$H4$成立；社会影响对用户信息交互意愿($\beta=0.157, P>0.05$)不具有显著正向影响，假设$H3$不成立；用户信息交互意愿对用户信息交互行为($\beta=0.801, P<0.001$)具有显著正向影响，假设$H5$成立。

……

五、讨论分析

综上所述，可以得到除 $H3$ 社会影响对直播带货用户信息交互意愿产生正向影响以外的假设都得到了数据支持。其中，影响因素中影响最大的是沉浸体验（数据为 $\beta=0.450$），其次是感知有用性（数据为 $\beta=0.231$），最后是感知易用性（数据为 $\beta=0.146$）。其中，信息交互意愿发挥着中介变量的作用。具体讨论如下：

……

六、研究结论

本文在 TAM 理论模型和直播带货特征的基础上，根据直播带货的特点，基于沉浸理论构建直播带货中用户信息交互行为影响因素的概念模型，提出了直播带货用户信息交互意愿会被感知有用性、感知易用性、社会影响和沉浸体验 4 个因素所影响，交互意愿发挥了中介变量作用。数据分析表明，感知有用性和感知易用性以及沉浸体验会对直播带货中用户信息交互意愿有着显著影响；社会影响对直播带货中用户信息交互意愿的影响微弱；直播带货中用户信息交互意愿对用户信息交互行为有积极影响。

在理论贡献上，本研究为直播带货用户信息交互行为影响因素的研究提供了新的理论模型，并基于沉浸理论提出了新的研究视角。本文的实践价值在于，直播带货平台用户信息交互行为影响因素的研究可以指导直播带货平台和运营商充分考虑用户需求，从感知有用性、感知易用性和沉浸体验角度为用户通过直播平台提供更有价值的服务，从而提高用户在平台上的信息交互意愿，推动用户信息交互行为。

……

本研究尚存在局限性。研究的调查对象主要为青年，调查对象主要集中于城镇地区，样本数据来源相对单一。未来关于直播带货中用户信息交互行为影响因素的研究可以针对不同群体再深入研究，如对中老年人、农村地区和主播粉丝群进行针对性调查和研究并开展横向比较，以提高所构建概念模型的科学性和普适性。

参考文献

[1]WANG M D，LI D. What Motivates Audience Comments on Live Streaming Platforms?[J]. Plos One，2020，15(4)：e0231255.

……

[5]喻欣，许正良．网络直播平台中弹幕用户信息参与行为研究：基于沉浸理论的视角[J]. 情报科学，2017，35(10)：147-151.

……

[21]SHANG Y，LIU J. Health Literacy：Exploring Health Knowledge Transfer in Online Healthcare Communities[C]. 2016 49th Hawaii International Conference on System Science(HICSS). IEEE，2016：3143-3151.

……

[54]张明鑫．大学生社会化阅读 App 持续使用意愿研究：沉浸体验的中介效应[J]. 大学图书馆学报，2021，39(1)：100-109.

[55]DAVEPORT T H，PRUSAK L. Information Ecology：Mastering the Information and

Knowledge Environment [M]. New York:Oxford University Press,1997.

……

[59]艾瑞咨询 .2021 年中国直播电商行业研究报[EB/OL]. https://report.iresearch.cn/report/202109/3841.shtml,2021-09-10.

……

解析:

这篇报告基于 TAM 模型针对直播带货用户信息交互行为的影响因素进行了实证分析,发现感知有用性、感知易用性和沉浸体验等因素在直播带货用户信息交互行为影响因素中发挥重要作用,并据此提出了建议。报告总体写作格式比较规范,共分为六个部分:

(1)引言,简要介绍了研究背景、问题和研究意义。

(2)有关概念及理论,介绍了相关概念和研究理论背景,为下一步的研究分析做好准备。

(3)研究假设与概念模型,该部分基于相关概念和研究成果,构建了影响因素模型,提出了 5 个假设,并设计了问卷。

(4)数据分析及假设验证,包括问卷回收情况和收集数据的基本情况、运用统计分析工具验证了调查数据的可靠性,对模型进行了参数估计与假设检验。

(5)讨论分析,基于结构方程模型,分别从五个方面分析了用户信息交互行为影响因素,验证了之前提出的研究假设。

(6)研究结论,简要说明了通过调查分析得出的结论和研究价值,并对平台、商家、用户等从不同主体视角提出了针对性的建议和对策,最后指出了研究的局限性和不足。

思考与练习

1. 阅读一篇市场调查报告,完成以下几个任务:

(1)该报告的基本结构是否齐备?如果缺少请补充。

(2)该报告运用了哪些撰写技巧?

(3)从该报告中,你学习到哪些今后值得借鉴的技巧?

(4)如果要对这份报告进行改动,你会怎么修改?

2. 几位同学组成一个小组,讨论确定调查项目的主题,确定调查报告的类型,开展调查实践。

3. 针对调查的实践成果,根据调查报告的写作规范,小组成员讨论确定写作提纲,分工每人撰写一部分,最终完成调查报告。

4. 进一步对报告进行修改和完善,提交书面调查报告最终稿,并进行口头汇报。

第 11 章　统计学的发展前沿

统计学曾被评为 21 世纪给人类生活带来重大影响的二十项新技术之一，它的应用遍及所有科学技术领域、工农业生产和国民经济的各个部门，是工农业生产和科学技术深层次、高层次管理的重要工具。现今社会对统计的需求正在迅速增长，各行业收集大量数据的能力远远超出了人们理解和应用这些收集来的数据的能力。生产实践中通过对数据的探索和对不确定性的建模，统计学打开了我们了解世界的大门，也使得统计学对数据的分析工作发挥着不可替代的作用。

11.1　统计学前沿

我们前面虽然已经介绍了统计学的发展历程、对象、概念和职能，但 20 世纪 60 年代后统计学在计算机技术和其他学科的促进下也发生了非常大的变化。很多研究人员都从统计学的发展、统计学的内容等方面进行了梳理，下面概述几个比较有代表性的观点。

11.1.1　八大统计思想说

哥伦比亚大学统计学教授 Andrew Gelman 和阿尔托大学计算机科学系副教授 Aki Vehtari 根据他们对统计学的理解，总结出了过去半个世纪以来最重要的八个统计思想，概括如下：

(1)反事实因果推理。这方面的内容包括在统计学、计量经济学、心理测量、流行病学和计算机科学等领域围绕着因果推理展开理论研究，从而部分地弥平“对观测推理的因果解释”与“认识到关联关系并不意味着因果关系”之间的差距。尽管目前关于如何将因果模型应用于真实数据的具体问题上的争论仍在继续，但这方面的工作进展使因果推理所需要的这些假设变得精确得多，也促进了解决这些问题的统计方法的相关工作。在具体解决问题中，研究人员也提出了各种各样的因果推理方法。例如：在计量经济学领域中，人们主要关注对线性模型的因果估计的可解释性；在流行病学领域中，人们主要关注基于观测数据的推理；心理学家已经意识到交互和各种处理效应的重要性；在统计学领域中，出现了一系列有关匹配和其他调整并衡量实验组和对照组之间差别的方法；在计算机科学领域中，涌现出有关多维因果归隐模型的研究工作。在这个研究方向上，具有里程碑意义的工作是 Neyman(1923)、Welch(1937)、Rubin(1974)、Haavelmo(1973)等人的研究成果。

(2)bootstrap 与基于模拟的推理。由于近半个世纪以来用计算取代数学分析是统计学的一大发展趋势，bootstrap 成了最纯粹的基于计算定义的统计方法之一。它的思想是将估计值视为数据的一个近似的充分统计量，并将它视为对数据的采样分布的近似。由于它定义了一些估计量，并将其应用于一组随机重采样数据集，再加上人们推崇将预测和重新抽样作为基本原则，所以 boostrap 可以推导出诸如偏差校正和收缩等统计学操作，最有代表性的方法是"刀切法"和"交叉验证"。此外，由于 bootstrap 思想的通用性及计算简便性，它已被广泛用于传统的解析近似方法效果不佳的时候，高速计算资源也使得基于重采样的推理变得更容易，解题更直接。

(3)多参数化模型和正则化。统计学理论研究人员20世纪70年代开始用一些正则化过程得到稳定的估计和良好的预测结果，从而拟合具有大量参数的模型。这种方法能在避免过拟合问题的同时获得一种非参数化的或高度参数化的方法。早期代表性模型有：马尔科夫随机场、样条函数、高斯过程。后期经过发展又出现了分类和回归决策树、神经网络、小波收缩、Lasso 和 Horseshoe 等最小二乘的替代方法、支持向量机及相关理论等。这些模型的缺点是随着样本规模的增加而扩大，其参数往往也不能被直接解释。在贝叶斯方法中，我们可以首先在函数空间中考虑先验值，然后间接推导出相应的模型参数的先验。随着大数据技术的发展，数据分析、图像识别、深度神经网络、自适应模型等得到了快速发展。具体的成果有非负矩阵分解、非线性降维、生成对抗网络、自编码器、深度学习理论、stacking 集成、贝叶斯模型平均、boosting 集成、梯度提升、随机森林等。

(4)多层模型。多层模型的参数使模型可以适应于聚类抽样、纵向研究、时间序列横断面数据、元分析以及其他结构化的环境。多层模型可以被看作一种贝叶斯模型，贝叶斯模型也有一种多层结构。对局部和一般信息进行池化的思想是根据带有噪声的数据进行预测的固有数学原理，可以应用于根据数据的子集进行推理(小面积估计)或将数据泛化到新问题(元分析)上的时候。James 和 Stein 等人在池化与统计估计问题中的多重性研究方面已经取得了理论上的突破，并启发了心理学、药理学、抽样调查等领域的研究。Lindley、Smith、Lindley 和 Novick 等人提供了一种基于估计多变量正态分布的超参数的数学结构，而 Efron 和 Morris 等人则给出了相应的决策理论方面的解释，接着这些思想被融入了回归建模并被广泛应用于使用结构化数据的问题中。Donoho 等人于1995年给出了多元参数收缩的信息论解释。事实上，多层模型可看作将不同的信息源进行组合的框架，而不是一个特定的统计模型或计算过程。

(5)泛型计算方法。现代计算科学中的更大内存、更快 CPU、高效矩阵计算、对用户友好的编程语言，以及其他计算科学方面的创新都对于统计算法的进展有非常大的促进作用。在统计问题的结构方面出现了许多具有创新性的统计算法。如：条件独立结构类(EM 算法、Gibbs 采样、粒子滤波、变分推断)；高维概率分布类(Metropolis 算法、混合或 Hamiltonian 蒙特卡洛算法)；为解决似然的解析形式很难求解或计算开销非常大的近似贝叶斯计算的方法。纵观统计学的历史，它与数据分析的发展、概率建模和计算科学是共同发展的。新的模型会激发具有创新性的计算算法，而新的计算技术又为更加复杂的模型和新的推理思想开启了大门。通用的自动推理算法使我们可以将模型的研发解耦开来，这样一来变更模型并不需要对算法实现进行改变。

(6)自适应决策分析。自20世纪40至60年代，决策理论被认为是统计学的基石，代表性的工作包括：效用最大化、错误率控制及经验贝叶斯分析。近年来，沿着上述工作的方向，研究人员在贝叶斯决策理论、错误发现率分析等领域也取得了一系列成果。决策理论还受到了有关人类决策中的启发与偏见的心理学研究的影响。在统计决策分析的领域中，重要的研究成果包括：贝叶斯优化、强化学习，这与工业中的 A/B 测试的实验设计的复兴以及许多工程应用中的在线学习有关。计算科学的最新进展使我们可以将高斯过程和神经网络这些高度参数化的模型用作自适应决策分析中的函数的先验，还可以在仿真环境中进行大规模的强化学习，例如：创造能够控制机器人、生成文本及参与围棋等游戏。

(7)鲁棒的推理。鲁棒性思想是现代统计学的核心，开发出能够在违背上述假设的真实场景下良好运行的模型对于统计理论来说是十分重要的。Tukey 1960 年在论文 *A survey of sampling from contaminated distributions*、Stigler 于 2010 年在论文 *The changing history of robustness* 中对鲁棒性都进行了比较全面的阐述。在经济学理论中，存在"as if"分析和简化模型的概念，因此计量经济学家会对在一系列假设下还能运行良好的统计程序十分感兴趣。例如，经济学和其他社会科学领域的应用研究人员广泛使用鲁棒标准误差以及部分识别。一般来说，正如在 Bernardo 和 Smith 提出统计研究中的鲁棒性的主要影响并不在于对特定方法的发展；Greenland 认为研究者需要显式地解释传统统计模型中没有考虑的误差来源。因此，对鲁棒性的关注与高度参数化的模型相关是现代统计学的特点，对模型评估有更普遍的影响。

(8)探索性数据分析。与前面的统计思想都涉及密集的理论和计算的结合不同的是另一种具有影响力的"回归到本质"(统计图)的探索。这种探索跳出概率模型，重点关注数据的图形可视化。Tukey 和 Tufte 等人在他们的著作中曾对统计图的优点进行了讨论，而许多这样的思想通过他们在数据分析环境 S(或 R 语言)中的实现开展了统计实践，它更加关注发现而非检验固定假设的统计建模。这种数据分析方法不仅在特定的图形化方法的发展中十分具有影响力，也从科学的数据中学习，将统计学从定理证明转向更开放、更健康、更加多样化的角度。越来越多的论文倾向于利用图形化方法进行数据对比，而非进行替换关联性和回归分析。此外，研究人员试图形式化定义探索性数据分析：Gelman 将数据展示与贝叶斯预测检查的可视化相结合，Wilkinson 形式化定义了统计图中固有的对比和数据结构，而 Wickham 通过这种方式得以实现了一个极具影响力的 R 语言程序包，从而在许多领域中改变了统计学实践。

11.1.2 七大支柱说

11.1.1 节的八个统计思想是独立的概念，涵盖了统计方面不同的发展。这些思想都在 1970 年前的理论统计文献和各个应用领域的实践中就已经出现，且在过去的五十年中得到了有效发展。但是它与 Stigler 在《统计学七大支柱》中的总结截然不同，下面简单介绍一下 Stigler 的总结。Stigler 将这七个原则称作"统计学的七大支柱"，并声称它们是统计学的学科基础，而不是完整的体系。

第一根支柱称为聚合(Aggregation)，即均值。它不新鲜但在早年却真正地具有革命性，包括算术平均值、最小二乘法及其衍生方法，甚至核密度估计和各类现代平滑器等。第二根支柱叫做信息(Information)，更具体地说是"信息度量"，这也是革命性的思想，它认为数据中的信息可以测量，而测量的精度与数据量有关，某些情形下可以精确刻画相关性的形式。将第三根支柱命名为似然(Likelihood)，意味着使用了概率的推理校准。第四根支柱的名字是相互比较(Intercomparison)，即认为统计比较常常可以采用数据自身的内部标准，而不必采用外部标准。自助法视为相互比较在假设弱化后的现代版本。第五根支柱叫做回归(Regression)。基本思想是假设有两个不完全相关的观测变量，你选择了其中极值远离均值的变量，那么可以预期另一个(以标准差为单位)不会那么极端。第六根支柱是设计(Design)。类似于在“实验设计”中的含义,但“设计”的范围更广泛,它的目标是:先设定观测的权重相同,再训练我们的思想。第七根支柱称为残差(Residual)。这种思想总体上归入古典的范围,却以一种新方式在统计学中得到使用。

相比而言,Stigler 的七大支柱理论总结更早,更偏向于数理统计分析的理论研究内容,而 Andrew Gelman 和 Aki Vehtari 的八个统计思想的概括更新颖,更结合当代统计学理论在解决实际问题中的应用。甚至还有人从简化的角度将统计学分解为:①定向减少或压缩数据的价值;②数据量上升,价值会减少;③如何使用概率测量我们做的事?④如何使用数据中的内部变化帮助分析?⑤从不同角度提问可以产生有启发性的不同答案;⑥规划观测的重要作用;⑦所有这些思想如何用于科学探索和比较彼此矛盾的解释。不管怎么阐述统计学的内容,只要线条可靠、合理,都可以作为理解统计学发展历程的参照。而且无论这些统计思想出现于过去还是现在,任何陈述都难表现出这些思想出现时的革命性。要想准确理解统计知识点或理论的重要性还是得深入科学研究或实践工作。

11.1.3　我国的统计学近代史说

我国学者张南对 20 世纪的统计学的发展也有一个非常好的总结,主要要点摘录如下:

(1)理论统计学的基础理论在 20 世纪的二三十年代已经基本完成。其中由英国统计学家费希尔所确立的统计推测理论、样本分布理论、试验计划法及 F 分布理论对奠定 20 世纪统计学的基础理论做出了很大的贡献。

(2)四五十年代对统计学来说是分布理论的时代。以概率分布的形式成功地将各种随机现象的数量特征、性质加以归纳、描述。

(3)60 年代是分布偏差有效(Robust)推定理论盛行的时代。即采用古典的方法论成功地解决了概率分布的假定与实际数据分布偏离的问题。但是,其研究所假定的概率模型侧重于数学形式的完整可能,而对数据所遵从的概率分布的拟合准确性的考虑尚有欠缺。在以后的系统控制论中,分布偏差有效理论起到了很大的作用。

(4)70 年代可以认为是规范化线性模型的时代。自德国统计学家高斯创立误差与正态分布理论及最小二乘法以来,在 70 年代,从正态分布的假定、发展到将共变量的条件分布线性模型化,其方法论的核心是剔除正态性的假定,实现了包括从二项分布到伽马分布的规范线性化。此理论与概率随机过程理论相结合,促成了对医学数据可进行深入考查的生存解析法的产生。从分布的假定与数据的偏差这种关系来看,规范化线性模型理论与 60 年代的分布偏差有效理论是从不同的角度对推定统计量进行的研究。

(5)80 年代的前期侧重于渐进理论的研究,后期侧重于数据模拟(Bootstrap)、回归变量的推定等非参数估计方法。高次渐进性理论运用高等数学公式推导出了复杂的展开式,对高次渐进的有效性与充分性进行了探讨。之后作为改进,在决定理论的结构中用有限的样本进行更为严密的考查。80 年代后期统计学对计算机的利用使得数据模拟(Bootstrap)、回归变量的推定等非参数估计的方法得到快速发展。与此同期,标准信息量、交差检验法、缩小法等使得平滑化法的拟合有了很大的改进。

(6)90 年代重要对象是“复杂性”。一些技术性方法的研究起到了理论先导的作用,典型的就是对马尔可夫链蒙特卡尔理论的研究开辟了统计模型的应用前景。再如,研究人员可根据 MCMC 理论,使用专用统计软件进行 MCMC 模拟并可解决许多复杂性问题,还使得贝叶斯(Bayes)统计得到了再度复兴。

实际上,20 世纪初以来,科学技术迅猛发展,社会发生了巨大变化,统计学进入了快速发展时期,有了几个非常大的转变和突破:①由记述统计向推断统计发展;②由社会、经济统计向多分支学科发展;③统计预测和决策科学有了进一步发展;④信息论、控制论、系统论与统计学的相互渗透和结合,使统计科学进一步得到发展和日趋完善;⑤计算技术和一系列新技术、新方法在统计领域不断得到开发和应用;⑥统计在现代化管理和社会生活中的地位日益重要。因而,伴随着科学技术的飞速发展,通过吸收和融合相关学科的新理论,开发应用新技术和新方法,深化和丰富统计学传统领域的理论与方法,统计学拓展了新的领域,其潜在功能也将得到更进一步的发掘。

进入 21 世纪以来,有三个方面的发展趋势需要引起重视,它们极有可能成为统计学的下一个热点。首先,对系统性及系统复杂性的认识为统计学的未来发展增加了新的思路。随着科学融合趋势的兴起,统计学的研究触角已经向新的领域延伸,开始探索性数据统计方法的研究。研究的领域向复杂客观现象扩展。21 世纪统计学研究的重点将由确定性现象和随机现象转移到对复杂现象的研究,向模糊现象、突变现象及混沌现象等领域拓展。其次,定性与定量相结合的综合集成法将为统计分析方法的发展提供新的思想。定性与定量相结合的综合集成方法是钱学森教授于 1990 年提出的。这一方法的实质就是将科学理论、经验知识和专家判断相结合,提出经验性的假设,再用经验数据和资料以及模型对它的确实性进行检测,经过定量计算及反复对比,最后形成结论。最后,统计科学与其他科学渗透将为统计学的应用开辟新的领域。模糊论、突变论及其他新的边缘学科的出现为统计学的进一步发展提供了新的科学方法和思想。将一些尖端科学成果引入统计学,使统计学与其交互发展将成为统计学发展的趋势。已经有一些学者开始将控制论、信息论、系统论以及图论、混沌理论、模糊理论等方法和理论引入统计学。

综上所述,研究人员对统计学的理解和认识相差迥异,对其内容、发展及归类也有很大分歧。特别是随着信息科学的发展,统计学的应用环境发生了很大的变化,统计学受到了信息科学发展的影响,出现了许多依靠以往的统计学的理论所不能解决的新问题。比如,与遗传基因、环境、气象、金融等相关联的庞大数据的处理,信息社会中有关个人隐私的数据收集与个人隐私保护,等等,这些问题并不能通过以往的统计学的理论框架解决,也不能通过单纯地设定数学假定,修改概率模型就可以得到数学性的解决。因此,20 世纪以来基本成型的统计学的理论框架受到了新的挑战,它对统计学的前沿发展既有促进,又可能产生新问题,甚至分歧,但总体将会推动统计学和其他学科一起发展。

11.2　统计学学科体系

11.2.1　统计学的学科分类

我国在 2009 年的《学科分类与代码(GB/T 13745—2009)》中对统计学科进行了大幅度的修订(见表 11-1),规定统计相关学科有 12 个二级学科和 34 个三级学科,其中有统计学史、经济统计、科学技术统计学、社会统计学、人口统计学、环境与生态统计学、生物与医学统计学和统计学其他学科等 8 个直接的二级学科和数理统计学、应用统计数学、医学统计学及卫生统计学等四个交叉二级学科。

表 11-1 2009 年国内统计学学科分类表

	代　码	学科名称	代　码	学科名称
二级学科	91010	统计学史	91030	经济统计学
	91035	科学技术统计学	91040	社会统计学
	91045	人口统计学	91050	环境与生态统计学
	91060	生物与医学统计学	91099	统计学其他学科
	11067	数理统计学	11071	应用统计数学
	31057	医学统计学	33072	卫生统计学
三级学科	1106710	抽样理论	7903520	经济计量学
	1106715	假设检验	8407425	劳动统计学
	1106720	非参数统计	9103015	国民经济核算
	1106725	方差分析	9103025	经济统计分析
	1106730	相关回归分析	9103099	经济统计学其他学科
	1106735	统计推断	9104010	教育统计学
	1106740	贝叶斯统计	9104020	文化与体育统计学
	1106745	试验设计	9104040	司法统计学
	1106750	多元分析	9104050	社会保障统计学
	1106755	统计判决理论	9104060	生活质量统计学
	1106760	时间序列分析	9104099	社会统计学其他学科
	1106765	空间统计	9105010	资源统计学
	1107110	统计质量控制	9105020	环境统计学
	1107120	可靠性数学	9105030	生态统计学
	1107130	保险数学	9105099	环境与生态统计学其他学科
	1107140	统计模拟	9106010	生物统计学
	1107135	统计计算	9106099	生物与医学统计学其他学科

国外对统计学的分类与中国有较大的不同(见表 11-2)。他们一般将统计学科设置为一级学科，主要涉及的二级学科是关于统计理论和方法，侧重点在于各种统计方法，包括计算、实验、抽样、建模等，而统计学的应用部分归入了应用数学。具体来说统计学包括 5 个二级学科，分别是 Computational Statistics(计算统计学)、Design of Experiments(实验设计)、Sampling Survey(抽样调查)、Statistics Modelling(统计建模)和 Statistical Theory(统计理论)。在二级学科中，Computational Statistical(计算统计学)包括 Data Mining(数据挖掘)、Regression(回归)和 Simulation(仿真)三级学科，并在 Simulation(仿真)下设立了 Bootstrap(自助法)。二级学科 Design of Experiments(实验设计)则含有 Block Design and Analysis of Variance(区组设计和方差分析)和 Response Surface Methodology(响应面法)三级学科。二级学科 Sample Survey(抽样调查)则只包含 Sampling Theory(抽样理论)一个三级学科。

表 11-2 国外统计学学科划分学科

Statistics(统计学)	
• Computational Statistics(计算统计学)	• Statistics Modelling(统计建模)
Data Mining	Biostatistics
Regression	Multivariate Analysis
Simulation	Reliability Theory
• Design of Experiments(实验设计)	Quality Control
Block Design and Analysis of Variance	• Statistical Theory(统计理论)
Response Surface Methodology	Decision Theory
• Sample Survey(抽样调查)	Mathematical Statistics
Sampling Theory	Survey Methodology
Mathematics(数学)学科下的统计学	
• Applied Mathematics(应用数学)Statistics	Mathematical Statistics. Econometrics. Actuarial Science. Demography

二级学科 Statistics Modelling(统计建模)下设立了 Biostatistics(生物统计学)、Multivariate Analysis(多变量分析)、Reliability Theory(可靠性理论)和 Quality Control(质量控制)等三级学科。在 Biostatistics(生物统计学)下又设立了 Epidemiology(流行病学),在 Multivariate Analysis(多变量分析)下又设立了 Structural Equation Model(结构方程模型)和 Time Series(时间序列)。在 Statistical Theory(统计理论)下则设立了 Decision Theory(决策理论)、Mathematical Statistics(数理统计学)和 Survey Methodology 三个三级学科。

综上国内外统计学科划分相比较可知,国内的统计学将统计理论和应用统一在一个一级学科内,强调统计学科与其他学科(如经济、社会、人口、环境、生物、医学、金融)之间的学科交叉,强调应用中的统计理论;而国外侧重点于统计方法(包括计算、实验、抽样、建模),对于统计学的应用划分则不如国内具体。故就统计学学科本身而言,国内的学科划分更具完整性,在应用上更为全面和丰富。

11.2.2 统计学的典型学科划分

但需要明确的是现代统计学是一门多分支的科学,按不同的标准可以有以下几种不同的分类:①按统计研究的侧重点不同进行分类,则可以把统计学分为理论统计学和应用统计学;②按统计方法的特点不同进行分类,则可以把统计学分为描述统计学和推断统计学。

理论统计学是以统计学的基本原理(一般理论和方法)为主要研究内容的统计学,如数理统计学、统计学原理等。其中,数理统计学是应用数学的一个分支,它以概率论等数学理论为基础,研究随机现象的数量规律,是一门纯方法论的科学,为其他学科提供数学依据。该学科从 19 世纪中叶创立以后发展迅速,先后由许多统计学家建立了参数估计与假设检验理论、非参数统计理论、相关与回归分析理论、统计决策理论、实验设计理论等数理统计学的新分支。数理统计学又可以分为理论数理统计学和应用数理统计学,前者研究统计理论和方法的数理依据,后者研究量化分析的方法技术。统计学原理是在统计实践的基础上,对统计理论方法的最一般概括,内容包括统计的对象和任务,统计的理论基础和方法论基础,以及关于统计活动各个环节的理论和方法。统计学原理中结合了数学、概率论和数理统计学的知识，又是统计实践经验的高度总结，是指导统计实践活动的科学依据。一般所说的统计学就是指统计学原理。

应用统计学是以统计方法在各专业领域中的应用研究所呈现的特有的统计方法为主要内容的统计学科，如自然统计学、经济统计学、人口统计学等。自然统计学是将理论统计学应用于自然现象领域，是探索地理、地质、气候、天文、生物等非人类现象的数量关系和数量规律的统计方法论。其中较为重要的分支有生物统计学、气象统计学、天文统计学等。经济统计学是一门以社会经济现象的数量方面作为特定研究对象的应用统计学，它的特点是在质与量的紧密联系中，研究事物的数量表现和数量特征。人口统计学、教育统计学、司法统计学、社会保障统计学、医药与卫生统计学等属于社会统计学的重要分支，国民经济统计学、工业统计学、农业统计学、贸易统计学等属于经济统计学的重要分支。社会经济统计学具有十分广阔的发展前景。

事实上，应用统计学描述的是变量，数理统计学描述的是随机变量，而变量和随机变量是两个既有区别又有联系，且在一定条件下可以相互转化的数学概念。由于变量不断地出现，故应用统计学不会消亡，反而会不断发展壮大。数理统计学也会由于随机变量的不断出现同样发展升华。从长远的研究来看，对随机变量的研究最终会逐步转化为对变量的研究，所以应用统计学与数理统计学可以达到完美统一。

描述统计学是以统计资料的收集、整理、综合计算及分析等，对社会经济现象的总体进行数量方面反映的统计方法论，是描绘或总结的观察量的基本情况的统计总称。描述统计学主要研究如何取得反映客观现象的数据，并通过图表形式对所搜集的数据进行加工处理和显示，进而通过综合概括与分析得出反映客观现象的规律性数量特征。描述统计学内容包括统计数据的收集方法、数据的加工处理方法、数据的显示方法、数据分布特征的概括与分析方法等。

推断统计学是以部分统计资料的个性特征，对全部或大部分同类现象的共性特性进行科学估计、检验及分析研究的统计方法论。在研究设计中又常被试按一定要求分为不同组，以便于研究的进行和统计处理，这样就产生了样本估计和推测总体等问题，因而它包括总体参数估计和假设检验两方面的内容。

显然，描述统计和推断统计是统计方法的两个组成部分，这种划分一方面反映了统计方法发展的前后两个阶段，同时也反映了应用统计方法探索客观事物数量规律性的不同过程。描述统计是整个统计学的基础，推断统计则是现代统计学的主要内容。由于在对现实问题的研究中，所获得的数据主要是样本数据，因此，推断统计在现代统计学中的地位和作用越来越重要，已成为统计学的核心内容。当然，这并不等于说描述统计不重要，如果没有描述统计收集可靠的统计数据并提供有效的样本信息，即使再科学的统计推断方法也难以得出切合实际的结论。从描述统计学发展到推断统计学，既反映了统计学发展的巨大成就，也是统计学发展成熟的重要标志。

11.3　统计学学科分支

随着学科的发展，许多其他学科的研究内容或研究分支大量地利用了统计学相关知识，以至于已经能逐步成为统计学的分支，甚至一门独立的学科。目前这样的统计学分支学科有数十个，它们在各自领域发挥着越来越重要的作用。代表性的有统计学史、宏观经济统计学、文化与体育统计学、社会福利与社会保障统计学、环境统计学、理论统计学、微观经济统计学、卫生统计学、自然资源统计学、国际比较统计学、统计调查分析理论管理统计学、司法统计学、国际统计学、国际标准分类统计学、统计监督理论科学技术统计学、生活质量统计学、国际核算体系与方法论体系国际标准分类统计学、统计预测理论描述统计学、环境与生态统计学、社会统计学、生态平衡统计学、统计逻辑学、经济统计学、统计教育统计学、工程统计学、水文统计学、社会经济统计学、生物统计学、心理统计学、统计物理学、统计语言学、化学统计学、数理统计学、化学统计学、推断统计学、农村经济调查生活质量统计学、商务统计学、档案统计学、生活质量统计学、人口统计学、统计法学等。

如上节所述,统计学学科划分与统计学的学科发展和应用密不可分,是一个非常复杂且有争议的过程。有些统计学分支之间关系非常紧密,而有些相差很大,划分依据也各不相同。因而,无论怎么对它的分支进行梳理都存在一定的不足。下面我们仅就几个当前统计学较热门的分支进行阐述,以便统计学专业的同学对统计学的主要分支的研究对象和研究内容有个初步的认识。

11.3.1　数理统计学

数理统计学是统计学最早最基本的一个偏理论性的研究分支,根据上面的划分,它属于理论统计学。它需运用模型和新技术对通过社会调查收集起来的数据进行统计分析和处理,具有随机性、数量性、总体性等特征。它以传统的概率论理论为基础,对受随机因素影响的不确定性现象进行大量的观测或试验,以有效的方法获取样本、提取信息,进而对随机现象的统计规律(如参数、分布、相关性等)做出推断。数理统计学伴随着概率论理论和计算机技术的发展而强大,其发展大致可分 3 个时期:20 世纪以前、20 世纪中期及 20 世纪中期后直至今天。

18 世纪中末期,数理统计学从政治算术学派的统计中分化出来,经历了描述统计和推断统计阶段,并逐渐形成了参数估计、假设检验、多元统计、大样本统计、非参数统计、统计决策、贝叶斯统计、实验设计、线性模型、序贯分析、质量控制、稳健统计等众多分支。其研究中需要严格的假设和严密的数学逻辑推理,处理的数据量巨大,运行程序或算法相当复杂。19 世纪中期以前已出现了若干重要的工作,如 C. F. 高斯和 A. M. 勒让德关于观测数据误差分析和最小二乘法的研究。

到 19 世纪末期,经过包括 K. 皮尔森在内的一些学者的努力,这门学科初步形成。20 世纪上半叶是数理统计学蓬勃发展并达到成熟的重要时期,出现了很多重要的基本观点和方法,以及数理统计学的主要分支学科。代表性的人物有 K. 皮尔森、R. A. 费希尔和 F. 赫尔梅特等学者,即皮尔森分布及矩法估计、F. 赫尔梅特卡方分布和费希尔的生物统计应用研究。

1946 年 H. 克拉默的《统计学数学方法》可作为数理统计学成熟的标志。随着高速计算机的运用和功能齐全的统计软件包的开发,数理统计学的研究领域不断扩大,新方法和理论层出不穷,如非正态多元分析的投影追踪方法、分类、图像识别、离散数据平滑化、平滑样条、再抽样法、小样本渐近理论、统计计算的图像处理、非随机数据、质量改进等。

11.3.2　社会统计学

社会统计学是将统计分析与社会学研究相结合的学科,并侧重于社会研究的统计应用研究。社会统计学通常关注的是在某个社会研究情况下最适宜采用哪种统计方法,该统计法怎样运算，算出的统计值有什么意义；然后有系统地搜集、整理、分析、呈现社会环境中人类行为的数据资料，显现资料的性质，帮助个人、团体、企业或政府推论未来情况，并做出适当的决策。社会统计学利用的统计手段主要包括三个方面：叙述统计，包括集中趋势测量、离散趋势测量的单变量分析，两个变量分布及 λ、Ty、Gamma、r、E2 等相关测量法；推论统计，包括抽样与统计推论，参数估计以及 χ^2 检定、F 检定、t 检定等假设检定；多变量分析，包括其详析模式、多因分析等。社会统计学的研究对象是人类社会，常以个人为分析单位，研究内容涉及人类的主观意识和主观分析，是一门复杂的人类行为研究学科。

人类的社会统计实践是随着记数和计量活动而产生的。计量不仅是人类生存的一种本能，也是思维进化的一种反映，社会统计发展的历史可追溯到远古的原始社会和奴隶社会，社会统计不仅详细记录重大历史活动成果，而且明显地被国家用作治国和管理的手段。从社会统计的产生和发展过程来看，学者常把统计学划分为 3 个时期：统计学的萌芽期、近代期和现代期。

社会统计萌芽期的时间跨度为 17 世纪中叶至 18 世纪中末叶，主要有国势学派和政治算术学派。国势学派对国家的组织、人口、军队、领土、居民职业、资源和财产等重要事项进行记录，因此它又被称为记述学派，代表人物有 Horman Conring、G. Achenwall 和 Schmeitzel 等。1749 年哥廷根大学政治学教授阿亨瓦尔创造出“Statistik”这个新词，这是他对统计学的重要贡献。另外，他还提出了显著事项事实上是建立统计指标和使统计对象数量化的重要前提，并认为统计学是描述国情国力的重要工具。政治算术学派在研究中则有意识地运用可度量的方法，力求把论证建筑在具体的、有说服力的数据上，依靠数量的观察来解释与说明社会经济生活。它在统计发展史上也有着重要的地位，代表性人物是 Williy Petty。该学派不满足于社会经济现象的数量登记、列表、汇总和记述等传统的统计过程，而是进而要求把这些统计经验加以全面系统地总结，并从中提炼出某些理论原则，内容包括大量观察法、典型调查、定期调查、分类、制表及各种指标等。

社会统计学近代期的时间跨度为 18 世纪末至 19 世纪末。近代的社会统计学派由 K. G. A. Knies、L. E. Engel 和 G. V. Mayr 等人发展并完善，在社会领域和自然领域，统计学被运用的对象不同导致社会统计学的发展呈现出不同的方向和特色，其研究对象主要是社会现象，目的在于明确社会现象内部的联系和相互关系。19 世纪后半叶，社会统计学派已经成为近代各种统计学派中比较独特的一派。它在理论上比政治算术派更加完善，在时间上比数理统计学派提前成熟，对整个世界统计学界影响较大。

社会统计学现代期的时间跨度为 20 世纪初到现在。随着 20 世纪初的概率论、抽样技术和抽样调查的出现，数理统计学发展的主流从描述统计学转向推断统计学。20 世纪 30 年代，费希尔的推断统计学促使数理统计进入现代范畴。从世界范围看，社会统计学的发展有三个明显的趋势：①社会统计学对于数学和概率论的直接依赖已经越来越少；②社会统计学向其他学科领域渗透越来越普遍；③社会统计学所发挥的功效越来增强。

东北财经大学的张迎春对我国社会统计学近三十年有个总结。她认为我国的社会统计研究从 1980 年到至今共经历了三个阶段。1980—1983 年的第一阶段是以“引进”为主。此时统计部门努力建立了第一套《社会统计指标体系》，而学术研究则侧重于“引进”国外经验。1983—1999 年的第二阶段则以完善社会统计指标体系和资料出版为主。此时统计部门开始出版《社会统计资料》，并在社会统计界出现了以袁方、吴寒光、蒋萍、卢淑华等重要学者。1999

年至今的第三阶段则以社会统计指标综合评价为主。在此期间内,统计部门不断修订《中国地区间社会发展水平综合评价方案》,而且学术界的研究内容也逐步细化。

综上所述,社会统计学不仅进行社会经济现象数量方面的研究,也为社会学定量研究提供一种严谨而科学的方法,是一门实质性的社会性学科和综合性学科。社会统计学从设置指标研究社会经济现象的数量开始,随着社会的发展与实践的需要、统计学家对社会研究方法的不断丰富和完善,社会统计学也就随着不断发展和演变,其作用与功能已从描述事物现状、反映事物规律,向进行样本推断、解释社会现象,最后到预测未来变化发展方向、解决社会问题。

11.3.3 广义生物统计学

广义生物统计学研究内容涉及生命科学、临床医学和预防医学等,根据各研究领域的侧重点不同,生命科学实验研究中的统计学内容称为生物统计学,基础医学和临床医学研究中的统计学内容称为医学统计学,预防医学研究中的内容称为卫生统计学。下面简单介绍统计学下的这三个子分支。

1. 生物统计学

生物统计学是生物数学中最早形成的一大分支,也是应用统计学的一个重要分支。它是将统计学原理和方法应用到医学及生物学领域,对生物学中的客观现象及问题进行研究而发展起来的。反过来,生物学中的问题又促使生物统计学方法进一步发展。

生物统计学的内容包括生物试验设计和生物统计分析。生物试验设计是指应用数理统计的原理与方法,制订试验方案,选择生物或医学试验材料,进行合理分组,降低试验误差,获得丰富而可靠的数据资料。生物统计分析是指应用数理统计的原理与方法对生物或医学数据资料进行分析与推断,认识生物或医学中事物的本质和规律性。现代生物统计学已在科学研究和生产实践中得到极为广泛的应用,其基本功能有:①为科学地整理、分析数据提供方法;②判断试验结果的可靠性;③提供试验设计的原则和方法;④为学习其他专业知识奠定基础。总之,生物统计学是一种很有用的工具,是每位生物科学工作者必须掌握的基础知识。

生物统计学的先驱者有 L. A. J. Quetelet, F. Galton, K. Pearson, W. S. Gosset 和 R. A. Fisher 等人。L. A. J. Quetelet 尝试将数理统计学引入到生物学以及人类学领域,F. Galton 的工作巩固了生物测量学和优生学的基础,K. Pearson 进行了回归和相关特别是复相关、泊松型分布数、频率累加法、χ^2 测验等数理统计学的研究,并制成了很多统计数值表。在他们的研究中,数理统计学方法已适用于生物学和农业科学的实验或试验领域,并以整个资料或比试验资料更大的抽象资料为依据的,构建整体和样本的区别和关联,并建立了从少数资料进行正确有效推论的方法。

总之,生物统计学要求从业人员具有较好的数学基础、统计学应用能力,还要熟悉生物学和流行病学,对公共卫生科学有一定的理解。特别是随着生物数据越来越大,更需要借助计算机科学技术和机器学习相关的知识来解决生物统计学中的问题。因而,生物统计学更具专业性和复杂性。

2. 医学统计学

医学统计学是以人体以及与人的健康有关的各种因素为研究对象,运用概率论与数理统计的原理及方法,结合医学实际,进行数字资料的搜集、整理分析与推断。研究内容包括:

(1)医学中的统计研究设计。它要求研究人员从医学统计学的角度考虑使用统计理论和方法，使调查或实验结果能够科学地回答所研究的问题，达到节省人力、物力和时间并取得更多可靠资料的目的。

(2)医学总体指标的估计。对医学研究中实际观测或调查的部分个体运用均数等统计指标对调查或实验结果进行描述，并利用已知样本的信息估计总体中相应的统计指标。

(3)医学假设检验。依据资料性质和所需解决的问题，先建立适当的假设，然后采用适当的检验方法，根据样本是否支持所作的假设，来决定对假设的接受或拒绝。

(4)联系、分类、鉴别与监测等研究。在疾病的防治工作中，探讨各种现象数量间的联系，寻找与某病关系最密切的因素；进行多种检查结果的综合评定、探讨疾病的分型分类，计量诊断，选择治疗方案；对某些疾病进行预测预报、流行病学监督，对药品制造、临床化验工作等进行质量控制，以及医学人口学研究等。

医学统计学是医学科学和统计学的一个组成部分，学习和掌握一定的统计学知识对于医学和生物信息学从业人员十分必要。首先，掌握医学统计学的基本知识有助于正确理解工作中的各种医学现象在统计学中的意义；其次，有利于从业人员在实际工作中掌握收集、整理与分析资料的基本知识与技能，自觉、认真地把登记工作做好，积累有科学价值的资料；最后，有助于从业人员在生物医学科研工作中规范实施、应用统计学知识，结合数据与观点得出正确、科学的结论。

医学统计学在20世纪20年代以后才逐渐形成为一门学科。新中国成立前，我国学者即致力于把统计方法应用到医学中去，但人力有限、范围较窄。新中国成立后，随着医学科研工作的发展，该子分支学科得到迅速普及与提高。特别是通过大量实践，在不少方面积累了自己的经验，丰富了医学统计学的内容。由于电子计算机的作用，更促进了多变量分析等统计方法在医学研究中的应用。

3. 卫生统计学

卫生统计学是应用数理统计学的原理与方法研究居民健康状况以及卫生服务领域中数据的收集、整理和分析的一门科学。研究人员常把医学人口统计、疾病统计、卫生服务统计等归纳到卫生统计学中。

1)人口统计

人口统计学是分析人口统计资料的方法论原则，是人口统计工作和进行人口分析的理论基础。它首先阐明搜集人口统计资料的原理和方法，保证搜集的人口统计资料具有准确性、及时性和完整性。其次，对搜集的人口统计资料进行系统加工和整理，使之系统化、条理化，深化对人口现象的认识。最后，为了深入地理解和把握人口发展规律，研究人口现象之间、人口现象同社会经济现象之间的相互联系与相互制约的关系，分析影响这些关系的因素及数量表现。

人口统计学是一门古老的学科。早在公元前4500—前3800年巴比伦曾举办地籍调查；巴比伦王Sargonl在公元前3800年举行的户口调查。中国早在公元前2200年的夏朝就有了人口数字，到周朝已有完备的户口管理和人口统计制度。但直到近代以前，并没有形成系统的人口统计理论，更谈不上形成完整的人口统计学。人口统计学的形成与完善是从17世纪开始的。英国政治算术派创始人之一J. Grant通过研究伦敦死亡人口，于1662年发表了《关于死亡率的自然的和政治的考察》一书。18世纪，在政治算术派中人口统计派占主导地位，研究的中心课题是人口推算。德国J. P. 聚斯米尔希进一步发展了Grant的人口研究，发现了各种人口数量之间的内在联系。英国的E. Halley根据1687—1691年布勒斯劳市的出生、死亡统计资料编制了有名的哈雷生命表。法国的 Laplace 把概率论应用于人口研究，使人口统计学向前推进了一步。比利时数理学派创始人 L. A. Quételet 将大数定律引入人口统计学，揭示了表面上杂乱无章的带偶然性的人口现象存在着内在的必然性，肯定了在研究人口现象时的大数定律的作用。

最先使用“人口统计学”一词的是法国统计学家 A. Guiard，并认为人口统计学是人类自然的和社会的历史。另一位法国经济学和统计学家 Levasseur 认为人口统计学是借助统计方法、探讨人类生命的各个方面，揭示人口一般过程及其各种规律的科学。进入 20 世纪以来，随着人口统计工作的深入和扩大以及电子计算机的应用，人口统计学扩大了研究领域，广泛采用了数学分析方法和间接估算方法。美国人口学家 A. J. Coale 于 1966 年创立区域模型生命表，对那些缺乏婴儿和儿童死亡率可靠数据的国家或地区提供可供选择的模型。英国医学统计学家 W. Blass 在 1964 年根据存活的母亲人数和存活孩子数间接推算生育率和死亡率。

2)疾病统计

疾病统计是指通过对人群中某种疾病资料的搜集、整理和分析，取得某种疾病在人群中存在、发生的频度和特征的数量指标，用以研究居民健康状况的一种重要方法。通过疾病统计能摸清疾病在人群中发生、流行的规律和对居民健康和劳动能力影响程度，居民的健康水平，以及自然、社会生活、劳动条件对疾病发生及蔓延的影响。疾病统计是开展疾病流行病学研究、病因学研究和社区干预研究的基础和前提条件，为采取疾病预防措施、编制区域卫生规划、制订卫生政策、评价疾病防治措施和卫生政策实施的效果等提供依据。疾病统计既可以经常性登记，也可根据需要调整登记间隔，可以按“病例”或“病人”为单位进行统计分析。疾病统计的目的在于认识某种疾病发生、流行的规律及其对居民健康和劳动能力的影响。疾病统计资料的来源包括：疾病报告和登记、医疗卫生工作记录、职工因病伤缺勤登记、健康检查、专题调查、死亡登记等。

3)卫生服务统计

卫生服务统计指对卫生资源、卫生服务需求与利用、卫生服务费用及效果等进行分析和研究。调查统计社会卫生资源、居民的卫生服务需求与利用，卫生服务的数量、质量、效率与效益，不仅是卫生经济研究的重要内容，也是卫生事业科学管理的基础工作。中国卫生统计学的主要特征有三个，分别是：①以群体(地区、团体、社区)为单位，将个体数据表示为统计指标，将数据进行汇总处理；②对群体健康数据的分析、解释、收集、表达等对群体影响因素与群体健康的阐述；③数据指标的定量化与数据采集的定量化。卫生资源统计包括卫生机构、卫生人员、医院设备及卫生经费等方面的统计。卫生服务的数量与质量统计则涉及医疗服务需要的数量、服务量及利用程度、服务质量分析等。卫生服务的费用效果及效益分析也是卫生服务研究的重要内容，它包括经济效益和社会效益两方面。卫生服务统计不仅要统计上述各个指标的水平及变动，还要分城乡、卫生机构的级别及类别，分别对不同服务对象(性别、年龄、职业等)进行统计分析，以便了解影响卫生服务的因素，为卫生改革、提高卫生服务效率、效果及效益提供科学依据。

11.3.4 社会经济统计学

社会经济统计学是研究社会经济统计活动的规律和方法的一门社会学科。它密切联系事物质的方面，调查研究社会经济现象的数量方面，并用数字语言尽可能精确地表述出来。它具有信息、服务和监督三大职能，学科特点归纳起来有四个方面：数量性、综合性、具体性和社会性。数量性是指包括社会经济现象的数量多少，现象之间的数量关系，质量互变的数量界限；综合性强调的是它对社会经济现象总体的数量方面的认识；具体性指具体研究对象的数量方面；社会性表现在社会经济现象是人类社会活动的条件、过程和结果，是人类有意识的社会活动，都和人们的利益有关，而且社会经济统计的认识主体也有社会性。总之，社会经济统计学是以社会再生产理论为依据，研究国民经济的生产、分配、流通、使用各环节的经济运行和社会发展情况的科学，研究结果可为国家掌握国民经济和社会发展情况、对国民经济和社会运行实施有效管理提供咨询服务。

社会经济统计学的萌芽期可以追溯到原始社会末期和奴隶社会，特别是在国家产生以后。当时统治阶级为了征兵、劳役和税收，需要了解人口、土地、粮食和牧畜等数量，都涉及统计。在封建社会中，社会经济统计已略具规模，但总的说来发展缓慢。至资本主义上升时期，随着经济文化的发展和生产逐步社会化，社会经济统计逐渐扩大到工业、农业、商业等各个方面。在这种统计活动发展到一定阶段时，人们开始总结统计实践的经验，逐渐形成了比较系统的统计理论知识，产生了成体系的社会经济统计学。马克思和恩格斯是社会主义社会经济统计理论的奠基人，要求社会经济统计学作为了解各国工人阶级状况、揭露资本主义制度的本质、制定国际工人运动战略策略的依据。

狭义的社会经济统计(也叫经济统计学)是以国民经济现象为研究范围，从宏观角度反映国民经济运行中的各种数量关系和数量规律。它包含3个方面的含义：经济统计学、经济统计工作、经济统计资料。经济统计学是关于搜集、整理和分析研究国民经济现象数量方面的统计方法论；经济统计工作是搜集、整理和分析国民经济数量资料的工作过程；经济统计资料是经过搜集、整理和计算分析以后所得的反映国民经济现象数量方面的各种统计数据。

经济统计学的主要内容和任务则更偏向于研究具体的经济活动和规律。经济统计学的主要内容包括：①人口、劳动力统计；②自然资源和国民财产统计；③社会产品生产统计；④社会产品流通统计；⑤社会产品分配和使用统计；⑥人民生活统计；⑦国民经济效益统计分析。经济统计学的主要任务是：①建立和完善反映国民经济活动的指标体系；②研究国民经济统计的调查和整理方法，搜集、整理有关国民经济现象及其发展过程的统计资料；③加强国民经济核算，做好国民经济统计分析，为宏观经济管理和宏观经济理论研究提供依据。

然而，社会经济统计学是一门多科性的学科，有时又把社会经济统计学原理、经济统计学、社会统计学、部门统计学及统计史等纳入到其体系中。另外，社会经济统计学还与哲学、政治经济学和数学的关系最为密切，要理解它们之间的关系还需要从其研究内容、研究对象、研究理论及方法、应用领域等分开梳理。

11.3.5 教育统计学

教育统计学是运用数理统计的原理与方法研究教育问题的一门应用学科。其主要任务是研究如何搜集、整理、分析由教育调查和教育实验等途径所获得的数字资料，并在此基础上进行科学推断，从而揭示蕴涵在教育现象中的客观规律。

20世纪初，现代统计学时期很多从事心理与教育研究的人在他们的研究中应用了统计方法，代表性的人物有桑代克、瑟斯顿、卡特尔等人。1904年，桑代克出版第一本有关教育与心理统计学专著《心理与社会测量导论》，书中极力提倡以心理学与统计学为工具来研究教育学，使教育科学化。进入 20 世纪 40 年代以后，应用数理统计方法研究教育与心理问题得到了较为普遍的推广。主要代表作有：E. F. Lindquist 著的《教育研究中的统计分析》、W. J. Popham 和 K. A. Sirotinik 合著的《教育统计学——应用与说明》，J. P. Guilford 和 Benjamin Fruchter 合著的《心理与教育中的统计学》等，在 20 世纪 40 年代至 70 年代间，西方教育与心理统计学发展十分迅速。进入 70 年代以后，研究人员不但充实了描述统计学、推断统计学的内容和方法，而且还发展了多元统计分析在教育与心理研究和试验中的应用，从而使教育与心理统计学的应用范围更为广泛，内容更为丰富。

我国教育统计学是在 20 世纪初西方统计理论传入我国后，随着我国统计学的发展而逐步发展起来的。20 世纪 20 年代到 40 年代，我国教育与心理统计学的发展得到了一定程度的普及和应用。当时在大学教育系和中等师范学校把教育与心理统计学作为必修课程，也有不少学者从事这门课程的讲授并撰写专著、教材。如薛鸿志的《教育统计法》(1925 年)、周调阳的《教育统计学》(1925 年)、朱君毅的《教育统计学》(1930 年)等。进入 40 年代以后，教育与心理统计学逐步发展为以推断统计为主要内容的阶段，代表性著作有沈有乾著的《教育统计学讲话》(1946 年)和其次年所著的《试验设计与统计方法》等。

20 世纪 70 年代末至今，我国统计学的发展出现了百花齐放、百家争鸣的新局面。1978 年四川峨眉会议召开以后，我国统计学界掀起了关于统计学是一门还是两门的学术讨论。自 1992 年国家技术监督局发布《中华人民共和国国家标准学科分类与代码》，将统计学与数学、哲学、经济学等一起列为一级学科，构建大统计的讨论也因此应运而生。国内有影响的著作和教材有叶佩华主编的《教育统计学》(1983 年)、张厚粲主编的《心理与教育统计学》(1982 年)等。

总之，教育统计学作为教育科学的一门分支学科，它为教育研究提供了一种科学方法，是教育科学研究定量分析的重要工具。在研究实践上，它不仅有助于教育管理工作者提高管理水平，同时也有助于教育理论研究者查阅有关教育研究的文献，更有助于一线教师深入了解学生情况，分析教学效果，从而提高自己的科研能力。

11.3.6 其他统计学科

如前面所述，统计学的划分方法很多，各学科之间密不可分，很难一一割裂开阐述，下面再简单概述一下几个统计学的研究分支，以增加同学们对统计学科的全面理解。

(1)科学技术统计学以科学技术与经济、社会发展有数量关系的问题为研究对象，通过统计指标体系来分析、研究科学技术经济数量关系，探讨科学技术对经济、社会的影响以及推广新技术、新工艺、新产品所取得的经济效果问题。具体的研究内容主要有以下几个方面：①科学技术统计指标体系的层次和结构；②科学技术统计分析的评价方法；③科学技术统计基础指标的范围和内容。然而，对于科学技术统计和评价还没有统一规定，有待深入研究。对于科学技术基本情况的统计常涉及科学技术研究项目的统计、科学技术经费的统计、科学技术成果的统计、科学技术事业发展状况的统计、科技干部的统计、科学技术经济效果的统计，等等。科学技术统计学在实践中发挥着统计的职能和作用，及时、准确、系统地搜集有关科学技术与经济增长关系的数字资料，结合抽样调查、典型调查资料，反映科学技术发展水平、规模、成果和存在的问题，从经济数量角度监督科技政策的执行情况，为相关部门制定科技政策和计划提供理论依据。

(2)司法统计学是一门研究、整理和分析人民法院统计资料、统计工作的方法论科学,是社会统计中的一个重要组成部分,是正确认识司法工作和实现科学司法统计,也是从数量方面描述、分析法治系统和概括实践活动的理论知识体系的总称。就其含义来说,它包括司法统计工作、司法统计资料、司法统计学。它既是源于司法统计工作,又用理论和方法指导统计工作,推动司法统计工作不断提高和发展。司法统计工作是指按照统计设计的要求,对法院的各项工作,主要是法院的审判活动所产生和形成的各种数据,以及与之相联系的其他社会现象的数量方面,进行记录、搜集、整理、分析、提供、保存等活动过程的总称。常用的统计方法有观察法、指标法、分组法、调查法和归纳演绎法。实践中,司法统计工作有利于提高审判工作的管理水平,有利于充分、客观、全面地反映人民法院的审判职能作用和已取得的成果,能更好地为各级领导进行科学决策提供借鉴。

(3)广义的环境统计是研究由于人类活动结果引起的自然环境和人工环境的大量数量现象,反映自然生态、自然资源、环境污染、环境保护状况等方面的统计。狭义的环境统计是指围绕污染物排放开展的,反映污染源排放情况的统计。概括来说,环境统计学是指运用数理统计理论方法进行环境保护实践和环境科学研究,它将用定量数字描述一个国家或地区的自然环境、自然资源、环境变化和环境变化对人类影响等。研究的数据包括:①环境污染物的控制基准;②污染物控制目标;③常规环境监测。环境统计学的研究成果能反映环境质量和污染现状,为环境统计服务,方便进行环境统计预测和监督,因而具有描述、评价、预测、决策与控制等职能和意义。

(4)劳动与社会保障统计学主要研究劳动与社会保障现象的数量表现与数量关系,揭示客观现象的现状、发展态势及其规律。它是一门方法论科学,反映的是劳动者全部劳动生涯和劳动管理、社会保障的全过程,与劳动和社会保障理论等学科有着紧密的关系,组成劳动与社会保障大科学体系的重要内容。统计涉及的内容包括:劳动力资源统计、劳动管理情况统计、劳动收入与报酬统计、社会保障统计及其他与劳动相关的统计。其任务主要有三点:①系统地搜集、整理和提供大量的以数量描述为基本特征的劳动和社会保障信息;②根据掌握的丰富的统计信息资源,经过统计分析,为科学决策和管理提供咨询意见和对策建议;③根据统计调查和统计分析,对劳动和社会保障事业的运行状况和各项政策的执行情况实行全面、系统的定量检查、监测和预警,揭示决策和执行中的偏差,以促使劳动和社会保障事业按照客观规律的要求持续、协调、稳定的发展。实践中,劳动与社会保障统计学可以为各级党和政府制定劳动和社会保障政策提供依据,可以为监督与检查劳动和社会保障政策执行情况提供依据;还能为劳动者自身定位与求职、企业科学化管理等提供依据。

11.4 统计前沿问题举例

现代人的生活水平的提高和科学的发展都离不开统计学,它在一个国家中的应用程度甚至标志着这个国家的科学水平。下面举几个现代统计学方法在科研及实践生活中的应用,同学们可以从中体会统计学的科学及现实价值。

11.4.1 数理统计在中药现代研究中的应用

我国有几千年的中药使用历史,已形成完整的中药理论体系。然而先进的统计技术极大地方便了中药研究，能更多、更快、更好、更省成本地完成新药研究。南云生举例说，在优选条件的过程中，如果试验设计得好，即使实验次数不多，也可得到满意的结果，从而事半功倍。例如，延胡索是中医临床常用的一味止痛药，具有活血、行气、止痛的作用。通过选择“用醋量”“闷润时间”“拌醋和炒的次序和次数”为因素，进行了三因素、九水平正交试验，筛选出醋制延胡索的最佳工艺。该工艺可提高效率，便于生产，又可减少对操作工人的刺激。

总之，数理统计方法在中药研究中的应用已经被研究人员所重视，结合中医药理论，用统计学的方法进行实验设计，得出数据和可靠科学的结果，能发展中医药遗产并造福人类。

11.4.2　数理统计在林业上的应用

随着社会经济的迅速发展，农业市场也随之发达起来，在其发展过程中数理统计是不可缺少的一个环节。根据河北塞罕坝机械林场郭丽的总结，数理统计在林业上至少有以下三个方面的重要应用。

首先，可以通过数理统计进行林业相关的推断。数理统计可以通过调查树木的成活率来确定最佳的种植日期和天气；还可以通过调查一片地种植物所需肥料多少来确定林业的成本和利润。另外，遇到棘手天气，很多作物会遭受虫害甚至是涝灾旱灾，这时可以通过对树木进行抽样调查的方法来确定树木遇虫害的程度大小。

其次，可以通过数理统计来进行林业实验统计。在投入一个物种时要进行预实验，如果想知道某肥料对植物的影响，就不能大批量投放配料给所有植物。此时就需要不断地进行试验统计，并就得出的数据进行数理统计，供以后使用或者借鉴。像病虫害的影响、种子的质量等问题都可以通过数理统计来进行实验统计，以确保林业的稳步发展。

最后，可以用数理统计进行林业相关问题的比较分析。比如，针对研究树木的成活率与生态环境的关系问题，研究人员先要对树木的品种进行查证和分类处理，调查树木的周遭环境并做好统计与分类，然后要同时、准时、准确地测量植物的生长状况，并对植物的生活规律进行统计，最后将所有收集的有效信息进行总结和集中，进行数据分析。在林业中应用数理统计时，工作人员若不能准确无误地进行调查和统计，则得到的数据和分析的结果不可靠，不能作为决策的依据，影响数理统计在林业生产中的运用。

11.4.3　经济统计学的研究举例

经济统计学作为一个交叉学科，对中国经济的不断发展有着深远的意义。当前国内外经济形势复杂，经济危机的风险仍在，金融风险加大，各领域、行业经济竞争压力加大。在此压力下，经济统计学理论的发展必须与时俱进，具有时代先进性，保持前沿性。我国经济处于转型期，经济发展迫切需要企业的转型升级，这就需要立足实际、实事求是地对经济统计学进行理论创新，促进我国经济社会的更好更快发展。然而，中国社会统计学范畴的有些方面还较为薄弱，尚需大力改进，追踪国际研究前沿是学术界的重任。根据东北财经大学张迎春的观点，社会统计学至少有以下三个方面的研究需要加强。

首先，关于非市场服务统计的研究。非市场服务指国家行政单位和非企业化管理的事业单位向社会提供的公共服务。从事非市场服务的机构一般有教育、卫生、行政管理、国防等部门。随着社会经济的发展，非市场服务在国民经济中起着越来越大的作用，其核算方法的准确性与科学性日渐重要。目前国内对非市场服务研究较为系统，与国际前沿接轨的研究成果为蒋萍的专著《非市场服务产出核算》,其值得借鉴的是:以投入代替产出的方法是对错误概念的核算,从产出角度核算产出是国民核算需要解决的根本问题。

其次,劳动力统计的研究。中国劳动力统计的内容主要涉及劳动力总量、结构与变动分析,说明了测度就业与失业的传统指标与方法。与劳动力统计相关的前沿性内容主要分为三个部分:非正规就业统计、国际劳工组织最新劳动力市场指标体系、国际标准职业分类。目前,国际劳工组织新劳动力市场指标体系的全部修订工作尚未全部完成。劳动力统计作为社会统计的重要组成部分,研究其国际前沿动态至关重要,对于中国政府部门的劳动力统计调查方法、劳动力市场的宏观把握、各职业劳动者权益保护等意义重大。

最后,贫困统计的研究。贫困是全世界共同关注的课题,是世界千年发展目标的最重要内容之一,是目前联合国统计委员会重点研究问题之一。贫困统计的前沿性问题包括三个方面:动态贫困测度、贫困脆弱性研究、贫困购买力评价研究。其中慢性贫困是指"5 年后仍处于贫困状态的贫困人口",相对于暂时贫困的显著区别是贫困持续时间较长。慢性贫困研究注重分段研究方法,探索社会个体从一种生活状态(如贫困状态)向另一种生活状态(如非贫困状态)转变的规律。另外,贫困脆弱性研究是贫困研究的另一个全新而重要的领域,测度过程中,如何根据可观察的当期或以往历史时期特征来预测未来贫困是最为困难的问题。目前,世界银行提出了从支出角度测量贫困的思路,国际上正在讨论测量全球或地区贫困的一种新工具——贫困购买力评价,但目前为止还没有形成定论。至于该方法是否实用,仍需要更深入的研究。

除了上述领域外,社会统计学其他方面也都存在不同程度的更新,研究对象和内容也要与时俱进。邱东教授还发问:现代经济统计学的研究重心到底是经济增长还是社会福利?问题源自 SNA 的产生和发展没有终结经济统计学的发展,究竟是以经济增长还是社会福利作为测度与核算的重心?又如何实现测度与核算目标?他还提出现代经济学存在两个基本倾向:研究内容跨学科扩展和研究方法硬化,以提醒现代经济学的研究走出困境。

11.4.4　生物信息学中的统计分析

20 世纪 80 年代启动的人类基因组计划使得基因组学测序数据迅猛增加,生物信息学这门新的交叉学科也得到迅速发展。它对于生物学科研工作者如何充分利用这些基因数据,并通过合理分析和处理,揭示其内涵带来强大的挑战。

如前面所述,医学统计是生物统计的重要组成部分,它的研究内容主要包括统计设计、统计分析和其他复杂分析方法。其中,统计设计包括对资料收集、整理和分析全过程的设想和安排;统计分析主要包括统计描述和统计推断两个部分;其他复杂分析方法包括医学统计在概率分布研究、分布偏差的有效性推定、统计预测理论与模型研究、生存时间与生存质量的研究、计算机辅助诊断与治疗模型的研究等方面。就具体统计学在生物信息学方面的研究内容来说,目前生物信息学中常见的问题有序列相似性分析、基因差异表达分析、生物序列的结构与模式识别分析等。

在序列相似性研究方面,由于待研究的碱基序列或由此翻译得到的氨基酸序列,往往需要在数据库搜索到具有一定相似性的同源序列,以推测该未知序列可能属于哪个基因家族、具有哪些生物学功能。序列比较结果一般要经过统计学检验才能判断是否具有显著意义。故常用 Monte Carlo 仿真法将序列中的符号随机改变后在同样条件下计算配准得分,并用重复约若干次后的样本配准得分的均值和标准差来判断一对序列配准得分值的统计显著性，得出序列相似大小的得分或者相关评估结论。第二种方法是1981年Smith和Waterman提出的一种用来寻找并比较具有局部相似性区域的动态规划算法。该算法先用迭代方法计算出两个序列的所有可能相似性比较的分值，然后通过动态规划的方法回溯寻找最优相似性比较。它在识别局部相似性时，具有很高的灵敏度，一直是局部序列比对算法的基础，也是后来很多算法开发和改进的基础。第三种是Pearson和Lipman在1988年提出的FASTA算法。其理论假设基础是"一个能揭示出真实序列关系的比对至少包含一个两个序列都拥有的字(片段)，把查询序列中的所有字编成Hash表，然后在数据库搜索时查询这个Hash表，以检索出可能的匹配，这样那些命中的字就能很快地被鉴定出来"。应用最广泛的还是Altschul等人在1990年提出BLAST算法，它采用了一种短片段匹配算法和一种有效的统计模型来找出目的序列和数据库之间的最佳局部比对效果。

基因工程中的差异基因表达检测及检测方法的研究是功能基因组学的重要研究内容。通过分析基因表达谱数据，比较相同基因在不同环境条件、不同组织中的不同表达强度，发现那些有可能同疾病诊断相关的基因，对于临床医疗和理论制药都有极其重要的意义。然而，微阵列实验的费用昂贵，而且用来满足实验数据分析要求的足够多的微阵列实验不可能全部都做，因此运用统计方法分析基因表达谱数据就非常有价值。差异基因表达检测统计方法的目的是识别由于实验环境变化引起的表达水平改变的基因。传统差异基因表达检测的方法都基于癌症组所有样本基因表达强度一致地为过高或过低表达这样一个假定，如T统计方法、ANOVA方差分析方法(即变异数分析或F检验)、SAM方法和基于两分步计划的差异基因表达检测。为克服传统方法的过表达、错误率高等不足，人们也提出了一些新的检测方法，如PACK、PADGE、PPRM、OPA、LRS等方法。它们都有力地促进了人们对差异基因表达检测在癌症组样本子集过表达研究。

在核酸序列的结构和功能预测方面，研究人员期望在核酸序列中寻找基因的位置或功能位点，以及标记已知的序列模式等，常需要多个方法综合运用，且遵循一定的生物信息学规则。研究内容一般包括：重复序列分析、数据库搜索、编码区统计特性分析、启动子分析、内含子/外显子剪接位点、翻译起始位点、翻译终止信号、其他综合基因预测工具、tRNA基因识别等。

在蛋白质的结构和功能预测方面，基于传统的生物学认为蛋白质的序列决定了其三维结构，也就决定了它的功能。由于用X光晶体衍射和NMR核磁共振技术测定蛋白质的三维结构，以及用生化方法研究蛋白质的功能效率不高，无法适应蛋白质序列数量飞速增长的需要，因此近几十年来许多科学家致力于研究用理论计算的方法预测蛋白质的三维结构和功能，经过多年努力取得了一定的成果。研究内容一般包括：从氨基酸组成辨识蛋白质、预测蛋白质的物理性质、蛋白质二级结构预测、其他特殊局部结构[如跨膜螺旋、信号肽、卷曲螺旋(Coiled Coils)等]、蛋白质的三维结构和分子进化等。

思考与练习

1. 结合近五十年来统计学思想的分类学说，根据自己的理解和认识对统计学的主要内容进行梳理和归纳。

2. 对比中外统计学科的划分,收集相关资料,阐述我们国家划分的合理性。

3. 根据我国统计学学科的分支,设想一下你以后将从事与哪个分支有关的工作,说说你的理由和依据,并谈谈今后的打算。

4. 就你感兴趣的统计学分支,下载几篇近五年的学术论文,了解其工作思路和结论。

附录 A　统计学类教学质量国家标准

1　概述

统计学是研究如何测度、收集、整理和分析反映客观现象有关信息的数据，以帮助人们正确认识客观世界数量规律的方法论科学。

现代统计学可以分为两大类：一类是以抽象的数量为研究对象，研究一般的收集数据、整理数据和分析数据方法的理论统计学。另一类是以各个不同领域的具体数量为研究对象的应用统计学。理论统计学把研究对象一般化、抽象化，以数学中的概率论和其他相关的数学方法为基础，从纯理论的角度，对统计方法加以推导论证。应用统计学则与各不同领域的实质性学科有着非常密切的联系，是有具体对象的方法论。所谓“应用”，既包括一般统计方法的应用，也包括各自领域实质性科学理论的应用。应用统计学从所研究的领域或专门问题出发，根据研究对象的性质采用适当的指标体系和统计方法，以解决所需研究的问题。

在统计科学发展的道路上，理论统计学和应用统计学总是互相促进、共同提高。理论统计学的研究为应用统计学的数量分析提供方法论基础，大大提高了统计分析的认识能力，而应用统计学在对统计方法的实际应用中，又常常会对理论统计学提出新的问题，进一步开拓了理论统计学的研究领域。

近年来，随着科学技术的进步，数据已经演变成包括数字、影像、声音、文本等在内的各种信息的载体。电子科技尤其是互联网的发展，不仅为数据的收集与储存提供了新的途径和保障，而且为数据的处理、可视化和分析提供了强有力的工具。所有这些都表明人类已经迎来了大数据时代，统计学进入了最佳的发展时期。“统计学是 21 世纪最有发展前途的学科之一”已经成为人们的共识。统计学的作用与功能正从描述事物现状、反映内在数量规律，向进行统计推断、预测未来变化的方向拓展。统计学自身也已演变成横跨社会科学领域和自然科学领域的多科性的方法论科学。

现代统计学渗透到理、工、农、医、经济管理与人文社会科学等领域，并由此产生了许多新的交叉学科。统计学对其他学科的发展起到了重要的推动作用。反过来，其他学科的发展也促进了统计学的方法创新与理论发展。

作为认识客观世界数量规律的有力工具，统计在社会经济管理、生产经营活动、科学研究和技术开发等方面都得到了非常广泛的应用。近年来，随着我国经济和社会的发展，全社会对统计人才的需求量越来越大。

普及和发展统计学知识，培养更多的高水平的统计人才是统计学教育的主要任务。为了更好地完成这一任务，按照《国家中长期教育改革和发展规划纲要（2010—2020 年）》和教育部《关于全面提高高等教育质量的若干意见》等文件要求，教育部统计学类专业教学指导委员会受教育部委托，制定本标准。

本标准可作为新设置统计学类本科专业、指导统计学类专业建设以及进行教学质量评估的基本标准。

本标准是全国统计学类专业教学质量的基本标准，各高校可根据自身定位和办学特色，对本标准中的条目做进一步细化规定，但不得低于本标准的相关基本要求。

2　适用专业范围

2.1　专业类代码

统计学类(0712)

2.2　本标准适用的专业

统计学(071201)

应用统计学(071202)

3　培养目标

3.1　专业类培养目标

统计学类专业的培养总目标是培养德才兼备的高素质统计人才。根据专业的不同，其人才培养的具体目标略有差别。

统计学专业着重培养学生掌握一般的统计理论、方法及收集数据与分析数据的能力。其培养目标是：培养具有较为扎实的数学基础，掌握统计学的基本思想、基本理论与方法以及相关的计算机技术，同时有一定的专门领域知识，能够适应不同领域统计基础理论研究和应用的人才。

应用统计学专业着重培养学生掌握在某一特定领域从事统计工作的知识和能力。其培养目标是：培养掌握该特定领域相关学科的基础知识和统计学的基本思想、基本方法以及相关的计算机技术，能够较好地将该特定领域的专业知识和统计方法结合在一起进行研究并加以应用的人才。

3.2　对学校制定专业培养目标的要求

为了保证人才培养的基本规格与质量，各高校应根据上述培养目标和自身的办学定位，结合各自的专业基础，在对区域和行业特点以及统计人才未来发展需求进行充分调研与分析的基础上，进一步细化本校所开设的统计学类专业的具体人才培养目标。各高校专业人才培养目标应明确反映毕业生的主要就业领域及其未来事业的发展前景。

培养目标在一定时期内应保持相对稳定。根据本专业的培养目标，各高校还应提出具体的培养要求与培养方案，并建立必要的定期评价制度。根据评估情况以及社会反馈信息，定期对培养目标进行修订，确保培养目标的准确性和有效性。

培养目标与培养方案的制定应参考和借鉴国内外先进学校的经验，并有统计实务部门或有关行业的专家参与。

4　培养规格

4.1　学制

学制为 4 年。实行学分制的学校可实行弹性学制，一般为 4 年。

4.2　授予学位

理学学士。

4.3 参考总学分

总学分一般在 150 学分左右。各高校可根据具体情况做适当调整，但应控制在 140～180 学分。

4.4 人才培养基本要求

4.4.1 德育方面

(1)具有良好的政治思想素质、道德品质、法制意识、诚信意识和团队合作精神。

(2)具有良好的心理素质和积极的人生观。

(3)养成健全的职业人格以及对统计的热爱态度。

4.4.2 业务方面

1)本专业类人才培养的基本要求

具有较扎实的统计学理论基础和较好的外语水平。

掌握统计学的基本思想和收集数据的方法，并能够根据数据的特点选用恰当的统计方法进行分析、推断和预测。

掌握计算机的基础知识，能熟练应用统计软件并具备一定的编程能力，能正确利用统计思想和方法分析判断统计软件的计算结果。

具有理论联系实际的能力和一定的创新能力，具备自主学习、知识更新和自我发展的能力。

掌握中外文资料查询、文献检索及运用现代信息技术获取相关信息的基本方法，具有初步的科学研究和实际应用能力。

2)不同专业人才培养的具体要求

除上述共同要求外，统计学专业对数学基础以及统计学软件开发与应用能力的要求应有所加强。应用统计学专业对利用统计方法解决特定领域问题能力的要求应有所加强。

各高校还应根据自身定位、学科优势和人才培养的具体目标，进一步强化或者增加某些方面的知识、能力和素质要求，形成各自的人才培养特色。

4.4.3 体育方面

掌握体育运动的一般知识和基本方法，形成良好的体育锻炼和卫生习惯，达到国家规定的大学生体育锻炼合格标准。

4.5 知识体系与课程体系

4.5.1 构建知识体系与课程体系的基本原则

1)规范性原则

各高校应对统计学类专业本科毕业生应具备的知识体系以及为此需要开设的课程体系和教学内容提出一定的基本要求，从而保证所培养的统计人才的基本规格和质量。统一规范主要针对各专业的核心课程体系及其应涵盖的主要知识点，其要求属于基本要求。实际执行中，各高校可根据自己的情况适当提高，以充分体现各自的特色与办学自主权。

2)多样性原则

现代统计学既包括以抽象的数量作为研究对象的理论统计学，也包括以各个不同领域的具体数量作为研究对象的应用统计学。理论统计学的学习和研究需要比较坚实的数学功底。应用统计学的学习和研究不仅需要掌握一般的统计学理论与方法，同时还必须具备比较系统的相关应用领域的学科背景知识。

经济发展和社会进步需要不同类型的统计学人才，各高校应依据自已的办学定位、学科优势和特色，以现代社会对统计人才的需求为导向，积极探索建立多样化的统计学人才培养模式以及与之相适应的知识体系和课程体系。

3)动态性原则

随着经济与社会的发展，统计学也在不断的进步。因此，有必要随着时代的发展，对原有的知识体系与课程体系进行必要的修订，不断补充和引进新的内容，淘汰已经过时的内容，从而保持知识体系与课程体系的先进性和适用性。

4.5.2 不同专业的知识体系与课程体系

所谓知识体系，是指本专业类的本科生必须掌握的各种知识的总和。统计学类专业的知识体系由通识类知识、学科基础知识和专业知识构成。通识类知识是高等学校本科生应掌握的知识；学科基础知识是开始学习本学科的专业知识之前应当掌握的基础知识；专业知识则是统计学类专业所特有的知识，根据其特点，又可进一步分为必须普遍掌握的专业核心知识与可选择的有关领域的专业知识。

专业人才知识体系的要求，通常需要通过课程体系来实现。一般来讲，公共基础课程和其他选修课程对应通识类知识，学科基础课程对应学科基础知识，专业必修课程对应专业核心知识，专业选修课程对应有关领域的专业知识。

不同类型的统计人才培养目标不同，其知识体系与课程体系也应有所区别。附录 B 和附录 C 分别给出了关于统计学专业和应用统计学专业知识体系与课程体系的建议。其中的学科基础课程与专业必修课程可视为各专业的核心课程，原则上都应当开设。各高校可根据本校统计学类专业的具体定位，参照附录 B 和附录 C 做适当调整，以制定适合本校的专业课程体系。

5 师资队伍

5.1 师资队伍数量和结构要求

专任教师数量和结构应满足本专业类教学需要，生师比不高于 24∶1。(专业生师比指担任本专业教学的专业教师与本专业在校学生人数之比。其中，专业教师不包括承担公共课的教师，研究生应按一定比例折算成本科生，博士生折算系数为 2，硕士生折算系数为 1.5。)

新开办专业按每年招收 40 名学生计算，至少应配备 8 名专任教师。在此基础上，每增加 24 名在校学生，至少须增加 1 名专任教师。

专任教师中具有硕士、博士学位的比例不低于 60%。

专任教师中具有高级职称的比例不低于 30%。

5.2 教师背景和水平要求

教师应具备高尚的师德和职业操守，具有扎实的专业基础知识和一定的国际视野，了解学科前沿及发展趋势；具有较强的教学、科研与知识更新能力，并能将科研成果和更新的知识转化为教学内容。同时，主动承担教学任务，积极参与教学研究、教学改革和教学建设。统计学类专业的专任教师应具备 5 年以上统计学或相关应用领域学科的学习或科研经历，能够讲授(或参与辅导)2 门以上统计学类专业的课程。

5.3 教师发展环境

各高校应拥有良好的学科基础与学术平台，能够为教师提供良好的工作环境和生活条件。

有合理可行的师资队伍建设规划与教师继续学习制度，能够为人才引进、教师的进修、科学研究和学术交流提供必要的支持。

6 教学条件

6.1 教学设施要求

（1）教室、实验室及设备（计算机）应在数量和功能上满足教学需要，总台数不少于本专业的年平均招收人数。有良好的管理、维护和更新机制，便于学生和教师使用。

（2）教学实验室设备应完备、充足、性能优良，计算机与统计学软件的配置满足各类课程教学实验的需求。

（3）保证学生以课内外学习为目的的上机、上网、实验需求。

（4）实验技术人员应数量充足，能够熟练地管理、配置、维护实验设备，保证实验环境的有效利用，有效指导学生进行实验。

（5）有满足教学需要、相对稳定的实习基地。应根据学科特色和学生的就业去向，与科研院所、学校、行业企业加强合作，建立具有特色的实践基地，满足相关专业人才培养的需要。

6.2 信息资源要求

（1）应通过手册或者网站等形式，提供本专业的培养方案，各课程的教学大纲、教学要求、考核要求，毕业审核要求等基本教学信息。

（2）应配备各种高水平的、充足的教材、参考书和工具书，以及各种专业图书资料，师生能够方便地利用，阅读环境良好，且能方便地通过网络获取学习资料以及国内外常用的数据库信息。

6.3 教学经费要求

教学经费投入能较好地满足人才培养需要，专业生人均年教学日常运行支出不低于当年所缴学费的1/5或1/8。（公办学校不低于学费的1/5，民办学校和独立学院不低于学费的1/8。）

教学经费的使用应向教学一线倾斜，不得用于其他用途。

新建专业除固定资产投资外，还应保证一定数额的专业开办经费，特别是要有实验室建设经费。

7 质量保障体系

7.1 教学过程质量监控机制要求

各高校应对主要教学环节（包括理论课程、实验课程等）建立质量监控机制，使主要教学环节的实施过程处于有效监控状态；各主要教学环节应有明确的质量要求；应建立对课程体系设置和主要教学环节教学质量的定期评价机制，评价时应重视学生与校内外专家的意见。

教学过程质量监控结果应作为教学工作考核、年终考核、教学奖励以及评优、职称评定、岗位聘任的重要依据。

7.2 毕业生跟踪反馈机制要求

各高校应建立毕业生跟踪反馈机制，及时掌握毕业生就业去向和就业质量、毕业生职业满意度和工作成就感、用人单位对毕业生的满意度等；应采用科学的方法对毕业生跟踪反馈信息进行统计分析，并形成分析报告，作为质量改进的主要依据。

7.3 专业的持续改进机制要求

各高校应着眼社会需求，紧跟统计学学术前沿发展，结合本专业现状，不断改进本专业的教学体系和内容，建立持续改进机制，针对教学质量存在的问题和薄弱环节，采取有效的纠正与预防措施，持续改进，不断提升教学质量。

附录B　统计学专业知识体系与课程体系

1　知识体系与课程体系的主要内容

为了便于考核与评价，对于统计学专业人才知识体系的要求，一般应通过课程体系来实现。各门课程应包括的主要内容构成了本专业人才必须掌握的基本知识点。

1.1　公共基础课程

公共基础课程包括外语、体育、计算机基础以及政治与思想品德课等课程，需要开设的课程门数和教学内容按教育部的统一要求执行。

1.2　学科基础课程

统计学专业的学科基础课程为：数学分析、高等代数、实变函数、数学建模、概率论。其教学内容符合教育部高等学校数学类专业教学指导委员会的要求。上述学科基础课程是各高校均应开设的必修课程。

除上述课程外，各高校还可根据自身特色，另行开设 1～2 门课程作为学科基础课程。

1.3　专业必修课程

一门专业必修课程的学分一般为 3 学分。统计学专业必修课程及其主要内容如下：

(1)数理统计(建议 3 学分，第四或第五学期)：统计基本概念、估计理论和方法、抽样分布、假设检验、置信区间。

(2)回归分析(建议 3 学分，第四或第五学期)：回归分析、虚拟变量与方差分析，模型选择、回归诊断、非线性回归初步。

(3)多元统计分析(建议 3 学分，第六学期)：判别分析、聚类分析、因子分析、主成分分析、典型相关分析。

(4)时间序列分析(建议 3 学分，第五或第六学期)：平稳过程、自回归模型、滑动平均模型、ARMA 模型、谱密度及其估计。

(5)随机过程(建议 3 学分，第六学期)：泊松过程、更新过程、马氏链、布朗运动。

(6)统计计算与软件(建议 3 学分，该课程也可以不单独开设，但必须结合其他方法类课程讲授与其有关的内容)：计算方法基本知识、软件基础、统计分析软件(如 SAS、SPSS、MATLAB 等软件)中的基本功能，以及利用这些功能实现新算法的编程。

1.4　专业选修课程

专业选修课程是对某些专门领域统计知识的介绍。或是对专业必修课程中已涉及的一些专题做更进一步的讨论。一门专业选修课程一般为 2 学分。

建议开设的专业选修课程主要有：复变函数、几何学、常微分方程、泛函分析、测度论、概率极限理论、试验设计、抽样调查、非参数统计、属性数据分析、可靠性分析、统计模型、统计预测与决策、运筹学、质量控制、应用统计专题、精算学、生物统计、计量经济学等。

要求各高校至少开出 6 门专业选修课程，由学生在学校开设的专业选修课程中选修 6 学分以上，或至少选修3门课程。专业选修课程的内容各高校可根据具体情况自行确定，本标准不做硬性要求。

1.5　其他选修课程

其他选修课程是为了扩展学生的视野、提高学生的基本素质而开设的，可由学生根据兴趣自由选修的通识类课程。其他选修课程是否开设及其具体内容，由各高校自行确定。

1.6　主要实践性教学环节

实践性教学环节，包括随课堂教学同步进行的计算机模拟实验和统计方法实验、各类科研训练项目、各类科技竞赛、实习、毕业论文（设计）等。各高校应通过这些环节积极开展科技创新、社会实践等多种形式的实践活动，培养学生开展统计研究的兴趣，提高学生应用统计学知识解决实际问题的能力。

为加强对学生实践能力的培养，各高校专业实验课程的总学分应在4学分（约64学时）以上。实验课程可采用集中开设的形式，也可采用与各相关课程结合开设的形式，对此本标准不做统一规定。

2　专业核心课程体系示例

这里所说的核心课程体系包括学科基础课程与专业必修课程。提供示例的主要目的只是为新办专业安排本专业的核心课程提供参考，本标准对课程的具体安排不做硬性规定。示例中可能包含一些本标准中被作为选修的课程，对于这些课程，各高校可根据情况，自行确定其是否可作为本校的核心课程。

示例：

数学分析（建议14学分，周学时6学时，第一和第二学期；周学时5学时，第三学期），高等代数（建议9学分，周学时6学时，第一学期；周学时5学时，第二学期），几何学（建议5学分，周学时6学时，第一学期），抽象代数（建议3学分，周学时3学时，第三学期），实变函数（建议3学分，周学时3学时，第三学期），概率论（建议3学分，周学时3学时，第四学期），复变函数（建议3学分，周学时3学时，第四学期），常微分方程（建议3学分，周学时3学时，第四学期），数学建模（建议3学分，周学时3学时，第四学期），测度论（建议3学分，周学时3学时，第五学期），数理统计（建议3学分，周学时3学时，第五学期），随机过程（建议3学分，周学时3学时，第五学期），多元统计分析（建议3学分，周学时3学时，第六学期），时间序列分析（建议3学分，周学时3学时，第五学期），回归分析（建议3学分，周学时3学时，第五学期），非参数统计（建议3学分，周学时3学时，第八学期），统计计算与软件（建议3学分，周学时3学时，第七学期）。

附录C 应用统计学专业知识体系与课程体系

1 知识体系与课程体系的主要内容

为了便于考核与评价，对于应用统计学专业人才知识体系的要求，一般应通过课程体系来实现。各门课程应包括的主要内容构成了本专业人才必须掌握的基本知识点。

1.1 公共基础课程

公共基础课程包括外语、体育、计算机基础以及政治与思想品德课等课程，需要开设的课程门数和教学内容按教育部的统一要求执行。

1.2 学科基础课程

应用统计学的学科基础课程包括：数学类基础课程和特定应用领域相关学科的基础课程。

数学类基础课程有：数学分析、高等代数、概率论等课程。其教学内容按研究生入学考试数学三的要求。

各高校还应根据本校的主要应用领域开设对应的其他相关学科的基础课程。例如，商务统计应用领域可在宏观经济学、微观经济学、会计学、管理学、金融学、市场营销学等课程中选开1～3门。卫生统计领域可在基础医学导论、预防医学导论、临床医学导论等课程中选开2～3门等。其他相关学科基础课程的教学内容按照教育部相关专业教学指导委员会的要求。

学科基础课程均为必修课程。

1.3 专业必修课程

一门专业必修课程的学分一般为3学分。应用统计学专业的必修课程分为两大类：第一类是各高校都应当开设的课程；第二类是各高校可根据自身的情况选开的课程。

各高校都应开设的专业必修课程及其主要内容如下：

(1)应用回归分析(建议3学分，周学时3学时，第五学期)：一元回归分析、多元回归分析、虚拟变量与方差分析、模型选择、回归诊断、非线性回归初步。

(2)应用多元统计分析(建议3学分，周学时3学时，第六学期)：多元抽样分布、回归分析、判别分析、聚类分析、因子分析、主成分分析、典型相关分析。

(3)应用时间序列分析(建议3学分，周学时3学时，第六学期)：时间序列的时域和频域描述方法、时域和频域统计分析、ARIMA模型、预测与滤波、模型报合、谱函数和谱密度估计方法、潜周期分析。

(4)抽样调查(建议3学分，周学时3学时，第五学期)：抽样的基本概念、简单随机抽样、分层抽样、比率估计、不等概率抽样、系统抽样、整群抽样、多阶段抽样、偏差与抽样误差、调查的经济设计等。

(5)统计计算与应用软件(建议3学分，周学时3学时，第七学期，该课程也可以不单独开设，但必须结合其他方法类课程讲授其有关内容)：计算方法基本知识、软件基础、统计分析软件(如SAS、SPSS、MATLAB等软件)中的基本功能(如聚类、回归、判别分析、因子分析等模块的使用)，以及利用这些功能实现新算法的编程。

各高校可选开的专业必修课程及其教学内容如下：

(1)统计学导论(建议3学分，周学时3学时，第二或第三学期)：统计学的基本概念，统计数据的搜集、整理和显示，抽样分布，估计和检验，简单相关和回归分析，确定性时间序列分析，统计指数，综合评价等。统计学导论属于统计学的入门课程，其中的统计指数和综合评价等内容主要用于经济与管理统计方向。其他应用方向如生物统计等可根据自身的特点对有关统计方法做适当取舍。

(2)数理统计(建议3学分，周学时3学时，第四学期)：统计基本概念、估计理论方法、抽样分布、假设检验、置信区间、非参数方法简介等。

(3)试验设计(建议2学分，周学时2学时，第七学期)：试验设计基本原则、简单比较试验、单因子试验和方差分析、多因子试验、区组设计、因析设计、正交设计和均匀设计。

(4)应用随机过程(建议2学分，周学时2学时，第七学期)：泊松过程、更新过程、随机游动、马尔可夫链、布朗运动、离散时间鞅、平稳序列。

(5)统计预测和决策(建议3学分，周学时3学时，第六或第七学期)：预测问题概述、定性预测、情景预测、自适应过滤法、干预分析模型、景气预测法、组合预测、预测精度测定与预测评价、风险型决策、贝叶斯决策、完全不确定性决策、多目标决策等。

各高校根据自身的情况，可在统计学导论与数理统计中任选1门作为专业必修课程，在实验设计、应用随机过程、统计预测和决策中任选1～2门作为专业必修课程。

1.4　专业选修课程

专业选修课程可分为方法与应用两大类。

方法类专业选修课程主要有：非参数统计、贝叶斯统计、运筹学、探索性数据分析、数据挖掘等。(以上1.3中所列未被作为各高校必修的课程，均可作为专业选修课程。)

应用类专业选修课程应根据不同的应用领域开设相应课程。例如：商务统计应用领域可开设商务统计学、企业经营统计学、计量经济学等；生物与医学应用统计领域可开设生物统计学、医学统计学；卫生与健康统计领域可开设卫生统计学、健康测量学、流行病统计学等；农业与林业统计领域可开设生物统计学、农林统计学；金融与保险统计领域可开设金融统计学、保险精算学、证券投资分析等；社会与人口统计领域可开设社会统计学、人口统计学；管理统计领域可开设市场统计学、统计管理决策、质量控制等。今后条件成熟，与各高校主要应用领域相关的统计应用类课程应列入本校的专业必修课程。

要求各高校至少开出6门以上专业选修课程，由学生在学校开设的专业选修课程中，选修6学分以上，或至少选修3门课程。专业选修课程的内容可根据各高校的具体情况自行确定，不做硬性要求。

1.5　其他选修课程

其他选修课程是为了扩展学生的视野、提高学生的基本素质而开设的，可由学生根据兴趣自由选修的通识类课程。其他选修课程是否开设及其具体内容，由各高校自行决定。

1.6　实践性教学环节

实践性教学环节，包括随课堂教学同步进行的计算机模拟实验和统计方法实验、各类科研训练项目、各类科技竞赛、实习、毕业论文(设计)等。本专业尤其应重视实践性教学环节,各高校要通过这些环节积极开展科技创新、社会实践等多种形式的实践活动,提高学生应用统计学知识解决实际问题的能力。

为加强对学生实践能力的培养,各高校专业实验课程的总学分应在 4 学分(约 64 学时)以上。实验课程可采用集中开设的形式,也可采用与各相关课程结合开设的形式,对此本标准不做统一规定。

2 专业核心课程体系示例

这里所说的核心课程体系包括学科基础课程与专业必修课程。提供示例的主要目的是为新办专业安排本专业的核心课程提供参考,对于课程的具体安排并不做硬性规定。示例中可能包含一些本标准中被作为选修的课程,对于这些课程,各高校可根据情况,自行确定其是否可作为本校的核心课程。

核心课程体系示例一:

数学分析(建议 12 学分,周学时 6 学时,第一和第二学期),高等代数(建议 6 学分,周学时 3 学时,第一和第二学期),统计学导论(建议 3 学分,周学时 3 学时,第三学期),概率论(建议 3 学分,周学时 3 学时,第三学期),数理统计学(建议 3 学分,周学时 3 学时,第四学期),宏观经济学(建议 3 学分,周学时 3 学时,第二学期),微观经济学(建议 3 学分,周学时 3 学时,第三学期),应用回归分析(建议 3 学分,周学时 3 学时,第五学期),应用多元统计分析(建议 3 学分,周学时 3 学时,第六学期),应用时间序列分析(建议 3 学分,周学时 3 学时,第六学期),抽样调查(建议 3 学分,周学时 3 学时,第五学期),试验设计(建议 2 学分,周学时 2 学时,第七学期),应用随机过程(建议 2 学分,周学时 2 学时,第七学期),统计预测和决策(建议 3 学分,周学时 3 学时,第六或第七学期),统计应用软件(建议 2 学分,周学时 2 学时,第七学期)。金融统计学(建议 3 学分,周学时 3 学时,第五或第六学期),保险精算学(建议 3 学分,周学时 3 学时,第六学期),证券投资分析(建议 3 学分,周学时 3 学时,第五或第六学期)等。

核心课程体系示例二:

数学分析(建议 12 学分,周学时 6 学时,第一和第二学期),高等代数(建议 6 学分,周学时 3 学时,第一和第二学期),统计学导论(建议 3 学分,周学时 3 学时,第三学期),概率论(建议 3 学分,周学时 3 学时,第三学期),数理统计学(建议 3 学分,周学时 3 学时,第四学期),人体结构学(建议 6 学分,周学时 4 学时,第一学期),人体机能学(建议 6 学分,周学时 4 学时,第二学期),药理学(建议 3 学分,周学时 3 学时,第三学期),生物统计学(建议 3 学分,周学时 3 学时,第三学期),应用多元统计分析(建议 3 学分,周学时 3 学时,第四学期),应用随机过程(建议 2 学分,周学时 2 学时,第四学期),试验设计(建议 2 学分,周学时 2 学时,第五学期),非参数统计(建议 2 学分,周学时 2 学时,第五学期),线性统计模型(建议 2 学分,周学时 2 学时,第五学期),流行病学(建议 2 学分,周学时 2 学时,第六学期),统计计算(建议 2 学分,周学时 2 学时,第六学期),广义线性模型(建议 2 学分,周学时 2 学时,第六学期),临床试验统计方法(建议 2 学分,周学时 2 学时,第六学期),流行病学统计方法(建议 2 学分,周学时 2 学时,第七学期),抽样调查(建议 2 学分,周学时 2 学时,第六学期),时间序列分析(建议 2 学分,周学时 2 学时,第六学期),统计应用软件(建议 2 学分,周学时 2 学时,第七学期)。

参考文献

[1]卡巴科弗．R语言实战[M].2版．王小宁,译．北京:人民邮电出版社,2016.
[2]李洁明,祁新娥．统计学原理[M]. 上海:复旦大学出版社,2021.
[3]张雪飞,郭淑艳,李伟,等．统计学．[M]. 北京:机械工业出版社,2017.
[4]谢忠秋,丁兴烁．应用统计学[M].2版．北京:机械工业出版社,2020.
[5]向书坚,张学毅．统计学[M]. 北京:中国统计出版社,2010.
[6]田海霞,景刚．统计学:原理与Excel应用[M]. 北京:机械工业出版社,2022.
[7]宫春子,刘卫东．统计学原理[M].3版．北京:机械工业出版社,2021.
[8]王浩,陆璐．统计学:原理与SPSS应用[M].2版．北京:机械工业出版社,2018.
[9]何书元．概率论与数理统计[M].2版．北京:高等教育出版社,2013.
[10]陈嗣成．新编统计学原理[M].7版．北京:首都经济贸易大学出版社,2016.
[11]孟祥云,王仙雅,贺小莉．统计学:原理与应用[M].2版．北京:电子工业出版社,2021.
[12]韩兆洲,熊剑,吴云凤．统计学原理[M].8版．广州:暨南大学出版社,2018.
[13]张伦俊．近二十年来,中国统计学争鸣的观察和思考[J]. 统计研究,1997,14(5):31-38.
[14]田慧．社会经济统计学和数理统计学的关系分析[J]. 中国市场,2016(16):215-216.
[15]郭丽．数理统计在林业上的应用探讨[C]. 决策论坛:如何建立科学决策机制理论研讨会,2015.
[16]南云生,范娅莉．数理统计学在中药现代研究中的应用[J]. 齐鲁中医药情报,1990(3):2.
[17]何双．数理统计学在评价食品分析方法中的运用[J]. 食品研究与开发,2020,41(13):1.
[18]伍超标,杨维权．数理统计学及其应用领域:兼谈数理统计方法在企业经营管理中的应用[J]. 统计与预测,2000(7)43-49.
[19]于思聪．数理统计学分析方法在建筑选址策划中的应用研究[D]. 东北林业大学,2017.
[20]顾杏元．卫生服务统计[J]. 中国医院管理,1987(04):28-30.
[21]赵斌．生物数学简史[M]. 北京:中国科学技术出版社,2015.
[22]李一婧,马伟超．简明生物统计学原理及软件应用教程[M]. 兰州:兰州大学出版社,2014.
[23]刘铮,邬沧萍,查瑞传．人口统计学[J]. 人口研究,1980(2):1.
[24]吴忠观．人口科学辞典[M]. 成都:西南财经大学出版社,1997.
[25]温勇,尹勤,帅友良．人口统计学[M]. 南京:东南大学出版社,2006.
[26]尚磊．卫生管理统计学[M]. 北京:中国统计出版社,2014.
[27]中国大百科全书出版社编辑部．中国大百科全书:简明版[M]. 北京:中国大百科全书出版社,1998.
[28]冯力．统计学[M]. 大连:东北财经大学出版社,2015.
[29]葛新权,王斌．应用统计[M]. 北京:社会科学文献出版社,2012.
[30]环境统计教材编写委员会．环境统计基础[M]. 北京:中国环境出版社,2016.
[31]牟秉华．中国社会经济统计百科全书[M]. 武汉:湖北教育出版社,1994.
[32]徐文彬．教育统计学[M]. 南京:南京师范大学出版社,2007.
[33]张迎春．社会统计学30年发展与若干前沿问题[J]. 统计与信息论坛,2011,26(11):3-7.

[34]王静．劳动与社会保障统计学[M],北京:中国劳动社会保障出版社,2005.
[35]张钊．经济统计学发展研究[J]. 纳税,2017(31):126.
[36]万东华,周晶．我国近现代统计学发展[J]. 统计研究,2020,37(06):119-128.
[37]邱东．经济统计学:从德国传统到当代困境[J]. 北京师范大学学报(自然科学版),2016,52(06):669-676.
[38]刘壮,张悦．统计学方法在生物信息学分析中的应用[J]. 医学信息学杂志,2020,41(06):20-23.
[39]王瑶．基于样本子集差异基因表达检测的统计方法研究[D]. 吉林大学,2011.